ECON Sachbuch

Der Herausgeber
Johannes Thiele (geb. 1954) hat Theologie, Germanistik und Philosophie an der Universität Paderborn studiert. Seit 1981 ist er als freier Autor und Herausgeber tätig (über 30 Buchpublikationen), seit 1984 als Verlagslektor. Er lebt und arbeitet in Hamburg.

Jesus

Auf der Suche nach einem neuen Gottesbild

Herausgegeben von Johannes Thiele

ECON Taschenbuch Verlag

Ökologisch handeln:
Dieses Buch ist gedruckt auf 100% Recyclingpapier, chlorfrei gebleicht

Originalausgabe

Umschlaggestaltung: Molesch/Niedertubbesing, Bielefeld
Gesetzt aus der Sabon
Satz: Formsatz GmbH, Diepholz
Druck und Bindearbeiten: Ebner Ulm
Printed in Germany

Inhalt

Neue Akzente

Provokative Unterbrechungen

Religiöse Faszinationen

Multikulturelle Perspektiven

Vorwort

Auf der Suche nach neuen Jesusbildern

Jesus Christus, die Krippe und das Kreuz, das Brot des Lebens und das Wasser der Taufe sind weltumspannende, starke Symbole des christlichen Glaubens – sie werden in allen Erdteilen, unter Millionen von Christen erkannt und verstanden. Sie verbinden die Frauen und Männer des katholischen, protestantischen und orthodoxen Glaubens, Menschen unterschiedlicher Hautfarben, Rassen und Völker miteinander; sie knüpfen eine weltweite Solidarität.

Diese solidarische Kraft des Mannes aus Nazareth hat schon die Gruppe der Apostel und Jüngerinnen gespürt. Um sie scharten sich die Träumer und Rebellen, die Armen und Bedrängten, die Verzweifelten und Mutigen. In der zeichenhaften Erlösung, die sie an sich erlebt haben, liegt zugleich eine Erinnerung, wie alles begann mit dem Glauben, liegt das Gedächtnis an Jesus, den Christus.

Inzwischen haben wir fast zweitausend Jahre Geschichte des Christentums hinter uns, eine Geschichte der menschlichen Triumphe und im Namen Christi begangenen Verbrechen. Das Bild Jesu als Symbol für die ganze Kirche hat im Laufe der Jahrhunderte viele Veränderungen erfahren. Immer komplexer und komplizierter wurde das Geflecht aus Dogmen, Glaubenssätzen und Richtigstellungen. Und keine Gestalt der religiösen und politischen Geschichte ist zu allen Zeiten so abgelehnt, bekämpft, belächelt, ignoriert, verehrt und angebetet worden wie der Zimmermannssohn aus Nazareth.

Und heute? In den letzten Jahrzehnten hat sich um Jesus Christus – trotz vieler Bücher zum Thema – eine gewisse Kultur des Schweigens ausgebreitet. Er ist nicht mehr das Thema, das kontrovers diskutiert, um das heftig gestritten wird. Der Gründer des Christentums ist innerkirchlich in Sicherheit gebracht worden. Auf gleichsam offizieller Ebene fungiert seine Gestalt nurmehr als Relikt aus streitbaren Tagen, teils triumphalistische Figur einer sich selbst feiernden Kirche, teils nicht einmal mehr sonderlich erwähnens- und erwägenswert.

Die christlichen Großkirchen haben sich lange Zeit für den einzig legitimen Lieferanten für Visionen und Utopien gehalten, haben sich bereitwillig in die gesellschaftlich erwünschte Rolle der Sinnagentur gefügt. Und gerade sie sind heute unter einen extremen Sinnlosigkeitsverdacht, unter starken Legitimationsdruck geraten: Ihre Visionen scheinen sich verbraucht zu haben, sie bieten den erschöpften Menschen keine Heimat für ihre Wünsche an das Leben mehr an. Viele trauen den christlichen, im Namen Jesu vorgetragenen Versprechungen nicht mehr, den biblisch bezeugten, unwiderruflichen Hoffnungen auf Fortschritt des Projekts Gottes mit den Menschen durch die Geschichte. Aber noch immer steht die Gestalt des Gekreuzigten und Auferstandenen in der Mitte des christlichen Glaubens, wenn auch bisweilen wie ein Fremdkörper, wie ein überlebtes erratisches Urgestein: eine eschatologische Vision universaler Rettung und Verheißung.

In den Labyrinthen moderner Mediensysteme, im bloßen Austausch von Schlagzeilen und Worthülsen, im Lärm der Begriffe und Strategien hat Jesus Christus heute keine Stimme mehr. Er steht merkwürdig sperrig zu den Verwertungsinteressen des multireligiösen Marktes, resistent gegenüber dem Ausverkauf der Werte und Ideale, den die Kirchen, die sich auf ihn berufen, nicht aufhalten konnte. Dabei ist Jesus für viele Menschen längst zu einer entkonfessionalisierten Gestalt geworden. Jesus ja – Kirche nein: Auf diese Formel wurde vor einiger Zeit das kritische Verhältnis vieler Zeitgenossen gebracht. Sie mochten zwar noch den Schmerzensmann gelten lassen, aber nicht mehr seine Nachfolgeorganisation, deren Kredit ihnen verspielt schien. Der leuchtende Anfang, das Geheimnis des Ursprungs, das im armen Jesus wie ein Licht geborgen scheint, sei von den Kirchen jahrhundertelang verraten und verkauft worden. Man könne zwar noch Christ sein – vielleicht in der Form eines »anonymen Christentums« – aber die Bindung an ein Bekenntnis sei obsolet geworden. Entsprechend groß ist der Erosionsprozeß kirchlicher Bindungen und konfessioneller Bekenntnisse, entsprechend brüchig die Traditionsbasis, auf die sich das Christentum nach wie vor beruft und zu der Jesus Christus unverzichtbar gehört.

Diese Auffassung ist keineswegs so neu, wie uns das anmutet. Bereits die bürgerlichen Philosophen im Vorfeld und Gefolge der Aufklärung haben versucht, Jesus Christus aus den Fängen kirchlicher Würdenträger zu befreien und einen entkonfessionalisierten Glauben zu begründen. Alle diese »freischwebenden Christologien«, um diese kirchenunabhängigen oder zumindest kirchenkritischen Entwürfe etwas salopp zu etikettieren, lassen das Grundprinzip erkennen, andere Bilder von Jesus Christus zu zeichnen und seine Lebensverheißung in neuem Licht zu interpretieren.

Jesus Christus ist auch im 20. Jahrhundert ein Symbol, das wie eine große Projektionswand unerschöpfliche Phantasien anzieht und auch unkonventionelle Gedanken wachruft. Es ist eine der großen Leistungen der christlichen Religion, diesen Sehnsüchten eine Heimat und eine Stimme gegeben zu haben. Sie ermutigt dazu, mit Hilfe solcher Gefühle Wünsche an das Leben zu formulieren, Wünsche, die von Jesus Christus einzigartig ausgesprochen und gelebt worden sind. Und dies zunächst unabhängig davon, ob das im Raum der Kirche geschieht oder nicht.

Darum bleibt Jesus Christus in der christlichen Religion, ja selbst in der säkularen Welt ein so starkes Bild. Darum ist er auch stärker als alle kalten dogmatischen Richtigkeiten, die um ihn herum gestellt werden, damit seine faszinierende Kraft gedämpft, reguliert und observiert werden kann. Mit der Beschwörung der Leitbilder von gestern sind die heutigen Verunsicherungen nicht zu heilen. Wenn wir jetzt über Jesus sprechen wollen, müssen wir die Logik kirchensprachlich austarierter Übereinkünfte durchbrechen, die Entschärfung der noch immer unbequemen Botschaft kritisieren. Jesus Christus lebt in der Spiritualität vieler Menschen, ob das den um konfessionelle Identität und ökumenisches Profil bemühten Theologen und Kirchenführern paßt oder nicht. Er lebt als mächtiges Symbol, vor allem in der Geschichte leidender und an ihrer Befreiung arbeitender Völker. Er findet Aufmerksamkeit in den Weltreligionen, im Atheismus, in der Psychologie, in der Philosophie.

Dieses Buch will die Suche nach einem neuen Gottesbild erleichtern und begleiten. Es geht hier nicht um das kirchenamtlich korrekte Jesusbild und Christusverständnis, sondern um die zahlreichen Versuche vor allem des 20. Jahrhunderts, dieser zentralen religiösen Gestalt noch etwas anderes abzugewinnen als die Begründung und Legitimierung kirchlicher Herrschaft, als ein verwaltetes Gut von Glaubensbehörden, als ein Spekulationsobjekt des Konzils der Buchhalter. Denn unabhängig von allen kirchlichen Vereinnahmungen bleibt Jesus Christus eine faszinierende Gestalt: erschütternd, ergreifend, erlösend noch immer.

Auf den folgenden Seiten begegnet den Leserinnen und Lesern mancher vertrauter Name, aber es sind auch viele unkonventionelle Autoren darunter, deren Ansichten über

Jesus uns überraschen und erstaunen. Daß er sich vielmehr auch bei modernen Zeitgenossen - gleich ob aus der Zunft der Theologen oder nicht – ungebrochener Aktualität erfreut, soll auf bisweilen erfrischend zu lesende Weise dieses Buch dokumentieren. Hier kommt Jesus unter den vielfältigen Blickwinkeln unseres ausgehenden Jahrhunderts neu zum Vorschein: aufschlußreich, manchmal brisant, immer aber mit einer Perspektive, die uns einen jeweils »anderen Jesus« vor Augen stellt, der erst noch zu entdecken ist.

Hamburg, im Juni 1993 *Johannes Thiele*

Persönliche Zugänge

Herbert Vorgrimler

Das Faszinierende an Jesus

In vielen Büchern, die von Jesus sprechen, findet sich der Hinweis, daß es Jesusbilder in großer Zahl gibt und daß jede Zeit ihr eigenes Jesusbild hervorgebracht hat. Was ist ein Jesusbild? Es entsteht durch Hervorheben und Ausmalen dessen, was einem besonders wichtig ist, und durch Zurücktretenlassen von anderem, was als weniger wichtig – oder auch als störend – empfunden wird. Wer ausmalt, erfindet vielleicht neue Züge hinzu, wie die Jesusbilder der Schriftsteller zeigen, die in Jesus einen sanften Narren, einen Clown, einen Gammler, einen Idioten (wie Dostojewskij ihn verstand) sehen möchten. Mit Jesus beschäftigt sich, noch immer nach zweitausend Jahren, die Phantasie, die von Sehnsucht genährt wird, ein Anzeichen für das Einzigartige an Jesus. Denn mit welcher »Größe« der Weltgeschichte verbinden sich in solchem Maß Phantasie und Sehnsucht?

Daß es Jesusbilder gibt, geht auf die frühen Christengemeinden zurück, aus denen das Neue Testament erwachsen ist. Auch sie haben schon, und eben in sehr unterschiedlicher Weise, hervorgehoben, was ihnen an Jesus wichtig war, und anderes zurücktreten lassen, das dann in einer späteren Zeit neue Beachtung finden konnte. Da das Neue Testament keine Beschreibung des Lebens, der Worte und der Taten Jesu nach den Maßstäben exakter Geschichtswissenschaft bietet, sondern Historisches vermischt mit Deutungen, Appellen und Reflexionen enthält, fordert es selber geradezu dazu auf, diesen Prozeß weiterzuführen. Auf sicherem Boden bei der Frage, wer und wie Jesus war, verläuft nur der Weg, der sich ständig und direkt am Neuen Testament – und seiner Vielfalt! – orientiert. An sich wäre auch ein Zugang zu Jesus über Menschen denkbar, die sich selber »Christen« nennen, aber das real existierende Christentum der Kirchen bietet doch eher nur Ersatz und Symbole statt des Ursprünglichen an, und wenn gelegentlich behauptet wird, ausgezeichnete Zugänge zu Jesus führen über den Menschentypus, den Jesus geprägt habe, so ist zu fragen, wo der von Jesus geprägte Menschentyp denn auffindbar ist. Die offiziell proklamierten Leitbilder sind, verglichen mit Jesus, kümmerliche und sonderbare »Heilige«, und im wirklichen Leben begegnen uns Menschen, denen nur bruchstückweise das gelingt, wozu Jesus aufgerufen hat.

Was aber bewegt Menschen heute, wenn sie Jesus im Neuen Testament näher kennenzulernen suchen? *Das* Jesusbild der Gegenwart gibt es nicht. Auch heute gibt es *unterschiedliche* Weisen, wie Menschen Jesus sehen, nötig haben und lieben. Von Europa aus ist nur schwer nachzuvollziehen, was Jesus Liberador, Jesus der Befreier, für Christen in Lateinamerika bedeutet: Aus Jesu Worten und seiner Praxis gewinnen die Entehrten und Entrechteten die Gewißheit, daß Gott parteiisch auf ihrer Seite ist, daß es nicht zwei getrennte Ebenen des Heiligen und des Weltlichen, der Sünde gegen Gott und der Unterdrückung von Menschen gibt und daß jeder Schritt auf mehr Gerechtigkeit, Freiheit und Frieden hin ein Vorankommen der Gottesherrschaft ist. Für diese lateinamerikanischen Christen ist es zum Beispiel wichtig geworden, daß Jesus die Stände und Schalter von Geschäftsleuten im Tempel demolierte und die Gottesverächter und Menschenschänder mit Schlägen vertrieb. Bibelwissenschaftler suchen manchmal das Bürgerlich-Anstößige dieses Verhaltens zu verharmlosen, indem sie es zur »prophetischen Zeichenhandlung« erklären, dabei aber nicht an die zornige Sozial- und Kulturkritik der Propheten erinnern. Christen in Lateinamerika wissen, daß Jesus nicht für Massenvernichtungswaffen in Anspruch genommen werden kann; für sie ist es aber wichtig, Jesus im Kampf gegen ein unmenschliches System nicht völlig unbewaffnet und nicht nur mit moralischen Appellen beschäftigt zu sehen. Dieses Bild des Befreiers Jesu ist zweifellos legitim, und es hat für Menschen in Europa dann große Bedeutung, wenn sie überzeugt sind: Unfreiheit ist nicht teilbar: Aber für Menschen in Mitteleuropa sind doch andere Züge an Jesus von Nazaret besonders faszinierend. Sie lassen sich vielleicht so zusammenfassen: Jesus ist der gelungene Mensch, der andere zum Menschsein ermutigt. »Gelungener Mensch« ist nicht dasselbe wie Super-Mensch. Dazu sollen hier ein paar Andeutungen folgen, ohne Anspruch auf Vollständigkeit.

Jesus lebte ganz wach und ganz bewußt, nicht von Träumen davongetragen, nicht von Stimmungen getrieben. Was er sagte und tat, war reflektiert. Gezielt und konzentriert sprach er Menschen an; er wünschte sich also wirkliche Hörer, nicht eine Zuhörerkulisse, eine Echowand. Er wußte, daß er mit seinem Lebensstil, seiner eigenen entschiedenen Überzeugung und seinen offenen Worten Konflikte heraufbeschwören würde; dennoch paßte er sich nicht an. Was er als wahr erkannte, sprach er aus, ohne Rücksicht auf die Folgen; er war kein Diplomat. Daß er Konflikte hervorrief und aushielt, bedeutet aber nicht, daß er uneinsichtig oder rücksichtslos gewesen wäre; er war nicht absolut konsequent, sondern schwankte auch einmal; er war imstande, seine Meinung zu ändern. Bewußt zu leben, Verantwortung zu übernehmen, widersprechen und widerstehen zu können, sind gewiß Kennzeichen »gelungenen Menschseins«. Es macht Jesus immer wieder anziehend für junge, »alternativ« lebende Menschen ...

Einen besonders deutlichen Ausdruck findet diese Ich-Stärke Jesu in seinem Verhalten gegenüber den unmittelbaren Verwandten. Wäre Jesus ihrem Ruf gefolgt und in den Schoß der Familie zurückgekehrt, dann hätte er darauf verzichtet, sich selber zu bestimmen, wirklich erwachsen zu sein. Er aber beharrte auf seinem Recht, sich seine wahren Verwandten selber auszusuchen. Ein Mensch, der so entschieden lebt, fügt notwendigerweise Schmerzen zu, der leiblichen Mutter etwa. Die Härte ist aber nur vordergründig. In Wirklichkeit hilft ein bewußt lebender, selber entscheidender Mensch anderen, sich ihrer selbst bewußt zu werden, sich zu verändern, sich neue Möglichkeiten aufzudecken. Seine »Ecken und Kanten« können, müssen aber nicht zu Abwehrhaltungen und Feindschaften führen. Neue positive, versöhnte Beziehungen – zu Gott, zu Mitmenschen – können an die Stelle der alten treten, so wie bei dem Vorgang der »zweiten Entbindung« eines Kindes von seiner Mutter, wo ein gelungenes Freigeben nicht unbedingt ein völliges Einander-Loslassen bedeuten muß. Jesus hat jedenfalls diese Fähigkeit besessen, Menschen in ihren tieferen Schichten anzusprechen, sie zu sich selber zu bringen und auf ihre wahren Kräfte aufmerksam zu machen. Vielleicht lag ein Geheimnis seiner Wirkung auf andere darin, daß er ihnen klarmachte: »Trau dich doch, du kannst, wenn du nur willst.« Wer Jesus wirklich hört, gewinnt Lebensmut.

Mut macht Jesus gerade auch den Menschen, die in ihrem moralischen Verhalten hinter der – von wem auch immer gesetzten – Norm zurückbleiben. Seine Konflikte führte er mit Selbstgerechten und Besitzenden, seine Sympathie und Solidarität gehörten den Versagenden, Schwachen. Jesus reagierte auf sie, indem er ihnen seine Freundschaft anbot und sein Vertrauen zusicherte; er begegnete ihnen nie mit Vorurteilen und moralischer Entrüstung.

Jesus lebte nicht in einer Traumwelt. Die Kenntnis der Innenseite, des Menschenherzens, der Bereiche des Bewußten und Unbewußten war bei ihm verbunden mit einer illusionslosen Sicht der Außenseite. Er wußte, was Menschen einander antun können, wie mitleidslos sie immer dann miteinander umgehen, wenn es um Geld geht, wie hart Neid, Konkurrenz- und Karrieredenken Menschen machen können. In diesem konkreten Alltag wollte er Mut machen und die Überzeugung vermitteln: Nicht unabänderliche Mechanismen bestimmen das Dasein; Veränderung ist möglich.

Ein gelungener Mensch ist ein weitgehend »ganzheitlicher« Mensch. Jesus war ein denkender, bewußter Mensch, aber nicht »verkopft«. Er war selber von Gefühlen bestimmt und bekannte sich zu ihnen: Er nahm Menschen in die Arme und ließ sich küssen; er weinte und jammerte, er konnte durch und durch Mitleid empfinden; er sprach von seinem Hunger, von seinem Durst; er hatte Angst. Er lieferte sich aber nicht völlig an Emotionen aus; trotz seiner Angst blieb er seinem Weg treu. Wenn er Mitleid fühlte, drängte das Gefühl ihn zu Tat und Hilfe. Seine Spontanität und Radikalität waren nicht verbaler Natur. Ganz anders als Menschen, die sich dem Leiden, den Leidenden gegenüber apathisch und passiv verhalten oder resigniert haben, war er von ungeheuerer Lebendigkeit.

Daß Jesus gegen jede Form von Unterdrückung kämpfte und sich innerhalb der damaligen Gesellschaft auf seine Weise für Diskriminierte und Randgruppen einsetzte, wird heute vielfach hervorgehoben. Ein besonders wichtiger Aspekt dieser Menschlichkeit Jesu ist sein Verhalten gegenüber Frauen. In einer Zeit völliger Rechtlosigkeit von Frauen verstand Jesus Frauen als gleichwertige und gleichberechtigte Persönlichkeiten und behandelte sie dementsprechend partnerschaftlich. Nie sprach er mit einer Frau von oben herab, animos oder aggressiv. In seinem vertrauten Umgang mit Frauen, in der selbstverständlichen Aufnahme von Frauen in seinen Schülerkreis, in seiner Kritik der von Männerwillkür bestimmten Scheidungspraxis zeigte er, daß er Frauen ein neues Selbstwertgefühl geben wollte. Er bewies damit zugleich, wie sehr er selber seine geschlechtsspezifische Erziehung überwunden hatte. Wenn es wahr ist, daß es weibliche und männliche Eigenschaften gibt, und wenn es wahr ist, daß jedem Menschen von der Natur ursprünglich beide Eigenschaften mitgegeben sind, dann hat Jesus jedenfalls seine weibliche Dimension nicht verdrängt, sondern angenommen und integriert. Sein intuitives, herzliches Zugehen auf andere, seine Fähigkeit, sich mit den Gefühlen anderer zu identifizieren, stehen im Widerspruch zu der verkümmerten, einseitigen Männergesellschaft seiner Zeit: er war ein menschlicher, zärtlicher Mann.

Dorothee Sölle

Jesus – Der Mensch für andere

Es gibt viele Anfragen des Zeitgeistes an den christlichen Glauben, solche, die mit Worten in Gesprächen und Diskussionen gestellt werden, aber noch häufiger solche, die sozusagen mit den Füßen im heimlichen oder offenen Auszug aus den Kirchen gestellt werden. Um diese letzteren, meist nicht artikulierten, in einem tieferen Sinn aber durchaus kritischen Fragen geht es mir hier.

Wenn ich versuche, nicht-kirchlichen Menschen zu erklären, warum ich »noch«, wie es dann meistens heißt, Christin bin, dann beginne ich nachzudenken über drei Phasen meiner eigenen religiösen Entwicklung, die mir sehr typisch für das Verhalten der Menschen in der Industriekultur zu sein scheinen.

Die erste Phase durchleben die meisten von uns während ihrer Kindheit, wenn sie im Sinne der religiösen Normen und Sitten, Glaubensinhalte und Praktiken ihrer Vorfahren erzogen werden. Das religiöse Empfinden unserer Vorfahren erwuchs im kulturellen Klima der Kleinstadt oder des Dorfes, in dem die Kirche im Zentrum des sozialen und geistigen Lebens stand. Mythen und Überlieferungen, Werte und ethische Normen waren verwurzelt und zentriert in Traditionen, die man einfach übernahm. Ich nenne diese religiöse Phase die des Dorfes. Auch heute gibt es noch Menschen, die ihr ganzes religiöses Leben »im Dorf« zubringen. Aber die große Mehrheit ist ausgewandert in die Großstadt, wenn nicht in Wirklichkeit, dann doch vom

Gefühl her: Sie hat aufgehört, zu beten und zur Kirche zu gehen.

In dieser zweiten Phase gerät die Religion, die langsam, aber sicher alle Macht über die Leute verliert, entweder in Vergessenheit oder in den Brennpunkt bewußter Kritik, in der Menschen sich fragen, wie sie sich von einer Religion befreien können, die ihnen übergestülpt wurde, wie sie sich von der »Gottesvergiftung« (Tilmann Moser) heilen können. In dieser zweiten Phase verwerfen die meisten ihr religiöses Erbe und leben als nach-christliche Bürger in der säkularen Stadt.

Aber mit diesem Auszug, dieser Verstädterung, diesem Industrialismus ist die Geschichte der Religion nicht beendet. Die Widersprüche des Lebens in der Stadt, die Heimatlosigkeit, die Auflösung von lebensnotwendigen Riten und Gebräuchen macht viele unsicher und schickt sie auf die Suche nach *religio*, Rückbindung, nach unverletztem Ursprung. Wohin sollen sie sich wenden? Etwa zurück ins Dorf, wie die Kirchen es vielfach empfehlen? Zurück zu den verbrauchten Autoritäten und Regeln? Den Orgeln und Konfirmationsritualen? Ich glaube, daß es noch eine dritte Phase gibt. Nach der religiösen Geborgenheit im Dorf, nach dem religionsfreien Auszug in die kalte Stadt entscheiden sich Menschen bewußt für neue Formen der Religion. Heute sind sie noch in der Minderheit, doch die Zahl derer, die fromm sind, aber nicht im Sinne des alten Dorfes, wird wachsen. Zwei Dinge scheinen mir wichtig für diese dritte Phase des religiösen Bewußtseins. Einmal, es ist eine *bewußte* religiöse Entscheidung. Die Religion des Dorfes hat man geerbt, man wurde in sie hineingeboren. Die neuen Formen von Religion – seien sie christlich oder fernöstlich oder aus anderen Kulturkreisen – sind bewußt gewählt.

Religion läßt sich heute nicht mehr ererben, das ist ein Ergebnis der Aufklärung und dieses Menschheitsumzuges in die Stadt. Damit hängt ein zweites Element zusammen: Die Entscheidung für eine religiöse Überzeugung erfolgt kritisch, nicht naiv. Nicht alles wird rezipiert, wir verhalten uns selektiv, auswählend. Schon Lessing hat das verstanden, als er fragte: »Soll ich denn die Arznei mit der Schachtel fressen?« Muß ich jedes Wort in der Bibel glauben und befolgen? Die Antwort darauf ist ein klares Nein. Auch die strikt Bibelgläubigen heiraten nicht die Frau ihres Bruders, wenn dieser stirbt! Die Autorität – des Pfarrers, der Schrift, der Amtskirche – ist mit dem Auszug aus dem religiösen Dorf dahin, sie läßt sich nicht wiederherstellen. Wer zu einer kritischen Bejahung des Glaubens gekommen ist, nach einer intensiven Auseinandersetzung in der zweiten Phase, der kämpft nun auch um die Entwicklung neuer Lebensformen der Religion.

Ich vermute, daß heute viele auf dem Weg von Phase 2 zu Phase 3 sind. Vor allem innerhalb der christlichen Frauenbewegung und der feministischen Theologie gibt es eine Suche, die nicht autoritär – zurück ins Dorf, zur väterlichen, pfäffischen Autorität! – abgeblasen werden kann. Aber auch außerhalb der abendländisch-christlichen Horizonte lassen sich viele Menschen auf die Suche nach einem neuen religiösen Haus ein, nach neuen Formen und Ritualen, nach einer Frömmigkeit in einer ganz anderen Sprache, nach neuen Ausdrucksformen und Leitbildern. Ich kenne eine Reihe von jungen Leuten, deren Eltern noch mit dem Übergang von Phase 1 zu Phase 2 zu kämpfen hatten und die sich dann zunächst erleichtert in der weitgehend religionsfreien Großstadt angesiedelt haben. Ihre Söhne und Töchter haben mit diesen Auseinandersetzungen nichts mehr zu tun, sie erzählen mir begeistert von Zen-Meditation, von einem Sufi-Meister usw. Sie suchen Gurus, Lehrer, Meister, Vorbilder. Oft identifizieren sie das Christentum so sehr mit dem Dorf ihrer Großeltern, daß sie es für hoffnungslos abgelebt halten.

Ich versuche dann, ihnen und den anderen Bewohnern der säkularen und langweiligen Stadt etwas von Jesus zu erzählen, dem zum Klischee erstarrten, aber ganz unbekannten Meister, Guru, Lehrer, Vorbild, Befreier der christlichen Tradition. Ich versuche, ihnen die Jesusfrömmigkeit und auch die Lehre über Jesus nahezubringen.

Der Fachausdruck für das Nachdenken über Jesus Christus heißt Christologie, und so habe ich drei gewöhnliche Fragen ausgesucht, die ich persönlich als Anfragen erlebt habe. Ich will, an ihnen entlanggehend, versuchen, eine Christologie darzustellen, die nach meiner Überzeugung heute nur im Dialog mit Christen anderer Weltgegenden, also ökumenisch, entstehen kann. Weil ich glaube, etwas von diesen Christen der armen Welt gelernt zu haben, wird die Christologie eine »von unten« sein müssen.

Vor vielen Jahren, ich war noch eine schüchterne kleine Studentin, fragte ich einen Mann an einer Baustelle: »Wissen Sie vielleicht, wieviel Uhr es ist?« Er gab mir eine merkwürdige Antwort, die mich damals ganz sprachlos machte. »Bin ich Jesus?« sagte er in einer Art gutmütigen Spottes. Immer wenn ich darüber nachdenke, wer dieser Jesus und gar dieser Christus für uns heute sein soll, kommt mir dieser Mann mit seiner Frage in die Quere. Bin ich Jesus?!

Jesus ist für diesen Arbeiter aus einer anderen Welt. Ein himmlisches Wesen, das mit uns nichts zu tun hat, alles sieht, hört, weiß und kann. Die kirchliche Sprache, die ihn Messias, Herr, Sohn Gottes, den Christus genannt hat, bekommt hier ihre Quittung. Das habt ihr davon, möchte ich den Vordenkern und Vätern des Glaubens sagen, wenn ihr Jesus zum unerreichbaren, ganz anderen Supermann, ja zum Gott macht! Das ist genau das, was unten herauskommt aus eurer steilen Christologie, die das Gott-Sein Jesu auf Kosten seiner Menschlichkeit zelebriert, so daß von ihr nichts Vernünftiges mehr übrig bleibt, höchstens ein Sonntagsausflug des Himmelswesens, das kurz mal in Bethlehem abgestiegen ist! Die Christologie von oben, die bei den gott-haften Seiten Jesu ansetzt, aus ihm einen unsterblichen Allwissenden macht, endet im »Doketismus«, wie man jene falsche Lehre in der theologischen Fachsprache nennt, die Jesu Menschlichkeit und vor allem sein Leiden nur als scheinhaft wahrhaben will.

Diese falsche Art, Jesus zu vergöttern, ist unter uns ganz üblich. Als junge Religionslehrerin fragte ich einmal die Schulkinder, ob sie meinten, daß das Jesuskind auch nasse Windeln hätte. Die meisten kleinen Mädchen lehnten das entschieden ab! Jesus, auch schon das Christkind, muß anders, höher, reiner sein. Meine eigenen Kinder glaubten lange Zeit, das Christkind sei ein Mädchen. Diese Art Kinderreligion ist zwar erfreulich in ihrem Gefühl dafür, daß Jesus beides, das Männliche und das Weibliche verkörpert. Aber es deutet sich darin auch die Vorstellung von einem Unwirklichen, Geschlechtslosen an – als sei Jesus eben nicht ein richtiger, gewöhnlicher Mensch wie wir alle. Martin Luther hatte darauf bestanden, Christus »ins Fleisch zu ziehen«, und genau deswegen redete ich ja über nasse Windeln! Aber die hohe Christologie zieht Jesus aus dieser Welt fort, er ist unerreichbar, unvergleichbar. Und vor allem können wir nicht leben, wie er lebte, das sollen wir gar nicht erst versuchen, das ist sowieso unmöglich. Wie kämen wir schließlich dazu, die Hungrigen zu speisen? Wo wir doch selber nicht viel mehr als fünf Brote und zwei Fische haben? Wie kämen wir dazu, die Mordindustrie nicht zu bedienen? Oder die Aussätzigen zu heilen? Sind wir Jesus?!

Heute würde ich dem Arbeiter an der Baustelle ein wenig offener und offensiver antworten. »Natürlich«, würde ich sagen, »sind Sie Jesus, Mann! Was wollen Sie denn sonst aus Ihrem Leben machen?! Daß Fritz Müller allein nicht reicht, das wissen Sie doch auch! Sie sind doch auch dazu geboren und in die Welt gekommen, um von der Wahrheit zu zeugen. Machen Sie sich nicht kleiner, als Sie sind. Mitläufer haben wir schon genug. Stellen Sie sich doch mal vor: Sie und ich und Ihre Schwiegermutter und Ihr Boß – sind Jesus. Was würde sich ändern? Es steckt doch etwas in uns ... von Gott.«

So würde ich heute reden und dabei an das denken, was die Quäker mit dem merkwürdigen Ausdruck »das von Gott in dir«, *that of God in you* nennen. Weil wir Christus in der Tat nicht verstehen können, wenn wir »das von Gott« in jedem Menschen nicht annehmen, nicht glauben. »Wird Christus tausendmal in Bethlehem geboren/ Und nicht in Dir/Du bleibst doch ewiglich verloren«, sagt Angelus Silesius. Auf die Frage »Bin ich Jesus?« kann die Antwort nur heißen: Ja, warum eigentlich nicht?

Ich will eine zweite Art der modernen Anfrage an die Rolle Jesu benennen. Als ich mich einmal auf Weihnachten vorbereitete, fragte mich eine amerikanische, nicht-christliche Frau: »Was ist so besonders an Weihnachten? Daß ein Mann auf die Welt kommt und sich für Gott hält – was ist daran neu?« In dieser Bemerkung stecken zwei wichtige Kritikpunkte am überkommenen Christentum. Es ist eine Kritik am Patriarchat und eine an seiner Heldenverehrung. Die Hauptlüge des Patriarchats besteht darin, daß der Mensch mit dem Mann verwechselt wird. Viele haben immer noch nicht verstanden, daß das Ebenbild Gottes in der Bibel nicht ein Mann, Adam, sondern zwei Menschen, Adam und Eva, sind. Gott muß also nach dieser Religion ebenso weibliche wie männliche Züge gehabt haben. Sollte Jesus gekommen sein, um von dieser Wahrheit abzulenken? Sollte er die Selbstbeweihräucherung der Männer absegnen wollen und im Namen von »Vater, Sohn und Geist« gleich drei mannsbildliche Symbole heiligen?

Auch diese hier kritisierte Theologie und Lehre von Jesus denkt »von oben«. Der wirkliche Jesus in den Evangelien hielt sich eben nicht für Gott, es sei denn im Sinne der Mystiker, den ich eben ansprach. Jesus war ein frommer Jude, der aus der Kraft Gottes heraus sprach und lebte. Sein Gottbewußtsein hat er nicht dazu benutzt, sich für etwas Besseres zu halten, sich bedienen zu lassen, sich in den Vordergrund zu schieben. Er war nicht mit immer funktionierenden Wunderkräften ausgestattet; in Nazaret, wo niemand an ihn glaubte, konnte er nicht heilen. Es war für ihn nicht leichter, an Gott zu glauben, als es uns fällt. Er hatte keinen psychologischen Vorsprung ererbt.

Aber in der Kritik an dem Mann, der auf die Welt kommt und sich für Gott hält, steckt noch eine andere Anfrage, die man die nach der Christolatrie, der Christusvergötzung, nennen kann. Wieso brauchen wir denn überhaupt Helden, Gurus, Weise, Führer? Wieso soll da einer, der vor zweitausend Jahren lebte, für alle, die Späteren und in manchen Christus-Spekulationen auch die Früheren, das entscheidende Ereignis sein? Brauchen wir wirklich einen Heiland, einen König, einen Sieger, einen Erlöser? Der all das schafft, was wir nicht können, der liebt, wo wir nicht mehr lieben können, hofft, wo wir aufgeben, lebt, wo wir sterben? Diese Frage ist schwer zu beantworten, und ich glaube tatsächlich, daß wir mehr brauchen zum Leben als nur uns selbst. Der Individualismus, der in der Frage steckt, ist zu kritisieren. Aber wieder ist die Tradition einer Christologie von oben eher hinderlich. Einen weiteren Sieger, Richter, Helden brauchen wir nicht. Und einen Erlöser brauche ich auch nicht, wenn das Wort bedeutet, daß ein Übermächtiger mich aus einer miserablen Position, in der ich mich befinde, in eine gute, heile, andere Welt versetzt ohne meine Mitwirkung. Diese Zerrformen des Erlöstseins durch Christus können doch nicht gemeint sein!

Erlösen heißt in der Bibel soviel wie Befreien oder Retten oder Heilen. Christus ist nicht der Superheld, der plötzlich den Krebs oder die Atomkraft wegzaubert und abschafft. Wohl aber befreit er uns von der Furcht vor der Besessenheit von dem Übel und heilt, indem er uns die Angst wegnimmt, die unsere Heilkraft blockiert. Erlösen heißt, die Kraft Gottes, »das-von-Gott« in uns freizusetzen, darum sind Erlöste solche, die auf ihrer Menschenwürde bestehen. »Wenn ich in den Himmel komme«, so sangen die schwarzen Sklaven im Süden der Vereinigten Staaten, »dann geh ich überall frei herum, niemand wirft mich hinaus.« Der befreiende Christus dieser Menschen hielt ihre menschliche Würde, ihren Hunger und Durst nach Gerechtigkeit wach.

Nicht die Vergötzung Christi, die Christolatrie, ist das Ziel der christlichen Religion, sondern daß wir alle »in Christus sind«, wie der mystische Ausdruck heißt, daß wir an Christi Leben Anteil haben. Dieser Heiland ist ein verwundeter Heiler, und er heilt so, daß wir werden wie er. Sein wie er, lachen wie er, weinen wie er. Kranke heilen, auch die, die, ohne es zu wissen, erkrankt sind an den größten Neurosen unserer Gesellschaft, die kein Erbarmen mit sich und ihren Kindern kennen, wenn sie in die lebensfeindlichen Technologien und den Atomstaat einwilligen. Die Hungrigen speisen, das heißt, den Militarismus abzuschaffen. Die Kinder segnen, das heißt, die Bäume für sie stehen zu lassen.

Die Christolatrie ist das Gegenteil von dem, was das In-Christus-Sein bedeutet. Sören Kierkegaard hat diese Unterscheidung eingeübt, zwischen denen, die Christus bewundern, und denen, die ihm nachfolgen. Wenn ich ihn bewundere, dann erhebe ich ihn immer höher, ich habe ja nichts mit ihm zu tun, ich benutze die Bewunderung, um mich christusfrei zu halten. Er ist groß, ich hänge von ihm ab und will doch seinen Weg gehen. Wenn ich ihm aber nachzufolgen versuche, dann ruft er mir niemals zu: Laß die Finger davon, du kannst sowieso nichts, ich habe schon ein für alle Mal alles geregelt. Seine Sprache ist ganz anders als die der Dogmatiker: Komm mit, sagt er, das vor allem, komm mit in Gottes Reich. In unsere Heimat, wo niemand geschlagen wird, keiner hinausgeworfen und abgeschoben. Sieh hin, sagt er zu mir und zeigt, wie die Lahmen zu gehen anfangen. Er sagt nicht: Schließ die Augen, ich mache schon alles.

Meine Beziehung zu Christus ist also nicht die eines Personenkults à la Stalin oder Hitler. Ich bin mit ihm auf dem Weg, aber hier muß ich richtiger »wir« sagen, weil das meiner Erfahrung vom Widerstand und der Reich-Gottes-Arbeit entspricht. Wir, die wir uns auf ihn einlassen, seinen Weg für den richtigen halten, sind mit ihm auf dem Weg. Wir bewundern ihn nicht, wir gehen mit ihm. Er ist unser »erstgeborener Bruder«, wie Paulus sagt. Die lateinamerikanische Frömmigkeit drückt das schön aus – sie spricht heute immer weniger vom König Christus *(Cristo rey)*, dafür aber vom *compañero cristo.*

In gewissem Sinn drückt das Wort »Christus« daher ein Kollektiv aus. Wenn Jesus von Nazaret der arme Mann aus Galiläa war, der zu Tode gefoltert wurde, dann ist Christus dieses Nicht-Umzubringende, das mit ihm in die Welt gekommen ist und durch uns in ihm lebt. Wenn ich Christus sage, denke ich immer an den Franziskus von Assisi und Hildegard von Bingen und Martin Luther King und an Ita Ford, die amerikanische Nonne, die in El Salvador ermordet wurde – sowie an alle Widerstandskämpfer, die heute im Gefängnis sitzen. Christus ist ein Name, der für mich Solidarität ausdrückt, also Mit-leiden, also Mit-kämpfen. Christus ist die geheimnisvolle Kraft, die in Jesus steckte und die weitergeht und uns manchmal zu »Narren in Christo« macht, die ohne Aussicht auf Erfolg und Zweck das Leben mit anderen teilen. Das Brot teilen, das Obdach, die Angst und die Freude. Jesu Einstellung zum Leben war ja, daß man es nicht besitzen, horten, sichern kann. Teilen, weitergeben, geschenkt bekommen und weiterschenken, das ist es, was wir mit dem Leben tun können.

Damit bin ich bei einer dritten Anfrage von außen an diese Jesusbegeisterung, die in einer richtig verstandenen Kirche lebt. Ich war in einer theologisch-politischen Diskussion, und ich berief mich auf Jesus, da mischte sich ein älterer Herr, der bislang geschwiegen hatte, mit ein. »Was wollen Sie denn mit diesem Jesus? Er hat es doch zu nichts gebracht! Ich habe gar nichts gegen ihn, nur: er hatte keinen Erfolg. Er ist umgebracht worden, wie viele andere vor ihm und nach ihm. Ich verstehe nicht, daß Sie ihm folgen wollen; wollen Sie denn auch ans Kreuz?« Dieser Mann war ein skeptischer, nicht-glaubender Jude. Ich versuchte zu sagen: »Mit dem Umbringen hat es ja nicht ganz geklappt, wie Sie sehen. Er lebt ja auch heute und hier noch.« Aber es war eines der Gespräche, in denen Skepsis und Glaube, ineinander verkrallt, miteinander ringen, ohne Ergebnis.

Natürlich hatte mein Gesprächspartner recht mit seiner historisch begründeten Skepsis. Nicht nur Jesus wurde damals verurteilt und getötet, sondern auch Christus stirbt immer wieder, vor unseren Augen. Er ist in unseren Kirchen verscharrt; in den Parteien, die sich mit seinem Namen dekorieren, zur Unkenntlichkeit korrumpiert; in seinen Symbolen – wie dem Zeichen des Kreuzes –, die zur Tötung Unschuldiger mißbraucht wurden, entstellt. Und doch will ich in und mit der Gemeinschaft der Glaubenden an diesem Jesus festhalten. Und eigentlich möchte ich auch die drei Menschen, von denen ich erzählt habe, für ihn gewinnen, den Arbeiter, der sagt: Bin ich Jesus? und die Frau, die an der Männerwirtschaft in der Männerkirche verzweifelt, und den jüdischen Skeptiker, für den der Gang der Geschichte die Widerlegung Jesu, das Scheitern seines Entwurfs bedeutet. Nicht, weil ich die Anfrage dieser Zeitgenossen für falsch halte, ich bin ja genauso mißtrauisch wie sie gegen den Doketismus und die Christolatrie, sondern weil dieser Jesus ein Geheimnis hat, das ihn stark macht und das mir immer wieder Kraft gegeben hat. Worin besteht das Geheimnis Christi? Warum ist er nicht umzubringen, weder durch seine Feinde noch durch seine Freunde?

Die christliche Tradition hat dieses Geheimnis mit den Worten »Der Gesalbte des Herrn«, »Messias«, »Sohn Gottes«, »Gott als Sohn« zu formulieren versucht, und sie hat Christus in einem Paradox zugleich einen »wahren Menschen« und »wahren Gott« genannt. Aber wenn wir vom »wahren Gott« ausgehen, dann besteht die Gefahr, daß wir das »wahrer Mensch« verlieren. Wenn wir dagegen »von unten« denken, dann werden ganz andere Dinge als »Messias«, »Herr«, »Heiland«, »Erlöser« wichtig. Dann wird sichtbar, wer dieser Jesus eigentlich war: der uneheliche Sohn eines armen Mädchens, eines Teenagers; ein Arbeiter, der zu den Landlosen gehörte; ein Armer in jedem Sinne des Wortes, unter armen unbedeutenden Leuten lebend, ein Niemand aus einem Provinzstädtchen; ein Spinner, der »von Sinnen« ist, wie seine Familie befand; ein Subversiver, der von den Behörden gesucht wurde; ein Politgefangener, der gefoltert und schließlich zum Tode verurteilt wurde. Das Bild, das so aus der realen sozialen Geschichte der Evangelien entsteht, gleicht nicht dem Sieger oder Richter, der mit den Zeichen der kaiserlichen Macht gekrönt wird, eher dem ausgemergelten Bauern des großen deutschen Bauernkrieges, wie Matthias Grünewald den Jesus dargestellt hat. Das Geheimnis Christi ist das Geheimnis der Leidenden, der Verarmten, der Landlosen der Dritten Welt, die wir in den reichen Ländern in die Schuldsklaverei über Generationen verkaufen. Ohne diese Zugehörigkeit zu den Armen, ohne dieses Schicksal der Armen, aufgegriffen, willkürlich verhaftet, peinlich verhört, gefoltert und getötet zu werden, wie es heute den Campesinos in Lateinamerika, den Textilarbeiterinnen in Taiwan oder Südkorea, den schwarzen Kindern in Soweto und vielen anderen Orten geschieht, kann man Jesus nicht verstehen. Man kann den Ruf, dieses *Komm mit!* nicht hören, wenn man sich vor dem Schrei der Armen und ihrer Forderung nach Gerechtigkeit verschließt.

Worin besteht das Geheimnis Jesu? Wie können wir das, was da nicht umzubringen war und ist, benennen? Ich denke, daß verschiedene Zeiten notwendig verschiedene Formeln gefunden haben, um dieses Geheimnis, diese ansteckende Kraft in den Niederlagen, in der Verzweiflung zu entdecken. Eine christologische Formel, die mir hilft, hat Dietrich Bonhoeffer aufgestellt. Bonhoeffer nennt Christus einen »Menschen für andere«. Damit ist nicht eine falsche Ichlosigkeit, wie sie oft den Frauen abverlangt und aufgezwungen wird, gemeint. Dieser Mensch-für-andere konnte ja ungeheuer provozierend »Ich« sagen, sein »Ich aber sage euch ...« gegen eine Tradition stellen, sein »Ich bin ... das Wasser des Lebens, das Licht der Welt« aussprechen. Er meinte Gottes Wasser, er meinte Gottes Licht. Er ließ dieses Licht durch sich hindurchleuchten, er verbarg es nicht in den Tiefen seiner Seele, er gab es aus. Er war Mensch-für-andere, weil er Mensch Gottes war und sich von diesem Gott so getragen wußte, daß er nicht aus ihm herausfiel, auch nicht als er sich von ihm verlassen erfuhr. Die alte Formel »wahrer Mensch« wird von Bonhoeffer mit »Mensch« wiedergegeben, das »wahrer Gott«-Sein nennt Bonhoeffer einfach »für andere« da sein. Denn Gott ist für andere der Gott der Liebe. So interpretiert der Satz »Christus ist der Mensch für andere« die alte christologische Formel »wahrer Mensch und wahrer Gott« in einer gegenwärtigen Sprache, die von Gott redet, ohne religiöse Formeln zu benutzen.

Der Mensch für andere ist der Mensch nach Gottes Herzen.

In der dunklen Nacht des Kreuzes war das Leben, war Gottes Geist, dessen auch wir fähig sind, bei ihm. Gott war bei ihm – trotz seiner Erfolglosigkeit. Es gibt einen Punkt der christlichen Erkenntnis, da muß die Frage nach dem Erfolg hinter der nach Wahrheit zurücktreten. Da kann ich – mit dem alten Skeptiker – am Erfolg Christi zweifeln, aber nicht an seiner Wahrheit, die mich einlädt mitzumachen an seiner Seite. Da lieben wir diesen armen Jesus aus Nazaret nicht, weil er siegte oder er die Welt hinter sich gelassen hatte, sondern weil seine Art, da zu sein als der Mensch-für-andere, uns ins innerste Herz trifft. Ja, so ist es gemeint, auch mit uns. »Liebt ihn, der vor Liebe brennet«, heißt es in einem Kirchenlied. Jede andere Begründung, zum Beispiel daß er Gottes Sohn war, viele Wunder tat, auferstand und letztendlich siegen wird, ist zu schwach. Das Geheimnis Jesu läßt sich nicht aus Gott ableiten, sondern umgekehrt: Sein Rufen, sein Komm mit!, Folge mir nach!, Nimm Dein Bett und geh!, zieht uns in Gott hinein. Christus läßt uns Gott ins Herz sehen. Dem Menschen-für-andere seine Wahrheit glauben, ihm seinen Gott abnehmen, ist der Weg einer Christologie von unten.

Karl Rahner

Zugänge zum Geheimnis Jesu

Es kann auch anders sein, als ich meine. Aber ich denke, es gibt drei Zugänge zu jenem geheimnisvollen Verhältnis zu Jesus, durch das im Vollzug des Lebens selbst das aufgeht und wirklich verstanden (»realisiert«) wird, was der Glaube der Kirche von Jesus bekennt. Zugänge zu einem geheimnisvollen Verhältnis, sage ich. Der Zugang als solcher und die Bezogenheit der ganzen eigenen Existenz auf Jesus sind zu unterscheiden und in ihrem Zusammenhang zu sehen.

Der Andere (der Nächste), der Tod und die Zukunft sind diese drei Zugänge. Sie hängen unter sich eng zusammen. Man muß den Nächsten, den Tod (soweit man »lebend« es kann) und die Hoffnung auf Zukunft aber radikal ernst genommen haben, damit sie einweisen in das Verhältnis zu Jesus, mit dem ein ausdrückliches und echtes Christentum erst gegeben ist.

Der erste Zugang ist die Liebe zum Nächsten. Jesus selbst deutet dies bei Mt 25 durch die Identifizierung zwischen sich und unserem Nächsten an. Jede Liebe zu einem anderen Menschen hat, wenigstens ihrem Wesen nach, den Charakter eines absoluten Wagnisses der eigenen Existenz an den anderen. Wo darum wirklich geliebt wird, geschieht es, bewußt oder unbewußt, in der Hoffnung, daß trotz aller Fragwürdigkeit und Gebrechlichkeit, derentwegen der andere die Absolutheit der Liebe zu ihm gar nicht legitimieren kann, solch ein Wagnis sinnvoll ist und nicht notwendig doch letztlich enttäuscht werden muß. In Jesus nun und durch ihn ist die Hoffnung bestätigt worden. In ihm erscheint geschichtlich greifbar ein Mensch, bei und an dem es (für den Glaubenden) offenkundig wird, daß die Liebe in ihrer Absolutheit, in der man sich liebend an ihn wagt, nicht mehr enttäuscht werden kann. Er kann darum auch dem Wagnis der Liebe zu anderen die Erlaubnis und die Hoffnung ihrer Unbedingtheit geben. Ein Mensch aber, der durch sein Sein, sein Geschick und dessen Endgültigkeit die Unbedingtheit einer Liebe zu sich und seinen Brüdern absolut legitimiert und einen letzten Vorbehalt des liebenden Subjekts gegenüber der letzten Fraglichkeit des geliebten Menschen grundsätzlich und endgültig überholt, ist (ohne daß dies hier weiter entfaltet werden kann) genau der, den der christliche Glaube in seiner traditionellen Fassung als den Gottmenschen bekennt, als den Menschen, der so mit Gott eins ist, daß, wenn man sich unbedingt glaubens- und hoffnungsgewiß an ihn wagt, man sich mit dem geliebten Menschen in Gott hinein wegliebt und nicht mehr in die radikale Fragwürdigkeit eines Menschen allein. Darum gilt aber auch umgekehrt: Wer Jesus den Lebendigen liebt in einer berechtigten und ihrer gewissen Liebe und in einem absoluten Vertrauen, das in ihm selbst seinen absoluten Grund weiß, der hat Jesus schon als den angenommen, den der christliche Glaube aussagt, ob er die klassischen und gültig bleibenden Formeln der Christologie versteht oder nicht.

Ein zweiter Zugang zum Verständnis dessen, was Jesus ist und für uns ist, kann in der Erfahrung des Todes gefunden werden. Dieser Zugang hängt zunächst mit dem zusammen, was über die Liebe zum Nächsten als Zugang zum Verständnis Jesu gesagt wurde. Die Absolutheit solcher Liebe scheint ja schon durch die Erfahrung des Todes des geliebten Menschen radikal bedroht zu sein.

Und selbst wenn man sagt, solche Liebe bejahe die Endgültigkeit der geliebten Person, dann ist doch noch einmal zu fragen, welches der Grund für den Mut sei, solche Endgültigkeit des geliebten Menschen zu hoffen, und wo *der* Mensch sei, dessen Geschick als Tat Gottes den Sieg solcher Endgültigkeit für uns geschichtlich erscheinen läßt. Aber auch darüber hinaus ist die Erfahrung des Todes ein Zugang zum Verständnis der Wirklichkeit und der Bedeutung Jesu für uns. So sehr jeder seinen eigenen Tod sterben mag, so sehr ist in einem tiefsten Sinn der Tod das gemeinsame Schicksal aller Menschen, in dem sie untereinander durch das Erleiden des Äußersten verbunden sind und keiner zu Recht dem anderen gleichgültig gegenüberstehen kann. Wo aber ergreifen wir in unserer Geschichte die konkrete Hoffnung, daß dieses Äußerste unserer Existenz, in dem wir schlechthin uns entrissen werden, nicht der Sieg der leeren Nichtigkeit des Menschen ist, sondern in die selige Unbedingtheit der Liebe Gottes und in seine Ewigkeit einmündet? Doch nur in einem Menschen, dessen »Auferstehung« als Erfüllung unseres gemeinsamen Todes glaubend und hoffend erfahren wird. Wenn aber in einer solchen Auferstehung das endgültige Zusagewort Gottes an uns als die wahre Wirklichkeit des Todes Jesu und unseres Todes ergriffen wird, dann wird der Auferstandene als das unüberholbare Heilswort Gottes an uns, als der eschatologische Heilbringer geglaubt. Und wiederum kann gesagt werden: der so von der todüberwindenden Hoffnung her als deren Grund Geglaubte ist genau der, der im christlichen Glauben als das fleischgewordene Wort bekannt wird, in dem Gott sich endgültig und siegreich dem Menschen zusagt.

Von da aus wird eigentlich schon verständlich, warum und wie man die Hoffnung auf die absolute Zukunft als Zugang zum Verständnis des Wesens und der Bedeutung Jesu für uns bezeichnen kann. Die Hoffnung, die für alle, und zwar einen endgültigen Sieg der Menschheitsgeschichte hofft, auch wenn sie kein für uns schon inhaltlich gefülltes Ziel angeben kann (will sie nicht aus dem unbegreiflichen Gott der Zukunft einen Götzen von Zukunft machen, den wir selbst geschnitzt haben), muß notwendig in der Geschichte suchen, wie weit der Lauf in die Zukunft hinein schon gekommen ist. Nicht um die absolute Zukunft schon ideologisch vorwegzunehmen und zu einem vom Menschen zu machenden Ziel zu verfälschen, sondern weil die Hoffnung konkret Rechenschaft von sich geben muß. Es darf ihr nicht verwehrt werden, nach den »Zeichen der Zeit« zu fragen, sie darf, wenn sie wirklich auf ihre Erfüllung hofft und dies doch durch die Geschichte hindurch geschehen soll, nicht selber aus falscher Bescheidenheit verbieten, in der Geschichte zu merken, daß diese schon in eine Phase eingetreten ist, in der die Möglichkeit eines letzten Absturzes der Geschichte ins Leere von Gott als der absoluten Zukunft schon überholt ist. Wo im Glauben die »Auferstehung« Jesu ergriffen wird, ist erfaßt, daß die eine Geschichte der Welt als ganze nicht mehr scheitern kann, auch wenn die Frage des Ausgangs der Geschichte des Einzelnen offen und die absolute Zukunft die seligmachende, aber auch namenlos bleibende Unbegreiflichkeit Gottes ist. Wo in einem konkreten Menschen in der Geschichte das nicht mehr rückgängig zu machende, siegreiche Wort der Selbstzusage Gottes als der absoluten Zukunft de Geschichte gegeben ist und geglaubt wird, da ist jene Einheit von Gott und Mensch gegeben und geglaubt, die der christliche Glaube in der »hypostatischen Union« bekennt.

Wer fragt, wie man den Nächsten bedingungslos lieben und seine eigene Existenz radikal für ihn einsetzen könne, wie solche Liebe auch durch den Tod nicht ungültig wird, ob man hoffen könne, im Tod nicht das Ende, sondern die Vollendung in der absoluten Zukunft zu finden, die Gott genannt wird, der sucht mit dieser Frage, ob er es weiß oder nicht, Jesus. Wer diese dreifache Frage wirklich aufrechterhält und nicht verdrängt, hat es an sich nicht so schwer, die Antwort auf diese Frage in der Geschichte bei Jesus zu finden, wenn dieser ihm recht verkündet wird. Wenn er aber sich seine dreifache Frage durch Jesus und sein Leben in Tod und Auferstehung beantworten läßt, dann gewinnt er auch einen Verständniszugang zur traditionellen Christologie, die zunächst so schwer verständlich erscheint, aber letztlich auch nichts anderes besagt, als daß in Jesus siegreich und unüberholbar Gott sich selbst dem Menschen zugesagt hat als selige Antwort auf die dreifache Frage, die der Mensch nicht nur eventuell hat, die er im Grunde vielmehr selber ist.

Theologische Sichtweisen

Adolf Holl

Jesus, biographisch gesehen

Jesus wurde einige Jahre vor Christi Geburt geboren, weil sich ein Kalendermacher aus dem Mittelalter geirrt hat. Die heutige Wissenschaft setzt die Geburt Jesu zwischen 4 und 6 vor Christi Geburt an, und das ist – zusammen mit seiner Hinrichtung um 30 nach Christi Geburt – so ziemlich alles, worüber unter den Erforschern des Lebens Jesu Einigkeit herrscht.

Manche Gelehrte bestreiten sogar die Tatsache, daß Jesus überhaupt gelebt hat, und fassen ihn als Mythe auf. Dessenungeachtet beten heute rund eine Milliarde Menschen zu diesem Jesus; rund ein Drittel der Weltbevölkerung nennt sich Christen.

Bestenfalls drei Jahre, wahrscheinlich jedoch nur zwei Jahre, möglicherweise nur einige Monate hat Jesus gepredigt. Was vorher war, wird weitgehend verschwiegen – von jenen schriftlichen Quellen, auf die allein wir angewiesen bleiben, nämlich den vier »Evangelien« nach Matthäus, Markus, Lukas und Johannes. Wohl erzählen Matthäus und Lukas einige wundersame Begebenheiten rund um die Geburt des göttlichen Kindes im Stall von Bethlehem, doch wird das Interesse an genaueren biographischen Angaben über die Person Jesu dadurch nicht zufriedengestellt.

Jesus ist sozusagen plötzlich da: Da kam Jesus von Nazaret in Galiläa zu Johannes an den Jordan, um sich von ihm taufen zu lassen (Matthäus, Markus); als Jesus auftrat, war er ungefähr 30 Jahre alt und war, wie man glaubte, der Sohn Josephs (Lukas); am folgenden Tage sieht der Täufer Jesus auf sich zukommen (Johannes).

Nur das Johannesevangelium nennt in diesem Zusammenhang einen Ortsnamen: Betanien, jenseits des Jordan. Dorthin also, in die Gegend der Einmündung des Jordanflusses in das Tote Meer, unweit der alten Stadt Jericho, mag Jesus gegangen sein, um sich der Bußtaufe des Johannes zu unterziehen. Bald danach wird man von ihm zu reden beginnen; jedoch selbst in den Evangelien ist jene Frage stehengeblieben, die sich jedem Interessierten ganz von selbst stellt: Wieso kennt dieser die Schriften, ohne Unterricht erhalten zu haben?

I. Unbekanntes Vorleben

Die Lücke zwischen den Kindheitsgeschichten Jesu und dem Einsetzen der Berichterstattung von seinem Auftreten in der Öffentlichkeit ist groß. Lediglich Lukas unterbricht dieses allgemeine Schweigen – ein einziges Mal: Und seine Eltern zogen jedes Jahr am Osterfest nach Jerusalem; als er zwölf Jahre alt war, gingen sie der Festsitte gemäß hinauf.

In dieser Legende bleibt Jesus – von seinen Eltern unbemerkt – bei den »Lehrern« im Tempel, erregt dort allgemeines Staunen durch seine Antworten, wird schließlich entdeckt und kehrt folgsam nach Nazaret zurück: Und Jesus nahm zu an Weisheit und Alter und Gnade vor Gott und den Menschen.

Mehr zu berichten, hält selbst Lukas nicht für notwendig. Offenbar liegt ihm lediglich daran, seinen Lesern klarzumachen, daß Jesus in keine Schule zu gehen brauchte. Seine Kenntnisse in den jüdischen Schriften, ja Lesen und Schreiben überhaupt hätte er demzufolge von anderswo bezogen: von »oben«, also von Gott.

Mit diesem Hinweis wird allerdings die Informationslücke bezüglich des Vorlebens Jesu nicht geschlossen; nicht Auskunft wird hier erteilt, sondern eine wunderbare Erklärung für die offenbar vorausgesetzte Tatsache geboten, daß Jesus in den heiligen Schriften Bescheid wußte.

Daß dies in der Tat der Fall war, darf mit einiger Wahrscheinlichkeit angenommen werden. Öfter wird Jesus mit »Rabbi« angeredet, was so viel wie »Meister« bedeutet. Ein solcher Rabbi hatte jedoch in der damaligen jüdischen Gesellschaft meist eine lange und gründliche Ausbildung hinter sich. Zwei bis drei Jahrzehnte, von Kindheit an, hatte einer zu lernen, bis er selber Lehrer sich nennen durfte. Diese hohen Standards der Bildung hängen mit der Tatsache zusammen, daß die jüdische Gesellschaft zu den ersten gehört, die zur damaligen Zeit eine schriftkundige Oberschicht besaß.

Nirgends allerdings findet sich ein Hinweis dafür, daß Jesus der Standesgruppe der Schriftgelehrten angehört hätte; ganz im Gegenteil steht er in einem scharfen Gegensatz zu ihnen, insbesondere zu einer ihrer Hauptrichtungen, den sogenannten Pharisäern, und beschuldigt sie der Heuchelei. Auch in den seit 1947 entdeckten Schriften von Qumran werden die Pharisäer Heuchler genannt. Und Qumran liegt nicht sehr weit von jener Gegend, in der Jesus nach der Überlieferung zuerst öffentlich auftrat. Darf man vermuten, daß Jesus der Wüstenbruderschaft der Essener angehört hat, die damals am Nordwestufer des Toten Meeres lebte und über deren Sitten und Lehren die neuerdings gefundenen Qumran-Texte berichten? Hat Jesus vielleicht bei ihnen jene Ausbildung erhalten, die ihm den vertrauten Umgang mit den heiligen Büchern ermöglichte? Wir wissen es nicht. Die Frage nach der schulischen, beruflichen Ausbildung Jesu – nach modernen Gesichtspunkten bei jeder Stellenbewerbung eine Selbstverständlichkeit – bleibt unbeantwortet.

Offen bleibt auch die Rubrik des Familienstandes. Ob Jesus ledig oder verheiratet war, wird nirgendwo erwähnt. Dabei ist die Vorstellung eines verheirateten Jesus der christlichen Überlieferung unerträglich, bis heute. Die Evangelien jedoch schweigen über diesen Punkt, sie erwähnen ihn nicht einmal. Nun kann man wohl das Argument vorbringen, daß die Evangelien eben deshalb nicht über eine Ehe Jesu schreiben, weil er eben ledig war. Ein Argument dieser Art – aus dem Verschweigen eines Sachverhaltes bestimmte Schlüsse zu ziehen – wird jedoch von den Historikern mit Recht nicht zugelassen; denn auch das Gegenteil wäre möglich, in unserem Fall also ein verheirateter Jesus, der seine Frau verließ, um sich seiner Sendung zu widmen. Das Schweigen der Quellen würde sich dann daraus erklären, daß ihnen die Ehe Jesu entweder gleichgültig oder sogar unangenehm war.

Abermals bewegt man sich in Vermutungen und Angemessenheitsgründen, im Bereich des Wahrscheinlichen und Unwahrscheinlichen. Sicherheit wird damit jedoch nicht erreicht, das steht fest.

Ob (bei Markus) ursprünglich Joseph oder Jesus selbst als Zimmermann bezeichnet wird, ist textkritisch strittig. Die moderne Wissenschaft setzt ein Fragezeichen dorthin, wo der fromme Sinn die heilige Familie erblickt – den heranwachsenden Jesus an der Seite Josephs in der Werkstätte zu Nazaret, mit Maria, der jungfräulichen Mutter. Ein still verborgenes Leben als Handwerker im engsten Familienkreis – ist dies die Antwort auf die Frage nach dem Vorleben Jesu?

Die wissenschaftliche Forschung hält diesbezüglich nur ein Fragezeichen bereit. Mehrere Fragezeichen, um genau zu sein. Denn fraglich ist, wer eigentlich jene »Brüder« und »Schwestern« Jesu waren, die gelegentlich in den Evangelien erwähnt werden (darüber später), fraglich auch die genaue Bedeutung der beiden Stammbäume Jesu (Matthäus, Lukas), die in der Tat unterschiedliche Angaben über die Vorfahren Jesu beziehungsweise Josephs machen.

Festzuhalten bleibt: Herkunft, Ausbildung und Vorleben Jesu bleiben weitgehend im dunkeln. Man mag derlei Fragen als müßig bezeichnen – berechtigt sind sie jedenfalls. Und bemerkenswert bleibt die Tatsache, daß man über eine Person von der starken Wirkung Jesu so wenig biographische Angaben bekommt. Unter allen maßgebenden religiösen Persönlichkeiten, die man später Religionsstifter genannt hat, wird nur Jesus in bezug auf seinen Werdegang mit Schweigen umgeben.

II. Zwischen Kapharnaum und Jerusalem

Jesus beginnt im Land Palästina berumzuwandern und zu predigen: Glaubt der guten Nachricht. Eine Karawane der damaligen Zeit benötigte etwa eine Woche, um das Gebiet der Wirksamkeit Jesu von Norden nach Süden zu durchqueren. Ein kleines Land also. Im Norden die Landschaft Galiläa mit dem See Genesaret, an dessen Nordufer Kapharnaum lag; dort hielt sich Jesus gerne auf, aus dieser Gegend stammen seine engsten Anhänger, die ihn ständig begleiteten: die Jünger, auch Apostel genannt. Im gebirgigen Süden liegt Jerusalem, die Hauptstadt, mit dem Tempel. Zwischen diesen beiden Orten ereignet sich – im großen und ganzen – das uns bekannte Leben Jesu; kaum 200 Straßenkilometer liegen zwischen Kapharnaum und Jerusalem.

Die Evangelien nennen nur wenige Ortsnamen im Zusammenhang mit den Wanderungen Jesu; Kana in Galiläa wird genannt, als Ort der wunderbaren Verwandlung von Wasser und Wein, dann Nai, ebenfalls im Norden, wo Jesus einen Toten auferweckt; schließlich der Heimatort Jesu, Nazaret (er zählt heute rund 40 000 Einwohner).

Weiter südlich, in der Landschaft Judäa, wird Jericho am Jordan erwähnt; Ephraim, wohin sich Jesus angesichts der bereits drohenden Verhaftung noch einmal zurückzieht, wird genannt. Damit ist die Liste der Bezugspunkte nahezu erschöpft. Aus diesen dürftigen Angaben einen Zeitablauf der Wirksamkeit Jesu zu rekonstruieren ist unmöglich. Lediglich das Johannesevangelium berichtet über mehrere Reisen Jesu nach Jerusalem, wenn ein religiöses Fest gefeiert wurde. Die anderen drei Evangelien beschränken ihre Erzählungen in der Hauptsache auf die Landschaft Galiläa, und hier wiederum auf das Nordufer des Sees Genesaret. Matthäus erwähnt eine Wanderung Jesu noch weiter in den Norden hinauf, bis nach Cäsarea Philippi, in der Nähe der Jordanquellen.

Alles in allem: ein kleiner Schauplatz für jene Begebenheiten, deren wichtigste auch heute jedem von Kindheit an vertraut sind, der – als Abendländer – mit Bildern und Vorstellungen erfüllt ist, die auf die Bibel zurückgehen. Die Bergpredigt. Die wunderbare Brotvermehrung. Der fastende Jesus in der Wüste. Die Kreuzigung. Die Erscheinungen des Auferstandenen.

Viele fragen heute: Hat sich dies alles wirklich und wahrhaftig so zugetragen, wie uns erzählt wird? Wandelte Jesus tatsächlich auf dem Wasser des Sees, standen die Toten wirklich auf? Solche und viele weitere kritische Fragen wurden zumindest unter den Gebildeten seit dem 18. Jahrhundert gestellt. Seit Lessing die Schriften eines gewissen H. S. Reimarus unter dem Titel »Fragmente eines Wolfenbüttelschen Ungenannten« herausbrachte (1774-1778), in denen die Auferstehung Jesu der Erfindungskraft der Jünger zugeschrieben wurde, gibt es ein gewaltiges Jesus-Schrifttum. Berühmte Männer wie der Philosoph Schleiermacher und der als Urwaldarzt bekannt gewordene Albert Schweizer haben sich an der wissenschaftlichen Debatte um Jesus beteiligt. Diese Debatte ist bis heute nicht abgeschlossen. Sie hat jedoch gewisse Ergebnisse gebracht, die zumindest in der wissenschaftlichen Welt kaum mehr angezweifelt werden. Wichtig ist dies: Die vier Evangelien als Hauptzeugen des Lebens Jesu können nicht zur Gänze als verläßliche Tatsachenberichte angesehen werden. Um zum geschichtlichen Kern vorzudringen, bedienen sich die Gelehrten heute ziemlich aufwendiger Methoden kritischer Textanalysen. Sie versuchen auf diese Weise, jene Jesus-Worte sicherzustellen, die aller Wahrscheinlichkeit nach tatsächlich von ihm selbst gesprochen wurden, im Gegensatz zu anderen Aussprüchen, deren Authentizität nicht so sicher ist und die möglicherweise auf die Arbeit der Evangelien-Verfasser zurückzuführen sind. Bislang ist es freilich noch keinem Gelehrten gelungen, eine Art Ur-Evangelium zweifelsfrei zu rekonstruieren. Und auch in der Beurteilung der Wundergeschichten scheiden sich die Geister. Sicher ist dies: Jesus zog im Land umher, er predigte eine »gute Nachricht« (euangelion) vom nahe bevorstehenden »Reich Gottes«, und er mag auch manchem Kranken und seelisch Verstörten geholfen haben.

Nun aber das Erstaunliche dieses Wirkens, dem rund zwei Jahre genügten, um das in Bewegung zu bringen, was heute Christentum heiß. Vier »maßgebende Menschen« nennt der Philosoph Karl Jaspers: Sokrates, Buddha, Konfuzius, Jesus. Sie haben eine geschichtliche Wirkung von unvergleichlichem Umfang und Tiefgang gehabt. Das Herausheben jener vier gehört zur Klarheit welthistorischen Bewußtseins.

Andere Autoren nennen Jesus einen Religionsstifter. Auf ihn geht eine der heutigen »Weltreligionen« zurück – wie der Islam auf Mohammed, der Buddhismus auf Buddha.

Mit welchen vergleichbaren geschichtlichen Persönlichkeiten man Jesus auch immer in Zusammenhang bringt und unter welchem Gesichtspunkt immer: erstaunlich ist die Kürze seines Wirkens deshalb, weil sie einmalig ist. Kein anderer der religiösen oder philosophischen Großen hat in so kurzer Zeit seine Lehren verbreitet. Keiner ist so jung gestorben wie Jesus.

III. Der Irrtum Jesu

Die Predigt und das Handeln Jesu stehen unter der Voraussetzung: Es sind einige unter euch, die hier stehen, welche den Tod nicht kosten werden, bis sie den Menschensohn kommen sehen mit seinem Reich. Der Menschensohn und sein Kommen – auf den Wolken des Himmels, wie Jesus an einer anderen Stelle sagt – werden im Zusammenhang mit dem Weltuntergang sich ereignen. Und dieser steht nahe bevor.

Jesus hat seine Predigt auf Israel beschränkt, und auch die Apostel dachten anfangs an nichts anderes. Die ersten Jahrzehnte des frühen Christentums waren geprägt vom Gedanken an das nahe Weltende. Erst nach und nach trat die Ernüchterung ein: Der Bräutigam läßt sich Zeit.

Von einem universellen, auf alle Völker sich erstrekkenden Missionsbefehl Jesu kann historisch keine Rede sein – so lautet der wissenschaftliche Befund; entgegenlaufende Stellen in den Evangelien wurden erst später in den Mund Jesu gelegt. Manche Exegeten haben angenommen, Jesus habe seine bitterste Enttäuschung erst sterbend erlebt. Bis zuletzt habe er die Posaunen des Jüngsten Gerichtes erwartet. Andere meinen, Jesus habe sich mit einer Art kurzer Zwischenzeit abgefunden, nachdem ihm die Unausweichlichkeit der tödlichen Bedrohung durch die Behörden klargeworden war – einer Zeit zwischen seinem Tod und dem Ende der Welt.

Die Katastrophe jedoch trat nicht ein, das Gericht wurde sozusagen vertagt und hiermit freilich auch all der Hoffnungsglanz des Reiches, der Himmel, dessentwegen Jesus seine Lehren eine gute Nachricht nannte, eine Botschaft der Freude für jene, die sich der Einladung zum Gesinnungswandel nicht entzogen.

Mehr noch. Jesu Erwartung eines nahe bevorstehenden Weltendes, mit völlig anderem Neubeginn, steht so sehr in Zusammenhang mit seinen Lehren, daß seine trotz Enttäuschung dieser Erwartung fortdauernde Wirkung geradezu unwahrscheinlich wirkt.

Wenn aber die Wirklichkeit des Weltuntergangs ausbleibt, ist der Sinn des Grundgedankens nicht aufgehoben (Jaspers). Der Grundgedanke Jesu, nämlich seine Aufforderung zur Entscheidung angesichts eines jedenfalls für jeden Menschen unausweichlichen Endes, war so stark, daß er durch den Irrtum Jesu nicht zersetzt werden konnte.

Diese Unverwüstlichkeit der Jesugestalt hängt sicher mit der Art seines Sterbens zusammen. Jesus ist, ob man es will oder nicht, als der einzelne leidende und sterbende Mensch zurückgeblieben (Canetti). Für diese – durchaus jüdische – Leidenserfahrung Jesu wird der Hohn seiner Gegner belanglos, die ihm ein illusionäres Denken nachrechnen wollen: Wenn du der Sohn Gottes bist, dann steig herab vom Kreuz.

IV. Drei Tatsachen

Wer wie Jesus im Bewußtsein eines baldigen Endes der Welt lebt, dem bedeuten die gesellschaftlichen Ordnungen wenig. An diesem Punkt setzt die Frage an: Wie hat sich Jesus zur Gesellschaft verhalten, in der er lebte?

Die Beantwortung dieser Frage wird in erster Linie bestimmt von jener Tatsache der Jesusbiographie, mit der diese endigt und die historisch am verläßlichsten ist: der Hinrichtung.

Nur Sokrates († 399 v. Chr.) hat unter den mit Jesus vergleichbaren geschichtlichen Persönlichkeiten ein ähnliches Schicksal erlitten; ihm wurde wegen Gottlosigkeit der Prozeß gemacht, wegen Verführung der Jugend auch. Er wurde zum Tod verurteilt und trank gelassen den Schierlingsbecher aus.

Jesus stirbt im Gegensatz zu Sokrates jung, und die Qual seines Todes nach überaus kurzer Wirksamkeit hat etwas sehr Heftiges an sich. Während die Gegner des Sokrates in Athen Jahrzehnte Zeit hatten, ihren Ärger über diesen Mann zum Vernichtungswillen zu verdichten, führte die Anstößigkeit des Verhaltens Jesu sehr viel schneller zur Katastrophe.

Bei Jesus tritt also – durch die Schnelligkeit der Entwicklung – deutlicher als bei Sokrates zutage, in welchem Gegensatz er sich zur Gesellschaft befand, zumindest was deren Repräsentanten anlangt. Dieser Gegensatz wurde als kriminell beurteilt und geahndet, die Hinrichtung geschah der Sitte gemäß außerhalb der Stadt, womit bedeutet wurde, daß sich der Deliquent außerhalb der geltenden Gesellschaftsordnung gestellt hatte. Die Tatsache der Hinrichtung Jesu allein und für sich selbst genommen genügt, um ihn als gesellschaftlichen Außenseiter zu kennzeichnen.

Dieser (soziologische) Befund wird durch zwei weitere geschichtliche Tatsachen gestützt, die im Leben Jesu ihre Wurzel haben und in ihrer Wirkung auf die Entwicklung der Sache Jesu deutlich erkennbar sind. Es handelt sich dabei um die Bedeutungslosigkeit der Sippe Jesu bei der Regelung der Führungsfrage in der nach dem Tod Jesu sich bildenden religiösen Bewegung und um die Tatsache der Ausbreitung des Christentums vorerst in den unteren sozialen Schichten des damaligen Mittelmeerraums.

In jedem der beiden Fälle tritt etwas Außenseiterisches auf. Denn die Vernachlässigung der Verwandtschaftsbeziehungen war – und ist teilweise noch heute – im Nahen

Osten durchaus ungewöhnlich. Als erster Nachfolger Mohammeds, vergleichsweise, der ohne männlichen Nachfolger gestorben war, behauptete sich Abu Bakr, einer der Schwiegerväter des Propheten. Und in all den Nachfolgekämpfen der frühislamischen Entwicklung – der sogenannten Kalifatsfrage – spielt die Frage der Zugehörigkeit zur Sippe Mohammeds die entscheidende Rolle.

Wohl hat es auch im frühesten Christentum ähnliche Tendenzen gegeben, durchsetzen konnte sich die Sippe Jesu jedoch nicht, und darin liegt das Entscheidende. Selbst in der Herausbildung einer Priesterkaste innerhalb der jungen Christengemeinden, die als solche keineswegs auf Jesus rückführbar ist, setzte sich der Mangel an Familiensinn als religionsgeschichtliches Novum durch: Die christliche Kirche der ersten Jahrhunderte bringt zum erstenmal in der Geschichte eine nicht erbliche Priesterklasse hervor. Denn in den bis dahin vorhandenen Kulturen der schriftlichen Epoche pflegte sich die Priesterwürde in den hierzu ausersehenen Familien zu vererben; damit war es mit dem Heraufkommen der christlichen Kirche im römischen Imperium zu Ende.

Indifferenz gegenüber Geld, Besitz, gesellschaftlichem Ansehen: Jesus hat die Voraussetzungen für diese Haltung lieber bei den Unteren gesucht, bei den Armen und den gesellschaftlich Verfemten. Paulus hat für die Christen in Jerusalem Geld gesammelt; denn sie waren arm. Ein gewisser Kelsos machte sich um 180 n. Chr. über die ungebildeten christlichen Prediger lustig, die eher herumziehenden Handwerksburschen als philosophischen Lehrern glichen. Die Sorge um die Armen, die Waisenkinder, die Kranken war den Christengemeinden schon in den ersten Jahrhunderten wichtig; offenbar gab es viele Bedürftige unter ihnen. Diese ursprüngliche Verbreitung der christlichen Lehre in erster Linie unter den armen Schluckern von damals spricht für das Fortwirken eines außenseiterischen

Impulses, dem die Regeln der sozialen Schichtung mit ihren Über- und Unterordnungen wenig bedeuteten.

Die drei beschriebenen historischen Tatsachen – Kriminalität, familiäre Unabhängigkeit, Zug nach unten – belegen die These über das gesellschaftliche Verhalten Jesu. Mit der Aussonderung des historisch gewissen Tatbestandes allein würde die Erörterung des Themas jedoch in einem Minimum enden, das in seiner Armut gleichgültig wird. In der Kategorie des Außenseiterischen hat der Rebell ebenso Platz wie der harmlose Narr und der schrullige Einzelgänger, das Genie und der Verbrecher; was hiervon auf Jesus zutrifft, muß erst gezeigt werden. In welchem Sinn Jesus ein Außenseiter war, wird erst durch beschreibende Exploration deutlicher, in unserem Fall anhand der Texte in den Evangelien.

Hans Küng

Jesus, christologisch gesehen

Durch Jesus von Nazaret – das ist unbestreitbar – wurde den Menschen diese große Hoffnung geschenkt. Und ist es da verwunderlich, daß diese Glaubenserfahrungen, Glaubensberufungen, Glaubenserkenntisse um den lebendigen Jesus Auswirkungen hatten auf das, was die Christen von ihm glaubten? Eines stand fest: Von Jesus her konnte Gott ganz anders verstanden werden, wurde offenbar, wer Gott ist, zeigte Gott sein wahres Gesicht. Und dies wird nun immer deutlicher: Von Gott her kann jetzt auch Jesus ganz anders verstanden werden. Jesus deutete in seinem ganzen Verkündigen und Verhalten Gott. Aber mußte dann von diesem anders verkündigten Gott her nicht auch Jesus in einem ganz anderen Licht erscheinen? In der Tat: Die eigentümlich neue Verkündigung und Anrede Gottes als des Vaters warf ihr Licht zurück auf den, der ihn so eigentümlich neu verkündete und anredete. Und wie man schon damals von Jesus nicht sprechen konnte, ohne von diesem Gott und Vater zu sprechen, so war es in der Folge schwierig, von diesem Gott und Vater zu sprechen, ohne von Jesus zu sprechen. Das heißt: Wie man mit Jesus umgeht, entscheidet darüber, wie man zu Gott steht, wofür man Gott hält, welchen Gott man hat.

Das ist die christologische Frage: das *Verhältnis Jesu zu Gott*. Hier erreicht die Gottesfrage ihre letzte Tiefe. Die letzte Tiefe? Haben nicht gerade hier besonders viele

Menschen heute Schwierigkeiten? Jesus? Ja! Gott? Nun gut! Aber Gottes Sohn? Sind das nicht alles mythologische Vorstellungen, für das moderne Denken schlechterdings nicht mehr nachvollziehbar? Fürchten die einen die Wiederholung der alten Bekenntnisformeln, die sie nicht mehr verstehen, so die anderen die Abschaffung jener Formeln, an die sie immer geglaubt haben. In »Christ sein« habe ich nach Kräften versucht, beiden Seiten zu helfen und – im Bewußtsein eigener Fehlbarkeit – die alten Formeln im Licht der urprünglichen christlichen Botschaft neu verständlich zu machen; im allgemeinen hat man dieses Bemühen dankbar anerkannt[1]. Aus demselben Bemühen heraus sollen hier einige wichtige Punkte zur christologischen Problematik im Zusammenhang der Gottesfrage zusammengefaßt werden.

Zwar ist es nicht so, daß die offizielle Kirche – anders die populäre Verkündigung und Frömmigkeit – Jesus je an Gottes Stelle gesetzt und so Gott praktisch aufgelöst hätte, wie Ernst Bloch – der hier seine eigenen Interessen verfolgt – übertreibt. Gerade die orthodoxe Trinitätslehre hat nie Gott und Jesus einfach identifiziert; gerade sie hielt am Realunterschied von Gott und Jesus fest. Daß die frühe Christenheit jedoch den auferweckten Jesus an Gottes Seite sah – »sitzend zur Rechten des Vaters« –, das hatte durchaus ernsthafte Gründe. Denn nach alter orientalischer Sitte ist der, der zur Rechten des Königs sitzt oder steht, sein Sohn oder Stellvertreter. Und genau als dieser erschien er jetzt seiner Gemeinde: er, der schon zu seinen Lebzeiten aus einer letztlich unerklärlichen Gotteserfahrung, Gottesgegenwart, Gottesgewißheit, ja Einheit mit Gott, seinem Vater, heraus geredet und gehandelt hatte und der jetzt zu Gott »erhöht« ist. Mit ihm, der sich mit Gott bis in den

1 Vgl. »Um nichts als die Wahrheit. Deutsche Bischofskonferenz contra Hans Küng«, München 1978; »Der Fall Küng«, München 1980

Tod hinein identifiziert hatte, hat sich Gott nun seinerseits im neuen Leben identifiziert.

Jesus selbst hatte – diese Auffassung hat sich bei den führenden Neutestamentlern sehr weit durchgesetzt – wohl keine *messianischen Hoheitstitel* für sich gebraucht, sieht man von dem vieldeutigen Menschensohn-Titel einmal ab. Doch war die Anwendung dieser Titel auf Jesus in dessen irdischem Verkündigen und Handeln angelegt. Und jetzt, nach der Erfahrung, dem Widerfahrnis seiner Auferweckung, war der Gemeinde tatsächlich kein Titel zu hoch, als daß sie ihn seiner nicht würdig erachtet hätte: Menschensohn, Herr, Messias, Christus, Davidssohn, Gottesknecht, Heiland, Gottessohn, Gotteswort – über 50 verschiedene Namen werden für ihn im Neuen Testament gebraucht. Die Entscheidung für oder gegen das Gottesreich, zu der er in seinem irdischen Leben herausgefordert hatte, wurde nun zu einer Entscheidung für oder gegen den, der ins Gottesreich bereits eingegangen war und es verkörperte. Aus dem zum Glauben Rufenden wurde der Inhalt des Glaubens, aus dem Evangelium Jesu das Evangelium von Jesus als dem Christus. Man glaubte nun nicht nur wie er, man glaubte an ihn. Er, mit seiner Verkündigung, seinem Verhalten und seinem ganzen Geschick, wurde der Maßgebende für die an ihn Glaubenden, für ihre Beziehungen zu den Mitmenschen, zur Gesellschaft und vor allem zu Gott.

Einige dieser Titel traten im Lauf der Zeit, als man das Christusbekenntnis theologisch reflektiert auszugestalten begann, wieder zurück. Sie waren nicht mehr verständlich, wie der in den Evangelien weitverbreitete, aber in den Glaubensbekenntnissen nicht gebrauchte Titel »Menschensohn«. Andere Titel traten hervor und weiteten sich in ihrer Bedeutung aus. Der jüdische Titel »Messias« (Gesalbter) etwa, übersetzt durch das griechische »Christós«, wuchs sogar mit dem Namen Jesus zusammen und wurde zu einem unverwechselbaren Eigennamen: »Jesus

Christus«. Rund 500mal wird »Christus« im Neuen Testament für Jesus gebraucht.

So gab es denn schon im Neuen Testament selbst trotz des einen Jesus und des einen Christusglaubens sehr verschiedene Christustitel, Christusbilder, Christologien. »Gottessohn« zeigte dabei eine Dynamik, die keinem anderen Titel eigen war. Dabei war dieser Titel ja durchaus keine originäre Erfindung der christlichen Gemeinde. Wir hatten gehört: Schon im Alten Testament wurde das Volk Israel »Sohn Gottes« genannt und vor allem Israels König, der bei seiner Thronbesteigung zum »Sohn Jahwes« eingesetzt wird. Dieser Titel wird nun auf Jesus angewendet: Durch Auferweckung und Erhöhung wird er, Jesus von Nazaret – wie es in einem der ältesten, vorpaulinischen Glaubensbekenntnisse zur Einleitung des Römerbriefs heißt –, »eingesetzt zum Sohn Gottes in Macht«[2] oder, in Aufnahme des schon zitierten Thronbesteigungspsalmes, am Ostertag »gezeugt«[3]. Hier ist ohne Frage keine Abkunft, sondern eine Rechts- und Machtstellung Jesu gemeint, nicht eine physische Sohnschaft wie bei heidnischen Göttersöhnen und Heroen, sondern eine Erwählung und Bevollmächtigung durch Gott.

Mehr als andere Titel machte »Gottessohn« für die Menschen damals deutlich, wie sehr der Mensch Jesus von Nazaret zu Gott gehört, wie sehr er an Gottes Seite steht: nicht mehr in der Gemeinde, in der Welt, sondern nun der Gemeinde und der Welt gegenüber, untertan nur dem Vater und sonst niemandem. Als der endgültig zu Gott Erhöhte ist er jetzt im definitiven und umfassenden Sinn – »ein für allemal« unüberholbar, unüberbietbar – gegenüber den Menschen Gottes Beauftragter, Bevollmächtigter, Anwalt, Sprecher, Sachwalter, auch Botschafter, Treuhänder, Vertrauter, Freund, ja Repräsentant, Platz-

2 Röm 1,3f.
3 Vgl. Apg 13,33 (Ps 2,7).

halter, Stellvertreter Gottes[4]. Der Titel sind viele. Und dies alles schwingt mit, wenn wir den von Haus aus äußerst vielfältigen Gottessohn-Titel gebrauchen. Dies alles kommt auch in anders gefärbten neutestamentlichen Aussagen zum Ausdruck: Jesus ist der Erlöser und Versöhner, der einzige Mittler und Hohepriester des Neuen Bundes zwischen Gott und den Menschen, ja, er ist der Weg, die Wahrheit und das Leben.

Bei diesen Überlegungen nun war die Frage unvermeidbar: Ist denn der Auferweckte nicht auch der Irdische? Wenn aber der Auferweckte der Irdische ist, muß dann nicht schon im Irdischen verborgen gewesen sein, was im Auferweckten offenliegt? Ja, muß – wenn nicht nur der Auferweckte bei Gott ist, sondern schon der Irdische von Gott kam, in Gott seinen Ursprung hatte – nicht dieser Irdische schon immer bei Gott gewesen sein: als sein Sohn? Schon vor seiner Taufe, schon vor seiner Geburt? In der Tat: In anderen neutestamentlichen Schriften wurde der Zeitpunkt der Einsetzung in die Gottessohnschaft vorverlegt: auf die Taufe als den Beginn seiner öffentlichen Tätigkeit[5] oder auf seine Geburt[6], ja schon vor Geburt auf Gottes Ewigkeit[7]. Jesus Christus – nicht nur Gottes Sohn, sondern Gottes Sohn von Ewigkeit.

Was meint dieses *Gottes Sohn von Ewigkeit*? An anderer Stelle haben wir genau ausgeführt, was die ewige Vorausexistenz Jesu vom Neuen Testament her für uns heute bedeuten kann[8]. Hier nur soviel: Es war die Überzeugung der ersten Christengeneration.

– Was in und mit Jesus geschehen ist, erklärt sich für

4 Eine gute Zusammenfassung der neutestamentlichen Aussagen vom »Sohn Gottes« gibt M. Hengel, Der Sohn Gottes. Die Entstehung der Christologie und die jüdisch-hellenistische Religionsgeschichte (Tübingen 1975) S. 143 f.

5 Vgl. Mk 1,9-11.

6 Vgl. Lk 1,32.35.

7 Vgl. Gal 4,4; Joh 3,16.

8 Vgl. H. Küng, Christ sein, Kap. C VI,3: Wahrer Gott und wahrer Mensch.

den, der sich auf ihn einläßt, nicht aus dem Lauf der menschlichen Geschichte allein; in seinem ersten Ursprung erklärt es sich nur vom ewigen Gott her.

– Es gibt von Ewigkeit keinen anderen Gott als den, der sich in Jesus manifestiert hat.

– Weil es keinen anderen Gott gibt als den in Jesus offenbarten, hat Jesus von diesem universalen Gott her selber eine universale Bedeutung.

– Jeder Mensch ist somit aufgerufen, im glaubenden Vertrauen die Welt und ihre Zeit in eine andere, ewige Dimension hinein zu übersteigen. In Jesus ergeht des ewigen Gottes Ruf an die Menschen! Darin liegt unverzichtbar auch für heute die einzigartige und maßgebende Bedeutung Jesu für das Gottesverständnis und das Verhältnis zu den Menschen.

Um dies zu präzisieren: »›Sendung des Sohnes‹«, so sagt der katholische Neutestamentler Wilhelm Thüsing in offensichtlicher Übereinstimmung mit Karl Rahner, und da wird man beiden wohl zustimmen müssen, »setzt nicht voraus, daß der zu Sendende als solcher vor der Sendung existiert hat, d.h. präexistent im temporalen Sinn gewesen ist. ›Sendung des Sohnes‹ kann m. E. im paulinischen und auch sonstigen neutestamentlichen Sinn durchaus die Erschaffung des Menschen Jesus implizieren[9]!« Nach Thüsing müßte man sich fragen, »ob man die Chiffre ›Präexistenz‹ heute nicht anders übersetzen kann«; man werde nämlich nicht daran vorbeikommen, »den traditionellen Begriff der Präexistenz zu reflektieren und ihn auf seinen Wahrheitskern und seine Sicherungsfunktion hin zu überdenken«[10]. Mit Berufung auf den katholischen Bonner Dogmatiker Wilhelm Breuning bringt er die Präexistenz

9 W. Thüsing (-K.Rahner), Christologie – systematisch und exegetisch. Arbeitsgrundlagen für eine interdisziplinäre Vorlesung (Freiburg-Basel-Wien 1972) S. 250.

10 AaO S. 250f.

Jesu in Beziehung zur »Präexistenz« aller Menschen, die Gott schon vor Anbeginn der Welt in Christus erwählt und nach seinem Gnadenwillen vorherbestimmt hat: »Damit soll die singuläre Grundlage der Sendung des absoluten Heilsmittlers in Gott selbst keineswegs eingeebnet werden in die durch Gottes Vorherbestimmung und Erwählung gegebene ›Präexistenz‹ – der zur rettenden ›Vielen‹«[11]. Franz Mußner, ebenfalls katholischer Neutestamentler, der Thüsing zustimmend zitiert, folgert: »Die christologische Präexistenzlehre über den Menschen und Propheten Jesus von Nazaret verkündigt nichts anderes als das schon immer, ›seit Ewigkeit‹, vorhandene *Da-Sein-für* Jahwes, das sich definitiv in dem Menschen Jesus von Nazaret geoffenbart hat – ›offenbaren‹ dabei im strengsten Sinne des Wortes verstanden[12].« Freilich: In der Schultheologie, und nicht nur der katholischen, ist der Präexistenz-Gedanke oft falsch verstanden worden – und dies auch dann noch, als der exegetische Befund bereits neu erhoben war. Deshalb warnt der katholische Exeget Karl Hermann Schelkle hier unmißverständlich: »Eine Verkürzung der Christologie kann entstehen, wenn diese von der Präexistenz aus entwickelt wird, wie dies vielleicht weithin das allgemeine Glaubensbewußtsein, doch auch die Schuldogmatik zu tun versucht sein können. Die Christologie konzentriert sich dann auf die Inkarnation in der wunderbaren Geburt Christi. Die Offenbarungsbedeutung des geschichtlichen Weges Jesu tritt zurück. Die Auferstehung enthüllt die Bedeutung des Geburtsereignisses. Die eschatologische

11 AaO S. 251.

12 F. Mußner, Ursprünge und Entfaltung der neutestamentlichen Sohneschristologie. Versuch einer Rekonstruktion, in: Grundfragen der Christologie heute, hrsg. v. L.Scheffczyk (Freiburg-Basel-Wien 1975) S. 77-113; Zit. S. 103.

13 K. H. Schelkle, Theologie des Neuen Testaments Bd. II (Düsseldorf 1973) S. 189f. Vgl. auch *D. Wiederkehr,* Entwurf einer systematischen Christologie, in: J. Feiner – M. Löhrer (Hrsg.), Mysterium Salutis 3,1 (Zürich – Einsiedeln – Köln 1970) S. 477 bis 648, zur Präexistenz S. 534-540, bes. 534.

Erwartung der Wiederkunft und Vollendung wird unwesentlich[13].«

In der Tat, eine Verkürzung der Christologie ist sowohl hinsichtlich der Präexistenz-Vorstellung als auch hinsichtlich des Inkarnationsverständnisses zu vermeiden. Der Name und Begriff der *Inkarnation* (»in-carnatio«, »ensarkosis«, »Fleisch-Werdung«, »Mensch-Werdung«) drängte sich vor allem vom Hymnus des Johannesprologs her mächtig auf. Hier allein findet sich im Neuen Testament jene Idee des von Ewigkeit bei Gott und als Gott in Gottes Wesenheit vorausexistierenden göttlichen »Logos« oder »Wortes«, das »Fleisch« wird für die Menschen: Menschwerdung des göttlichen Wortes als Gottes *Offenbarung* – Leben, Licht, Wahrheit – in der Welt[14]. Aber schon in den vorjohanneischen paulinischen und deuteropaulinischen Schriften zeichnen sich nicht wenige Aussagen zur Menschwerdung des Gottessohnes ab, die alle samt und sonders bekenntnishaft[15] oder hymnisch[16] gefaßt sind und weithin auf bereits vorpaulinisches Formelgut zurückgehen dürften[17]. Menschwerdung des Gottessohnes hier vor allem verstanden als Entäußerung, Erniedrigung, zur Begründung christlicher Liebe und Selbstlosigkeit.

An der Unterscheidung des Gottessohnes von Gott, dem Vater, an seinem Gehorsam und seiner Unterordnung unter diesen wird freilich im Neuen Testament überall festgehalten. Der Vater ist »größer« als er, und es gibt Dinge, die nur der Vater weiß und er nicht[18]. Auch ist nirgendwo im Neuen Testament von der Menschwerdung Gottes selber

14 Vgl. Joh 1,1-15.

15 Vgl. Röm 1,3f.; 2 Tim 2,8.

16 Vgl. Phil 2,6-1,1; 1 Tim 3,16.

17 Vgl. den in der Niederschrift wohl frühesten Text über die Menschwerdung Gal 4,4; dann 2 Kor 8,9; Röm 8,3 und schließlich Tit 2,11; 3,4. Analyse dieser Texte bei K.H. Schelkle, Theologie des Neuen Testaments Bd. II, S. 151-168 (Lit.!).

18 Vgl. Joh 10,29; 14,28; Mk 13,32.

die Rede! Es geht immer um Gottes Sohn oder Wort, das Mensch geworden ist, dessen Identifikation mit Gott, dem Vater, nun allerdings immer mehr betont wird durch Übertragung göttlicher Eigenschaften. Freilich meint im Neuen Testament der Terminus »Gott« (ho theós) praktisch immer den Vater[19]. Jesus wird fast nie direkt »Gott« genannt, von Paulus selbst überhaupt nie. Abgesehen von dem 50 Jahre später geschriebenen Johannesevangelium – im Ausruf des ungläubigen Thomas »mein Herr und mein Gott«[20] – wird Jesus nur in wenigen, durchwegs ebenfalls späten, hellenistisch beeinflußten Ausnahmefällen direkt als »Gott« bezeichnet[21]. Ein Befund, der uns auch heute – zur Vermeidung aller Mißverständnisse – geraten sein läßt, Jesus »Gottessohn« statt einfachhin »Gott« zu nennen.

Wenn man heute unmißverständlich auch von der Menschwerdung des Gottessohnes reden will, dann darf diese nicht nur auf das punctum mathematicum oder mysticum der Empfängnis oder Geburt Jesu, sie muß vielmehr auf das ganze Leben und Sterben Jesu bezogen werden:

– Menschwerdung Gottes in Jesus meint: In Jesu ganzem Reden, in seinem ganzen Verkündigen, Verhalten und Geschick haben Gottes Wort und Wille eine menschliche Gestalt angenommen: Jesus hat in all seinem Reden und Tun, Leiden und Sterben, hat in seiner ganzen Person Gottes Wort und Willen verkündet, manifestiert, geoffenbart: Er, in dem sich Wort und Tat, Lehren und Leben, Sein und Handeln völlig decken, ist leibhaftig, ist in menschlicher Gestalt Wort, Wille, Sohn.

19 Vgl. K. Rahner, Theos im Neuen Testament, in seinen Schriften zur Theologie Bd. I (Zürich – Einsiedeln – Köln 1954) S. 91 bis 167.
20 Joh 20,28.
21 Joh 1,1: der präexistente Logos, und Joh 20,28 im Thomasbekenntnis; sicher in Hebr 1,8, vielleicht auch in 2 Thess 1,12; Tit 2, 13; 2 Petr 1,1.

Funktionsaussagen – sie stehen zweifellos im Vordergrund – und Seinsaussagen dürfen nicht auseinandergerissen werden. Und in dieser umfassenden, nicht spekulativen, sondern geschichtlichen Perspektive läßt sich auch heute noch verständlich machen, daß Jesus schon vor Paulus und dann auch in der paulinischen Tradition verstanden wird als Offenbarung von Gottes Kraft und Weisheit[22], als Haupt und Herr der Schöpfung[23], als Bild, Ebenbild Gottes[24], als das Ja Gottes[25]. Von hierher läßt sich auch verstehen und annehmen, daß Jesus von Johannes nicht nur als Wort Gottes[26], sondern indirekt als Gott gleich[27], ja als Herr und Gott[28] bezeichnet wird. Und in dieser Perspektive lassen sich auch so schwierige und hohe Sätze verstehen: daß in Christus die ganze Fülle der Gottheit leibhaftig wohnt[29], daß Gottes Wort Fleisch geworden ist[30]. Dies jedenfalls meinen wir, wenn wir von »Gott in Jesus Christus« sprechen. Und in diesem Sinn bejahen wir auch das Konzil von Nikaia 325, wenn es von Jesus Christus spricht als »Gott von Gott, Licht vom Licht, wahrer Gott vom wahren Gott, gezeugt, nicht geschaffen, eines Wesens mit dem Vater«[31].

Solche Aussagen müssen gegen Mißverständnisse abgesichert werden: Nach dem Neuen Testament darf aus dem Verhältnis von Vater und Sohn keine Zwei-Götter-Lehre (Bi-theismus) entstehen: Gott ist der eine und einzige; und weder darf von Gott einfach wie vom Menschen noch vom Menschen einfach wie von Gott geredet werden. Aber

22 Vgl. 1 Kor 1,30.
23 Vgl. 1 Kor 11,3; 8,6; Kol 1,15-18; 2,10; Eph 4,15f.
24 Vgl. 2 Kor 4,4.6; Röm 8,29; Kol 1,15.
25 Vgl. 2 Kor 1,20.
26 Vgl. Joh 1,1-14.
27 Vgl. Joh 5,18f.; 10,33–38; 19,7.
28 Vgl. Joh 20,28; 1 Jo 5,20.
29 Kol 2,9.
30 Joh 1,14.
31 Symbolum Nicaenum (Denz 54).

nach dem Neuen Testament gibt es auch keine einfache Identität zwischen Vater und Sohn, wie dies in heterodoxen Strömungen der ersten Jahrhunderte (Monarchianismus, Sabellianismus) geschah: der Sohn ist nicht einfach der Vater, und der Vater ist nicht einfach der Sohn. Positiv kann man nach dem Neuen Testament sagen:

– Der wahre Mensch Jesus von Nazaret ist für die Glaubenden des einen wahren Gottes wirkliche Offenbarung und in diesem Sinn sein Wort, sein Sohn.

Diese *Offenbarungseinheit* zwischen Vater und Sohn hat vor allem das *Johannesevangelium* deutlich gemacht: Da der Vater den Sohn kennt und der Sohn den Vater[32], da der Vater im Sohn und der Sohn im Vater ist[33], da also der Vater und der Sohn eins sind[34], gilt: Wer den Sohn sieht, sieht auch den Vater[35]! Nicht Mythologie oder Mystik oder Metaphysik ist hier der Sinn, sondern die nüchterne, aber grundlegende Aussage: *Im Wirken und in der Person Jesu begegnet in einmaliger und definitiver Weise Gott selber!* Für den sich vertrauensvoll auf Jesus einlassenden und glaubenden Menschen – nicht wahrnehmbar für den neutralen Beobachter – manifestiert sich Gott!

Was bedeutet dies alles für mich *heute*? Nach all dem, was zum Gott der Religionen und Philosophen zu sagen war, wird mir eines bewußt: Ich kann, wenn ich heute adäquat Antwort auf die Gottesfrage der Neuzeit geben will, auf die jüdisch-christliche Tradition nicht verzichten. Der Gott der Philosophen bleibt bei aller Größe unbefriedigend – intellektuell und emotional: er bleibt blaß und abstrakt; da kann ich Heidegger nur zustimmen. Der Gott schon des Alten Testaments ist – ohne daß ich deshalb meine philo-

32 Vgl. Joh 10,15;38.
33 Vgl. Joh 10,38;14,10f. 20; 17,21-23.
34 Vgl. Joh 10,30.
35 Vgl. Joh 14,9; 12,45; 5,19.

sophischen Einsichten aufgeben müßte – der göttlichere Gott, der konkrete Gott mit Eigenschaften, mit menschlichem Antlitz. Und dieses im Alten Testament noch verborgene und manchmal mehrdeutige Antlitz Gottes zeigt, manifestiert, offenbart mir der Mensch Jesus von Nazaret: er in seinem ganzen Sein und Tun, Reden und Handeln, auch Leiden und Sterben. Ich habe, wenn ich auf Jesus schaue, die ungemein tröstliche Gewißheit: Vor diesem Gott brauche ich nicht – bei aller unendlichen Distanz – ängstlich zu erschaudern und zu erzittern, mich klein zu machen und zu ducken; ich brauche nicht über rätselhafte Ratschlüsse Gottes nachzugrübeln und seinem dunklen Willen ratlos nachzuspüren. Und dankbar sein darf man denen, die mir statt einer »Gottesvergiftung«[36] einen »freundlicheren Gott« vermittelt haben. Ich weiß: wo Jesus ist, ist auch Gott; was Gottes Wille ist, sagt er mir; wo Jesus handelt und redet, steht Gott auf seiner Seite; wo Jesus leidet und stirbt, ist Gott verborgen anwesend[37].

So kann ich ihn das Antlitz oder Gesicht Gottes, aber auch Wort oder Sohn Gottes nennen. Mit all diesen Bildbegriffen ist für mich das einzigartige Verhältnis Gottes zu Jesus und Jesu zu Gott ausgedrückt: seine Bedeutsamkeit als Gottes Offenbarer. Ist es jetzt nicht einleuchtender, warum ich nur von Gott her zu erfassen vermag, was Jesus zutiefst ist und bedeutet; warum gerade er diese einzigartige und maßgebende Bedeutung für die Menschheit und auch für mich haben soll, warum gerade er und kein anderer der Großen – auch nicht Buddha, Kung-futse oder Mohammed, auch nicht Marx oder Freud – mich unbedingt verpflichtend in die Nachfolge zu rufen vermag? *In Jesus ruft mich der eine wahre Gott der Väter selbst auf den Weg!* Gerade da kann ich Blaise Pascal nur

36 Vgl. T. Moser, Gottesvergiftung (Frankfurt/M. 1976). Motto: »Freut euch, wenn euer Gott freundlicher war« vgl. S. 22.100.

37 Vgl. H. Küng, Christ sein, Kap. C VI,2: Gott und das Leid.

zu gut verstehen, und das dürfte auch für mich das Entscheidende sein. Denn ob man im übrigen dieses Verhältnis von Gott und Jesus theologisch mehr funktional oder ontologisch beschreibt, mehr von abstrakten Wesensaussagen oder konkreten Heilsaussagen ausgeht, dies dürfte sekundär und ja auch nicht notwendig ein Widerspruch sein. Man kann Funktionsaussagen vorziehen und doch sagen: Jesus »funktioniert«, »fungiert« für mich nicht nur als Gottes Wort und Sohn, er *ist* es, und er ist es nicht nur für mich, sondern auch in sich.

Die hellenistischen Begriffe von damals möchten heute manche für ihren Glauben lieber nicht mehr gebrauchen. Es gab damals kaum andere Möglichkeiten, als von Jesus Christus in Begriffen wie Hypostase, Person, Natur, Wesen, wesensgleich und wesensähnlich zu reden. Aber heute können wir dasselbe anders sagen. Nicht die Terminologie verpflichtet mich, sondern die vom Neuen Testament bezeugte Sache: er selbst. Nicht die wörtlich genommenen Worte etwa des ersten ökumenischen Konzils von Nikaia 325 sind entscheidend. Wohl aber ist an jener Definition der »Wesensgleichheit« (homo-ousia) Jesu mit Gott seinem Vater gegen Areios entscheidend, daß nicht doch versteckt wieder ein Polytheismus ins Christentum eingeführt wird und mit Jesus ein zweiter Gott oder Halbgott erschaffen wurde, sondern daß der eine wahre Gott in ihm voll präsent und wirksam war. Mit den Vätern von Nikaia wird man der Überzeugung sein, daß unsere ganze Erlösung daran hängt, daß es in Jesus um den einen Gott geht, der wahrhaft, wirklich und einzig Gott ist: in Jesus als seinem Sohn offenbar!

Das Konzil von Chalkedon 451 hat ja dann neben der Wesensgleichheit mit dem Vater auch die Wesensgleichheit mit uns Menschen betont: daß es bei Jesus *zugleich um den wahren Gott und um den wahren Menschen geht.* Mir sagt Jesus von Nazaret in der Tat nichts letztlich Entscheidendes, wenn er nicht als der Christus Gottes verkündet wird. Mir sagt allerdings auch ein göttlicher Christus wenig, wenn er nicht mit dem Menschen Jesus von Nazaret identisch ist. Gegenüber einer untheologischen Jesulogie und einer ungeschichtlichen Christologie drückt mir der mit dem Titel Christus zu einem Eigennamen zusammengewachsene Name Jesus bis in die Namensgebung hinein aus, daß für das Neue Testament der wahre Jesus der Christus Gottes und der wahre Christus der Mensch Jesus von Nazaret ist, und beides in einer wahrhaftigen und wirklichen Einheit: »Jesus Christus«.

Auf das »Herr, Herr«-Sagen kommt es mir ebensowenig an wie auf das »Gottessohn, Gottessohn«-Sagen. Wohl aber kommt es mir darauf an, daß in der Geschichte Jesus Christi wahrhaft Mensch und Gott im Spiel sind. Vom Neuen Testament her könnte ich keine Interpretation der Geschichte Jesu Christi verantworten, in welcher Jesus Christus nur Mensch wäre: nur ein Prediger, Prophet oder Weisheitslehrer, gar nur ein Symbol oder eine Chiffre für allgemein menschliche Grunderfahrung. Aber vom selben Neuen Testament her kann ich auch keine Interpretation der Geschichte Jesu Christi verantworten, bei der Jesus Christus nur Gott oder einfach Gott ist, ein den menschlichen Mängeln und Schwächen enthobener, über die Erde wandelnder Gott. Positiv ausgedrückt also ein Zweifaches:

Für mich ist Jesus von Nazaret der *Sohn Gottes*: Denn die ganze Bedeutsamkeit des Geschehens in und mit ihm hängt daran: In Jesus – der uns Menschen als Gottes Sachwalter und Platzhalter, Repräsentant und Stellvertreter erschien und der, als der Gekreuzigte zum Leben erweckt, von Gott bestätigt wurde – ist für mich der menschenfreundliche Gott selber nahe und am Werk: durch ihn hat Gott selbst gesprochen, gehandelt, sich endgültig geoffenbart. Die mythologischen, halbmythologischen und legendären Einkleidungen brauche ich hier so wenig wie im Glauben an den Schöpfer-Gott oder Vollender Gott zu übernehmen. Aber an der Einzigartigkeit, Unableitbarkeit und Unüberbietbarkeit seiner Person und des mit ihr lautgewordenen Anrufs, Angebots und Anspruchs möchte ich festhalten. Weil durch ihn Gott selber definitiv spricht und handelt, ist er für mich der Christus Gottes, seine Offenbarung und sein Ebenbild, sein Wort und sein Sohn. Er und kein anderer: er als einziger, »eingeborener«, »unigenitus«!

Und gerade so darf ich dann auch gegen alle fromm gemeinten Vergottungstendenzen daran festhalten, daß Jesus gerade als Gottes Sohn ohne alle Abstriche mit allen Konsequenzen *voll und ganz Mensch* war, so wie Menschen leiden konnte, Einsamkeit und Ungesichertheit gefühlt hat, von Versuchungen, Zweifeln und Irrtümern nicht frei war. Aber im Unterschied zu mir und allen anderen Menschen (Heilige, Religionsstifter mit eingeschlossen) ist er nicht ein bloßer, sondern gerade als Gottes Wort und Sohn *der* wahre Mensch. Als der wahre Mensch, in welchem Theorie und Praxis, Sein und Handeln, Lehren und Leben eine Einheit bilden, gab er durch seine Verkündigung, sein Verhalten und sein ganzes Geschick für mich ein Modell des Menschseins, das mir, wenn ich mich vertrauensvoll immer wieder neu darauf einlasse, ermöglicht, den Sinn meines Menschseins und meiner Freiheit im Dasein und im Einsatz für die Mitmenschen zu entdecken und zu verwirklichen. Als von Gott bestätigt stellt er für mich so den bleibend verläßlichen letzten Maßstab des Menschseins dar. Christologie oder Christus-Theorie mag wichtig sein, aber Christusglaube und Christusnachfolge sind wichtiger. Aufs Christsein kommt es an, und das ermöglicht mir er, Jesus Christus. Und deshalb wage ich es, ohne Zögern zu sprechen: »Credo in Jesum Christum, filium Dei unigenitum.«

Leonardo Boff

Jesus, befreiungstheologisch gesehen

Von Jesus Christus als dem Befreier sprechen geht nur unter einer bestimmten Voraussetzung. Befreiung steht in einem umgekehrten Verhältnis zu Unterdrükkung. Wer Jesus Christus als Befreier verehrt und verkündet, denkt und lebt den christologischen Glauben aus einem gesellschaftlich-geschichtlichen Kontext von Unterdrückung und Herrschaft.

Es geht ihm also um einen Glauben, dem daran liegt, die Bedeutung all der Themen zu erfassen, die eine strukturelle Veränderung einer bestehenden soziohistorischen Situation beinhalten. Der Glaube erarbeitet in analytischem Vorgehen diese Relevanz und entwickelt eine Christologie, die in dem Thema »Jesus Christus, der Befreier« ihren Mittelpunkt hat. Ihrerseits impliziert so eine Christologie ein bestimmtes politisches und soziales Engagement, das der Unterdrückungssituation ein Ende setzen will.

I. Relevanz des sozialen Ortes und der Befreiung für die Christologie

Um die Artikulation dieser Christologie sachgerecht zu verstehen, müssen wir uns zunächst zwei Daten zuwenden: einmal der Relevanz der politischen Befreiung für die Christologie und zum anderen des gesellschaftlichen Ortes, von dem aus jemand die christologische Reflexion anstellt.

Unter Relevanz verstehen wir das Gewicht einer gegebenen historischen Konstellation für die Reflexion über den Glauben an Jesus Christus. Wichtige Fragen sind dann zum Beispiel: Wie muß man Jesus Christus angesichts der Forderungen einer bestimmten Situation denken, predigen und leben, damit er als das vermittelt wird, was der Glaube von ihm verkündet, das heißt, als Erlöser? Oder umgekehrt: Relevanz ist das Wichtigkeitsverhältnis, in dem ein theologisches Thema zu einer bestimmten geschichtlichen Konstellation steht, damit diese entweder erklärbar und verständlich oder erhalten oder verändert wird. Die Frage lautet dann: Für wen hat dieses oder aber jenes Christusbild Relevanz? Wem hilft diese oder jene Art von Christologie, oder wem hilft ein bestimmtes Thema? Welche Interessen stecken dahinter, und welche konkreten Vorhaben werden dadurch bekräftigt?

Fragen dieser Art zeigen, daß die Relevanz immer etwas Zwiespältiges ist. Sie verweist auf eine andere, grundsätzlichere Frage, auf die Frage nach dem sozialen Ort (Praktiken, Verpflichtungen und Positionen), von dem aus jemand den Glauben an Jesus Christus erarbeitet. Theologen leben nicht in den Wolken, sondern sind gesellschaftliche Akteure, nehmen einen bestimmten Ort in der Gesellschaft ein, produzieren unter Verwendung der Instrumente, die ihnen die Situation bietet und zugesteht, Erkenntnisse und Bedeutungen, haben bestimmte Adressaten und sind mithin Teil des gesellschaftlichen Gesamtfeldes. Die Akzente und Themenschwerpunkte, die sie in der Christologie setzen, hängen davon ab, was ihnen an ihrem sozialen Ort als relevant erscheint. In diesem Sinn gilt, daß es eine neutrale Christologie weder gibt noch geben kann. Immer ist sie *partisanne* und *engagée*. Nolens volens wirkt sich ihr Diskurs auf die Situation mit ihren konfliktträchtigen Interessen aus, und zwar auch dann, wenn man sie als rein »theologisch«, geschichtlich, traditionell, kirchlich und apostolisch bezeichnet. In der Regel macht sie sich die Position der jeweiligen Machtinhaber zu eigen. Wenn dann eine andere Art von Christologie mit ihrem entsprechenden Engagement auftaucht und ersterer gegenübertritt, läßt sich ihr gesellschaftlicher Ort leicht erkennen, ist ihr unpolitischer Charakter dahin, und sie entpuppt sich als religiöse Untermauerung des *Status quo*.

Jede Art von Christologie ist je nach dem Funktionalitätsverhältnis, in das sie sich angesichts einer geschichtlich-gesellschaftlichen Situation stellt, auf ihre Weise relevant. In diesem Sinn ist sie immer beteiligt. Folgende Grundaussage gilt es festzuhalten: Als geregeltes und gebildetes Wissen um den christlichen Glauben konstituiert sich Christologie in einem bestimmten Moment der Geschichte, wird unter bestimmten materiellen, ideellen, kulturellen und kirchlichen Situationsbedingungen erstellt und steht in Funktion bestimmter konkreter Interessen, deren man sich allerdings nicht immer bewußt ist. Deshalb lautet die eigentliche Frage: Worauf läßt sich diese oder jene Art von Christologie ein? Welcher Sache will sie dienen ? Die Christologie, die Jesus Christus als Befreier verkündet, will sich für die wirtschaftliche, gesellschaftliche und politische Befreiung der unterdrückten und beherrschten Völker einsetzen. Sie stellt darauf ab, die theologische Relevanz zu erfassen, die in der geschichtlichen Befreiung der großen Mehrheit unseres Erdteils liegt, und sie sagt: Das also müssen wir denken; das ist der Weg, auf dem wir die Praxis anregen müssen. Sie will den Inhalt der Christologie auf eine solche Weise artikulieren und einen solchen Stil schaffen, daß die befreienden Dimensionen im historischen Weg Jesu hervortreten.

Mit anderen Worten: Gerade der Kontext von Unterdrückung und Abhängigkeit auf allen Ebenen, der ja auch sein Gegenteil – die Befreiung – um so dringlicher macht, ermöglicht es z. B. der Christologie in Lateinamerika, Jesus

Christus als Befreier zu denken und zu lieben. Das Thema entstand also nicht als freie Entscheidung in den Köpfen einiger Theologen, die auf der Jagd nach für ihre Diskussionen interessanten Fragen sind, sondern ist die Forderung des konkreten Glaubens von Christen, die sich im Gewissen verpflichtet fühlen, zur Überwindung einer für ihre Brüder und Schwestern demütigenden Situation beizutragen, und die in Jesus Christus Impulse zur Befreiung finden. Diese Art von Christologie setzt eine bestimmte soziale Praxis voraus, die den Bruch mit dem geltenden Kontext der Herrschaft berücksichtigt und hängt von ihr ab.

Der Ort unserer Christologie ist genau definiert: Es geht um den Punkt, an dem alle jene gesellschaftlichen Gruppen stehen, für die die qualitative Veränderung der sozialen Strukturen eine Gelegenheit bietet, sich aus den gegenwärtigen Unterdrückungen zu befreien. Für viele bedeutete, daß sie ihren gesellschaftlichen Ort klar für die Zukurzgekommenen definierten, eine echte hemeneutische Bekehrung zu den neuen Fragen, die sich ihnen stellten, weil man sie ja nur in einem sachgerechten Stil behandeln kann.

Allerdings garantiert das Engagement – und das müssen wir uns stets vor Augen halten – noch nicht die innere Qualität einer Christologie. Die Erörterung des gesellschaftlichen Ortes samt dessen Relevanz will jedoch die unumgehbare Verbindung zwischen Theorie und Praxis, zwischen Politik und Christologie aufdecken; sie macht die Grundvoraussetzung deutlich, deren es bedarf, damit die Christologie ihren thematischen Gegenstand sowie die Art und Weise, ihn anzugehen, definieren kann.

Wenn dem so ist, dann müssen wir zwischen dem Autonomie- und dem Abhängigkeitscharakter jeder Christologie (und Theologie) unterscheiden. Das erste bezieht sich auf die Wissenschaftlichkeit (auf den erkenntnistheoretischen Ort), das zweite auf die Erkenntnissoziologie (auf den sozialen Ort). Da die Christologie ihre eigene Methode hat, ist sie bei der Erarbeitung ihres Diskurses autonom, das heißt: Sie hat ihre eigene Art der theoretischen Praxis und braucht sich vor keiner anderen Instanz dafür zu rechtfertigen, daß sie ihre eigene Legitimität oder – mit anderen Worten – ihre eigenen Kriterien für die innere Wahrheit hat.

Auf der wissenschaftlichen Ebene macht es keinen Sinn, von einer lateinamerikanischen Christologie, die sich von einer nordatlantischen Christologie unterschiede, oder von einer Christologie der Unterdrückten gegenüber einer der Unterdrücker zu sprechen. Aufgrund ihres inneren Glaubenszentrums sind solche Bestimmungen keine geeigneten theoretischen Instrumente, um den Wert einer Christologie als solche zu beurteilen. Die Tatsache, daß eine Christologie im metropolitanen Zentrum oder an der Peripherie produziert worden ist, macht sie weder besser noch schlechter. Dasselbe gilt von einer befreienden, progressiven oder traditionalistischen Christologie. Derartige Attribute sind ungeeignet, über die »Wahrheit« oder die Stimmigkeit einer Christologie eine Aussage zu machen. Sie benennen nur das Äußere des gesellschaftlichen Bezuges der christologischen Produktion. Allerdings kann man sagen, dieser oder jener christologische Entwurf besitze dieses oder jenes soziale Engagement und könne diese oder jene konservative, progressive, befreiende oder irgendwelche andere Gesellschaftsgruppe unterstützen.

Andererseits hat jede Christologie (wie jede Theologie) auch ihr äußeres Bezugsfeld, das sie von etwas abhängig sein läßt. So hängt sie, wenn sie ihre Thematik sucht und akzentuiert, vom sozialen Ort ihres theologischen Akteurs wie auch von der Relevanz ab, die dieser der gesellschaftlich-geschichtlich-religiösen Konstellation für die christologische Reflexion beimißt. Wir hatten das bereits oben betont. Ein äußerst komplexes Problem ist freilich, die verschiedenen Ebenen des Verhältnisses zwischen sozialem und erkenntnistheoretischem Ort zu beschreiben. Das ist hier nicht möglich. Mit der Benennung des inneren Bezugs wollen wir es bewendet sein lassen.

II. Zwei Ebenen des sozialen Bewußtseins und zwei entsprechende Christologien der Befreiung

Im folgenden müssen wir den Kontext beschreiben, innerhalb dessen die Thematik »Jesus Christus, der Befreier« entstanden ist. Ausgangspunkt ist die Feststellung des brutalen und himmelschreienden Faktums, das auf dem christlichen Erdteil Lateinamerika und auch anderswo die große Mehrheit der Bevölkerung unter unmenschlichen Existenzbedingungen lebt und stirbt: Unterernährung, Kindersterblichkeit, typische Krankheiten, niedrige Einkommen, Arbeitslosigkeit, Wohnungsmangel, Fehlen von sozialer Sicherheit und Hygiene, von Krankenhäusern und Schulen. Mit einem Wort: Es fehlt einfach an den notwendigsten Gütern, damit Menschen in einem Mindestmaß an Würde leben können. Das also sind einige Indikatoren, die die reale Situation, in der ein enormer Teil unserer Völker leben muß, charakterisieren. Normalhin nennt man das Unterentwicklung. Mit dieser Unterrealität koexistiert jedoch noch eine andere Realität, die unserem Volk zu eigen ist. Gemeint ist sein christlicher Glaube mit den vielfältigen Werten wie Gastfreundschaft und menschlicher Wärme, dem Gespür für Solidarität, dem gewaltigen Verlangen nach Gerechtigkeit, Mitsprache und Mitbestimmung und der Lust am Feiern. Allerdings wird dieses Kultur*ethos* nach und nach durch den Mythos des kapitalistischen Fortschritts mit seinem entsprechenden elitistischen Konsumverhalten aufgelöst und ausgehöhlt.

Dieser bizarren Lage wurden sich Gruppen von Christen zunehmend bewußt. Sie reagierten auf die Lage, indem sie der Praxis des Glaubens ihres auf diesem Erdteil traditionellen Zynismus nahmen. Die Reaktionen, in denen die theologische Relevanz des sozialen Faktums erfaßt wurde, lassen sich summarisch in zwei Positionen zusammenfassen. Beide führten zu einer entsprechenden Christologie, deren Artikulationsachse in beiden Fällen das Bild von Jesus Christus dem Befreier ist. Die eine will christologisch das Feld der Sensibilität, das heißt des Erlebten, erarbeiten; die andere artikuliert christologisch den Bereich der Analyse, will sagen: des Gedachten. die erste entspringt aus einer ethischen Empörung. Die zweite erwächst aus der gesellschaftsanalytischen Betrachtung. Beide haben das eine gemeinsam: Im Verhältnis zur Realität des Elends, die das *erste Wort* ist, sind sie nur das *zweite Wort*. Beide wollen wir kurz betrachten.

»Sakramentale« Artikulation der Befreiungschristologie

Hier wird die Widersprüchlichkeit der Realität in einem intuitiven und weisheitlichen Erkennen wahrgenommen. Wir möchten diese Art des Erkennens sakramental nennen, weil sie in den Fakten symbolisch deren grundsätzliche Bestimmung erahnt: Anwesenheit von Unterdrükkung und Notwendigkeit von Befreiung. Vielen Christen sagt der Glaube, daß so eine Lage dem Heilsplan widerspricht, den Gott mit der Geschichte hat. Die Armut stellt eine soziale Sünde dar, die Gott nicht will; es bedarf dringend der Veränderung, damit den Brüdern und Schwestern geholfen und Gott Gehorsam gezollt wird.

In der Regel bringt sich diese Erkenntnis in der Sprache der prophetischen Anklage und der ermutigenden Ansage von Veränderungen zum Ausdruck. In der einen wie der anderen bricht sich ethische Empörung Bahn, die in der Praxis engagierter Liebe Gestalt gewinnt. Da diese Haltung jedoch für die Lage ursächlicher Mechanismen und

Strukturen nicht analysiert, hält die Wirkung des Einsatzes nicht lange an und bleibt unkalkulierbar. Aber ihre Grundposition ist klar: So kann es nicht weitergehen; die gesellschaftlichen Bezüge müssen geändert werden; und die unterdrückten Gruppen müssen mehr Macht bekommen, damit die neuen Strukturen weniger unterdrückerisch werden.

Mit ihrer impliziten, aber nicht ausgearbeiteten Theorie ermöglicht es so eine Praxis durchaus, die Dinge im Lichte des christologischen Glaubens sachgemäß zu betrachten. Alle Gesten, Worte und Haltungen Jesu, die einen Aufruf zu Umkehr und Veränderungen der Beziehungen beinhalten, sein Verhalten gegenüber den Randexistenzen der jüdischen Gesellschaft, seine besondere Zuwendung zu den Armen, die Konflikte mit den Vertretern des religiösen und gesellschaftlichen *Status quo* seiner Zeit, der politische Inhalt in der Verkündigung vom Reich Gottes ebenso wie die Motive, die ihn in den Tod brachten ... alles das hat eine spezielle Relevanz und läßt das Bild eines befreienden Jesus entstehen, das sich abhebt sowohl von dem der offiziellen dogmatischen Frömmigkeit, von Christus als dem himmlischen Monarchen, als auch von dem der Volksfrömmigkeit, die in Christus nur den besiegten Mann der Schmerzen sieht.

Hier geht es nicht um Details und Einzelheiten dieses Christus. Nur so viel soll festgehalten werden: daß es sich um eine Christologie der Befreiung handelt, die auf Werten und Themen basiert, die mit Veränderung und Befreiung in Verbindung stehen und die auf Appellen und Einladungen dazu gründet. Aber die Forderung nach einer Strategie oder einer Taktik wird nicht laut, und konkrete Ziele werden auch nicht definiert; denn dem Ganzen geht ja keine Situationsanalyse voraus, und nach möglichen Wegen, die aus einer allgemeinen Konstellation von Gefangenschaft und Repression in die Befreiung führen, wird auch nicht geforscht. Diese Art von Christologie hat einen gewissen Wert. Sie gibt die unumgängliche Verwobenheit des Heiles in Jesus Christus mit den geschichtlichen Befreiungen zu erkennen, überwindet ein innerliches und privatisierendes Verständnis der christlichen Botschaft und gestattet ihr wieder, sich in die Politik einzumischen. Möglicherweise geht solch eine Christologie Hand in Hand mit einer anspruchsvollen und kritischen Exegese, einer Neuinterpretation der christologischen Grunddogmen und einer Verdeutlichung der befreienden Dimensionen in allen Artikulationen des christlichen Glaubens. Durch die demütigende Situation sensibilisiert, reagiert sie aus der Kraft des Glaubens und möchte ihn so denken und leben, daß er zu einer Stütze beim Einsatz für die wirtschaftliche und politische Befreiung der Gedemütigten und Beleidigten wird.

Schon aus dieser Perspektive ist es möglich, die traditionellen Christusbilder einer Kritik zu unterziehen: Zu Befreiung haben sie nicht angestiftet. Im Gegenteil: Sie haben als Stützen des kolonialistischen Beherrschungsprojektes gedient. Die sterbenden und mit dem Tode ringenden Christusse der lateinamerikanischen Überlieferung sind die »Christusse der verinnerlichten Ohnmacht der Unterdrückten« (Hugo Assmann). Die Schmerzensmutter mit ihrem durchbohrten Herzen verkörpert die Unterwerfung und Unterjochung der lateinamerikanischen Frauen; mit ihren Tränen bringt sie all den Schmerz über deren Kinder zum Ausdruck, die die Kolonisatoren mit ihrer Gier nach Macht und Gold massakriert haben. Aber nicht nur die Christologie der Resignation wird kritisiert, sondern auch die Christologie der Unterdrückung mit ihren wie portugiesische oder spanische goldbehängte Könige monarchen- und imperatorhaften Christussen ebenso wie mit all ihren kriegerischen und sieghaften Christusgestalten.

Aber die Grenzen dieser Befreiungschristologie sind mit

Händen zu greifen. Da ihr Christusverständnis von einer sozioanalytischen Betrachtung der Wirklichkeit absieht, bringt sie politisch wenig. So kann es passieren, daß ihre Vertreter theologisch (theoretisch) revolutionär, in ihrer Praxis aber konservativ oder rein progressiv sind.

Gesellschaftsanalytische Artikulation der Befreiungschristologie

Auch diese Artikulation der Befreiungschristologie geht von derselben geistig-geistlichen Erfahrung angesichts der Armen aus. Ihre ethische Empörung ist nicht geringer. Aber sie vermittelt ihre Bestürzung durch eine Analyse der Wirklichkeit, welche die ursächlichen Mechanismen dieses skandalösen Elends aufdecken und eine Praxis in Gang setzen soll, die tatsächlich befreiend wirkt. Wichtig ist die befreiende Praxis. Es geht nicht darum, unter Beibehaltung der alten Kräfteverhältnisse hier und da die Dinge zu verbessern (Reformismus), sondern darum, aus einem wirklich revolutionären Willen die Verhältnisse selbst zu verändern; die Grundoption zielt eindeutig auf Befreiung ab. Um aber zu einer Praxis zu gelangen, die ihre Ziele erreicht, bedarf es zuvor einer Analyse, und zwar der schärfstmöglichen Analyse jener Mechanismen, welche die soziale Ungerechtigkeit produzieren und welche wir, im Lichte des Glaubens betrachtet, soziale und strukturelle Sünde nennen. Deshalb heißt die Christologie, die aus dieser Betrachtungsweise geboren wird, im engen Sinn des Wortes Befreiungschristologie.

Die Christologie der Befreiung baut auf zwei theoretische Grundvermittlungen auf. Die *gesellschaftsanalytische* Vermittlung bezieht sich auf die zu verändernde Realität, während die *hermeneutische Vermittlung* das spezifisch Theologische betrifft. In diesem zweiten Schritt lesen wir den gesellschaftsanalytischen Text im Lichte Jesu Christi des Erlösers und des Wortes der Offenbarung und sichern somit den theologischen Charakter der Theorie und der Befreiungspraxis.

Wir können hier nicht auf die hermeneutische Vermittlung eingehen. Der üblichen Verfahrensweisen in der Theologie entsprechend ist sie hinreichend bekannt. Zuwenden aber wollen wir uns der gesellschaftsanalytischen Vermittlung. Denn hier tauchen die Fragen und die Meinungsverschiedenheiten zwischen den verschiedenen theologischen Strömungen auf. Sie also geben ihren wirklichen (und nicht bloß vorgegebenen oder vermeintlichen) sozialen Ort zu erkennen.

Allgemein können wir sagen, daß jede theologische Intervention der Theologen wie der Hierarchie in den sozialen Bereich hinein eine soziologische Grundtheorie voraussetzt, die entweder spontan oder kritisch sein kann. Bloßer Empirismus (spontanes und intuitives Verstehen) auf diesem Feld bedeutet ein »epistemologisches Grundhindernis« (G. Bachelard), das in der Regel den *Status quo* untermauert und uns daran hindert, die Theologie sachgerecht zu artikulieren, das heißt in unserem Fall: die Christologie, und zwar eine befreiende Christologie. So stehen wir vor der Frage: Welcher Sozialtheorie müssen wir uns bedienen, um eine Christologie der Befreiung artikulieren zu können?

Bei der Wahl der Gesellschaftstheorie spielen Kriterien eine Rolle, die nicht ausschließlich auf Objektivität und Rationalität, sondern auch auf die Grundoption des Untersuchenden und seinen gesellschaftlichen Ort zurückgehen. Jede Reflexion über die menschliche Wirklichkeit wird geleistet von einem Grundprojekt oder – mit anderen Worten – von einer Utopie, die sich eine Gruppe gibt und in die hinein sie ihre Zukunft projiziert. So eine Utopie ist aber keine reine Ideologie, sondern sie beruht auch auf gesellschaftlichen und materiellen Voraussetzungen. So lassen sich zwei Modelle von Projekten bzw. Utopien ausmachen, die von zwei Arten von Trägern vertreten werden: das Vorhaben der herrschenden Gesellschaftsklassen und das Projekt der unterdrückten Klassen.

Der Utopie der herrschenden Klassen geht es um einen linearen Fortschritt, der die strukturierenden Kader der Gesellschaft unberührt läßt; sie legt einen unerschütterlichen Glauben an Wissenschaft und Technik an den Tag und geht von einem elitistischen Verständnis der Gesellschaft aus, demzufolge die Leistungen nur nach und nach zu den Massen transportiert werden. Die Utopie der unterdrückten Gruppen hingegen will eine Gesellschaft der Gleichheit. Danach bildet der Graben zwischen Eliten und Massen das größte Hindernis für die Entwicklung, und – solange er fortbesteht – wird es keinen wahren Fortschritt und keine soziale Gerechtigkeit geben. Zugrunde liegt ihr ein unerschütterlicher Glaube an die verändernde Kraft der Unterdrückten, die imstande seien, eine Gesellschaft mit weniger Ungerechtigkeit und weniger sozialer Unterdrückung zu schaffen.

Diese beiden Grundkonzeptionen bestimmen nun, für welches Analysemodell sich jemand entscheidet. Die herrschenden Gruppen bevorzugen für Sozialuntersuchungen die funktionalistische Methode; diese gibt der Idee von Ordnung und Gleichgewicht den Vorrang und stellt sich die Gesellschaft als ein organisches Ganzes vor, dessen Teile sich gegenseitig ergänzen. Die unterdrückten Gruppen dagegen benutzen eher die dialektische Methode, in deren Mittelpunkt die Idee von Konflikt und Kampf steht und die in der Gesellschaft eine konfliktträchtige Größe sieht. Die eine Richtung, die – historisch gesehen – in der liberalen Tradition zum Ausdruck kommt, betrachtete die Gesellschaft von oben nach unten, das heißt von der Stelle aus, von der aus sie den Eindruck der Harmonie erweckt. Die andere Richtung, die – geschichtlich konkret – in der revolutionären und marxistischen Tradition greifbar wird, nimmt die Gesellschaft von unten nach oben in den Blick, das heißt von dem Punkt aus, von dem aus sie als in Auseinandersetzung und Kampf liegend erscheint.

Der Glaube (mitsamt seinem wissenschaftlichen Ausdruck: der Theologie) respektiert die Autonomie des analytischen Denkens. Aber er weiß auch zu unterscheiden und prüft, welches Modell von Analyse besser den Forderungen des Glaubens, der in der Praxis Fleisch werden will, entspricht. Der Glaube fällt seine Entscheidung in Richtung desjenigen gesellschaftsanalytischen Schemas, das die für die Ungerechtigkeiten ursächlichen Mechanismen am saubersten aufdeckt und von dem geeignete Mittel zu erwarten sind, diese abzuschaffen, und das für die Idee der Brüderlichkeit, Mitsprache und Mitbestimmung am günstigsten ist.

So optiert man in der Befreiungschristologie, was die Analyse der Gesellschaft anlangt, für die dialektische Verfahrensweise, verbunden mit dem revolutionären Projekt der Unterdrückten. Wenn also das Wort »Befreiung« fällt, wird damit eine ganz genaue Option zum Ausdruck gebracht, die weder reformistisch noch progressiv ist, sondern eben befreiend, das heißt: die einen Bruch mit dem geltenden *Status quo* beeinhaltet. Und um was für eine Befreiung geht es da? Hier bedarf es großer Vorsicht, um nicht Opfer einer semantischen Verschiebung zu werden, will sagen: denselben Wörtern unterschiedliche Bedeutung beizumessen. Befreiung hat es hier mit den wirtschaftlichen, gesellschaftlichen, politischen und ideologischen Strukturen zu tun. Wir müssen also auf Strukturen und nicht nur auf Personen Einfluß nehmen. Wir müssen versuchen, die Machtverhältnisse zwischen den gesellschaftlichen Gruppen zu verändern, damit neue Strukturen entstehen können, die für die Ausgeschlossenen mehr Mitsprache bringen. Die Befreiungschristologie ergreift Partei für die Unterdrückten und hält sich dazu Kraft des Glaubens an den historischen Jesus ermächtigt. Wenn wir uns in unserer Situation nicht engagierten, bedeutete das, daß wir zu den bestehenden Dingen ja sagten und uns insgeheim auf die Seite der Privilegierten schlügen.

Freilich setzt diese Option der »Doppeldeutigkeit, die jedem Befreiungsprozeß anhaftet, noch kein Ende, weil ja nicht jede Befreiung schon Vorwegnahme und Konkretisierung des Reiches Gottes bedeutet und keine Befreiung in sich verabsolutiert werden darf. Die Erlösung, die das Christentum verkündet, ist ein umfassender Begriff, der sich nicht auf wirtschaftliche, politische, soziale und ideologische Befreiung beschränkt, aber auch nicht in ihnen aufgeht. Die christliche Hoffnung – in Verbindung mit dem rechten Verständnis von Eschatologie – gestattet uns zu sagen: Diese Welt ist nicht nur die Bühne, auf der das Drama des Heils gespielt werde, sondern sie ist Teil des Dramas selbst. Das endgültige und endzeitliche Heil wird vermittelt und vorweggenommen, konkretisiert sich jeweils in partiellen innerhistorischen Befreiungen auf allen Ebenen der Geschichte und ist immer offen in Richtung auf eine globale Fülle, die aber erst im Reich Gottes erreicht werden kann.

Für eine Christologie der Befreiung ist eine korrekte Interpretation dessen sehr wichtig, was den gemeinsamen Nenner für unseren Erdteil ausmacht: die Unterentwicklung. Unterentwicklung besteht weder, wie uns die funktionalistische Deutung des liberalen Systems glauben machen will, in einem *technischen* Problem, daß nämlich der Prozeß beschleunigt werden müßte, so daß wir aus einer traditionellen und vortechnischen Gesellschaft in eine moderne und technische Welt fänden (entwickelte Länder – Länder auf dem Weg der Entwicklung), noch in einem *politischen* Problem, daß die Länder innerhalb desselben Systems ihre interdependenten und ungleichen Beziehungen enger knüpfen müßten, um so zu einer homogenen Entwicklung zu kommen (entwickelte Länder – unterentwickelte Länder). Unterentwicklung besteht vielmehr in einem System, in dem einige Länder von anderen Ländern abhängig sind, wobei letztere die metropolitanen oder imperialen Zentren bilden, um die herum Satelliten oder periphere Länder kreisen, die jene in unterdrückerischer Form unterentwickelt *halten.*

Unterentwicklung ist die Kehrseite und Folge der Entwicklung. Damit Entwicklung nach kapitalistischem Zuschnitt ihren Beschleunigungsgrad wie auch den Stand an Gütern, die sie erreicht hat, halten kann, braucht sie in ihrer Abhängigkeitssphäre Länder, von denen sie das fordern kann, was die Länder des Zentrums für ihren Reichtum benötigen. Die bestimmende Ursache unserer Unterentwicklung (neben der entscheidenden Ursache gibt es noch andere, aber nicht letztlich bestimmende Gründe, wie: biologische und gesundheitsmäßige Faktoren, wie ein unterschiedliches *Kulturethos* usw.) ist das System der Abhängigkeit, das Unterdrückung und Fremdherrschaft bedeutet und das die Vertreter des Imperiums den Menschen in den verschiedenen Ländern auch entsprechend einflößen. Die Abhängigkeit prägt alle Lebensbereiche, wie Wirtschaftssystem, Arbeitsteilung, Politik, Kultur und selbst Religion.

Der Ausweg aus der Situation müßte in einem Prozeß bestehen, in dem die Abhängigkeitsbindungen gekappt und Möglichkeiten von Befreiung im Blick auf ein selbsttragendes Nationalprojekt geschaffen würden. Aber gegenüber solchen theoretischen Forderungen muß man realistisch sein. Brüche dieser Art lassen sich nicht mit einem Willensakt bewerkstelligen, denn »Menschen machen nur die Revolutionen, die sich machen lassen«. Man muß immer auch die objektiven Bedingungen des Machbaren im Auge haben. Das Problem ist nicht, frei zu sein, koste es, was es wolle, weil ja auch nicht jede Befreiung Freiheit bringt. So eine Befreiung führt möglicherweise zu Unabhängigkeit, aber nicht zwangsläufig auch zu Entwicklung. Die Länder Lateinamerikas konnten keine eigene Technologie entwikkeln, und niemand kann sich alleine entwickeln. So stehen wir also vor einem bitteren Dilemma: »Befreiung ohne Entwicklung oder Entwicklung und Unterwerfung. Eine dritte Möglichkeit ist nicht mehr als ein Kompromiß: Entweder man schränkt die Entwicklung ein, um sich eine gewisse Selbständigkeit zu erhalten; oder man begrenzt die Abhängigkeit, damit sich einige Sektoren entwickeln können. Aber das geht schon über die bloße Dependenztheorie hinaus.«

Hinzu kommt noch die Tatsache, daß die Kräfte der Repression in Lateinamerika Oberhand gewonnen und den Aufbau einer organisierten Befreiungsbewegung verhindert haben.

Müssen wir angesichts dieser Pattsituation den Gedanken an Befreiung aufgeben? Auf der Ebene der Theorie brauchen wir nichts zurückzunehmen, sondern müssen bei unserer negativen Diagnose, die richtig ist, bleiben. Im Blick auf die Praxis jedoch müssen wir nach Schritten Ausschau halten, die einen wirklich befreienden Prozeß gangbar werden lassen, der freilich lang und langwierig sein kann. Die allgemeine Konstellation zwingt uns zu Veränderungen *im* System, um zur Veränderung *des* Systems zu gelangen. Dies bedeutet nicht, daß wir auf unsere Option für ein Projekt der Befreiung und für eine andere Gesellschaft verzichtet hätten. Sondern es geht um eine Strategie, die unter Berücksichtigung der allgemeinen Lage von Repression und Gefangenschaft dieses Projekt in geschichtlichen und konstellativen Bedingungen verwirklichen soll.

Bei dieser Analyse der Wirklichkeit spielen nicht nur Sorgen eine Rolle, die aus dem Bereich der Sozialwissenschaften (Soziologie, Wirtschaft, Politik) stammen, sondern auch solche, die geschichtlich-kultureller und anthropologischer Art und von der Volkskultur her bestimmt sind. Die großen, niedergetrampelten Mehrheiten unserer Bevölkerung haben sich im Laufe der Zeit eine Kultur des Schweigens und ihre eigenen Möglichkeiten geschaffen, ihrem Leben Sinn zu geben, sich zu befreien, Widerstand zu leisten und in Gefangenschaft zu leben. In dieser Perspektive gibt es fast für ganz Lateinamerika zahlreiche Studien, die die Volkskultur und Volksreligiosität untersuchen als Saatbeet von Werten, die von der imperialistischen Ideologie noch nicht berührt worden sind und die als Dynamik für eine echte Theologie des Widerstandes und eines Befreiungsprozesses dienen könnten.

Wer also den Schwierigkeitsgrad der Entwicklung im Sinn von Abhängigkeit und Herrschaft begreifen will, darf sich nicht mit rein soziologischen und humanwissenschaftlichen Analysen begnügen, sondern muß die Dinge unter strukturellem und kulturellem Gesichtspunkt betrachten. Kapitalismus, Konsumismus, Abhängigkeits- und Unterdrückungssystem offenbaren ein bestimmtes *Kulturethos* (Sinn von Leben und Tod, Beziehungen zu Mitmenschen, Gütern und zum Transzendenten), das sich in den ihm eigenen geschichtlichen Formen konkretisiert. Die Moderne optiert für einen Daseins- und Lebenssinn, der sich mißt an Wissen und an Macht über alles, was einem begegnet, vor allem aber über die Welt, die beherrscht und ausgebeutet werden muß und aus der man Gewinn zu ziehen hat. Eine Revolution, die dieses *Kulturethos* – auf dem ja unsere westliche Geschichte ebenso wie der Marxismus gründet – nicht verändert, wird nur das alte Thema variieren, aber nie eine echte Befreiung herbeiführen, zumindest nicht so, wie sie von ernsthaften lateinamerikanischen Reflexionsgruppen angestrebt wird.

Diese Art von Reflexion, die wir in der gebotenen Kürze

skizziert haben, liegt also der Befreiungschristologie, so wie sie auf unserem Erdteil im Entstehen ist, zugrunde. Allerdings gibt es die Christologie der Befreiung kaum in schriftlicher oder theoretisch bis ins einzelne ausgefeilter Form. Eher schon wird sie in Gruppen ge- oder besprochen und auf hektographierten Papieren weitergegeben.

So stehen wir jetzt vor der entscheidenden Frage: Welches Jesusbild tritt uns aus diesem Interessenzusammenhang entgegen? Wie sind da Jesu Botschaft und Erlösungstat zu verstehen? Angesichts der Unmöglichkeit, auf alle Einzelheiten einer Christologie aus dieser Perspektive einzugehen, möchten wir einige Themen zur Debatte stellen.

III. Elemente eines befreienden Verständnisses des historischen Jesus

Relevanz des historischen Jesus für die Befreiung

• Die Christologie, die in Lateinamerika erarbeitet wird, legt das Schwergewicht eher auf den historischen Jesus als auf den Christus des Glaubens.

Denn sie erkennt eine Strukturgleichheit in den Situationen zur Zeit Jesu und in unserer Gegenwart: objektive Unterdrückung und Abhängigkeit, die subjektiv als Widersprüche zum Geschichtsplan Gottes erfahren werden.

Denn der historische Jesus bringt uns unmittelbar mit seinem Befreiungsprogramm und seinem *Handeln* in Kontakt.

Denn der historische Jesus zeigt, daß jedes befreiende Handeln zum Konflikt führt, und deutet an, welches Schicksal auf jeden prophetischen Träger seines Befreiungsprojektes wahrscheinlich wartet.

Denn der historische Jesus gibt mit aller Deutlichkeit zu erkennen, daß die Nachfolge seines Lebens und seiner

Sache das Kernstück des christologischen Glaubens ist. In der Nachfolge leuchtet die Wahrheit Jesu auf. Diese besteht primär darin, daß sie befähigt, diese sündige Welt zum Reich Gottes werden zu lassen, und sekundär darin, daß sie sich gegenüber den Forderungen der menschlichen Vernunft in ihrer Offenheit auf das Unendliche hin rechtfertigen läßt. Jesus will nicht die Wirklichkeit erklären, sondern daß sie verändert wird. In diesem Sinn ist er ihre endgültige Erklärung.

Denn der historische Jesus offenbart uns den Vater, indem er uns zeigt, wie wir den Weg zu ihm zu gehen haben. Mit anderen Worten: Nur der Prozeß der Umkehr/Veränderung (Praxis) eröffnet uns den Zutritt zum Gott Jesu Christi – und nicht die abstrakte Reflexion (Theorie).

Denn der historische Jesus ermöglicht es uns, Mensch und Gesellschaft, so wie wir sie in der Geschichte antreffen, der Kritik zu unterziehen. Nur wenn sie sich bekehren, sind sie imstande, das Reich, das heißt: Gottes letztes Vorhaben bezüglich Mensch und Welt, zu antizipieren und zu konkretisieren. Für den gegenwärtigen Zustand der Welt bedeutet der historische Jesus Krise und nicht Rechtfertigung, und er will nicht so sehr, daß sie erklärt, als vielmehr, daß sie verändert wird.

• Die volle Bedeutung des historischen Jesus erhellt aber nicht aus der Betrachtung seines geschichtlichen Lebens, sondern aus der Perspektive der vollgültigen Offenbarung seines Weges, will sagen: aus der Sicht der Auferstehung. Der Glanz der Auferstehung entbindet nicht von der Pflicht zur Betrachtung der Geschichte, sondern fordert nachgerade eine noch sorgfältigere Beschäftigung mit ihr, wie die Evangelien das ja auch beweisen.

Reich Gottes: Utopie der absoluten Befreiung und ihre Antizipation in der Geschichte

• Der historische Jesus hat weder sich selbst noch die Kirche, noch Gott, sondern das Reich Gottes gepredigt.

Der Hintergrund für die Vorstellung vom Reich Gottes ist das endzeitlich-apokalyptische Weltbild, nach dem diese Welt, so wie sie aussieht, in Widerspruch zum Plane Gottes steht, daß aber Gott in dieser letzten Stunde beschlossen hat, einzugreifen und endgültig sein Reich anbrechen zu lassen. Reich Gottes ist also das semantische Zeichen für diese Erwartung (vgl. Lk 3,15) und erweist sich als die Verwirklichung der Utopie einer umfassenden, strukturellen und eschatologischen Befreiung.

Das besondere Merkmal Jesu besteht nicht darin, daß er verkündet, das Reich werde kommen, sondern darin, daß er sagt, es sei in seiner Person und in seinem Auftreten schon nahegekommen (Mk 1,15), ja, bereits mitten unter uns (Lk 17,21)! Das Grundprojekt Jesu ist also anzusagen, der absolute Sinn der Welt sei erfüllt; er will Werkzeug sein, mittels dessen sich dieser Sinn durchsetzen kann: Befreiung *von* allem, was Wunden schlägt – wie: Unterdrückung, Ungerechtigkeit, Schmerz, Spaltung, Sünde und Tod; und Befreiung *für* Leben, offene und liebevolle Kommunikation, Freiheit, Gnade und Fülle in Gott.

• Das Reich Gottes hat immer einen Charakter von Ganzheit und Universalität. Religiöse, politische und gesellschaftliche Interessen, die nur regional und unmittelbar sind, läßt es so nicht gelten.

Perversion ist es, das Reich – sei es in der Frage der politischen Macht, sei es auf dem Feld der religiös-priesterlichen Gewalt, sei es im Bereich der charismatisch-prophetischen Macht – zu regionalisieren. Das aber war gerade die Versuchung, mit der Jesus zu kämpfen hatte (Mt 4,1–11) und die ihn sein Leben lang nicht losließ (vgl. Lk 22,28). Mit anderen Worten: Innergeschichtliche Befreiungen definieren weder den Endzustand der Welt, noch lassen sie die Utopie Wirklichkeit werden. Umfassende

Befreiung, die die Frucht voller Freiheit ist, macht den Wesenskern des Reiches aus und ist die endzeitliche Gabe Gottes. Die Geschichte ist der Prozeß daraufhin. Der Mensch hat die Aufgabe, ihn in Schwung zu bringen. Dem Reich Gottes eignet wesentlich eine Zukunftsdimension, an die menschliches Tun aber nicht herankommt und die immer Gegenstand endzeitlicher Hoffnung bleibt.

• Das Reich Gottes ist aber nicht bloß Zukunft und Utopie, sondern auch Gegenwart und wird in geschichtlichen Konkretionen präsent. Deshalb muß man es sich als Prozeß vorstellen, der in der Welt seinen Anfang nimmt und in der Endzeit zu seinem Höhepunkt findet. Bei Jesus sehen wir, wie sich diese dialektische Spannung sachgerecht ausgleicht: Auf der einen Seite trägt er ein Projekt umfassender Befreiung (Reich Gottes) vor, das auf der anderen Seite durch Vermittlungen (Gesten, Taten, Haltungen) prozeßhaft in die Geschichte hineingeholt wird. Auf der einen Seite ist das Reich Zukunft, das erst noch kommen wird, auf der anderen Seite ist es aber auch schon da und steht vor der Tür.

Das erste öffentliche Auftreten Jesu in der Synagoge von Nazaret hat programmatische Bedeutung. Dort verkündet Jesus die Utopie vom Gnadenjahr des Herrn, das zu greifbarer Geschichte ganz konkreter Befreiungen für die Unterdrückten und Gefangenen wird (Lk 4,16–21). Den Akzent legt er bei seiner Antrittsrede auf die materielle Infrastruktur. Der Messias ist der, der den konkret Unglücklichen Befreiung bringt. Glücklich sind die Armen, die Leidenden, die Hungernden und die Verfolgten, nicht weil ihr Zustand irgendein Wert wäre, sondern weil die Situation der Ungerechtigkeit, in der sie leben, eine Herausforderung für die Gerechtigkeit des messianischen Reiches darstellt. In Jesus ergreift Gott Partei für sie. Als Befreiung von der Sünde gehört das Reich zum Kern der Predigt Jesu wie des Zeugnisses der Apostel (Lk 24,47;

Apg 2, 38; 5,31; 13,38), darf aber nicht verkürzt interpretiert werden, indem man ihm die Dimension des Infrastrukturellen nimmt – das, was Lukas an Jesus ja gerade betont: die gesellschaftliche und geschichtliche Tragweite. Der historische Jesus machte sich das Projekt der Unterdrückten zu eigen, denen es ja um Befreiung ging, aber auch die Konflikte, die zwangsläufig damit verbunden waren.

Jesu Befreiung hat einen doppelten Aspekt. Einerseits proklamiert er die umfassende Befreiung der gesamten Geschichte und nicht nur eines Ausschnittes davon, andererseits nimmt er das Ganze in einem Prozeß vorweg, der in partiellen Befreiungen konkret wird, die aber ihrerseits wiederum für das Gesamte offen sind. Wenn Jesus die Utopie eines glücklichen Endes verkünden und nicht gleichzeitig auch die Möglichkeit ihrer Antizipation in der Geschichte eröffnen würde, dann würde er die Menschen zu absolut unglaubwürdigen Illusionen verführen. Wenn es ihm aber umgekehrt nur um partielle Realisierungen ohne Perspektive auf das Ganze und auf Zukunft hin ginge, dann würde er alle Hoffnungen der Menschen frustrieren und sie zu einer bösen Kurzsichtigkeit anstacheln. Im Auftreten Jesu begegnen wir beiden Dimensionen in dialektischer Spannung verbunden.

Die Praxis Jesu: eine Befreiung im Vollzug

• Die »acta et facta Jesu« (Praxis) sind als geschichtliche Verkörperungen dessen zu verstehen, was konkret das Reich Gottes bedeutet: befreiende Veränderungen der vorfindlichen Lage. In diesem Sinn nähert sich Jesus dem Lebensprojekt der unterdrückten Bevölkerungsgruppen.

Aus dieser Perspektive wollen auch die Wunder verstanden werden. Ihre Bedeutung besteht nicht darin, daß sie etwas Wundersames, sondern darin, daß sie Zeichen *(ér-*

gon, semeíon) der Anwesenheit des Reiches sind (vgl. Lk 1,20). Erschienen ist in dieser Welt der Stärkere, der den Starken besiegt (vgl. Mk 3,27): Befreiung im Vollzug.

Mit seinen Verhaltensweisen gibt Jesus dem Reich konkrete Gestalt und verkörpert die Liebe des Vaters. Wenn er sich denen zuwendet, um die sonst alle einen Bogen machen, wie den Armen, öffentlichen Sündern, Anstoßerregenden, Trinkern, Aussätzigen und Dirnen – mit einem Wort: den gesellschaftlich und religiös An-den-Rand-Gedrängten, dann tut er das nicht aus rein humanitärem Geist, sondern weil er die geschichtegewordene Liebe des Vaters zu den Kleinen und zu den Sündern ist. Ihre Lage stellt nicht die definitive Struktur des Lebens dar. Sie sind nicht auf ewig verloren. Gott ist imstande, sie zu befreien.

• Das Handeln Jesu hat einen eminent soziopolitischen Charakter und rührt bis an die *Struktur* von Gesellschaft und Religion der Zeit. Jesus tritt weder als reformistischer Asket nach Art der Essener auf, noch als Observant der Überlieferung wie ein Pharisäer, sondern als prophetischer Befreier.

Zwar ist Jesu Handeln im Bereich des Religiösen angesiedelt; da aber der religiöse Faktor eine der Grundsäulen der politischen Macht war, hatte jeder Eingriff in das Religiöse auch Folgen auf dem Feld der Politik.

Gegenüber Religion, Gesetz und Überlieferung (»Ihr habt gehört, daß gesagt worden ist... Ich aber sage euch...«) sind seine Taten nicht reformistisch, sondern befreiend. Er relativiert ihren vermeintlichen absoluten Wert: Wichtiger als Sabbat und Tradition ist der Mensch (vgl. Mk 2,23.26); daran, wie man sich dem anderen gegenüber verhält, entscheidet sich das Heil (Mt 25,31–46). In der Frage der Kriterien für die Erlösung verlagert Jesus den Schwerpunkt: Das Heil hängt nicht mehr an der Orthodoxie, sondern an der Orthopraxie. Gesetz und Lehre ordnet er dem Kriterium der Liebe unter und befreit damit das Tun des Menschen. Wort und Tat Jesu postulieren ein neues Bild von Gott und einen neuen Zugang zu ihm. Der Gott der grenzenlosen Güte, der selbst »die Undankbaren und Bösen liebt« (Lk 6,35), nähert sich in Gnade, über das hinaus, was die Tora vorschreibt und fordert. Gott ist kein Wesen an sich, das mit der Geschichte nichts zu tun hätte und sich nur epiphanisch, im Verborgenen offenbarte, sondern Gott ist ein Gott, der sich innerhalb der Geschichte offenbart, indem er sein Reich Wirklichkeit werden läßt und damit die bestehende Situation verändert. Gott muß primär von der Zukunft her gedacht werden, von dem Reich her, das er als umfassende Befreiung von den ungerechten Mechanismen der Vergangenheit und als Fülle eines noch nie erfahrenen Lebens herbeiführen wird. Der Weg zu ihm führt nicht in erster Linie über Kult, religiöse Observanz oder Gebet, die allesamt echte, aber an sich doppeldeutige Vermittlungen sind. Der vorrangige und eindeutige Weg zu Gott führt über den Dienst am Armen, in dem sich Gott anonym verbirgt. Die Praxis der Befreiung ist der sicherste Weg zum Gott Jesu Christi.

Als befreiend erweist sich sein Handeln auch in den gesellschaftlichen Beziehungen. Die zeitgenössische Gesellschaft war straff in Schichten geordnet. Man unterschied zwischen Nächsten und Nichtnächsten, Reinen und Unreinen, Juden und Ausländern, Gesetzesbeflissenen und ignorantem Volk, Leuten mit unehrenhaften Berufen sowie Kranken, die als Sünder galten. Jesus solidarisiert sich mit diesen allen. Das aber bringt ihn in Verruf, ein Fresser und Säufer und ein Freund von Zöllnern und Sündern zu sein (vgl. Mt 11,19). Sein schonungsloser Angriff auf Theologen, das heißt auf die Pharisäer und Sadduzäer, hat ebenfalls eindeutig gesellschaftliche Relevanz.

Die Gerechtigkeit steht an zentraler Stelle in der Verkündigung Jesu. Jesus nennt die Armen selig, nicht weil die

Armut in seinen Augen eine Tugend wäre, sondern weil sie als Ergebnis ungerechter Beziehungen unter den Menschen den Anbruch des messianischen Reiches provoziert, dessen erste Funktion es ja ist, den Armen Gerechtigkeit zu verschaffen und die Schwachen in ihrem Recht zu verteidigen. Ebenso lehnt er den Reichtum ab, den er dialektisch für das Ergebnis der Ausbeutung der Armen ansieht. So qualifiziert er ihn schlicht als »ungerecht« (Lk 16,9). Das Ideal besteht für Jesus weder in einer Gesellschaft des Überflusses noch in einem Zusammenleben in Armut, sondern in einer Gesellschaft der Gerechtigkeit und der geschwisterlichen Gemeinschaft.

Als befreiend erweist sich auch seine Kritik an aller Macht, wenn sie zu Unterdrückung wird (vgl. Lk 22,25-28). Ihre Wirkung entmythologisiert er ebenso wie die Möglichkeit, daß sie Vermittlung zu Gott ist. Ja, Jesus relativiert auch die sakrale Macht der Könige; er bestreitet ihnen den göttlichen Charakter (vgl. Joh 19,11). Die *pax romana*, die ja auf Unterdrückung beruht, verkörpert nicht das Reich Gottes.

In der Folge der Praxis Jesu liegt eine neue Art von Solidarität, die die Klassenunterschiede wie die Differenzen, die das Leben mit sich bringt, überwindet. Alle, insbesondere aber die Kleinen, Kranken, Randexistenzen und Armen versucht er, in ihrem Recht zu verteidigen. Alles, was Menschen spaltet, wie Neid, Habsucht, Verleumdung, Unterdrückung und Haß, bekämpft er. Dagegen verkündet er den Geist der Seligpreisungen, der alleine imstande ist, die Welt so zu verändern, daß sie in den Augen Gottes bestehen kann.

Jesu Appell, allem Haß abzusagen und statt dessen Erbarmen und Vergebung gelten zu lassen, rührt daraus, daß er eine feinfühlige Wahrnehmung der Realität der Geschichte hat: Immer wird es Herrschaftsstrukturen geben, aber das darf uns nicht entmutigen und dazu bringen, dieselbe Struktur zu übernehmen. Vielmehr müssen wir Vergebung praktizieren; diese wird nämlich aus der Kraft der Liebe geboren, und diese vermag es, mit den Widersprüchen zu leben und sie von innen her zu überwinden.

• Aber trotz seiner befreienden Taten, die die Wirklichkeit des eschatologischen Reiches innerhalb der Geschichte konkret werden ließen, schwang sich Jesus nicht auf, die politische Macht zu übernehmen. Immerhin hielt er politische Macht für eine teuflische Versuchung, weil sie eine Regionalisierung des universalen Reiches bedeutet. Dabei liegt der Hauptgrund für die Ablehnung politischer Macht durch Jesus in seinem Grundverständnis, daß das Reich Gottes – insofern es Gottes Reich ist – nur in Freiheit und nicht unter Druck Geschichte werden kann. Hinzu kommt das kulturelle Umfeld, das ja das der Apokalyptik ist und in dem sich Jesus mitsamt seinen Zeitgenossen bewegt. Logischerweise ist der endgültige Anbruch des Reiches Gottes auch Werk der Gnade Gottes. Der Mensch muß sich darauf vorbereiten und ihn beschleunigen, darf ihn aber nicht herbeizwingen wollen. In diesem Punkt unterscheidet sich Jesus von den Zeloten.

Für eine Geschichte, die noch eine Zukunft vor sich hat, und für ein Weltbild, das von der Parusieverzögerung ausgeht, folgt, daß man die Haltung des historischen Jesus in diesem Punkt relativieren und den Umständen und Begrenzungen seiner kulturellen Ausdrucksformen zuschreiben muß. Das aber entbindet die Theologie nicht von der Notwendigkeit, an die Übernahme der politischen Macht zu denken – als an eine rechtmäßige und angemessene Form, den An-den-Rand-Gedrängten mehr Gerechtigkeit zu ermöglichen. Unter der Bedingung, daß sich die Macht dem Gesetz des Dienstes unterwirft und sich mithin nicht absolut setzt, kann sie eine geschichtliche Form sein, in der das, was mit der Idee des Reiches ausgesagt werden soll, konkret wird. Denn Jesus propagiert ja keine entpolitisierte, entgeschichtlichte und entstrukturierte Liebe, sondern eben eine politische, das heißt situative Liebe, die für den Menschen sichtbare Folgen hat.

Umkehr: Forderung der Befreiung durch Gott

• Die Umkehr, die Jesus fordert, beinhaltet nicht nur eine Änderung der Überzeugung (Theorie), sondern auch und vor allem eine Änderung der Haltung (Praxis), und zwar nicht nur des Menschen mit einem absoluten Kern persönlicher Freiheit (Herz), sondern des Menschen als konkreter Größe, die in ein lebendiges und aktives Netz von Beziehungen eingespannt ist. Umkehr heißt: positiv gesprochen, auf allen Ebenen des persönlichen und gesellschaftlichen Lebens in der Weise neue Beziehungen zu schaffen, daß dies zu konkreten Befreiungen führt und dadurch das Reich Gottes antizipiert wird. Das Persönliche steht in einer dialektischen Spannung zum Sozialen und umgekehrt.

• Umkehr darf nicht als Bedingung dafür verstanden werden, daß das Reich Gottes kommt, sondern sie bedeutet bereits, daß das Reich in der Geschichte angebrochen, anwesend und am Werk ist. In der Umkehr wird die Struktur des Reiches, und das heißt die Befreiung, wie Gott sie wünscht, klar erkennbar: Einerseits ist sie angebotenes Geschenk, andererseits ist sie aber auch Annahme, die in dem Maße real wird, als der Mensch an der Herbeiführung des Reiches durch persönliche, politische, gesellschaftliche und religiöse Vermittlungen mitwirkt.

• Das Reich und die mit ihm gegebene Befreiung konkretisieren das, was die Macht Gottes auszeichnet. Das Reich ist keine Macht zur Unterdrückung von Freiheiten, sondern eine Macht zur Hingabe sowie Appell zur Freiheit, und sein Werk ist die Liebe. So sehen wir, daß das Reich angeboten und nicht aufgezwungen wird. Deshalb kann das Reich Gottes unter den Bedingungen der Geschichte nicht kommen, wenn der Mensch nicht zu ihm ja sagt und sich nicht in den Prozeß von Umkehr und Befreiung hineinbegibt. Die Verkündigung des Reiches nimmt dem Kampf in der Geschichte nicht seine Berechtigung. Die umfassende Befreiung, so wie Gott sie vorschlägt, geht über den Weg partieller Befreiungen. Jene ist nicht die Ursache für diese, wohl aber antizipieren diese die umfassende Befreiung und bereiten sie vor. Aus diesem Grund ist der Mensch nie bloß Zuschauer und Gott nie bloß Lizenzgeber.

Die Umkehr zeigt weiterhin, daß das Recht eine konfliktträchtige Seite hat. Die Gute Nachricht Jesu ist nur für den gut, der sich umtut. Nicht gut ist sie für den Heuchler, der bei seine Heuchelei bleibt; und nicht gut ist sie auch für den, der die Situation stützt, welche die vielfältige Diskriminierung unter den Menschen sanktioniert. Für alle diese Menschen ist sie eine schlechte Nachricht. So kommt es, daß Jesus und seine Botschaft die Menschen spalten; und das gehört zum Kern des Reiches. In das Reich aber kommt man nur, wenn man mit dieser Welt bricht und sie verändert, und nicht, wenn man ihre Strukturen fortschreibt. Jesus wendet sich allen zu, konkret aber den Armen, macht sich zu einem von ihnen und läßt sich ihre Sache angelegen sein, deckt die Selbstgefälligkeit der Pharisäer auf und prangert die Reichen wegen ihrer Ungerechtigkeitsmechanik und ihrer Habgier an.

Dadurch, daß er schließlich starb, sollten die Menschen erfahren, daß in dieser Welt nicht alles verloren ist.

Der historische Jesus war dagegen, sich der Macht zu bedienen, um den Willen Gottes durchzusetzen. Das würde die Menschen von ihrem Befreiungsauftrag entbinden. Außerdem wären sie dann ja auch nicht Träger der persönlichen und gesellschaftlichen Veränderungen, sondern bloße Nutznießer. Lieber wollte er sterben, als das Reich Gottes aber mit Gewalt herbeizuführen. Und wenn dem nicht so wäre, dann hätten wir am Ende nicht das Reich Gottes, sondern ein Reich auf der Basis des menschlichen Machtwillens, der Unterdrückung und der Unfreiheit.

Der Tod Jesu: der Preis für die Befreiung durch Gott

• Der Tod Jesu steht in enger Verbindung zu seinem Leben, seiner Verkündigung und seinen Taten. Seine Aufforderung zur Umkehr, sein neues Gottesbild, seine Freiheit gegenüber den heiligen Überlieferungen wie auch seine prophetische Kritik an den Inhabern der politischen, wirtschaftlichen und religiösen Macht führten zu einem Konflikt, an dessen Ende sein gewaltsamer Tod steht.
• Jesus hat den Tod nicht gesucht. Der Tod wurde ihm von außen aufgezwungen, und er hat ihn nicht resigniert angenommen, sondern als Ausdruck seiner Freiheit und Treue zur Sache Gottes und der Menschen. Obwohl man ihn isolierte, ablehnte und bedrohte, hat er sich dennoch nicht – um zu überleben – auf das Spiel der privilegierten Mächtigen eingelassen, sondern ist seiner Sendung treu geblieben. In freiem Entschluß hat er den Tod, der ihm aufgrund einer geschichtlichen Konstellation aufgezwungen worden ist, akzeptiert.
• Das Kreuz ist ein Symbol für das Reich der Macht, der es um sich selbst geht, auch der religiösen Macht. Waren es doch die Frommen, die Jesus ans Kreuz gebracht haben. Jedesmal, wenn sich eine Situation in sich selbst verschließt, die Zukunft verdunkelt und sich verabsolutiert, wird der Prozeß der Befreiung unterbunden und werden Mechanismen der Unterdrückung verstärkt.
• Der aus freiem Entschluß angenommene Tod bekundet eine totale Freiheit von sich selbst und seinem eigenen Vorhaben. Wenn der Sterbende ihn aus Liebe und in Solidarität mit den Besiegten der Geschichte hinnimmt und darüber hinaus noch seinen Henkern verzeiht und

sich trotz des geschichtlichen Zusammenbruchs Gott an vertraut, dann ist das bereits eine Form, in der die Wirklichkeit des Reiches Gottes konkret wird.

• Die Motive, die zur Ermordung Jesu führten, sind doppelter Art und rühren beide bis an die Strukturen. Erstens wurde Jesus wegen *Gotteslästerung* verurteilt, weil er einen Gott predigte, der sich vom Gott des religiösen *Status quo* unterschied. Jesus prangerte an, daß die Menschen andere Menschen im Namen der Religion unterwerfen; er entlarvte die religiöse Heuchelei, die darin besteht, daß man das Geheimnis Gottes als Alibi betrachtet, um sich vor der Forderung nach Gerechtigkeit zu drücken. In diesem Sinne begriffen die religiös Mächtigen sehr genau, daß Jesus einen Gott verkündet, der dem ihren widersprach. So wird erkennbar, daß die Haltung Jesu ausgesprochen befreiend war, und gerade deshalb wurde er auch (zweitens) abgelehnt. In den Augen der politischen Autoritäten stirbt er, weil er angeblich ein *Partisan* ist. Seine Predigten und seine Taten bringen ihn in die Nähe der Befreiungsvorstellungen der Zeloten: sein Warten auf die Ankunft des Reiches, sein Radikalismus, einige Sätze von ihm – wie: daß »das Reich Gewalt leidet« und daß »die Gewalttätigen es an sich reißen« die Freiheit, die er sich gegenüber der geltenden Macht des Kaisers nimmt, sein Verhalten gegenüber dem Volk, das ihn zum Führer machen will. Auf der anderen Seite hat Jesus wiederum nichts vom Geist der Zeloten: Er verzichtet auf jeden politisch-religiösen Messianismus, der ja auf Macht beruht und deshalb außerstande ist, das Reich Gottes herbeizuführen; denn das Reich setzt eine radikale Befreiung voraus, die alles erfaßt, zerbrochene Geschwisterlichkeit wiederherstellt und einen neuen Menschen will.

• Am Kreuz ist abzulesen, daß, wo die Struktur der Ungerechtigkeit obsiegt, jeder Befreiungsprozeß konfliktgeladen sein muß. Unter solchen Bedingungen ist Befreiung nur in der Form des Martyriums und des Opfers für die Mitmenschen und die Sache Gottes in der Welt möglich. Diesen Weg hat Jesus gewählt und bewußt auf sich genommen.

Die Auferstehung Jesu – vorweggenommener Anbruch der endgültigen Befreiung

• Die Auferstehung Jesu steht in enger Verbindung mit seinem Leben, seinem Tod und seiner Verkündigung vom Reich Gottes. Wenn Reich Gottes umfassende Befreiung meint und sein will, wenn das Leben Jesu ein befreites und befreiendes Leben war und wenn er sich völlig frei in den Tod gegeben hat, dann realisiert die Auferstehung dieses Programm in seiner endzeitlichen Form. Da die Juden Jesus ablehnten, konnte das Reich nicht in seiner universalen und kosmischen Dimension Wirklichkeit werden. In der Auferstehung des Gekreuzigten findet es aber jetzt eine persönliche Konkretisierung. Jesu Auferstehung ist Zeichen der *autobasileĩa toũ Theoũ* der vollzogenen Gottesherrschaft (Origenes).
• Als solche ist die Auferstehung ein Triumph des Lebens schlechthin sowie die Explizierung all seiner verborgenen Möglichkeiten und wird somit zur Befreiung von allem, was Leben behindert und in geschichtliche Konflikte verwickelt. Dabei ist sie bereits endzeitliche Wirklichkeit und gibt als solche die letzte Absicht zu erkennen, die Gott mit Mensch und Welt hat.
• Die Auferstehung zeigt, was das Leben, das sich in Jesus verbarg und das das Kreuz nicht zu liquidieren imstande war, wirklich ist: Befreiung in Fülle als umfassende Gnade Gottes. Die Auferstehung verweist auf die Endfülle, auf die alle Befreiungsprozesse abzielen.
• Die Auferweckung des Gekreuzigten zeigt, daß Sterben, so wie Jesus für die anderen und für Gott gestorben ist,

nicht sinnlos ist. Der namenlose Tod aller, die für die Sache der Gerechtigkeit, der Offenheit und eines letzten Sinns des menschlichen Lebens im Laufe der Geschichte unterlegen sind, findet in der Auferstehung Jesu seine Erhellung. Die Auferstehung hat die Funktion, vom Absurden der Geschichte zu befreien. Die Frage der Auferstehung stellt sich gerade aus der Perspektive des Auferstandenen. Die Auferstehung zeigt uns, daß der Henker nicht über sein Opfer triumphiert.

• Daß die Auferstehung umfassende Befreiung bedeutet, erhellt nur dann, wenn sie mit dem Einsatz Jesu für die Errichtung des Reiches in dieser Welt in Verbindung gesehen wird. Sonst degeneriert sie zu einem frommen Zynismus gegenüber den Ungerechtigkeiten dieser Welt, der mit einem geschichtslosen Idealismus einhergeht. Kraft seiner Auferweckung lebt Jesus weiter unter den Menschen und ermutigt sie in ihrem Befreiungskampf. Alles wirklich menschliche Wachstum, alles, was tatsächlich Gerechtigkeit in die menschlichen Bezüge bringt, und alles, was Intensivierung des Lebens bedeutet, ist eine Form, in der die Auferstehung präsent und vorweggenommen wird und ihre zukünftige Fülle vorbereitet.

• Christologie hat immer – als systematisches Bemühen, die Realität von Leben und Tod, Auferstehung und Himmelfahrt Jesu zu entziffern – als Ausgangspunkt und Verdeutlichungshorizont das Auferstehungsereignis. Aus der Erfahrung der Auferstehung entfaltete bzw. entwickelte dann die Gemeinde die Hoheitstitel für Jesus Christus, bis sie im Glaubensbekenntnis zu dem Höhepunkt fanden: Jesus ist der Christus, der Sohn Gottes, Gott-mit-uns.

Nachfolge Jesu als Form der Aktualisierung von Befreiung

• Menschliches Leben unter dem Vorzeichen der verzögerten Ankunft des endzeitlichen Reiches als Fülle von Befreiung hat eine österliche Struktur, die in der Nachfolge des getöteten und auferweckten Jesus Christus zum Ausdruck kommt.

• Nachfolge beinhaltet erstens, daß wir die Utopie des Reiches verbreiten – als guten und vollen Sinn der Welt, den Gott allen Menschen zuteil werden lassen will.

• Zweitens bedeutet Nachfolge, daß wir die Utopie in Taten umsetzen, und zwar in solche Taten, die diese Welt auf persönlicher, gesellschaftlicher und kosmischer Ebene verändern. Die Utopie selbst ist keine Ideologie, gebiert aber funktionale Ideologien, die das befreiende Handeln bestimmen. Nachfolge Jesu ist kein bloßes Nachahmen; denn sie setzt voraus, daß man sich des Unterschiedes zwischen der Zeit Jesu – mit ihrem apokalyptischen Horizont des unmittelbar bevorstehenden Anbruchs des Reiches – und uns bewußt ist, für die die Geschichte ja eine Zukunft hat und sich die Ankunft des Reiches verzögert. Wie Liebe und Gerechtigkeit in der Gesellschaft taktisch zu organisieren sind, hängt an diesen Unterschieden. Sicher ist, daß für Jesus wie auch für uns Gott Zukunft ist und daß das Reich noch nicht in Fülle da ist. Allerdings ändert sich die Art und Weise, wie Menschen zur Geschichte stehen, immerzu. Jesus hat ja auch kein bestimmtes Modell vorgeschrieben, wie man in den einzelnen Konkretionen, die ja zwangsläufig von der Relativität jeder Situation abhängen, präsent sein solle, wohl aber eine spezifische Art und Weise: Option für die Opfer von Ungerechtigkeit, Absage an den Willen zu Macht und Herrschaft sowie Solidarität mit allem, was ein Zusammenleben in mehr Mitsprache, Brüderlichkeit und Offenheit für den Vater ermöglicht.

• Drittens wird die Befreiung durch Gott in einem Befreiungsprozeß voller Kämpfe und Konflikte vermittelt. Diese aber übernehmen und verstehen Christen – im Lichte des beschwerlichen Weges Jesu – als Liebe, die manchmal bis zum Selbstopfer geht, als endzeitliche Hoffnung, die durch politische Hoffnungen geht, und als Glaube, der sich nur tastend vorwärtsbewegt; denn die Tatsache, daß wir Christen sind, heißt noch lange nicht, daß wir den Schlüssel dafür hätten, alle politischen und ökonomischen Probleme zu durchschauen. Kreuz und Auferstehung sind Paradigmen für die christliche Existenz.

Jesus folgen heißt sein Werk fortsetzen, seine Sache verfolgen und zu seiner Fülle gelangen.

Diese Sicht will sich nun – mit allen Einschränkungen, die eine Sicht nun einmal hat – in den Dienst an der Sache der politischen, gesellschaftlichen, wirtschaftlichen und religiösen Befreiung unserer unterdrückten Völker stellen. So geht es um einen Beitrag auf der Ebene des theoretischen Ausdrucks christologischen Glaubens, der eine bereits existierende Praxis des befreienden Glaubens erhellen und bereichern will.

In unserer Situation der abhängigen Dritten Welt bringt uns der christologische Glaube, wenn wir ihn denn in geschichtsbezogener Weise denken und leben, zu einer christologischen Option für die Befreiung, zu einer bestimmten Art von Analyse und zu einem konkreten Engagement. Wer in unserem Kontext – so meinen wir – das Evangelium in nichtbefreiender Weise lesen und Jesus in nichtbefreiender Weise nachfolgen wollte, würde beide auf den Kopf stellen und sie fortwährend im abschätzigen Sinne des Wortes ideologisch deuten.

Man kann ganz verschieden über das Reich Gottes predigen. Man kann es verkündigen, als wäre es die *andere* Welt, die Gott für uns bereithält und die erst nach diesem Leben kommt. Man kann es als die Kirche darstellen, die mit ihrem Kult, ihrer Dogmatik, ihren Institutionen und Sakramenten Jesus vergegenwärtigt und fortführt. Die eine wie die andere Sicht klammern das Engagement, das heißt den Auftrag zum Aufbau einer gerechteren Welt mit mehr Mitsprache und Mitbestimmung aus und entfremden die Christen angesichts des Problems der Unterdrückung, in der Millionen unserer Brüder und Schwestern leben. Aber man kann es auch im Sinne einer Utopie einer in Fülle versöhnten Welt predigen, die in der Geschichte bereits vorweggenommen und vorbereitet wird und dort mittels des Engagements aller Menschen guten Willens beginnt. Wir sind der Meinung, diese Deutung gibt sowohl auf historischer als auch auf theologischer Ebene die *ipsissima intentio Jesu* wieder. Bei der Erarbeitung und Gestaltung einer christlichen Option in einer Gesellschaft spielt auch die Christologie eine Rolle.

IV. Bedeutung der Befreiungstheologie für den Entwurf einer universalen Christologie

Man denke nicht, dieses Modell von Christologie interessierte allein Lateinamerika, weil wir hier die Widersprüche der Unterentwicklung – verstanden als Unterdrückung – hautnah erfahren. Wir sahen bereits, daß die Situation durch eine bestimmte Art von internationalen Beziehungen zwischen reichen und armen Ländern verursacht wird. Wir sind nur ein Pol der Spanne. Deshalb sind die Christen und Theologen des anderen Pols mit in dieses Problem involviert; es fordert das christliche Gewissen heraus und bestimmt zwangsläufig die Richtung in Meditation und Gestaltung des christologischen Glaubens. Die Art und Weise, wie sie ihre Christologie artikulieren, ist uns alles andere als egal. Denn auch die Christologie hat politische Auswirkungen, weil sie den entscheidenden Pol, der die Hauptverantwortung für das ungerechte Gefälle trägt, sowohl bekräftigen als auch in Frage stellen kann.

Das Problem ist keine Frage der Hilfe, sondern eine Frage der Gerechtigkeit. So wie die Beziehungen gegenwärtig sind, verletzen sie die Grundrechte unserer Nationen und halten diese gewaltsam in Unterentwicklung, obwohl sie diesen ganzen ungerechten Mechanismus unter dem Mantel von Fortschritt und Intensivierung freundschaftlicher Beziehungen verstecken, damit die christlichen Kirchen nur hinters Licht führen und die theologische Intelligenz kaltstellen.

Fortschrittliche, säkularisierte, aufgeklärte und bis zum äußersten kritische Theologien kaschieren oft genug konservative politische Positionen und verfestigen ideologisch den *Status quo*. Andere Theologien mögen sehr wohl auf Befreiung abzielen; da es ihnen aber an einer kritischen Analyse des geltenden Systems mangelt, kommen sie strukturell nicht über fürsorgerische Maßnahmen hinaus.

In Lateinamerika liegen die Herrschaftsmechanismen auf der Hand und springen geradezu ins Auge. Deshalb hatten Theologen es hier leichter, sich in Frage zu stellen und nach theoretischen Formen der Unterstützung für das Befreiungsprojekt zu suchen. In Europa sind diese Mechanismen auch am Werk (denn hier liegen ja die Zentren, in denen über unsere wirtschaftliche, politische und kulturelle Situation entschieden wird), aber sie sind subtiler und raffinierter. Trotzdem kann der Theologe sehr wohl zu einer sozialen und theologischen Position der Befreiung finden, wenn er nur seine analytischen Instrumente schärft und sich auf eine gründliche und konsequente Kritik einläßt.

In Lateinamerika träumen wir – träumen darf man doch immer – von dem Tag, an dem sich die priviligierte Intelligenz der europäischen Theologie bewußt wird, wie wichtig sie für den Prozeß der Befreiung ihrer Kirchen und ihrer Gesellschaften ist; denn aufgrund ihrer Position im Zentrum und als Hauptpol könnten sie ihren Brüdern und Schwestern auf unserem Erdteil helfen, sich auf ihren Befreiungsweg zu machen.

Die Theologie der Befreiung und Jesus Christus der Befreier sind der schmerzvolle Aufschrei unterdrückter Christen, die an die Tür ihrer reichen Brüder und Schwestern klopfen und um alles oder um nichts bitten. Was sie wollen, ist nur: Mensch sein, als Person akzeptiert werden, und daß man sie kämpfen läßt, um ihre eingesperrte Freiheit zurückzubekommen.

Wenn die Christologie der Befreiung zu dieser messianischen Aufgabe einen Beitrag leistet, dann hat sie ihren prophetischen Auftrag erfüllt und wird dem heiligen Namen Jesu Christi gerecht, der ja nichts anderes auf dieser Welt wollte, als alle Menschen umfassend befreien.

Elisabeth Moltmann-Wendel

Jesus, feministisch gesehen

I. Feministische Christologie?

Seit Beginn der feministischen Bewegung ist der männliche Erlöser Jesus der latente und doch immer wieder umgangene Konfliktstoff für die vom Christentum frustierten Frauen. Die Männlichkeit Jesu hat zudem – nach katholischer Auffassung – Konsequenzen für das Priestertum und die hierarchischen Kirchenstrukturen.

Mary Daly hat von »*Christolatrie*« in der Theologie gesprochen und die Erwartung geäußert, daß die Frauenbefreiung logischerweise dazu führen wird, daß »viele christologische Formeln«, welche die Idolatrie (Götzendienst) der Person Christi widerspiegeln und fördern, an Glaubwürdigkeit verlieren.[1] An der Geschichte Jesu, an der Person Christi wird sich letzten Endes entscheiden, ob uns eine feministische Religion genügt oder ob uns eine feministische christliche Theologie noch etwas zu geben hat.

Rosemarie Ruether hat aufgezeigt, wie die Christologie sich patriachalisierte, wie sie eingebettet wurde in die hierarchisch sich entwickelnde Kirche und ihre Denkmuster, wie Christus der Mensch zum Mann und Grundmodell christlichen Lebens und kirchlichen Leitens wurde.[2] So

1 Mary Daly, Jenseits von Gottvater, Sohn und Co., a.a.O., S. 68.
2 Rosemary R. Ruether, Sexism and Godtalk, Boston 1983, S. 122 ff. Deutsche Übersetzung, Gütersloh 1985.

wurde Jesus auch zu zeitgemäßen Männeridealen: Zu einem Hauptmann in der zwinglischen Reformation, zu einem sanften, aber männlichen Superstar in der Neuzeit und zu einem Pionier (Visser't Hooft) in der gegenwärtigen Orientierungslosigkeit.[3] Er wurde das, was Männer waren, wünschten, hofften. Die Hoheitstitel König, Richter, Prophet konnten sogar darüber verblassen. Indem die Gesellschaft demokratischer wurde, wurde dann auch Jesus brüderlicher, menschlicher. Der Bruder Jesus, der brüderliche Christus wurde existentiell erlebt, wanderte – vor allem in der christlichen Lyrik des Zweiten Weltkrieges – auf den Straßen mit den Verlorenen. Er wurde das neue Leitsymbol für die Bruderschaften, die brüderliche Kirche, das brüderliche Teilen. Der Bruder war anders als der Herr und Meister: mitleidend, mitfühlend. Aber er blieb dann doch vor allem ein Bruder der Brüder, in ihrem Mannschaftsgeist und ihrer Sprachwelt gefangen. Die Bruderschaften wurden keine Geschwistergruppen. Bei Frauen wuchs der Verdacht, daß an die Stelle des großen Vaters der große Bruder getreten ist, der nun stellvertretend für die Schwestern spricht.

Neben der patriarchal sich entwickelnden Christologie entstanden jedoch schon früh alternative Christologien, die vergessene weibliche Seiten herauszuheben versuchten: die androgyne Christologie der Mystiker z.B., die in Christus den Repräsentanten einer neuen Menschheit sieht, die Männliches und Weibliches vereint.[4] Christus stellt dabei allerdings das Männliche als die normale menschliche Persönlichkeit dar. Weiblichkeit ist deren niederer körperlicher Aspekt. Diese Christologie versucht Abgespaltenes zu versöhnen, bleibt aber letzten Endes androzentrisch. Ferner die spirituelle Christologie vor al-

3 W.A. Visser't Hooft, Gottes Vaterschaft im Zeitalter der Emanzipation, S. 188.

4 Dazu und zum Folgenden *R. Ruether*, a. a. O., S. 127 ff.

lem der mittelalterlichen Joachimiten, die in Christus den Geist einer neuen Zeit verkörpert sehen, der sich in einer zweiten Offenbarung oder in einzelnen Personen in weiblicher Form enthüllt. Beide Modelle tauchen in der Kirchen- und Geistesgeschichte der Subkulturen und Sekten bis in die Gegenwart immer wieder auf. Sie sind ein wichtiger Protest, der zeigt, wie Menschen sich nicht mit den kirchlichen Vordenkern zufriedengeben wollten und wie eigene Glaubens- und Lebenserfahrungen erstarrte Traditionen aufbrechen konnten. Sie sind vor allem Widerstandssymbole, und sie gingen unter – vielleicht auch weil die zunächst überall mitbeteiligten Frauen auf Dauer ihren Einfluß verloren.

Die Christusbilder unserer Vormütter – soweit wir sie überhaupt zu Gesicht bekommen – sind ein Beispiel dafür, wie eigene Bilder die Tradition unterliefen: Frauen haben Christus als weibliche Weisheit verehrt, wie die Funde von Nag Hammadi zeigen.[5] Die Montanistin Priscilla erschien Christus als Frau: »Christus kam zu mir in Gestalt einer Frau mit einem hellen Gewand bekleidet, pflanzte Weisheit in mich ein und offenbarte, daß dieser Platz heilig ist und daß hier Jerusalem vom Himmel herabkommt.«[6] Juliana von Norwich sprach von Jesus der Mutter: »Unser Heiland ist unsere wahre Mutter, in ihm werden wir immer wieder geboren und aus ihm fallen wir nie heraus.«[7] Die Beispiele – auch aus der Subkultur – ließen sich beliebig fortsetzen, und sie werden auch noch weiter aufgedeckt werden. Aus der gegenwärtigen Frauenforschung zeichnen sich neue Versuche ab: Mit Hilfe der Tiefenpsychologie ist der männliche Jesus inzwischen menschlicher und auch für Frauen attraktiver geworden. Hanna Wolff zeigte Jesus als den

5 Elaine Pagels, Versuchung durch Erkenntnis, Frankfurt 1981, S. 94 ff.
6 Epiphanius, Panarion in a New Eusebius, ed. James Stevenson, New York 1957, S. 113.
7 Juliana of Norwich, Revelations of Divine Love, New York 1977, S. 186.

reifen integrierten Menschen, der Männliches (Animus) und Weibliches (Anima) integriert hat, und der als erster »die Androzentrik der antiken Welt durchbrochen hat«.[8] Für Christa Mulack ist diese Anima-Integriertheit allerdings Jesus nicht in die Krippe gelegt. Er hat einen mühsamen Wandlungsprozeß durchmachen müssen. In ihrer Deutung der Geschichte der kanaanäischen Frau beschreibt sie diesen Prozeß: »Nur wenn das Männliche sich selbst und seinen eigenen Schatten erkennt, wo es bereit ist, auf seinen Stolz zu verzichten und auf das Weibliche zu hören, ihm mit seinen Kräften zu dienen, indem es dessen Bedürfnisse berücksichtigt und damit in seinem vollen Menschsein wahrnimmt, kann das Weibliche genesen, da geschieht das Wunder der Heilung, da kann es in seiner vollen Menschenwürde wiederhergestellt werden. Und so lernt der Menschensohn, was es heißt, den Menschen das Heil zu bringen.«[9]

Der so analysierte Jesus schafft ein Spiegelbild menschlichen Verhaltens und macht neue Seiten der Jesus-Frauengeschichten durchsichtig. Aber auf der anderen Seite ist diese Methode in Gefahr, einen gegenwärtigen Weiblichkeitskult in die Geschichten zu pressen, die mehr als psychische Heilslehren enthalten.

Feministische Matriarchatsforschung sieht im Bild der Göttin, die den toten Heros als Bild des Sterbens und Auferstehens der Natur auf ihrem Schoß hält, ein – später wieder als christliche Pietà auftauchendes – Bild, das Bild von der Frau als Ursprung des Lebens. Die Linie, die sich von dem Heros, diesem Vegetationshelden, zu Leben und Sterben Jesu ziehen läßt,[10] ist allerdings dünn und brüchig; solche Interpretation geht an der Geschichte Jesu vorbei und läßt ihn in einem Mythos verkümmern.

8 Hanna Wolff, Jesus der Mann, S. 80.
9 Christa Mulack, Die Weiblichkeit Gottes, S. 287.
10 Heide Göttner-Abendroth, Die Göttin und ihr Heros, S. 127.

Aus der stärker theologisch orientierten Frauenforschung bietet sich an, Jesus wieder als Sophia zu sehen (s. o.), die alte Christologie durch eine Sophialogie zu ersetzen, die – wie Felix Christ meint – eine der ältesten Christologien war.[11] Die Weisheit, die auf die Straßen geht, ihre Kinder zu sich ruft, von Menschen verworfen wird, die vor der Schöpfung war und vor Gott gespielt hat, ist ein faszinierendes Gegenbild gegen die Hoheitstitel und Brudertheologien.

Doch der Jesus des Neuen Testaments, der Jesus der Frauengeschichten läßt sich schwer in ein Prinzip, auch nicht in ein weibliches, pressen. Er entzieht sich ihm wie er sich der Analyse, der Heroisierung, so wie er sich der Ver*herr*lichung und Verbrüderung entzieht. Mir scheint, daß wir der »Idolatrie der Person Christi« zunächst am besten begegnen, indem wir neu nach seinem Leben im menschlichen Beziehungsgeflecht fragen. Wie erlebten Frauen ihn?

Indem wir die Geschichte der Frauen im Neuen Testament mit unkonventionellen Blicken betrachten, indem wir unser anerlerntes Denkmuster, . . .logien zu entwickeln, verlassen, können wir unsere Sinne entfalten und wieder spüren lernen: was ging vor zwischen den Frauen und Jesus? Was sehen, spüren, fühlen wir heute, was wir früher noch nicht sahen, weil wir das Gespür nicht einzusetzen wagten?

II. Frauenaktivität

Eine ungeheuere Dynamik geht von den Jesus-Frauengeschichten aus, wenn wir zunächst mal vergessen, daß Jesus der Heiland, Retter, Menschensohn, Gottessohn oder Mes-

11 Felix Christ, Jesus Sophia, S. 154.

sias ist. Wir entfesseln diese Dynamik nur, wenn wir Abstand kriegen von dem, was wir gelernt haben, was über uns ist, was uns im Nacken sitzt und unser Gewissen schlagen läßt. Wenn wir unsere hierarchischen Denkmuster einebnen, dann spüren wir, daß diese Dynamik in vielen Geschichten von den Frauen ausgeht. Sie sind die Aktiven, die die Prozesse in Gang setzen und schließlich etwas erreichen:

Die blutflüssige Frau macht sich von hinten in der Menge an Jesus heran, faßt seinen Mantel und holt sich Heilung (Mk 5,25 ff.). Die kanaanäische Frau schreit hinter ihm her, bis sie den Jüngern lästig wird. Sie muß in einer peinlichen Weise Jesus dahin bringen, daß er auch für ihre Tochter da ist (Mt. 15,21 ff.).

Martha ist in einer für manche Kommentatoren aufdringlichen und geschwätzigen Art daran beteiligt, daß Jesus Lazarus endlich auferweckt. Ihre aktive Art und seine Passivität geraten direkt aneinander (Joh 11,19ff.).

Jesu Mutter merkt als erste, daß der Wein bei der Hochzeit ausgeht, und fordert ihren Sohn auf, etwas zu unternehmen. Eine deprimierende Zurechtweisung: »Weib, was habe ich mit dir zu schaffen!« ist die Folge (Joh 2,1 ff.).

Aus der Behinderten-Theologie kommen uns gegenwärtig ähnliche Beobachtungen entgegen:

Eine Pfarrerin, die leukämiekranke Kinder Jesus malen läßt, sieht erstaunt, daß die Kinder Jesus als passiven Part mit herunterhängenden Armen zeichnen, den die Kinder sich holen und aktiv machen müssen.

Dreimal wird von Frauen berichtet, die unverfroren, selbständig in fremde Häuser oder Gruppen eindringen und Jesus salben, d. h. Symbolhandlungen vollziehen, die ihn auf seinen Tod, sein Begräbnis und auf seine Messias-Rolle hinweisen. Die stadtbekannte Prostituierte salbt Jesu Füße im Haus eines Pharisäers (Lk 7,36 ff.), eine Unbekannte salbt ihm bei einer Mahlzeit im Haus des Simon den Kopf (Mk 14,3), und Maria, die immer zurückhaltend und schüchtern war, erweist Jesus diese physische Wohltat und wird zum Mittelpunkt einer Szene, die ihr gar nicht liegt (Joh 12,1 ff.). Am Ostermorgen setzen dann diese Frauen ihre – fast sinnlos scheinende – Aktivität fort, als sie das Grab des Staatsfeindes besuchen, um seinen Leichnam zu salben (Mk 16,1 ff.; Lk 24,1 ff.).

Die Frauen sind also in keiner Weise die bloß hinter ihm herziehenden Frauen, die ihm in bürgerlichem Verständnis »dienen«, die einen großen Guru mit Freundlichkeit umgeben und seinen Reden lauschen. Die Folge dieser Frauen-Aktivität ist, daß Jesus sich ändert. Aus dem Nationalisten, der sich auf sein eigenes Volk beschränken möchte, wird Jesus – dank der kanaanäischen Frau – auch der Helfer und Heiler der Heiden, der Kanaanäer.

Der Mann Jesus wird unrein, d. h. sozial und kulturell isoliert, als ihn die blutende Frau berührt. Er wird regelrecht überrumpelt und spürt, wie ihn Kraft verläßt (Mk 5,30 f.).

Der Zauderer, der zuweilen passiv scheint und sich so viel Zeit nimmt, bis er Lazarus auferweckt, wird durch die Aktivität der Frau zum Auferwecker seines toten Freundes (Joh 11,19 ff.).

Das Wein-Wunder, bei der Hochzeit initiiert von einer Frau, leitet im Johannes-Evangelium überhaupt erst seine Heilstaten ein. Die Salbungen der Frauen, vor allem die der Unbekannten, deuten ihm sein Leben und seinen Weg, machen ihm bewußt, was er für sie ist, machen ihn bereit zu dem, was er sein soll, bereiten ihn auf ein Sterben vor, das Niederlage sein wird und doch begleitet wird von Verständnis und Freundschaft.

Die Frauen holen sich etwas von ihm: Heil, Gesundheit, Leben, Wein, Menschlichkeit, und sie geben ihm zugleich etwas: Sinn, Aufgaben, Lebensziel und die Gemeinschaft, ohne die unsere Aufgaben und Ziele menschenfern, abstrakt werden. Sie holen sich Lebenskraft und investieren in ihn Hoffnung, Vertrauen, über ihn selbst hinausgehende Visionen. Sie machen ihn zu dem, was er ist, indem sie seinen Weg begleiten: zum Menschen für alle Menschen, zum Einsamen, der für alle Einsamen tröstendes Bild sein kann, zum Selbstvertrauenden, der allen Selbstvertrauen geben kann, zu einem Menschen, der in den Tod geht und doch nicht allein ist.

Jesus wächst an Menschen, vor allem an und mit den Frauen. Es ist ihm nichts in die Wiege gelegt. Er litt, indem er Gehorsam lernte (Hebr 5,8). Noch bei Markus ist er abhängig in dem, was er tut, von seiner Atmosphäre: »Er konnte daselbst keine einzige Tat tun« (Mk 6,5), heißt es von ihm in Nazareth. Schon bei Matthäus ist diese Menschlichkeit zugunsten der Heiligkeit retuschiert. Schon ist Jesus der Herr der Situation: »Er tat da selbst nicht viele Zeichen« (Mt 13,58), so die Parallelstelle. Er ist bereits auf dem Weg zum Wundertäter, der von Menschen unabhängig ein göttliches Geheimnis in sich trägt. Und er ist bereits auf dem Weg, seine Menschlichkeit zu verlieren.

Wiederum holt sich Jesus Kräfte aus den Begegnungen mit den Frauen: Er bittet die Samaritanerin am Brunnen, ihm zu trinken zu geben. Er nimmt ihr nicht das, was sie ist und hat: ihr Symbol, Wasser zu sein und Krug zu sein, auch wenn er »das Wasser des Lebens« gibt. Und er macht sie schließlich zur Apostelin der Samaritaner (Joh 4,6 ff.).

Er bezieht Energie aus Marthas Zähigkeit, aus ihrer Liebe zum Bruder, zum Leben. Und im Dialog mit ihm wird sie zur Bekennerin eines Christusbekenntnisses, das dem des Petrus ähnlich ist: »Du bist Christus, der Sohn Gottes, der in die Welt gekommen ist« (Joh 11,27).

In eindrucksvoller Weise hat *Rembrandt* etwas von dieser Frauen-Jesus-Beziehung in einer Federzeichnung von der *Heilung der Schwiegermutter des Petrus* festgehalten. Jesus will die kranke, fiebernde Frau aufrichten. Er faßt sie bei den Händen, und dabei scheint von ihm eine Kraft auf sie überzugehen, so daß beide in eine Kräftebeziehung geraten. Keiner kann den andern, die andere loslassen, ohne selbst zu fallen. Ihrer beider Kräfte sind unrettbar miteinander verkoppelt, auch wenn die Frau vom Boden aufgerichtet wird und Jesus Boden unter den Füßen hat. Diese Dynamik, dieses Kräftespiel, dieser Energieaustausch läßt sich nicht an anderen Heilungen und Begegnungen mit Männern zeigen.

Unser Bild vom übermächtigen Wundertäter Jesus hat verdeckt, daß Menschen sich selbst diese Kraft holen. Unser traditionsreiches Bild vom nichtigen, sündigen Menschen hat uns vergessen lassen, wie aktiv Menschen dabei waren. Dogmatische Angst vor Pelagianismus (Mitwirken des Menschen am Heil) hindert uns, vom Menschen ausgehende Heilungsprozesse zu sehen. An den Frauengeschichten wird sichtbar, was für alle Heilungen wichtig ist: die Aktivität des Menschen, sein eigener Schritt zum Heil-Werden. Das heißt allerdings nicht, daß wir unser Heil selbst inszenieren. Doch die Kraft, die wir uns holen, wird heilend, wird unsere eigene Kraft.

Und die Kraft, die Menschen sich holen, verwandelt sich in Macht, die den Energie-Spender verändert; denn die Kraft, das Zutrauen, das wir für uns bekommen, wird zum Vertrauen, das wir in andere investieren. Dies ist eine Gegenseitigkeit, in der Autonomie entsteht, in der Autonomie sich entwickelt, in der Ganz-Sein erlebt werden kann: volle Rezeptivität und volle Aktivität. Keine Person löst sich aufgrund eines Helfersyndroms auf, verschenkt sich oder opfert sich.

Diese aus der Frauengeschichte kommende Erfahrung von Gegenseitigkeit hat viele Konsequenzen. Sie ist aber bisher kaum beachtet worden.

III. Sinnenhaftigkeit

Ferner spüren wir in diesen Begegnungen eine ungeheuere Sinnenhaftigkeit. Kopf, Hände, Füße geraten in Bewegung. Haare und Kleider schaffen Wärme und Nähe. Was Leben zerstört, Fieber und Blutverlust, wird gestoppt. Salbe bringt Kühlung und Duft, Essen bringt Kreislauf und Leben wieder. Das Wort, das vor allem in den protestantischen Kirchen so übermächtig wurde, ist nur Begleitmusik in dieser Sinnenerfahrung. Die fiebernde, die blutende Frau, die tote Jairustochter – sie alle *spüren* etwas, als sie ins Leben zurückkehren. Auch von Männerheilungen wird einige Male erzählt, daß Jesus Kranke berührt habe. Aber viele Männerbegegnungen laufen über Gespräche, Fragen, Diskussionen ab. Ihr Zentrum sitzt woanders, ihre Dynamik ist gebremst. Doch wir beobachten schmerzlich, daß schon innerhalb des Neuen Testaments Berührungsängste entstanden sind. Die Blutungsgeschichte wird bei Matthäus nicht mehr bis in die Details erzählt. Bei Markus »vertrocknet der Brunnen ihres Blutes«. Die Frau »fühlt am ganzen Leibe, daß sie von ihrer Plage gesund geworden war«. Und Jesus wiederum »fühlte alsbald an sich selbst die Kraft, die von ihm ausgegangen war« (5, 29f). Bei Matthäus findet nur in Gedanken der Frau diese Kleidberührung Jesu statt (9,21). Auch die Hand der kranken Petrus-Schwiegermutter wird bei Matthäus nicht mehr heilend gehalten, sondern nur noch zeichenhaft berührt (vgl. Mk 1,31; Mt 8,15). Ein Prozeß der Vergeistigung/Vergeistlichung setzt ein, dem vieles Archaisch-Urwüchsige zum Opfer fällt: Die Wunder werden entschärft, auf Worte Jesu verlagert. Dramatische Szenen wie der Sturm auf dem See werden bildloser. Die bösen Geister sind auch nicht mehr so spukhaft beschrieben. Fast meint man, daß sich die Christen der zweiten Generation ihrer elementaren Urerfahrung geschämt haben.

Aber Markus ist noch erdhaft. Nur er erzählt das Gleichnis von der Erde, der Mutter Erde, die etwas – ganz aus eigener Kraft – hervorbringt (4,26), während der Mensch schläft. Wind und Sturm sind bei ihm wie Personen, denen Jesus befiehlt: »Schweig und verstumme!« Und auch sein Jesus ist erdhaft. Er schläft auf einem Kissen im Boot (4,38), ist traurig, seufzt, hat Zorn (MK. 8,12; 3,5; 10,14). Er liebt den reichen Jüngling mit dieser gegenseitigen, nicht von oben kommenden Liebe, der Agape (MK. 10,21; vgl. dagegen Mt 19,21). Er »herzt« die Kinder und benutzt sie nicht nur als Lehrbeispiel (Mk 10,16; 9,36; vgl. Mt 19,15; 18,2). Die späteren haben den Zorn ausradiert (vgl.Mt 12,9f.; Mk 3,5) und den emotionslosen Gottessohn entstehen lassen. In dem hat auch weniger Jammer und kaum Zärtlichkeit Raum (vgl. Mk 1,41 mit Mt 8,3; Mk 10,16 mit Mt 9,15). Von dem ursprünglichen Jesus kann sogar gesagt werden, daß er einen »unsauberen Geist« hat (Mk 3,30, und daß seine Familie ihn für »verrückt« hält (Mk 3,21). Dieser markianische Jesus fällt in seinem Entsetzen über seinen eigenen Weg in Gethsemane auf die Erde (14,35), die Erde, die ihn später aufnimmt, die Erde, die sich drei Stunden vor seinem Tod verfinstert, die Erde, die in dem nur von Markus erzählten Gleichnis »von selbst etwas hervorbringt«. Die Erde nimmt den Schmerz auf, leidet, gibt – bei Matthäus – die Toten frei, – so wie die Demeter in dem alten matriarchalen Mythos die Erde trauern und streiken läßt, bis ihre Tochter Persephone, vom Gott der Unterwelt geraubt, wieder zurückkehrt. Noch hat keine himmlische Lösung diese Erdhaftigkeit aufgehoben. Jesus geht bei Markus »zu Grunde« – schon in Gethsemane und nicht erst am Kreuz. Diese Markusszene ist kaum wahrgenommen und auch in der Kunst fast nie dargestellt. Der zum Vater aufgerichtete, an ihm leidende und letztlich gehorsame Sohn, der Schmerzensmann am Kreuz, der am Symbol der Erlösung hängt, sind die typischen Leidensbilder. Das Leiden, das zu Boden drückt, wie es Menschen normalerweise erleben, haben aber zumindest zwei Bilder festgehalten:

Auf einem schmalen Bildstreifen des Codex Rossanensis aus dem 6. Jahrhundert liegt Christus klein, angstvoll zusammengezogen direkt auf der Erde, das Gesicht nach unten gerichtet – eine Haltung, die an viele Darstellungen der großen »Sünderin« Maria Magdalena, verkrümmt zu Jesu Füßen, erinnert. Auf tiefblauem Hintergrund sind Mond und Sterne sichtbar. Er ist ausgeliefert an die Nacht ohne jegliche Erhabenheit.[12]

Eine Federzeichnung Dürers von 1521 stellt den Ölberg nicht als »Erhebung« – wie sonst häufig –, sondern als terrassenförmige Landschaft dar, auf der Christus ausgestreckt in Kreuzeshaltung mit ausgebreiteten Armen liegt, ausgeliefert, ohne Hoffnung, erdhaft, dem Boden angepaßt, und doch den Boden umgreifend, ohne ins Bodenlose zu fallen.

Aber Jesus war in der theologischen Haupttradition längst auf die Seite des Lichts, der Überwinder geraten. Die Nachtseite seiner menschlichen Existenz, ohne die ja auch seine himmlische Gestalt nicht zu denken ist, wurde verdrängt. In der karolingischen Kunst, die die antike Triumphsymbolik übernahm, steht er eindeutig auf der rechten, der Sonnenseite. Ein Elfenbeinrelief aus dem Jahre 1000 zeigt die Kreuzigungsszene allerdings einmal »seitenverkehrt«: Sonne und Mond sind wie üblich auf der rechten und linken Seite angeordnet. Aber der Mond wird hier als Angesicht Christi mit dem Kreuznimbus wiedergegeben. Er enthält damit eine höhere Bedeutung als die Sonne: die Nachtseite ist hier als die Basiserfahrung menschlicher Existenz gesehen, und sie ist zugleich Bild der verdrängten Frauenwirklichkeit. Eine ikonografische Aus-

12 Gertrud Schiller, Ikonografie der christlichen Kunst, Bd. 2, Gütersloh 1983, S. 360, Bild 142.

nahme, aber Beispiel einer möglichen alternativen Deutung der Jesusgeschichte.[13]

Mit diesem Jesus mit Herz, Zorn, der leidet, heilt, sich hingibt und »zu Grunde« geht, können Menschen Gemeinschaft haben. Ein emotionsloser Gottessohn, dem der Zorn ausradiert und die Herzlichkeit reduziert wurde zugunsten Gehorsam, konnte nur noch geben und Nachfolge erwarten, aber nicht mehr austauschen.

Nach Anton Mayer ist der entscheidende und fatale Wandel innerhalb der neutestamentlichen Religion von Jesus zu Paulus »eine Wende der Sinneserfahrung«, »konkret in der Abkehr vom Auge zum Ohr und damit von der Freiheit zum Gehorsam.«[14]

IV. Parallelität

Als Drittes in der Jesus-Frauengeschichte ist zu beobachten, daß es Parallelaussagen von den Frauen und Jesus gibt, die aber auch nur noch bei Markus eindeutig vorhanden sind. Elisabeth Schüssler-Fiorenza hat bemerkt, daß es sowohl die Frauen als auch Jesus sind, von denen das diakonein – dienen – ausgesagt ist. Sozialgeschichtlich ist mit Dienen die Situation dessen, der ganz unten ist und die schlechteste Arbeit machen muß, beschrieben! Denn Dienen ist häufig als Tischdienst verstanden und »bei den Mahlzeiten gibt es in der Antike durchweg strenge hierarchische Regelungen, wobei der Bediener jeweils der sozial am niedrigsten Stehende ist, entweder der Sklave oder der Sohn oder die Tochter oder die Frau«.[15]

Von den Frauen wird gesagt, daß sie Jesus gefolgt waren,

13 Ebd. S. 366, Bild 156.
14 Anton Mayer, Der zensierte Jesus, Olten 1983, S. 94.
15 Luise Schottroff, Maria Magdalena und die Frauen am Grabe Jesu. In: Ev. Theologie, 42. Jg. Heft 1, S. 12.

ihm gedient hatten und mit ihm hinauf nach Jerusalem gegangen waren (Mk 15,41). So dient auch die geheilte Schwiegermutter des Petrus (Mk 1,31). Was von den Frauen ausgesagt ist, wird nun auch von Jesus gesagt: »Des Menschensohn ist nicht gekommen, daß er sich dienen lasse, sondern daß er diene und gebe sein Leben zur Bezahlung für viele« (Mk 10,45). Dienen ist das charakteristische Verhalten in der neuen Gemeinschaft, ist Absage an Herrschaft und hierarchische Ordnung: es zeigt »die eschatologische Umkehrung aller Gewaltverhältnisse unter Menschen« (Luise Schottroff). »Ihr wißt«, so lautet ein Jesuswort, »daß die weltlichen Fürsten herrschen, und die Mächtigen unter ihnen Gewalt haben. Aber so soll es unter euch nicht sein. Sondern welcher will groß werden, der soll euer Diener sein.« (Mk 10,42 ff.). Während die Jünger nach Ehrenplätzen im Reich Gottes Ausschau halten, repräsentieren Frauen schon etwas von dieser neuen Ordnung.

Bei Markus ist von den Frauen und Jesus etwas Austauschbares ausgesagt, was sie in eine einmalige wechselseitige Beziehung bringt. Nachfolgen – akolouthein – die Möglichkeit der Hinrichtung akzeptieren, d.h. kompromißlos und risikobereit leben, ist von vielen ausgesagt. Hinaufziehen nach Jerusalem, und d. h. den Leidensweg mitgehen, Zeuge sein des Kreuztodes und davon berichten (vgl. Apg 13,31), haben auch noch etliche riskiert, und sie gelten später als Zeugen des Kreuzgeschehens. Das Dienen aber, die nicht-hierarische Ordnung akzeptieren mit der ganzen Existenz, scheint das Spezifische für die Frauen und Jesus zu sein.[16] Eine »nicht-hierarchische Sichtweise menschlicher Bindungen« (Carol Gilligan) wird heute in der Psychologie bei Frauen beobachtet.[17] Demnach hätten

16 Elisabeth Schüssler-Fiorenza, In Memory of Her, S. 320. Luise Schottroff, a. a. O., S. 12.

17 Carol Gilligan, Die andere Stimme, S. 82.

die Frauen einen wesentlichen, prägenden Anteil am Lebensstil und Lebenskonzept Jesu. Sie hätten zumindest eine Atmosphäre ermöglicht, in der solch Konzept überhaupt nur durchzuhalten war.

Um das Ausmaß dieser Markusaussage recht zu begreifen, müssen wir uns zugleich die Abstriche, die von Matthäus und Lukas daran gemacht wurden, bewußt machen: Weder Matthäus noch Lukas haben diese Dreidimensionalität von kompromißlosem, alternativem und authentischem Leben, wie es bei Markus (15,41) von den Frauen verkörpert wurde, aufrechterhalten. Matthäus verbindet an dieser Stelle noch nachfolgen und dienen (Mat 27,55). Lukas hat nur das Nachfolgen erhalten (Lk 23,49), und in seinem Evangelium ist das Dienen bereits auf dem Weg, zu einer geschlechtsspezifischen Frauenfunktion zu werden. Die Frauen dienen Jesus und den Jüngern, die schon zu einer elitären, zölibatären Gruppe geworden sind. Die lukanische Kirche ist die Kirche auf dem Weg zu unserer traditionellen Rollenverteilung.

Eine weitere Parallele zwischen den Frauen und Jesus: der gleiche starke Ausdruck: »erschüttert-sein«, »zutiefst verstört-erschreckt-sein« (ekthambeisthai) wird – auch wiederum nur bei Markus – von Jesus in Gethsemane und von den Frauen am leeren Grab gebraucht (Mk 14,33; 16,5). Er wird nur noch einmal vom Volk ausgesagt, als es Jesus nach seiner Verklärung wiedersieht (Mk 9,15). Das abgeschwächte Wort thambeisthai wird von den Jüngern (Mk 10,24.32) und dem Volk (Mk 1,27) ebenfalls in schockierenden Situationen gebraucht.

Mir scheint bezeichnend, daß zwei verschiedene Situationen, die beide Male Menschen vor einen Abgrund ihrer bisherigen Erfahrung stellen: das leere Grab und Gethsemane, durch das gleich affektgeladene Wort verbunden sind. In der Schmerz-, Schock- und Angsterfahrung Jesu und der Frauen ist etwas Gleiches. Die späteren Evangelien haben nicht mehr riskiert, die gleiche Emotionalität zwischen dem Gottessohn und Menschen auszusagen. Bei Matthäus ist anstelle des »zutiefst-verstörtseins« das sanftere »trauern« getreten (26,37). Bei Lukas ist Jesus der starke Beter, und nicht mehr der Verzweifelte, Zerstörte (Lk 22,40 ff.).

Eine weitere enge Verbindung zwischen Frauen und Jesus ist in den Szenen von Kreuzigung, Tod, Begräbnis zu beobachten. Das Zuschauen der Frauen bei Markus und Matthäus wird mit dem Wort theorein wiedergegeben (Mt 27,55; 28,1; Mk 15,40.47; 16,4). Das ist mehr als ein einfaches Zusehen. Es ist Wahrnehmen, Begreifen, Erkennen, ein ganzheitliches Erfassen, das mit dem »Erkennen der Taten und Zeichen Jesu« bei Johannes identisch ist (Joh 2,23; 7,3). Die Schauenden nehmen den Angeschauten in sich auf und nehmen ihrerseits an dem Angeschauten teil. Es ist ein kommunikatives Erkennen. Die Frauen sind »wahre Theoretikerinnen« des Geschehens in Golgatha.

Dies Begreifen, Erfassen ist nicht das intellektuelle, begriffliche Einordnen, Verstehen, Haben. Es ist das Mitgerissen-, Betroffen-, Verwundet-sein. In der Trennung von ihm, den sie – im Gegensatz zu den geflohenen Jüngern – noch von ferne sehen, erleben sie seinen Tod. In ihrem Verlassensein erleben sie seine Gottverlassenheit. Sein Begräbnis, das sie beobachten, hat für sie nicht etwas Endgültiges an sich, sondern trägt einen Keim von Hoffnung für sie: Er ist der brutalen Verfügungsgewalt der Menschen entrissen. Ein Stück verlorene Beziehung können sie wieder herstellen: das Öl, mit dem sie am Ostermorgen seinen Leib salben wollen, ist Sinnbild eines Stücks alter Beziehung und eines Stücks neuer Hoffnung. Aber indem sie ihn im Tod nicht verlassen haben, erfahren sie schließlich, daß Gott ihn nicht verlassen hat. Indem sie sich als einzige ans Grab trauen, hören sie die Auferstehungsbotschaft. Ohne ihr begleitendes Handeln gäbe es keine Osterbotschaft.

Ohne die gegenseitige, erfahrene und durchgehaltene Gemeinschaft hätten wir keine Auferstehungshoffnung erfahren.

Bei Lukas ist das ganzheitliche Erfassen des Todes Jesu, wie es sich im Theorein ausdrückt, fallen gelassen. Die Frauen »sehen« (theasthai, horan) nur noch zu. Sie sind Zuschauer, aber keine ganzheitlichen Theoretikerinnen, Theologinnen mehr.

In einer Untersuchung über »Leiden« an Hand von Lebensberichten von Behinderten kommt die Pädagogin Erika Schuchardt zu der Frage, warum Theologie in dieser Frage so beziehungslos bleibt, das Leiden nicht viel konkreter als Verlassensein begreift und das von Behinderten erlebte Ineinandergreifen von Gottes Bewahrung und menschlicher Begleitung nicht reflektiert.

»Kann man eine ›Theologie des Leidens‹ entwerfen, ohne diese beiden Dimensionen von Beziehung als entscheidende Erfahrung hineinzunehmen? Ist Gottes Gabe an die Menschen, die Beziehungsfähigkeit, in der Theologie ausreichend bedacht?

Wird in der Theologie reflektiert, welche ambivalenten Kräfte ständig am Werk sind, diese Fähigkeit verkümmern zu lassen?

Wäre es nicht Aufgabe der Theologie als Partnerin anderer Wissenschaften, die unverfügbare Dimension der Beziehungsfähigkeit, ohne Ängste vor einem Verlust an Wissenschaftlichkeit, wieder einzubringen in das Gespräch?«[18]

Der Hintergrund dieser parallelen Aussagen über Jesus und die Frauen, Gott und Mensch ist die Mystik des Markus. »Bei Gott sind alle Dinge möglich.« (Mk 10,27). »Alle Dinge sind möglich, dem der da glaubt«

18 Erika Schuchardt, Warum gerade ich ...? Behinderung und Glaube. Gelnhausen 1981, S. 104.

(Mk 9,23). Nur er hat diese kühne Gleichsetzung von Gott und dem Glaubenden gemacht. Die späteren Evangelien wagen diese Parallelität von Gottes und der Menschen Möglichkeit nicht mehr. Die menschlichen Möglichkeiten sind jetzt gestutzt. Natürlich bleibt bei Gott alles möglich. Aber dieser Satz wird gleich mit dem Gegensatz verbunden: »was beim Menschen unmöglich scheint« (Mt 19,26 par.). Die Geschichte vom reichen Jüngling ist das Beispiel dafür. Auch Markus erzählt sie als Geschichte vom Versagen, von nicht stattfindender gegenseitiger Liebe. Aber daneben gibt es bei ihm auch das Wissen von der Gegenseitigkeit der Kraft von Gott und Mensch.

In der Ikonografie haben später solche Vorstellungen vor allem in der Martha-Tradition einen Niederschlag gefunden. Wie keine andere Frau wird sie Jesus an die Seite gestellt, wird ihm konform: in Gethsemane auf einem Bild Fra Angelicos,[19] bei Auferstehung in Totenerweckung und Krankenheilung, auf den Gemälden der barocken Martha-Kirche in Porlezza (Italien) und auf dem Nürnberger Martha-Altar, wo sie ihn hoheitsvoll in ihr Haus eintreten läßt. Der Thaumaturgenstab, den Jesus auf frühchristlichen Darstellungen benützt, um Lazarus zu erwecken, wechselt zu ihr über und wird später in ihrer Hand zum Kreuzesstab, mit dem sie den Drachen bändigt.[20] Diese ungewöhnlichen Vorstellungen wurden aber vorwiegend in mittelalterlicher Subkultur gepflegt und verschwanden mit Beginn der Neuzeit fast völlig.

Eine kühne Parallelität von Jesus- und Frauenerfahrung: von ohnmächtig erlebter Brutalität scheint mir noch in den zahlreichen mittelalterlichen Figuren der gekreuzigten Frau erhalten zu sein. Der Legende nach sollte sie von ihrem Vater an einen ungeliebten heidnischen Mann ver-

19 Elisabeth Moltmann-Wendel, Ein eigener Mensch werden. Frauen um Jesus, S. 38.
20 Ebd. S. 46 ff.

heiratet werden. Sie verlobte sich statt dessen mit Christus, bat ihn um Entstellung: um einen Bart, woraufhin sie ihr königlicher Vater kreuzigen ließ. Die Figur mit Bart und langem Kleid, die vor allem im östlichen Alpenraum begegnet, heißt u.a. Liberatrix = Befreierin, und wird bis heute wie eine legendäre, künstlerische peinliche Panne behandelt – ähnlich wie entsprechende moderne Bilder!

Jesus – aus der Frauenperspektive gesehen – zeigt eine in der Christologie kaum gesehene Seite seiner Menschlichkeit: seine Beziehungsfähigkeit, die Notwendigkeit, mit Menschen in schöpferischem Austausch zu treten, aber auch die Tragik, an ihnen zu scheitern. Sichtbar wird dabei, daß er mit andern – vor allem mit Frauen – schon hier eine nicht-hierarchische, auf Gegenseitigkeit beruhende Gemeinschaftsordnung praktizierte.

Sichtbar wird dabei aber auch, daß dieser gemeinsame Lebensstil schon im Verlauf der Evangelienentstehung übertüncht wurde durch Vorstellungen vom erhabenen Gottessohn, der menschlicher Beziehungen kaum mehr bedarf.

Papst Johannes Paul II.

Jesus, päpstlich gesehen

Die Kirche darf am Menschen nicht vorbeigehen; denn sein »Geschick«, das heißt seine Erwählung, seine Berufung, seine Geburt und sein Tod, sein ewiges Heil oder Unheil sind auf so enge und unaufhebbare Weise mit Christus verbunden. Dabei geht es wirklich um jeden Menschen auf diesem Planeten, unserer Erde, die der Schöpfer dem ersten Menschen anvertraut hat, als er zum Mann und zu der Frau sprach: »Unterwerft sie euch und herrscht über sie« (Gen 1,28). Es geht um jeden Menschen in all seiner unwiederholbaren Wirklichkeit im Sein und im Handeln, im Bewußtsein und im Herzen. Der Mensch in seiner Einmaligkeit – weil er »Person« ist – hat seine eigene Lebensgeschichte und vor allem eine eigene Geschichte seiner Seele. Von der intentionalen Öffnung seines Geistes und zugleich von den zahlreichen und so verschiedenen Bedürfnissen seines Lebens und seiner irdischen Existenz bestimmt, schreibt der Mensch diese seine persönliche Geschichte durch zahllose Bindungen, Kontakte, Situationen und soziale Strukturen, die ihn mit anderen Menschen verbinden; und dies tut er vom ersten Augenblick seiner irdischen Existenz an, angefangen bei seiner Empfängnis und Geburt. Der Mensch in der vollen Wahrheit seiner Existenz, seines persönlichen und zugleich gemeinschaftsbezogenen und sozialen Seins – im Bereich der eigenen Familie, auf der Ebene der Gesellschaft und so vieler verschiedener Umgebungen, auf dem Gebiet der eigenen Nation, oder des eigenen Volkes, oder vielleicht auch nur des eigenen Klans oder Stammes, schließlich auch im Bereich der gesamten Menschheit – dieser Mensch ist der erste Weg, den die Kirche bei der Erfüllung ihres Auftrags beschreiten muß: Er ist der *erste und grundlegende Weg der Kirche*, ein Weg, der von Christus selbst vorgezeichnet ist und unabänderlich durch das Geheimnis der Menschwerdung und der Erlösung führt.

Diesen Menschen in der ganzen Wirklichkeit seines Lebens, mit seinem Bewußtsein, mit seiner fortwährenden Neigung zur Sünde und zugleich mit seinem ständigen Durst nach Wahrheit, nach dem Guten und Schönen, nach Gerechtigkeit und Liebe, gerade diesen Menschen hat das II. Vatikanische Konzil im Auge, als es bei der Beschreibung seiner Lage in der heutigen Welt jeweils von den äußeren Komponenten dieser Lage zur inneren Wahrheit des Menschseins vorstoße: » . . . im Menschen selbst sind viele widersprüchliche Elemente gegeben. Einerseits erfährt er sich nämlich als Geschöpf vielfältig begrenzt, andererseits empfindet er sich in seinem Verlangen unbegrenzt und berufen zu einem Leben höherer Ordnung. Zwischen vielen Möglichkeiten, die ihn anrufen, muß er dauernd unweigerlich eine Wahl treffen und so auf dieses oder jenes verzichten. Als schwacher Mensch und Sünder tut er oft das, was er nicht will, und was er tun wollte, tut er nicht. So leidet er an einer inneren Zwiespältigkeit, und daraus entstehen viele und schwere Zerwürfnisse auch in der Gesellschaft.« (II. Vatikanisches Konzil, Pastoralkonstitution, 10).

Dieser Mensch ist der Weg der Kirche, der in gewisser Weise an der Basis all jener Wege verläuft, auf denen die Kirche wandert; denn der Mensch – und zwar jeder Mensch ohne jede Ausnahme – ist von Christus erlöst worden. Christus ist mit jedem Menschen, ohne jede Ausnahme - in irgendeiner Weise verbunden, auch wenn sich der Mensch dessen nicht bewußt ist: »Christus, der für alle gestorben und auferstanden ist, schenkt dem Menschen« – jedem und allen zusammen – »fortwährend Licht und Kraft durch seinen Geist, damit er seiner höchsten Berufung entsprechen kann«.

Da also der Mensch der Weg der Kirche ist, der Weg ihres täglichen Lebens und Erlebens, ihrer Aufgaben und Mühen, muß sich die Kirche unserer Zeit immer wieder neu die »Situation« des Menschen bewußt machen. Sie muß seine Möglichkeiten kennen, die eine immer neue Richtung nehmen und so zutage treten; zugleich aber muß die Kirche die Bedrohungen kennen, die über dem Menschen hängen. Sie muß sich all dessen bewußt sein, was offenkundig dem Bemühen entgegensteht, das Leben der Menschen »immer humaner zu gestalten« (a.a.O., 38), damit alle Bereiche dieses Lebens der wahren Würde des Menschen entsprechen. Mit einem Wort: Die Kirche muß alles kennen was diesem Prozeß *entgegensteht.* (. . .)

Der Fortschritt der Technik und die Entwicklung der heutigen Zivilisation, die von der Vorherrschaft der Technik geprägt ist, erfordern eine entsprechende Entwicklung im sittlichen Leben und in der Ethik. Diese scheint jedoch leider immer zurückzubleiben. Der Fortschritt, der ja andererseits so staunenswert ist, weil wir in ihm auch echte Zeichen der Größe des Menschen mühelos entdecken können, wie sie uns in ihren schöpferischen Anfängen schon im Buch der Genesis bei der Darstellung der Schöpfung (vgl. Gen 1–2) offenbart worden sind, muß darum doch auch vielfältige Sorgen wecken. Die erste Sorge betrifft die wesentliche und grundlegende Frage: Macht dieser Fortschritt, dessen Urheber und Förderer der Mensch ist, das menschliche Leben auf dieser Erde wirklich in jeder Hinsicht »menschlicher«? Macht er das Leben »menschenwürdiger«? Zweifellos ist dies in mancher Hinsicht der Fall. Die Frage meldet sich jedoch hartnäckig wieder, wenn es um das Wesentliche geht: Wird der Mensch als Mensch im Zusammenhang mit diesem Fortschritt wirklich besser, das heißt geistig reifer, bewußter in seiner Menschenwürde, verantwortungsvoller, offener für den Mitmenschen, vor allem für die Hilfsbedürftigen und Schwachen, und hilfsbereiter zu allen?

Diese Frage müssen sich die Christen stellen, eben weil Jesus Christus sie so umfassend für das Problem des Menschen empfänglich gemacht hat. Die gleiche Frage aber stellt sich allen Menschen, besonders denjenigen, die in solchen sozialen Bereichen leben, die sich aktiv für die Entwicklung und den Fortschritt in unserer Zeit einsetzen. Wenn wir diese Entwicklungen beobachten und sogar an ihnen teilnehmen, darf uns nicht Euphorie überkommen, noch dürfen wir uns von einseitigem Enthusiasmus fortreißen lassen, sondern wir alle müssen uns mit äußerster Ehrlichkeit, Objektivität und moralischem Verantwortungsbewußtsein den wesentlichen Fragen stellen, die die Situation des Menschen ... betreffen.

Stimmen alle diese Errungenschaften, die bisher erreicht wurden oder von der Technik für die Zukunft geplant werden, mit dem moralischen und geistigen Fortschritt des Menschen überein? Entwickelt sich der Mensch als solcher in diesem Zusammenhang, macht er wirklich Fortschritte oder fällt er zurück und sinkt in seiner Menschlichkeit nach unten? Überwiegt unter den Menschen, »in der Welt des Menschen«, die von sich aus das Gute und das Böse enthält, das Gute vor dem Bösen? Wachsen tatsächlich in den Menschen und untereinander die Nächstenliebe, die Achtung vor den Rechten des anderen – sei es der einzelne, eine Nation oder ein Volk – oder nehmen vielmehr die Egoismen verschiedener Art und die übertriebenen Nationalismen anstelle einer echten Vaterlandsliebe zu sowie das Streben, andere über die eigenen legitimen Rechte und Verdienste hinaus zu beherrschen, wie auch die

Tendenz, allen materiellen und wirtschaftlichen Fortschritt allein zu dem Zweck auszunützen, um die Vorherrschaft über andere zu besitzen oder diesen oder jenen Imperialismus zu fördern?

Dies sind die wesentlichen Fragen, denen die Kirche sich stellen muß, weil Milliarden von Menschen, die heute auf der Welt leben, mehr oder weniger ausdrücklich solche Fragen stellen. Das Thema »Entwicklung und Fortschritt« taucht in allen Gesprächen auf und erscheint in den Spalten aller Zeitungen und Publikationen in fast allen Sprachen der heutigen Welt. Dabei dürfen wir jedoch nicht vergessen, daß dieses Thema nicht nur Feststellungen und gesicherte Aussagen enthält, sondern auch Fragen und bedrückende Sorgen. Und dies letztere ist genauso wichtig wie das erste. Sie entsprechen der dialektischen Natur menschlicher Erkenntnis und vor allem dem Grundbedürfnis der Sorge des Menschen für den Menschen, für seine eigene Menschlichkeit, für die Zukunft der Menschen auf dieser Erde. Die Kirche, die aus einem eschatologischen Glauben lebt, betrachtet diese Besorgnis des Menschen um seine Menschlichkeit, um die Zukunft der Menschen auf Erden und damit auch um die Richtung von Entwicklung und Fortschritt als ein wesentliches Element ihrer Sendung, das hiervon nicht getrennt werden darf. Den Kern dieser Sorge findet die Kirche in Jesus Christus selbst, wie die Evangelien bezeugen. Gerade darum möchte sie dieses Engagement aus der Einheit mit ihm verstärken, indem sie die Situation des Menschen in der heutigen Welt nach den wichtigsten Zeichen unserer Zeit interpretiert.

Neue Akzente

Karl Rahner

Jesus, existenziell gesehen

I. Die Notwendigkeit einer »existenziellen« Christologie

In einer durchschnittlichen Dogmatik kommt das Thema gar nicht vor. Es wird seltsamerweise den Lehrern des geistlichen Lebens und der christlichen Mystik zur alleinigen Behandlung überlassen.

Im Rahmen unserer Überlegungen hat es aber nicht nur darum seine Bedeutung und Notwendigkeit, weil das Christentum in seiner ausdrücklichen und vollen Gestalt nicht bloß eine abstrakte Theorie und eine objektiv letztlich doch sachhaft gedachte Wirklichkeit ist, zu der man nachträglich auch noch persönlich Stellung bezieht. Das Christentum versteht sich wirklich als einen existenziellen Vorgang in seinem eigensten Wesen, eben das, was wir die persönliche Beziehung zu Jesus Christus nennen.

Was über diese »existenzielle Christologie« gesagt werden soll, muß freilich von vornherein mit einer gewissen Diskretion und einem gewissen Vorbehalt gesagt und gehört werden. Es gibt ein implizites, anonymes Christentum. Wir haben schon sehr oft im Lauf unserer Überlegungen zu betonen gehabt, daß es durchaus eine gewissermaßen anonyme und doch wirkliche Beziehung des einzelnen Menschen zur Konkretheit der Heilsgeschichte und somit auch zu Jesus Christus in demjenigen gibt und geben muß, der die ganze konkrete geschichtliche und dabei ausdrücklich reflektierte Erfahrung in Wort und Sakrament mit dieser heilsgeschichtlichen Wirklichkeit noch nicht gemacht hat, sondern die existenziell reale Beziehung bloß impliziert hat im Gehorsam gegenüber seiner gnadenhaften Verwiesenheit auf den Gott der absoluten, geschichtlich daseienden Selbstmitteilung, indem dieser Mensch sein eigenes Dasein vorbehaltlos annimmt, und zwar gerade in dem, was darin im Wagnis dieser Freiheit nicht übersehen und verwaltet werden kann. Daneben gibt es das volle, explizit zu sich selbst gekommene Christentum im glaubenden Hören des Wortes des Evangeliums, im Bekenntnis der Kirche, im Sakrament und im ausdrücklichen christlichen Lebensvollzug, der sich selbst als auf Jesus von Nazaret bezogen weiß.

Zwischen diesen beiden Extremen gibt es aber fließende Übergänge. Es gibt sie auch in dem, der als Kind getauft wurde und in einem gesellschaftlichen Sinn als kirchlicher Christ erzogen worden ist und so lebt. Auch für diesen bleibt es eine nie ganz vollendbare Aufgabe, existenziell dasjenige in der Geschichte seines eigenen Daseins langsam einzuholen, was er in einem zunächst mehr begrifflichen Glauben weiß und was er durch sein übernatürliches Existential, d.h. durch die in seiner Freiheit immer angebotenen Selbstmitteilung Gottes und deren Erscheinung im Sakrament, in seiner Zugehörigkeit zur Kirche und in williger kirchlicher Lebenspraxis ansatzhaft immer schon ist. Man ist immer Christ, um es zu werden, und eben dies gilt auch von dem, was wir die persönliche Beziehung in Glaube, Hoffnung und Liebe auf Jesus Christus hin nennen. So etwas ist nicht einfach da oder nicht da, sondern ist als eine existenzielle Wirklichkeit im Christen, durch die Selbstmitteilung Gottes in der Tiefe des Gewissens, durch die Situation unter den Sakramenten, der Predigt des Evangeliums und einer willigen christlichen und kirchlichen Lebenspraxis immer schon gegeben als etwas, das der Mensch erst noch einholen und zu einem radikalen Vollzug in dem Einsatz seiner ganzen Existenz durch die ganze Länge und Breite und Tiefe seines Lebens bringen muß.

Wenn daher manches, was über diese persönliche Beziehung des einzelnen Christen zu Jesus Christus gesagt werden muß, manchem als eine Überforderung oder eine irreale Ideologie vorkommen mag, als etwas, für das er auf den ersten Blick in seiner individuellen religiösen Erfahrung keinen Anhaltspunkt zu finden vermeint, dann ist dies kein Argument gegen die Wahrheit des zu Sagenden. Er sagt die eigentliche Wahrheit und Wirklichkeit des christlichen Daseins aus, und die menschliche Erfahrung ist nichts anderes als eine Aufforderung, in Geduld, Offenheit und Treue sich der Entwicklung des eigenen christlichen Daseins anzuvertrauen, bis dieses Leben langsam, vielleicht unter Schmerzen und in Untergängen, sich zur Erfahrung einer persönlichen Beziehung zu Jesus Christus hindurchentwickelt. Dann ist das eine Erfahrung, die von sich selbst her das einholt und bestätigt, was hier unvermeidlich nur in blasser Abstraktion gesagt werden kann, obwohl es das Konkreteste meint, das gleichzeitig das Absoluteste ist, nämlich wir selbst in unserem je einmaligen Verhältnis zu Jesus Christus.

II. Das individuelle, konkrete Verhältnis zu Jesus Christus

Es ist nicht leicht, einen verständlichen Zugang zu dem zu finden, was hier gemeint ist. Es handelt sich nämlich um den absoluten Gott, wie er sich in der konkreten Einmaligkeit Jesu Christi uns zuwendet, so daß dieser Gott so wirklich das absolutum concretissimum wird. Es handelt sich um das je einmalige Heil des einzelnen, der nicht bloß eine allgemeine, allen gleiche menschliche Natur, ein abstraktes menschliches Dasein in Glaube und Liebe dem sich selbstmitteilenden absoluten Geheimnis Gottes anvertrauen soll, sondern wirklich je sich selbst in seiner unvertretbaren Einmaligkeit, die ihm als einem geschichtlichen Freiheitswesen unvertretbar und unabwälzbar zukomMt Durch beides aber ist schon grundsätzlich gesagt, daß es ein je einmaliges, ganz persönliches, in einer abstrakten Norm und allgemeinen Forderung nicht aufgehendes Verhältnis des einzelnen zu Jesus Christus in seinem Glauben, seiner Hoffnung und seiner einmaligen Liebe geben muß und daß dieses je einmalige Verhältnis sogar selbstverständlich eine individuelle Geschichte in der Konkretheit des Daseins hat, die unberechenbar und letztlich der eigenen Verfügung entzogen ist, ja letztlich identisch ist mit dem Schicksal und der Tat, die jedem Menschen in seinem ganzen Leben zugemutet und überantwortet ist. Daß es so ein je einmaliges Verhältnis des einzelnen zu Jesus Christus geben kann und gibt, daß es in einzelnen Christen eine ganz persönliche, intime Liebe zu Jesus Christus geben muß und diese Liebe nicht bloß Ideologie, vage religiöse Stimmung oder ein Analgeticum zur Betäubung des Schmerzes über die Frustration einer anderen zwischenmenschlichen Beziehung ist, das läßt sich theologisch von einem doppelten Ausgangspunkt, von oben und von unten her, verdeutlichen.

III. Eine theo-logische Überlegung

Zunächst von oben: Der christliche Glaube bekennt von Jesus Christus, daß er der absolute Heilsbringer, die konkrete geschichtliche Vermittlung unseres unmittelbaren Verhältnisses zum Geheimnis Gottes als des sich selbst Mitteilenden ist. Dabei weiß dieser Glaube, daß der Gottmensch als das Ereignis absoluter Einheit von Gott und Mensch nicht mit dem Ende der zeitlich verlaufenden Geschichte aufhört, sondern selbst bleibt und ein wesentliches Moment der ewigen Vollendung der Welt bildet. Das ergibt sich schon aus der christlichen Grundwahrheit von der Auferstehung Christi. Die menschliche Wirklichkeit Jesu Christi bleibt als die des ewigen Logos selbst ewig. Diese zeitenthobene ewige Vollendung der *Menschheit* Christi, die selbst als die des göttlichen Logos die unmittelbare Anschauung Gottes genießt, kann nun aber offenbar nicht bloß aufgefaßt werden als eine individuelle Vollendung und Belohnung des Menschen Jesus in seinem eigenen menschlichen Dasein für ihn selbst. Das »Christus gestern, heute *und in Ewigkeit*« des Hebräerbriefes (vgl. 13,8) muß eine soteriologische Bedeutung für uns selbst haben. Die menschliche Wirklichkeit Christi muß immer die bleibende Vermittlung zur Unmittelbarkeit Gottes für uns sein. Wir werden bei dem Versuch der Begründung dieses personalen Verhältnisses zu Jesus Christus von unten her, d.h. aus der eigentümlichen Einheit von konkreter Nächstenliebe und Gottesliebe noch besser verstehen, daß die persönliche Liebe zu Jesus Christus als existenziell erste Verwirklichung und Begründung dieser zu Gott hin vermittelnden Nächstenliebe die bleibende Vermittlung zur Unmittelbarkeit Gottes sein kann. Gibt es also eine bleibende Heilsbedeutung der Menschheit Christi, besser: des Menschen Jesus? Ist dieser Mensch und seine menschliche Wirklichkeit als solcher auch ein inneres Moment an unserer eigenen Heilsvollendung als solcher und nicht nur an deren zeitlicher Geschichte und ist unser Heil das je Einmalige, dann kann nicht bestritten werden, daß ein persönliches Verhältnis zu Jesus Christus in intimer Liebe personaler Art zum christlichen Dasein wesentlich gehört. Dadurch, daß der Mensch Gott findet, daß er gleichsam hineinstürzt in den absoluten, unendlichen, unbegreiflichen Abgrund allen Seins, wird er gerade eben nicht selber verbrannt in Allgemeinheit, sondern wird er gerade erst der absolut Einmalige, weil er ja nur so ein einmaliges

Verhältnis zu Gott hat, in dem dieser Gott *sein* Gott und nicht nur ein allgemeines, gleichmäßig für alle gültiges Heil ist. Dabei ist immer zu bedenken, daß Heil keine sachhaft objektive Zuständlichkeit, sondern eine personale ontologische Wirklichkeit besagt, daß also Heil und Vollendung sich ereignen in der objektiv realsten Wirklichkeit radikalster Subjektivität, also in der erkennenden und liebenden Übergabe des Subjekts in das unmittelbar aufgehende und gerade so radikal bleibende Geheimnis Gottes hinein. Dies geschieht eben durch die bleibende personale Beziehung zum Gottmenschen hindurch, in dem und in dem allein jetzt und in Ewigkeit die Unmittelbarkeit Gottes erreicht wird, ohne daß mit gerade dieser Beziehung zum Menschen Jesus Christus die Heilsbedeutsamkeit der Interkommunikation zu einem anderen Menschen, ja zum Menschen überhaupt, aufgehoben oder bestritten wird.

IV. Die Einheit von konkreter Nächsten- und Gottesliebe

Nach der Lehre des Christentums von der Einheit von Gottes- und Nächstenliebe als eines im letzten einzigen und umfassenden und in beidem von der Selbstmitteilung Gottes getragenen heilsschaffenden Daseinsvollzuges ist die Nächstenliebe nicht bloß ein Gebot, das erfüllt werden muß, wenn der Mensch in einem heilbringenden Verhältnis zu Gott stehen will, sondern der Vollzug des Christentums schlechthin, vorausgesetzt, daß diese Nächstenliebe zu ihrem eigenen vollen Wesen sich entfaltet hat und ihren Grund und ihren geheimnisvollen Mitpartner ausdrücklich annimmt, nämlich Gott selbst, ohne den die personal liebende Interkommunikation unter den Menschen gar nicht zu ihrer radikalen Tiefe und Endgültigkeit kommen kann. Es soll nun gewiß nicht bestritten werden, daß eine personale Interkommunikation in der ganz konkreten raumzeitlichen und zwischenmenschlichen Erfahrung eines ganz bestimmten, leibhaftig begegnenden Du für das Bestehen, die Entwicklung und Reifung der Existenz des Menschen von grundlegender und notwendiger Bedeutung ist und durch nichts anderes ersetzt werden kann. Aber eine solche Liebe unmittelbar zwischenmenschlicher Begegnung will doch gerade absolute Treue, bedeutet einen geistigen Daseinsvollzug der mindestens, insofern er, von der Gnade getragen, eine absolute Tiefe und ein Moment hat, das in das »ewige Leben« zwischen Gott und den Menschen aufgenommen ist, das im letzten doch diese unmittelbare, raumzeitliche, leibhaftige Begegnung immer auch transzendiert und sich versteht als durch den Tod unaufhebbar, vorausgesetzt nur, daß man im christlichen Daseinsverständnis den Tod als Vollendung und nicht als bloß alles endendes Ende versteht und vollzieht. Darum ist eine solche Liebe nicht in den Grenzen einer schlechthin leibhaftig unmittelbaren Erfahrung eingefangen, kommt sogar erst zu ihrem radikal christlichen Wesen und zu ihrer menschlichen Vollendung, wenn sie im Glauben und in der Hoffnung diese Grenzen transzendiert. Und darum kann eine solche Liebe zu einem Menschen, die die Vermittlung der Liebe zu Gott ist und mit dieser eine letzte unauflösliche Einheit besitzt, sich auf *Jesus* richten. Man kann ihn als einen wahren Menschen lieben in der eigentlichsten und lebendigsten Bedeutung dieses Wortes. Ja, diese Liebe ist sogar aus dem Wesen des Gottmenschen heraus der absolute Fall der Liebe, in der die Liebe zu einem Menschen und die Liebe zu Gott ihre radikalste Einheit finden und sich gegenseitig vermitteln. Jesus ist das absolutum concretissimum und darum der, dem gegenüber die Liebe ihre absoluteste Konkretheit und Eindeutigkeit erreicht, die sie aus ihrem Wesen sucht, weil sie nicht die Bewegung auf ein abstraktes Ideal, sondern auf die konkrete, individuelle, unauflösliche Einmaligkeit ist, und eben diese Liebe findet in ihrem Du die absolute Weite des unbegreiflichen Geheimnisses.

V. Das Wagnis der Begegnung

Wir haben schon betont, daß in diesem Zusammenhang vom Konkretesten noch einmal sehr abstrakt geredet werden muß. Wirklich verstanden kann das Gesagte nur von dem werden, der es versucht und wagt, Jesus wirklich persönlich zu lieben durch Schrift und Sakrament und Feier seines Todes hindurch, durch das Leben in der Gemeinde seiner Gläubigen; der es wagt, ihm persönlich zu begegnen, der dabei den Mut als Gnade empfängt, nicht mehr zu fürchten, er meine doch nur die abstrakte Idee eines unendlichen Gottes, wenn er Jesus sagt; der erfährt, wie die Begegnung mit dem konkreten Jesus der Evangelien in der Konkretheit und Unableitbarkeit dieser bestimmten geschichtlichen Gestalt den Menschen, der die unbegreifliche Unendlichkeit des absoluten Geheimnisses Gottes sucht, nicht einengt auf eine aus Liebe oder Torheit vergötzte Konkretheit, sondern wirklich eröffnet in die Unendlichkeit Gottes. Und zwar darum, weil jede Begegnung mit dem konkreten Menschen Jesus in seiner je einmaligen Nachfolge, die nicht Nachahmung, sondern je einmaliger Anruf aus dessen konkretem Leben heraus ist, in der Teilnahme an dem Mysterium des Lebens Jesu von seiner Geburt bis zu seinem Tod immer und überall gleichzeitig die Einweihung in seinen Tod und seine Auferstehung ist. Alles Endliche geht ein in die Unendlichkeit Gottes, in deren unmittelbarer Erfahrung dieses Endliche in Jesus und in uns nicht untergeht, sondern aufgeht zu seiner Vollendung.

Es ist hier nun nicht mehr möglich, genauer von der in diesem Sinne verstandenen Nachfolge Jesu und Partizipation an dem Mysterium des Lebens Jesu und vor allem an seinem Tod in unmittelbarer Einheit von Gottesliebe und Liebe zu diesem ganz bestimmten Menschen zu handeln. Aber es ist mit dem Gesagten doch wenigstens darauf aufmerksam gemacht, daß das christliche Leben nicht bloß Erfüllung allgemeiner Normen ist, die von der amtlichen Kirche verkündet werden, sondern darin und darüber hinaus der je einmalige Anruf Gottes, der aber vermittelt ist durch die konkret liebende Begegnung mit Jesus in einer Mystik der Liebe, die immer ganz einmalig und unableitbar ist und dennoch sich vollzieht in der Gemeinschaft der glaubend Liebenden, die Kirche heißt, weil darin, in ihrem Evangelium, in ihrem Kerygma, das über alle Belehrung hinaus auf das unvertauschbare Herz des einzelnen zielt, im Sakrament und in der Feier des Todes des Herrn, aber auch im einsamen Gebet und in der letzten Gewissensentscheidung Jesus als der Christus und in ihm sich Gott unmittelbar geben.

Damit ist natürlich nicht bestritten, sondern positiv impliziert, daß der Mensch, dem Christus in der ausdrücklichen geschichtlichen und von daher ankommenden Bezeugung noch nicht begegnet ist, ihn dennoch finden kann in seinem Bruder und der Liebe zu ihm, in dem Jesus Christus sich gleichsam anonym finden läßt, da er selbst gesagt hat: »Was ihr dem geringsten meiner Brüder getan habt, das habt ihr mir getan« (Mt 25,40), ihm der sein Leben lebt in den Armen, Hungernden, Eingekerkerten und Sterbenden.

RICHARD ROHR

Jesus, männlich gesehen

Als biblisches Grund-Motiv möchte ich ein kurzes Jesus-Wort benutzen, das er im Johannes-Evangelium immer wieder ausspricht: »Ich und der Vater sind eins.« Jesus fühlt sich wohl in seinem Sohn-Sein, in seiner Sohn-Vater-Beziehung. In allen modernen Gesellschaften begegnen mir heute Männer, über deren Leben das Motto steht: »Ich und der Vater sind uneins.« Das ist meines Erachtens vor allem die Folge der industriellen Revolution.

Seit der industriellen Revolution hat von allen Beziehungen in der westlichen Gesellschaft die Vater-Sohn-Beziehung am meisten gelitten, sie ist nahezu zerstört. Früher wuchsen die Jungen in unmittelbarer körperlicher und seelischer Nähe zu ihren Vätern auf. Sie begleiteten den Vater beim Pflügen aufs Feld oder standen ihm in der Schmiede zur Seite – was immer der Vater tat, daran hatten sie Anteil. Mein eigener Vater hat auf dem Bauernhof seiner Eltern mit neun Jahren den Traktor übers Feld gefahren. Er war Teil der Welt seines Vaters. Er wußte, daß er wichtig war – und mußte nicht ein Leben lang versuchen, seinen Wert zu erkaufen oder zu verdienen. Es gab von Anfang an einen Bereich, zu dem er gehörte, Vertrauen erfuhr, anerkannt war und seine Begabungen einbringen und entfalten konnte. Seit der industriellen Revolution verließen die Männer das Haus, um zur Fabrik zu gehen – oder ins Büro. Die Söhne hatten zu diesen Welten keinen Zugang. Dadurch entwickelte sich in den Seelen vieler

Männer ein Vakuum. In dieses Vakuum haben sich Dämonen eingenistet: Mißtrauen gegen die eigene Männlichkeit, Mißtrauen gegen den Vater, Mißtrauen gegen Autorität überhaupt, Angst vor der eigenen Sexualität.

Bei meinen Reisen in andere Kulturen entdeckte ich auch Unterschiede. Der deutlichste Unterschied zu unserer Gesellschaft wurde mir in Afrika bewußt. Bei vielen jungen Afrikanern sah ich eine Art von Selbstbewußtsein und Sicherheit – schon bei vierzehnjährigen Jungen –, wie ich sie in unserer Gesellschaft bei den meisten Männern Mitte Dreißig nicht finden kann: Wie sie gehen, wie sie miteinander reden, wie sie sich bewegen. Wir sind mit 30 immer noch dabei, den Zutritt zum Club der Männer zu erbetteln. Wir versuchen zu beweisen, daß wir würdig sind, dazuzugehören. Wir denken uns viele kleine Spiele aus: Geld, Sex, Macht, Prestige, Status-Symbole wie Wohnlage, Urlaubsziele, Kleidung, »cooles« Auftreten – nur um dabeizusein. (...)

In den lateinamerikanischen Ländern konnte man jahrhundertelang kaum über Gott, den Vater oder über Jesus so reden, daß es die Menschen verstehen oder nachvollziehen konnten. Deshalb ging es in der katholischen Kirche immer nur um Maria. Zu Maria kann ich eine Beziehung haben. Maria ist eine Frau. Es hat seine Gründe, daß viele Länder offener waren für einen ausufernden Marienkult als für Jesus. Viele Menschen dieser Erde mißtrauen männlicher Liebe, weil sie nirgends erlebt haben, daß sich diese Liebe tief, zuverlässig und kontinuierlich ereignet. Wenn man solchen Menschen erzählt, Gott liebe sie - dann können sie sich darunter kaum etwas vorstellen. Denn der Gott ihrer Bilderwelt ist ein Mann. Weil Gott ein Mann ist, haben sie Angst vor ihm. Gott ist einer, der sie beobachtet und bestrafen will. Denn das einzige, was sie über ihren Vater gehört haben, war: »Paß auf bis Papa heimkommt, dann kriegst du deine Tracht Prügel!« Der

Vater ist die Figur eines ansonsten distanzierten Straf-Vollstreckers.

Als wäre es nicht schlimm genug, daß viele Jungen zu wenig väterliche Liebesenergie erlebt haben, haben sie auch noch eine Sicht von ihrem Vater bekommen, die durch die Interpretation ihrer Mutter gefiltert war. Viele von uns haben ihre ganze Kindheit und Jugend hindurch permanent erlebt, wie unsere Mütter über unsere Väter hergezogen sind. Dabei verfestigt sich unbewußt die Vorstellung, der Vater sei unfähig und unmöglich. Aber eine Energie kann man nicht verstehen, wenn sie einem nur in der Interpretation eines anderen begegnet. Eine Energie muß unmittelbar erfahren werden. Viele Männer haben männliche Energie nur durch die Augen ihrer Mutter mitbekommen.

An diesem Punkt muß ich eine Zwischenbemerkung machen: Was ich sage, ist nicht anti-feministisch. Es geht hier nicht um ein Entweder-Oder. Was ich sagen will – und ich habe das mit radikalen Feministinnen besprochen – dient der Ergänzung. Eine echte Feministin braucht vor dem, was ich sage, keine Angst zu haben. Man könnte meine Bemerkungen »Männerbefreiung« nennen. Denn ich glaube, wir Männer haben Befreiung doppelt so nötig wie unsere Schwestern. Wir Männer sind gefangener und unfreier als die meisten Frauen. Wir spielen viel mehr Rollen, und es gibt zu wenige Männer, die uns sagen: »Das ist nicht nötig.« Deshalb freue ich mich so sehr über unsere Kommunität, wo wir uns gegenseitig erlauben, frei zu werden; wo »man« nicht so sein muß, wie »man« sein soll. Wir versuchen, die Werte des Evangeliums zu entdekken, die ja schließlich die Werte der Kirche sein sollten.

In der antiken Literatur bis hinein ins Mittelalter war der »Heilige Mann« das Ideal, nach dem sich alle ausrichteten. Spiritualität war damals die Domäne der Männer. Das hat sich völlig geändert. Wir erwarten von Männern keinen geschichtlichen Tiefgang mehr. Frauen dürfen religiös sein, zur Kirche gehen – als Mann toleriert man das, geht vielleicht auch halbherzig mit. Wenn ich diese Vorträge nicht »nur für Männer« ausgeschrieben hätte, säßen hier wahrscheinlich mehr Frauen als Männer. Denn Religion, das ist ihr Reich. Ich glaube, wir haben in der Kirche einen ungeheuer hohen Preis dafür bezahlt, daß wir authentische männliche Spiritualität und *echtes* männliches Bewußtsein verloren haben. Wir haben zwar Männer in den Spitzenpositionen, aber man hat uns Priester verweiblicht: Wir tragen bunte Kleider, manchmal mit Spitzenbesatz. Da kann man sich fragen: Ist *das* die Alternative? – Natürlich wird die Kirche von *Männern* beherrscht: aber strahlen sie die Art von männlicher Energie aus, die wir brauchen? (...)

Was haben wir im Westen aus dem Evangelium gemacht? Einen blonden, blauäugigen und harmlosen Jesus. Wir haben das Evangelium und Jesus gezähMt Die Angst vor der wilden Seite Gottes entspringt wahrscheinlich der Angst vor der wilden, echten und geistlichen (!) Seite unseres eigenen Selbst. Wir könnten diesen Teil »Passion« nennen (in diesem Wort steckt beides: Leiden und Leidenschaft!); hier nenne ich ihn »männliche Energie«. Die zweite Reise unterscheidet sich in mancher Hinsicht von der ersten. Wichtig aber bleibt: Man darf dabei das nicht aufgeben oder verlieren, was bei der ersten Reise gewonnen wurde. Männer, die die erste Reise nicht wirklich gemacht haben – und das als deutliche Warnung! – können das, was ich meine, kaum richtig verstehen. Ohne die erste Reise muß all das zwangsläufig mißverstanden werden und zu dem Fehlschluß führen: Ich will wieder harte, coole Chauvis. Das Gegenteil ist der Fall.

Bei Einkehrtagen mit älteren Priestern erlebe ich immer wieder folgende Situation: Weil man ihnen einst in jungen Jahren eingeschärft hat, ja nicht weichlich oder weibisch zu sein, ist, salopp gesagt, manch einer von ihnen so eine Art religiöser Feldwebel geworden: je härter, desto besser. Sie sind gute Sportler, erzählen ab und zu einen deftigen Witz und trinken auch mal einen über den Durst. Ihnen zu erzählen, sie sollten sich mit ihrer »weiblichen Seite« befassen, wäre für mich als relativ jungen Exerzitienmeister ein Ding der Unmöglichkeit. Aber wenn ich erwähne, sie sollten Wilde Männer werden, dann fühlen sie sich angesprochen und sind gespannt, was damit gemeint ist. Dann erst kann ich ihnen auch vorsichtig »unterjubeln«, daß die zweite Reise nicht ohne die erste geht.

Es ist interessant, daß der Vers im Matthäusevangelium, wo Jesus über Johannes den Täufer redet, heißt: »Unter allen, die von einer Frau geboren wurden, ist keiner größer als Johannes der Täufer« (Mt 11,11). Jesus hatte eine ungeheuer hohe Meinung von Johannes dem Täufer. Viele Theologen meinen, Jesus habe sich ursprünglich überhaupt dem Täufer anschließen wollen – aber schließlich wurde Johannes umgebracht (interessanterweise von einer Frau, die ihn köpfen ließ!). Erst als Johannes im Gefängnis ist, geht Jesus selbst zurück in den Norden, um seine eigene Bewegung und Gemeinschaft zu gründen.

Was die zweite Reise betrifft, so hoffe ich auf eine spontane erste Generation, die das ausprobiert. Denn eigentlich kann nur ein anderer Wilder Mann einem vermitteln, was ein Wilder Mann eigentlich ist. Ich kann das nicht durch bloßes Reden tun. Ich kann nur anderen den Mund etwas wässerig machen oder Unzufriedenheit mit dem bisherigen Zustand wecken. Aber erst, wenn einem ein Wilder Mann wirklich begegnet, kann man diese Energie erfahren und in sich aufnehmen. Mein Konzept ist nicht mit dem Verstand allein zu erfassen. Es geht um die Energie und Kraft, die wir aufeinander ausstrahlen. Nur so beeinflussen sich Menschen gegenseitig. Wir wachsen an anderen Menschen, in der Beziehung zu Menschen, die selbst gewachsen sind. Aber leider fehlen uns genügend Wilde Männer. Wir haben Chauvis, Machos, Männer mit falscher Selbstsicherheit – man muß sich nur in der politischen Szene umsehen. Wo gibt es da noch radikale neue Visionen oder tiefere Werte?

Was machen wir aber, wenn uns die »Modelle« fehlen? Zumindest können wir anfangen, über die Sache zu reden. Vielleicht können einige von uns auch auf diese Weise beginnen, den Teilen ihres Wesens mehr zu vertrauen, die sie bisher noch gar nicht entdeckt haben. Dazu möchte ich ermutigen. Ich bin heute 41 und weiß nicht, ob ich das alles vor fünf Jahren schon verstanden hätte. Wenn wir 20 oder 30 sind, ist es wohl tatsächlich das Wichtigste, mit dem Weiblichen in Berührung zu kommen. Falls es aber so etwas gibt wie männliche Wechseljahre oder die berühmte »Midlife-Crisis«, dann könnte das bedeuten, daß jetzt die zweite Reise kommen muß. Aber keiner zeigt uns, wie man das macht. Uns fehlen Mentoren, Vaterfiguren, geistliche Leitbilder, die uns ermutigen, weiterzuwachsen.

Walter Schubart

Jesus, erotisch gesehen

Die Einstellung des Christentums zu Geschlecht und Erotik ist für das Kulturschicksal des Abendlandes von größter Bedeutung. Es handelt sich um eine Frage, die nicht einfach zu entscheiden ist. Denn es gibt keine einheitlich christliche Auffassung, die zu allen Zeiten und in allen Bekenntnissen wesentlich dieselbe gewesen wäre. Man muß auf die lange und verwickelte Geschichte des Christentums angespannt und mit Geduld zurückblicken, um den Sachverhalt richtig zu erfassen.

Man kann es nicht oft genug wiederholen: In ihrem Ursprung ist die christliche Lehre, wie sie sich in den Evangelien vor uns ausbreitet, nicht asketisch. Nur durch sehr gewagte Folgerungen lassen sich der beglaubigten Lehre Christi asketische Anweisungen entnehmen. Im persönlichen Umgang mit Frauen zeigt Jesus nicht die geringste Spur asketischer Ängstlichkeit. Anwandlungen von Geschlechts- und Frauenfurcht entstellten ihn nicht. Nach Joh 4,27 wunderten sich seine Jünger sogar über die freie Art, wie er sich in Unterredungen mit Frauen einließ – fast befremdlich für jüdisches Empfinden. Nach Joh 11,5 liebte Jesus die Bethanierinnen Martha und Maria und ihren Bruder Lazarus. Die Nennung beider Schwestern und die Miterwähnung des Bruders schließt es zwar aus, dieser Bibelstelle eine erotische Bedeutung beizulegen, sie zeigt aber, daß es Jesus nicht ablehnte, sich Frauen innerlich verbunden zu fühlen, und daß er diese Gefühle nicht verbarg. Die Frauenverächter können sich also nicht auf ihn berufen. Mit welch selbstverständlicher Güte beruhigt er das von ihren Blutungen geplagte Weib (Mk 5,25–34), wie gerecht urteilt er über die Ehebrecherin (Joh 8), Mann und Weib in der Schuldfrage gleichstellend (Calvin und Luther wollten die Ehebrecherin getötet wissen!). Und dann die Begegnung mit dem gefallenen Weibe im Hause des Pharisäers (Luk. 7,36 ff.)! Ein schroffer Asket vom Schlage Tertullians oder der Puritaner wäre dieser großzügig vergebenden Liebe, dieser erstaunlichen Sicherheit in der Frauenbehandlung niemals fähig gewesen. Worte wie »Ihr sind viele Sünden vergeben, denn hat sie hat viel geliebt« und »Wem nicht viel zu vergeben ist, der hat auch nicht viel geliebt« (Luk 7,47) rechtfertigen jede, auch die erotische Liebe. Daß die Zuneigung der Sünderin zu Jesus Geschlechterliebe war, Liebe eines Weibes zu dem Manne, den sie mehr als alle bewunderte, wird kein Kenner des weiblichen Herzens bezweifeln. Die Frau sieht auch im Heiligen zuerst den Mann, den sie liebt!

Verächter Jesu haben zu seiner Zeit wie zu allen Zeiten gern darüber gespottet, daß er sich gerade in der Umgebung von Dirnen am wohlsten befunden habe. Sie verkennen den Sinn, der diesen Begegnungen zukommt, und die Absicht der Heiligengeschichten, die das Zusammentreffen mit Sorgfalt schildern, nicht nur im Christentum (Buddha speist gelegentlich im Hause eines Freudenmädchens, und eingehend wird dargestellt, wie sich die Dirne Vimala von einem seiner Jünger bekehren läßt). Nicht weil sie Dirnen sind, sondern obwohl sie es sind, sucht der heilige Mensch sie auf. Das hetärische Weib, die Heilige der Naturreligion, ist für den Heiligen der Erlösungsreligion eine mißratene Kreatur. Daran ist nicht zu rütteln. Aber weil niemand ganz verloren ist, gibt er sich selbst mir Dirnen ab. Aus Barmherzigkeit neigt er sich diesen verstoßenen Geschöpfen der Gesellschaft zu. Gegen eine angesehene Persönlichkeit gütig zu sein, bewiese nichts. Gerade am Verworfensten, am Schmutze muß der Heilige seine reinigende Kraft bewähren. Und oft ergeht es dem Heilsbringer wie dem Gott in Goethes Bajadere: »Er siehet mit Freuden durch tiefes Verderben ein menschliches Herz.« Im Gegensatz zu Buddha wies Jesus die Frauen nicht zurück, wenn sie sich ihm als Jüngerinnen anschließen wollten (Mk 14,3; 15,40, Mt 27,55, Lk 8,2; 10,38).

Dem persönlichen Verhalten Jesu im Umgang mit Frauen entspricht seine dogmatische Behandlung der Frau. In Mk. 10,6 und Mt 19,4 betont er die göttliche Herkunft des Mannes und der Frau. »Habt ihr nicht gelesen, daß derjenige, der den Mann gemacht hat, auch das Weib gemacht hat?« (So lautet der Text von Mt 19,4 nach der altsyrischen Übersetzung.) Bewußt mit jüdischen Auffassungen brechend stellt Jesus den Grundsatz von der Ebenbürtigkeit der Geschlechter auf – auch dies ein Beweis, daß er von jeder Geschlechtsfurcht frei war. Denn sonst hätte er den sozialen und den Wertvorrang des Mannes nicht angetastet. Nur Männer, die sich der Frau überlegen oder durchaus gewachsen fühlen, können ihr gleiche Rechte zugestehen. Es sind gewöhnlich die Schwächlinge, die die Frau äußerlich in höriger Stellung wünschen zum Ausgleich dafür, daß sie ihr innerlich unterlegen sind. Um freiwillig Gleichheit zu gewähren, muß man der Stärkere sein. – Dem Grundsatz der Ebenbürtigkeit der Geschlechter entsprach es, daß Jesus die Stellung der Frau auch rechtlich zu heben versuchte. Zu diesem Zweck griff er das jüdische Scheidungsrecht mit seiner Ungerechtigkeit und Härte an. Danach gab es Scheidung nur für den Mann. Er konnte sich des Weibes durch einfachen Scheidebrief, also durch einseitige Willenserklärung entledigen. Demgegenüber betont Jesus die grundsätzliche und uranfängliche Unscheidbarkeit der Ehe für beide Teile (außer im Fall des Ehebruchs, Mt 19, 8–11). Damit brach er wiederum eine Lanze für die Frau. Sie haben die Würde, die er ihnen verlieh, und die Gleichberechtigung, um die er kämpfte, nicht vergessen. Schon unter den ersten Aposteln sind Frauen gewesen (Mt 28, 5–10, Lk 23,55; 24,9). Apg 9,36 erwähnt eine Jüngerin Tabea. In den Jahrhunderten, die folgten, strömten Frauen in solchen Scharen dem Christentum zu, daß es zeitweilig als religio mulierum verschrieen war. Das grundsätzlich Neue in der Frauenbewertung Jesu wurde auch von seinen männlichen Zeitgenossen alsbald erkannt, und zwar als gefährliche, tief in den Volkskörper einschneidende Neuerung von revolutionierender Kraft, die unter Männern fast überall Anstoß und Widerwillen erregte.

So wenig wie das Urteil Jesu über die Frau lassen seine erotischen Lehren asketische Ansatzpunkte erkennen. Im Judentum seiner Zeit fand er fast keine asketischen Stimmungen vor. Die mosaische Religion ist in ihren Grundzügen nicht asketisch. Nur spärlich, als Ausnahmen, sind geschlechtsfeindliche Äußerungen in sie eingestreut, etwa die Erscheinungen, die ich unter dem Stichwort Geschlechtsfurcht behandelt habe, oder das Lob der Kastraten in Jes 56, 3–6 (unvereinbar mit der Bibelstelle 5. Mose 23,2, die den Verschnittenen den Tempel sperrt), oder Psalm 51,7 mit der Ächtungsformel »in Sünden empfangen« (Aber soll dies nicht heißen, daß der Sprecher außerehelich oder im Ehebruch erzeugt ist?). Asketisch war zur Zeit Jesu die palästinensische Sekte der Essäer, die in ordnungsgemäßer Abgeschlossenheit ehelos und in Gütergemeinschaft lebten. Im ganzen aber hielt sich das Judentum des 1. Jahrhunderts noch in den Geschlechts- und lebensfrohen Anschauungen seiner Väter, und die Spuren der Naturreligion sind darin noch nicht ganz ausgelöscht. Von dieser Seite ist Jesus mit asketischen Neigungen nicht belastet.

In der Mitte der erotischen Lehren Jesu steht das Bibelwort Mk 10,7: »Darum wird der Mensch seinen Vater und Mutter verlassen und wird seinem Weibe anhangen, und werden sein die Zwei ein Fleisch. So sind sie nun nicht zwei, sondern ein Fleisch.« Diese Sätze sind wörtlich der Genesis entlehnt (1. Mose 2,24). Sie enthalten ein unzweideutiges Bekenntnis zur mystischen Erotik, zur umarmenden Geschlechterliebe, also zu jener Liebesart, in der der Eros mit seiner verschmelzenden Gewalt Leib und Seele, nicht nur die Seele allein ergreift. Das Geschlecht, das »Fleisch«, soll veredelt am erlösenden Zug des Eros teilnehmen und nicht, wie bei der anbetenden Liebe, davon ausgeschlossen bleiben. Jesus sagt nicht: Mann und Weib sollen ein Geist oder eine Seele werden, sondern ein Fleisch. An eine Liebe ohne körperliche Berührung kann er daher nicht gedacht haben. Er bejaht die sinnliche Umarmung als Gleichnis für das Eingehen der Liebenden in übersinnliche Einheit. Die Ehe ist danach die Lebensform, in der sich nicht nur das Männliche mit Weiblichem, sondern auch die Seele mit dem Körper, der Geist mit den Sinnen versöhnt. In ihr gleicht der Mensch seine triebhafte und geistige Natur miteinander aus. Deshalb ist die geschlechtliche Umarmung der von wahrer Geschlechterliebe Getragenen ein gottgewolltes Geschehen. Mk 10,9 deutet auf diesen übersinnlichen gleichnishaften Charakter der (ehelichen) Geschlechtsverbindung. Es ist das Erlösungsmotiv, das den Geschlechtsrausch adelt, und nicht der Fortpflanzungszweck. Jesus rechtfertigt die Liebesumarmung nicht aus der tierischen Gabe oder Aufgabe des Leibes, sondern er befreit den Menschen von der Tyrannei der Gattung und gibt der Geschlechterliebe ihre Würde und übersinnliche Natur zurück. Das war ein jäher Bruch mit der jüdischen Zeugungsbesessenheit, die um der Volksvermehrung willen sogar die Blutschande guthieß.

Jesus selbst ist unverheiratet geblieben. Er legte auch seinen Jüngern nahe, ihre Familien zu verlassen (Mt

19,29; Mk 10,29; Lk 18,29). In Lk 14,26 wird diese Forderung verschärft: »So jemand zu mir kommt und hasset nicht seinen Vater, Mutter, Weib, Kinder, Bruder, Schwestern, auch dazu sein eigen Leben, der kann nicht mein Jünger sein.« Es ist nicht statthaft, diesen Biebelstellen einen geschlechtsfeindlichen Sinn unterzuschieben. Daß sie ihn nicht haben sollen, zeigt schon die Reihenfolge in der Aufzählung der Personen, die verlassen werden mögen; die Ehefrau wird nirgends an erster Stelle genannt, und unter dem Hassenswerten in Lk 14,26 wird das Leben des Hassenden miterwähnt. Es handelt sich hier um heroische Anforderungen, die nur für die Auserkorenen in der nächsten Umgebung Jesu gelten. Ihre einmalige, weltbedeutsame, apostolische Sendung verträgt sich nicht mit dem Einschließen des Geistes in den engen Kreis der Familie. In diesem Sinn ist auch die Unbeweibtheit Jesu zu bewerten. Eine allgemeine Regel sollte damit nicht aufgestellt werden. Für den Durchschnittsfall bleibt vielmehr Mk 10,7 bestehen: Der Mann soll Vater und Mutter verlassen um – seinem Weibe anzuhangen! – Auf der heroischen Linie liegen auch die ingrimmigen Bibelsätze Mt 5,29; 18,8; Mk 9,43 (Ärgert dich ein Glied, so reiß es aus usw.). Nicht die Aufwallung asketischen Leibhasses, sondern die Sorge um den unbedingten Vorrang des Geistes hat diese Lehre ihrem Verkünder eingegeben. Der Körper soll dem Geiste dienen wie das einzelne Glied der Körperganzheit. Diesen stolzen Bekenntnissen einer freien und männlichen Denkart wird man auch Mt 19,12 anreihen müssen. »Denn es sind etliche verschnitten, die sind aus dem Mutterleib also geboren; und etliche sind verschnitten, die von Menschen verschnitten sind; und sind etliche verschnitten, die sich selbst verschnitten haben um des Himmelreichs willen. Wer es fassen mag, der fasse es.« Allerdings, ein dunkles Wort und ein Wort mit verhängnisvoller Geschichte. Es findet sich nur bei Matthäus, während es bei den anderen Synoptikern fehlt. Vielleicht wäre es besser, daß es auch im Matthäusevangelium fehlte, und wer weiß, ob es immer darin gestanden! Behandelt es die Stellung des Christentums zur Frage der Kastration? So faßte es Origenes auf und entmannte sich (nach dem nicht unbestrittenen Zeugnis des Eusebius). In reiferen Jahren aber rang er sich zu einer bildlichen Auslegung der Bibelstelle durch und bedauerte die Übereilung seiner Jugend.

Die Selbstverstümmelung, gegründet auf Mt 19,12, läßt sich schon für die Christen des 2. Jahrhunderts quellenmäßig belegen (Justin, Apol. I,29). Epiphanios teilt ohne ein Wort des Tadels mit, nicht wenige Mönche hätten sich kastriert. Athanasius erzählt von einem Presbyter Leontios, der Hand an sein Glied gelegt hatte. Die Unsitte griff derart um sich, daß sich das Konzil zu Nizäa veranlaßt sah, dagegen einzuschreiten (Harnack, Medizinisches aus der ältesten Kirchengeschichte S. 27,52). Die Vorschriften der Canones berühren aber immer wieder diesen heiklen Punkt (Canones apost. 21–23 des Konzils zu Nizäa). Kyrill von Alexandrien hat ein Fragment gegen die Eunuchen hinterlassen, die das göttliche Werk der πνευματιχὴ ευνουχία entstellen. Justin (Apol. I,15) und Gregor von Nazianz (in der einzigen vorhandenen Rede über einen evangelischen Text) legten die Bibelstellen bildlich aus. Sie verstehen unter den Verschnittenen die Enthaltsamen, diejenigen, die sich »alle Lüste abschneiden«, und zwar seien die aus dem Mutterleib verschnitten Geborenen: die von Haus aus geschlechtskalten Naturen; die von Menschen Verschnittenen; die durch philosophische Lehren zur Keuschheit Gekommenen; und die um des Himmelreichs willen Verschnittenen: die durch Christus zur Einsicht Gelangten: Unlogisch wählt Hieronymus für die ersten beiden Gruppen die buchstäbliche, für die dritte Gruppe die übertragene Deutung. Die entsetzlichsten Folgerungen aus der buchstäblichen Auslegung hat im 19. Jahrhundert die russische Kastratensekte der Skopzen gezogen. Die weit überwiegende Mehrheit der christlichen Schriftsteller und Erzieher trat für die bildliche Deutung ein und dafür spricht ja schon der Schlußsatz: »Wer es fassen mag, der fasse es.« Danach soll hinter dem Bibelwort mehr gesucht werden, als ihm auf den ersten Blick anzusehen ist. Man deutet die Verschnittenen als die Keuschen und das Verschneiden als den Läuterungsprozeß der Selbstüberwindung. Lobenswert – so argumentiert Augustin De Sancta virg. 23 – kann nicht das Unvermögen sein, sondern nur der angestrengte Wille der Selbstheiligung. Da die Sünde im Herzen und nicht im Geschlechtsorgan des Menschen niste, könne ihn Selbstverstümmelung Gott nicht nähern. Es sei klein und unwürdig, von dem Akt der Selbstverwundung das Heil zu erwarten, und beleidigend für Jesus, ihm zuzutrauen, er habe die Eunuchen gepriesen. Auch bei dieser einschränkenden Deutung der Bibelstelle läßt sich die Tatsache nicht aus dem Weg räumen, daß sie einen Aufruf zur Keuschheit enthält, und zwar einen allgemein gehaltenen Aufruf, der sich – im Gegensatz etwa zu Lk 14,26 – nicht nur an den eng begrenzten Kreis der Auserkorenen wendet. Insofern steht Mt 19,12 innerhalb der Evangelien vereinzelt und läßt sich mit den übrigen erotischen Lehren Jesu nicht recht in Einklang bringen, am wenigsten mit Mk 10,7. Soweit Jesus geschlechtliche Zurückhaltung empfiehlt oder vorschreibt, geschieht es, um Kräfte für die apostolische Sendung freizumachen. Es ist also das Störungsmotiv, allenfalls das Opfermotiv, zu dessen Gunsten er die erotischen Möglichkeiten eindämmt (vgl. das Gleichnis in Lk 14,20). Selbst hinter Mt 19,12 kann man nur diese beiden Motive suchen, während sich für Weltekel und Geschlechtsfurcht, die beiden mächtigsten und gefährlichsten Antriebe zur Askese, bei Jesus nirgends Ansatzpunkte zeigen.

PIERRE TEILHARD DE CHARDIN

Jesus, kosmisch gesehen

I. Der Über-Christus

Mit »Super-Christus« meine ich absolut *keinen anderen* Christus, keinen von dem ersten verschiedenen zweiten und größeren Christus als ihn; vielmehr verstehe ich darunter *denselben* Christus, den uns seit je bekannten Christus, der sich uns enthält in erneuerter und erweiterter Gestalt und Dimension, mit größerer und neuer Dringlichkeit und Kontaktfläche.

Das Auftreten eines so vergrößerten Christus im christlichen Bewußtsein ist, wie leicht einzusehen ist, das unmittelbare Ergebnis des Auftretens der Super-Menschheit im menschlichen Bewußtsein.

»Apparuit humanitas« (»Erschienen ist die Menschlichkeit«). Seiner Natur und Funktion nach faßt Christus in sich die Menschheit zusammen, er vollendet ihre Totalität und ihre Fülle. In diesem Punkt sind alle Gläubigen einmütig. Wenn sich folglich unserer Vernunft die Evidenz aufzwingt (wie wir gesehen haben, daß etwas Größeres als der gegenwärtige Mensch derzeit auf der Erde geboren werden will, so müssen wir also, um weiterhin den Menschensohn wie früher anbeten zu können, die Augen auf ihn gerichtet, sagen können: »Apparuit Super-Humanitas« (»Erschienen ist die Über-Menschlichkeit«).

Christus deckt sich (womit nicht das letzte ausgesagt ist) mit dem, was ich (...) den Punkt Omega genannt habe.

Christus besitzt folglich alle super-humanen Attribute des Punktes Omega.

Zwei Aussagen, in denen sich meines Ermessens die leidenschaftlichen Erwartungen und die (bereits im Gange befindlichen) Fortschritte unserer Christologie zusammenfassen lassen.

Der Christus-Omega

Man mag es drehen und wenden, wie man will, das Universum kann nicht zwei Köpfe haben – es kann nicht »bikephal« sein. Wie übernatürlich folglich auch letzten Endes das synthetisierende Wirken sein mag, welches das Dogma für das inkarnierte Wort in Anspruch nimmt, dieses vermöchte nicht in Divergenz zur natürlichen Konvergenz der Welt zu wirken, wie wir sie oben definiert haben. Ein durch die Theologie fixiertes universelles christliches Zentrum und ein durch die Anthropogenese postuliertes universelles kosmisches Zentrum: die beiden Brennpunkte kommen letzten Endes in dem historischen Milieu, in das wir gestellt sind, notwendig zur Koinzidenz (oder zumindest zur Deckung miteinander). Christus wäre nicht der einzige Beweger, das einzige Tor des Universums, wenn das Universum sich in irgendeiner Weise, und wäre es auf einer niedrigeren Stufe, außerhalb von ihm gruppieren könnte. Mehr noch, Christus wäre offensichtlich in die physische Unfähigkeit versetzt gewesen, das Universum in übernatürlicher Weise auf sich selbst zu zentrieren, wenn dieses der Inkarnation nicht einen privilegierten Punkt angeboten hätte, in dem alle kosmischen Fasern aufgrund ihrer natürlichen Struktur sich zu vereinen streben. Tatsächlich wenden sich also unsere Augen Christus zu, wenn wir, in irgendeinem Grad der Annäherung, nach vorn in Richtung eines höheren Poles der Humanisation und der Personalisation ausschauen.

Christus nimmt hic et nunc für uns der Position und der Funktion nach den Ort des Punktes Omega ein.

Welche theoretischen und praktischen Konsequenzen hat diese Gleichsetzung für unseren Verstand und unser Herz?

Der Christus-Evolutor

Trotz der wiederholten Aussagen des heiligen Paulus und der griechischen Väter ist das universelle Vermögen Christi über die Schöpfung bisher von den Theologen vor allem unter einem äußerlichen und juridischen Aspekt gesehen worden. »Jesus ist der König der Welt, weil der Vater ihn dazu *erklärt* hat. Er ist der Herr von allem, weil alles ihm gegeben wurde.« Die Lehrer in Israel gingen nicht sehr viel weiter in ihren Erklärungen des Dogmas. Sie wollten nichts riskieren. Ausgenommen die geheimnisvolle »heiligmachende Gnade«, ließ man die organische Seite und folglich die physischen Voraussetzungen oder Bedingungen der Inkarnation im Dunklen – und zwar um so bereitwilliger, als die jüngsten und erschreckenden Ausweitungen des Universums (an Volumen, an Dauer und an Zahl) um uns herum eine physische Kontrolle der kosmischen Totalität durch die Person Christus endgültig unvorstellbar zu machen schienen.

Alle diese Unwahrscheinlichkeiten verschwinden, und die kühnsten Aussagen des heiligen Paulus gewinnen ohne Schwierigkeiten einen wörtlichen Sinn, sobald die Welt sich ihrer bewußten Seite nach als an einem Konvergenzpunkt Omega aufgehängt erweist und Christus Kraft seiner Inkarnation gerade eben mit den Funktionen Omegas ausgestattet erscheint.

Wenn nämlich Christus am Himmel unseres Universums die Position Omegas innehat (was möglich ist, da Omega seiner Struktur nach super-personaler Natur ist), werden eine ganze Reihe von bemerkenswerten Eigenschaften Teil der Ausstattung seiner wiederauferstandenen Menschheit.

Physisch und buchstäblich ist er zunächst *der, der erfüllt:* kein Element in keinem Augenblick der Welt hat sich je bewegt, bewegt sich und wird sich jemals bewegen außerhalb seines lenkenden Einstromes *(influx)*. Der Raum und die Dauer sind voll von ihm.

Physisch und buchstäblich ist er weiter *der, der vollendet*: Die Fülle der Welt wird erst in der endgültigen Synthese zu Ende gebracht, in der ein höchstes Bewußtsein über der höchst organisierten totalen Komplexität erscheinen wird – und da er, Christus, das organische Prinzip dieser Harmonisation ist, wird das ganze Universum ipso facto von seinem Charakter geprägt, durch seine Entscheidung gezeichnet, durch seine Gestalt beseelt.

Physisch und buchstäblich *gibt* er schließlich, da in ihm alle Linien der Welt konvergieren und sich miteinander verknüpfen, dem ganzen Gebäude aus Materie und Geist *seine Konsistenz*. Und folglich vollendet sich und kulminiert in ihm, *»dem Haupt der Schöpfung«*, in universellen Dimensionen und übernatürlichen Tiefen und doch in Harmonie mit der ganzen Vergangenheit der grundlegende kosmische Prozeß der Kephalisation.

Wirklich, ist es übertrieben, vom Super-Christus zu sprechen, um dieses »Übermaß« an Größe zu kennzeichnen, das in unserem Bewußtsein die Person Jesu korrelativ zu dem Erwachen unseres Denkens zu den Super-Dimensionen der Welt und der Menschheit gewonnen hat?

Kein anderer Christus, ich sage das noch einmal. Vielmehr derselbe Christus. Immer noch und für immer; und um so mehr derselbe, als wir gerade um der Wahrung seiner wesentlichen Eigenschaft willen, *der Welt koextensiv zu sein*, dahin gelangen, ihn dieses wunderbare Größerwerden erfahren zu lassen.

Christus-Omega. Also Christus Beseeler und Sammler

aller biologischen und geistigen Energien, die das Universum erarbeitet hat. Also schließlich Christus-Evolutor.

Das ist die ausschließlich und ins Allgemeine erhobene Gestalt, unter der der Christus-Erlöser und Heiland sich von nun an unserer Anbetung anbietet.

II. Der Christus-Universalis

Unter Christus-Universalis verstehe ich Christus als das organische Zentrum des ganzen Universums:

– als *organisches Zentrum*, das heißt als das Zentrum, an dem letzten Endes physisch die ganze, selbst die natürliche Entwicklung hängt;

– *des ganzen Universums*, das heißt nicht nur der Erde und der Menschheit, sondern des Sirius, der Andromeda, der Engel, aller Wirklichkeiten, von denen wir nah oder fern physisch abhängen (das heißt wahrscheinlich allen teilhabenden Seins);

– und noch einmal *des ganzen Universums*, das heißt nicht nur des sittlichen und religiösen Bemühens, sondern gleichfalls von all dem, was dieses Bemühen voraussetzt, nämlich von jeglichem Wachsen des Leibes und des Geistes.

Dieser Christus-Universalis ist der, den die Evangelien und insbesondere der heilige Paulus und der heilige Johannes uns darstellen. Der, aus dem die großen Mystiker gelebt haben. Nicht immer der, mit dem sich die Theologie am meisten befaßt hat.

Dieser Aufsatz setzt sich zum Ziel, meinen Freunden, die in der heiligen Wissenschaft erfahrener sind und an günstigerem Ort stehen als ich, um auf den Geist der Menschen einzuwirken, wieder die für uns heute so aktuelle vitale Notwendigkeit vor Augen zu führen, den so katholischen Begriff des Christus Alpha und Omega darzulegen.

A. Zuallererst scheint mir, wie ich bereits an anderer Stelle dargelegt habe, die derzeitige Geschichte des religiösen Gefühls bei den Menschen, *wer auch immer sie seien*, beherrscht zu sein von einer Art sich im menschlichen Bewußtsein vollziehenden Offenbarung von dem einen und großen Universum. Angesichts der konkreten Unermeßlichkeit, die sich so unserer Generation enthüllt, wenden sich die einen (die Ungläubigen) a priori von Christus ab, weil man ihn ihnen häufig in einer Gestalt zeigt, die offensichtlich geringer ist als die Welt. Die anderen (viele Gläubige), die besser unterrichtet sind, fühlen sich um nichts weniger im Innern ihrer selbst in einen Kampf auf Leben und Tod verwickelt. *Wer wird* in ihren Augen *der Größere* und also anbetungswürdig *sein*? Christus oder das Universum? Dieses wächst unaufhörlich, unermeßlich. Es ist absolut notwendig, daß jener offiziell, explizit, seinen Ort über allem Maß findet. Damit die einen beginnen, damit die anderen fortfahren zu glauben, müssen wir vor den Menschen die Gestalt des Christus-Universalis aufrichten.

B. Dieses Bedürfnis nach dem Christus-Universalis könnte einigen ungerechtfertigt, künstlich, subjektiv erscheinen. Sie ihrerseits fühlen nicht so.

Denen werde ich unverhohlen antworten: Um so schlimmer für euch.

Doch ich kann hinzufügen: Unabhängig von allem subjektiven Streben zwingt sich der Christus-Universalis selbst euch auf. Er ist nämlich die einzige Wirklichkeit, die heute das Dogma *in se* ins Gleichgewicht bringen könnte. Wir haben schon (seit immer und glücklicherweise) von Christus die Attribute des universellen Mittlertums vielfältig ausgesagt: »*Omnia in ipso, per ipsum* . . .« (»*Alles in Imm, durch Ihn*«, *Kol I,16*). Hat man je bemerkt, daß diese Attribute für unsere klassische Philosophie und Theologie eigentümlich schwer zu ertragen sind, um so schwerer, je unermeßlicher sich das Universum in seinen Determinismen, seiner Vergangenheit und seiner Ausdehnung erweist? Ein gewisser kleiner Schul-Christus zerbirst unter dem andauernden Zustrom an Sein, den die Wissenschaft hervorsprudeln läßt; umgekehrt enthüllt sich der große Christus der Tradition und der Mystik, und er zwingt sich auf. Zu ihm müssen wir gehen.

C. Den Christus-Universalis studieren heißt also nicht nur der (ungläubigen oder gläubigen) Welt eine anziehendere Gestalt zeigen. Es heißt die Theologie (Dogmatik, Mystik, Moral) einem notwendigen Neuguß unterwerfen. Dieser Neuguß aber wird sich *automatisch*, vital, sanft, *exercite* (unablässig), allein auf Grund der Tatsache vollziehen, daß das christliche Denken sich bemüht, die Züge des Christus-Universalis herauszuarbeiten, so wie es ihn immer angebetet hat, allerdings ohne noch ausdrücklich genug zu begreifen, welcher unermeßliche Wert diesem Attribut zukommt. Denn wirklich:

1. *Damit Christus wahrhaft universell sei*, müssen die Erlösung und folglich der Sündenfall sich auf das ganze Universum erstrecken. Die Erbsünde gewinnt damit eine *kosmische Natur*, die die Tradition ihr immer zuerkannt hat, die uns aber angesichts der neuen Dimensionen, die das Universum für unser Erkennen hat, dazu verpflichtet, die historische Darstellung und die (allzu rein juridische) Übertragungsweise, die wir ihr gewöhnlich zuschreiben, tiefgreifend zu reformieren.

2. Damit das Universum als Ganzes von einem in einigen Seelen eingetretenen Unglück betroffen werden konnte, mußte seine *Kohäsion, »in unitate materiae et in unitate spiritus«* (in der Einheit der Materie und des Geistes), unendlich viel größer sein, als wir im allgemeinen zugeben. *Um den dogmatischen Gegebenenheiten zu genügen*, kann die Welt kein Agglomerat aneinander gereihter Dinge mehr sein: man muß sie als ein großes, zusammenhängen-

des und organisch evolviertes Ganzes anerkennen. – Damit muß die ganze Metaphysik des Einen und des Vielen von den Theoretikern des Christentums erneut aufgegriffen werden, wenn wir wollen, daß unsere Philosophie auf der Höhe der Erfordernisse unserer Theologie sei.

3. Wenn Christus universal ist (das heißt sich nach und nach im Ausgang von aller Kreatur vollendet), so folgt daraus, daß sein Reich den Bereich des übernatürlichen Lebens im strengen Sinne des Wortes wesentlich überschreitet. Nicht nur durch eine (zusätzlich hinzugefügte) Verdoppelung der Absicht, der Treue, des Gehorsams, sondern eigentlich durch *das Materielle* seiner Werke kann das menschliche Tun sich auf Christus beziehen, zu der Vollendung Christi beitragen. Aller Fortschritt, sei es im organischen Leben, sei es im sozialen Bewußtsein, ist also bis in seinen Gegenstand hinein christianisierbar (weil jeder Fortschritt, *in se*, sich organisch in den Geist integriert, der seinerseits in Christus gehalten ist). Diese sehr einfache Schau läßt die unheilvolle Wand zusammenfallen, die *trotz allem* in unseren gegenwärtigen Theorien zwischen christlichem Bemühen und menschlichem Bemühen *fortbesteht*. Da das menschliche Bemühen *in opere* vergöttlichbar wird (und nicht nur *in operatione*), wird die Welt für den Christen restlos göttlich (in opere: im Werk; in operatione: im Wirken). – Die ganze Askese und die ganze Mystik werden so erneuert.

4. Damit schließlich all diese Arbeit der Vollendung Christi einen Sinn hat, die Mühe lohne, die sie Gott gekostet hat, muß das geheimnisvolle *Gefüge*, das von Christus und dem Universum (von dem auf Christus zentrierten Universum) gebildet wird, einen spezifischen, außergewöhnlichen Wert haben. Die Anbetung des Christus-Universalis wird das christliche Denken auf diese so gewichtige, häufig so leichthin übergangene Frage nach dem Wert der Seelen *in se*, das heißt nach dem Wert der Welt,

das heißt letzten Endes nach dem Weshalb der Schöpfung lenken. Es dürfte in einer Epoche, da das menschliche Denken bestrebt ist, den Kosmos als ein Ganzes *per se* zu erkennen, an der Zeit sein, ein wenig über die Beziehungen nachzudenken, die dieses Ganze und Gott vereinen. Das ist schnell gesagt: Schöpfung aus Liebe, äußere Herrlichkeit. Ist nicht noch etwas anderes in der Offenbarung niedergelegt?

Die Frage des Christus-Universalis angehen heißt letzten Endes, das sieht man, die Reflexion, das Gebet, den Fortschritt auf das natürliche Zentrum jedes christlichen Denkens, auf den Kernpunkt des Lebens der gegenwärtigen Kirche lenken. Wenn man, nachdem man das begriffen hat, die Entwicklungen vergleicht, die zum Beispiel das »κεχαειτωμενη« (kecharitoméne: voll der Gnaden) des englischen Grußes sowie die Theorie des Christus Universalis, wie sie der heilige Paulus über ganze Kapitel hinweg darlegt, durch die Tradition erfahren haben, dann ist man betroffen und staunt: dort ist aus einer kleinen seitlichen Knospe ein breit ausladender Zweig hervorgegangen: hier hat sich die von Saft geschwellte eigentliche Spitze des christlichen Baumes seit dem ersten Jahrhundert der Kirche fast nicht verändert.

Wie soll man einen derartig tiefgreifenden Unterschied erklären?

Ich antworte: eben zunächst auf Grund des Spiels der Entwicklung des menschlichen Denkens. Um leidenschaftlich Unsere Liebe Frau zu lieben, brauchten die Christen nur in vermehrtem Maße feinfühlig, empfänglich, menschlich zu werden. Dieses Stadium ist bereits im Mittelalter erreicht worden. Um leidenschaftlich das große Universum zu lieben und das gebieterische Bedürfnis zu verspüren, Christus mit ihm zu bekleiden, bedurften die Menschen eines fortgesetzten Bemühens der Beobachtung, des Denkens, der Besitzergreifung ihrer selbst. Diese vordringlichen Anliegen einer neuen Größenordnung beginnen heute gerade erst, uns ausdrücklich zu beanspruchen.

Es gibt meines Erachtens einen anderen, weniger tiefen, aber unmittelbaren Grund für die Immobilität, in der sich seit dem heiligen Paulus der Begriff des Christus-Universalis fixiert hat: nämlich der Mißbrauch, der in der Philosophie mit den logischen, moralischen, juridischen Relationen getrieben wurde. Es ist einfacher, sicherer (tutius), ökonomischer (der Herr hat uns dazu das Beispiel gegeben), die Beziehungen zwischen Gott und den Menschen in Gestalt familiärer oder sozialer Beziehungen auszusagen. Diese Analogien sind wahr, weil die Vereinigung in Christus sich zwischen Personen vollzieht. Doch sie sind unvollständig. Um die Wahrheit zu erfassen, müssen wir sie durch Analogien berichtigen, die den eigentlich *natürlichen, physischen* Wirklichkeiten entnommen sind. Die göttliche Freundschaft, die göttliche Adoption sind Aussagen, die eine nicht aufhebbare organische Anpassung, Transformation, Neugestaltung des Universums mitbeinhalten. Ein freier Wille Gottes ist eine besondere Anpassung aller Determinismen des Kosmos. Solange man in dem oberflächlichen Bereich der juridischen und moralischen Beziehungen bleibt, ist es für die kindliche Philosophie gewisser Theologen nicht sehr schwierig, das universelle Königtum Christi zu erklären. – Sobald man sich dagegen auf den Standpunkt des »Organischen« stellt, erweist sich die zentrale Würde Christi als eine gewaltige, alles aufsaugende Wirklichkeit – die allen Glauben, alle Übung und das ganze System in seinem Dienst um- und neugestaltet.

Ich glaube, weil ihr Denken nicht genügend von diesem Prinzip des *Primats des Organischen über das Juridische* beherrscht war, konnten die Theologen so lange unempfänglich für das grundlegende Geheimnis des Christus-Universalis bleiben.

Heute übernimmt es das menschliche und christliche »Volks«-Bewußtsein, den Meistern in Israel in Erinnerung zu rufen, daß wir nie und nimmer das Recht haben werden, uns endgültig mit verschränkten Armen in einer Doktrin einzurichten, so bequem sie auch sein mag. »Wir wollen das Eine, das Organische, weil Christus so in der Tiefe unseres Herzens erscheint.« Viele sprechen so in jüngster Zeit.

Sollte nicht für den noch ruhenden Haupttrieb des Baumes der Augenblick gekommen sein, sein Wachstum wieder aufzunehmen? Hebt nicht, ohne daß wir übertrieben, ein neuer Zyklus für die Kirche an, ein wunderbarer, dem gegenwärtigen Zeitalter der Menschheit angepaßter Zyklus: der Zyklus des durch das Universum hindurch angebeteten Christus?

Auf das jene, die glauben, den Meister kommen zu hören, wachen, daß *Verlangen* sie erfülle und daß sie arbeiten.

Josef Sudbrack

Jesus, mystisch gesehen

Noch stärker profilieren sich die Züge der christlichen Mystik mit dem Blick auf Jesus selbst. Vor etwa einem halben Jahrhundert wurde in der katholischen Theologie eifrig über das »Selbstbewußtsein« Jesu, über seine »Psychologie« diskutiert. Im interreligiösen Gespräch von heute bekommt diese Frage einen neuen Ton: Kann und darf man Jesus und seine Gotteserfahrung – in profan-geschichtlicher Annäherung oder auch in der Glaubensüberzeugung – mit den großen spirituellen Gestalten der Religionsgeschichte vergleichen: mit Buddha, mit Laotse, mit Sokrates oder auch mit modernen Mystikern wie Ramakrishna oder Ramana Maharshi? Eine völlige Gleichsetzung endet in der Einebnung der Erlösergestalt Jesu zu einem von vielen menschlichen Vorbildern; sie löst den christlichen Glauben auf und bringt ihn in die Nähe der oben beschriebenen Einheitsmystik. Solches geschieht auch, wenn man seine eigene Erfahrung mit unserer kleinen oder großen Mystik gleichsetzt, wie es etwa in einem modernen Meditationstext[1] geschieht:

1 W. Jäger, Gebet des Schweigens. Eine Schule der Kontemplation nach der »Wolke des Nichtwissen«, Salzburg 1984, 30.32; größtenteils wörtlich übernommen in: Kontemplatives Beten, Münsterschwarzach 1985. 44.48, und in: Jesus Christus in der Kontemplation, in: Meditation 11 (1985), 123ff.; vgl. z.B. Ramakrishna (Anm. I, 1) 271f.: »Auch Jesus weinte wie ein gewöhnlicher Mensch über das Leiden seiner Verehrer ... Ihr verlangt nicht von euren Anhängern, daß sie fasten oder Askese üben ... Christus meinte, daß die Jünger fröhlich sein sollten, solange die Inkarnation Gottes unter ihnen weilt.«

»Im Menschen soll stattfinden, was in Jesus Christus stattgefunden hat ... Jeder ist mit der gleichen Aufgabe wie er konfrontiert ... Es geht um die Freilegung des Göttlichen in uns, so wie es in Jesus Christus offenbar war ... Das Göttliche schläft in jedem Menschen wie in einem Samenkorn. So wie es sich im Menschen Jesus Christus entfaltet hat, soll es auch in jedem Menschen erwachen und sich entfalten. Jesus Christus war ganz transparent. Gott leuchtet durch ihn hindurch, er leuchtet in ihm auf. Das gleiche hat auch in uns zu geschehen.«

Die Einmaligkeit Gottes, die seine Transzendenz über die Welt hinaus ausmacht und die – nach christlichem Glauben – in der Einmaligkeit Jesu Christi sichtbar und wirksam wurde, wird damit in ein allgemeines Göttlichkeits-Bewußtsein aufgelöst. Damit aber wird auch das göttliche Ja zur materiellen Welt, das der christliche Glaube an Jesus Christus abliest, abgewertet zu einem Unendlichkeitsbewußtsein, das jedem Menschen offensteht. Der Einzelmensch, der durch seinen Bruder Jesus in seiner einmaligen Absolutheit bestätigt wird, gerät in Gefahr, nur noch als Wellenschlag dieses alleinigen Unendlichkeitsbewußtseins aufgefaßt zu werden.

Natürlich bleibt es berechtigt, das Bewußtsein Jesu Christi mit unserem menschlichen Bewußtsein zu vergleichen. Doch noch abgesehen vom christlichen Glaubensbewußtsein ist schon historisch-philologisch die Jesus-Gestalt in ihrem psychologischen Eigenprofil so stark von der Glaubenserfahrung der ersten Jünger überdeckt, daß eine objektivistische Psychologie kaum zu einem eindeutigen Ergebnis kommen wird. Eine wertende Auseinandersetzung darüber wird sich entscheiden müssen zwischen einer Annahme des ganzen neutestamentlichen Zeugnisses – und darin steckt schon viel »Glaube« – oder einer Ablehnung jeder Begegnung mit dieser Jesus-Gestalt.

1 Ramakrishna: »Findest du noch weitere Ähnlichkeiten zwischen mir und Christus? ... Nun, wenn Gott sich wieder inkarniert hat, ist es eine bruchstückhafte, teilweise oder vollständige Manifestation Gottes? Einige sagen, es sei eine vollständige Manifestation. «(und öfters in diesen Gesprächen).

Ein Zug in der Psychologie Jesu aber kann mit einiger historischer Gewißheit, ohne schon von vornherein den Glaubenscharakter in Anspruch zu nehmen, herausgestellt werden; durch ihn wird die bisherige Akzentuierung der christologischen Prägung christlicher Mystik noch verstärkt. In der vorzustellenden Eindeutigkeit ist er zwar letztlich nur im Glauben zu realisieren; doch alles wissenschaftliche Erhebbare legt ihn nahe.

I. Sterben in Gottesfinsternis

Während einer Akademietagung kam es zwischen einem christlich geprägten Vertreter des sogenannten Frankfurter Kreises und mir zu einem unschönen Streitgespräch. Ich zeigte, daß alle biblischen Quellen darauf hinweisen, daß Jesus in die völlige Dunkelheit vor Gott hineingestorben sei; daß sein Kreuzestod nicht nur eine körperliche Marter, sondern auch – aus Jesu menschlicher Psychologie heraus beurteilt – das Bewußtsein des totalen Scheiterns seines Auftrages und somit eine totale seelische Dunkelheit gewesen sein muß. Hier noch irgendwelche geheime »Erleuchtungsmomente« einzuschmuggeln, was mein Gesprächspartner versuchte, widerspricht sowohl dem historischen Befund wie der Glaubensüberlieferung. Die völlige Dunkelheit auf der Erfahrungsebene aber – so führte ich die Ausdeutung des Glaubens weiter aus – sei nur durch das bleibende Vertrauen in die noch größere Güte und Weisheit des göttlichen Vaters getragen worden. Das unergründliche Auseinanderklaffen zwischen dem empirisch erlebten, völligen Scheitern und dem dennoch bleibenden Verankertsein im jenseitigen Gott mache die übermenschliche Größe des Sterbens Jesu aus und dürfe als Ahnung des – nur im Glauben zu realisierenden – gottmenschlichen Geheimnisses Jesu gewertet werden.

Diese Kreuz-Erfahrung aber steht im deutlichen Gegensatz zum Sterben anderer Mystiker oder großer Erleuchteter. Der Vermittler des Zen-Buddhismus in die christliche Welt, D.T. Suzuki[2], findet genau hier den Unterschied des (Zen-) Buddhismus, nach dem Buddha in der Erleuchtung sanft auf die andere Seite der Wirklichkeit hinüber»schläft«, zum Christentum, nach dem Jesu aufrecht am Kreuze und schreiend in den Tod hineingezwungen wird.

Selbst der sufitische Märtyrer-Mystiker Al-Halladsch[3] stirbt trotz äußerlicher Qualen in mystischer Verzückung hin zu seinem letzten Ziel. Von vielen christlichen Märtyrern[4], wie die Akten der Perpetua und Felezitas oder die der Lyoner Martyrer zeigen, wird Ähnliches erzählt.

Und genau dieses trifft für Jesus nicht zu. Er starb nicht als »Erleuchteter«, sondern als zu Tode gequälter, gescheiterter Prediger. Mein damaliger Gesprächspartner wehrte sich erbittert gegen dieses kaum abzulehnende Verständnis des Kreuzes. Er meinte: Jesus müsse als Erleuchteter gestorben sein – anders würde der Glaube der Christen zerstört.

In der heutigen Diskussion ist es besonders Eugen Drewermann[5], der auf dem total dunklen Tod Jesu sein psychologisches und dogmatisches Verständnis von ihm aufbaut. Die Befreiungstheologie oder auch deutsche Theologen wie Hans Urs von Balthasar[6] und Jürgen Moltmann zeigen, wie fruchtbar dieser historisch belegte sowie im Glauben bestärkte Zugang zu Jesus ist: daß er nämlich in die Finsternis Gottes hineingestorben sei.

2 Der westliche und der östliche Weg (oftmals aufgelegt, hier:), Reinbek b. Hamburg 1971, 121–129.

3 Vgl. A. Schimmel, Al-Halladsch, »O Leute, rettet mich vor Gott«. Worte verzehrender Gottessehnsucht, Freiburg 1985.

4 Dazu aufschlußreich: *E. Pagels,* Adam, Eva und die Schlange. Die Theologie der Sünde, Reinbek b. Hamburg 1991.

5 Besonders in: Bilder von Erlösung. Das Markus-Evangelium I u. II, Erstauflage Olten 1987/1988.

6 Theologie der drei Tage, Einsiedeln 1969.

Von Paulus über Luther bis zu Karl Rahner ist dieses historisch-theologische Faktum des Sterbens Jesu das Paradigma christlicher Glaubensreflexion geworden. Wer sich auch nur oberflächlich mit Volksfrömmigkeit und gelebtem christlichen Glauben beschäftigt, wird wissen, wie tröstlich gerade diese Glaubenstatsache des furchtbaren Sterbens Jesu für die Bewältigung vieler Lebenssituationen geworden ist. Man darf auch an die eigene Erfahrung erinnern, um zu verstehen, daß nicht ein in Erleuchtung sterbender Jesu, sondern nur dieser aus der eigenen Hilflosigkeit zum Vater schreiende Jesus »mein« Begleiter in den schweren Situationen des Lebens sein kann.

II. Nacht und Kreuz in der Mystik

Diese in einer Kreuzestheologie gipfelnde Christologie gibt nun auch der christlichen Mystik ein unverwechselbares Eigengepräge. Kreuzesmystik, Herz-Jesu-Verehrung usw. sind konkrete Vollzüge einer entsprechenden Frömmigkeit. Ein Vergleich der Nacht-Mystik des Johannes vom Kreuz mit ähnlichen Anweisungen des Leer-Werdens, des Alles-Ablegens usw. im hinduistisch-buddhistischen Kontext, entdeckt genau hier den fundamentalen Unterschied: Johannes vom Kreuz geht in die Dunkelheit hinein oder läßt sich hineinziehen, weil er dort Jesus begegnet und nachfolgt; weil er (auch) dort das Letzte, die Liebe, den Höhepunkt der Erfahrung findet. Dieser kann nun nicht mehr als Glück oder Bewußtseinserweiterung umschrieben werden, sondern nur noch den Namen »Liebe« tragen, die auch ohne solche Glücks*erfahrung* bestehen kann. Ähnlich klingende Hinweise auf die Nacht der Erfahrung in anderen, z.B. den fernöstlichen Traditionen scheinen dagegen doch (nur) Reinigungswege für das letzte Ziel zu sein. Sie wollen dem Übenden helfen, über die Zerstreutheit des

Materiellen hinweg zur vollen Sammlung und zum letzten Selbstwerden zu gelangen. Wer das »Materielle« aber in seiner Endlichkeit ganz und gar ernst nimmt, auch in seinem Leid und im konkreten Sterben, wird an dieser Endlichkeit auch leiden müssen, wie es Suzuki als typisch christlich und dem Buddhismus entgegenstehend bezeichnet. Der Zen-Buddhismus sah tiefer als seine christlichen Nachbeter. Hier liegt auch der Grund für das, was P. Lassalle[7] aufgrund seiner konkreten Begegnung mit dem Zen erfuhr und folgendermaßen zusammenfaßt:

»Wir dürfen daher annehmen, daß bei den christlichen Mystikern wie etwa Johannes vom Kreuz ... eine Reinigung des Geistes erfolgte, die normalerweise im Zen nicht geschieht: eine passive Reinigung, die ausschließlich durch die Gnade geschieht.«

7 Köln 1966; die gleiche Stelle lautet in der Ausgabe von 1986 (Aurum-Verlag): »Auch im Zen gibt es eine passende Reinigung des Geistes, die sehr lange dauern kann. Nur wird man das nicht so ausdrücken, wie es Johannes vom Kreuz tut.« Diese Korrektur beruht auf einem frühen Hinweis meinerseits, daß P. Lassalle hier mit vielen andern sehr genau das spezifisch Christliche herausstellt.

8 R. Ropers hat auf einen Artikel von mir (in: Materialdienst der EZW 11/90, 313–316: »Er öffnete ein Tor. Zum Tod von P. Hugo M. Enomiya-Lassalle SJ [1898–1990]«) mit wüsten (»welt-weit verschickten!«) Beschimpfungen und unwahren Behauptungen reagiert; als die erste: »Ich hätte P. Lassalle das Christentum abgesprochen« sich als unwahr (Lüge? Irrtum?) erwies, warf er mir vor, daß ich nicht die letzte Auflage des Standardwerkes Lassalles zitierte. Aber er hatte schon zugegeben, daß die »3. Auflage ... sehr sorgfältig überarbeitet« worden sei (Brief vom 3.12.1990), ohne auf die Verkehrung von Sätzen ins Gegenteil einzugehen. Die Grundaussagen meines Gedenkartikels übersah er geflissentlich: a) P. Lassalle ist als Persönlichkeit »menschlich und christlich unantastbar«, b) »Seine Erfahrung, daß die Methode der Zen-Meditation einen Weg in die christliche Meditation bahnen kann, läßt sich vielfach belegen und ist wohl unbestreitbar.« c) In diese für das heutige Christsein wichtige Welt »öffnete (er) ein Tor«. Ich weiß nicht, ob mein Versuch, darüber – wie die Blinden über ihren Elefanten – ins Gespräch zu kommen, oder einfachhin finanzielle Interessen Grund dieses Pamphlets sind. Zum Dialog über Erfahrung aber sollte man T.W. Adornos Wort (Negative Dialektik, Frankfurt 1966, 39) beherzigen: »Überließe Erfahrung allein sich ihrer Dynamik und ihrem Glück, so wäre kein Halten. Theorie und geistige Erfahrung bedürfen ihrer Wechselwirkung.«

Die Korrektur dieses Satzes in der dritten, esoterisch verlegten Auflage zum Gegenteil wurde wohl von fremder Hand angebracht, wie Äußerungen aus dem Freundeskreis P. Lasalles bestätigen.[8]

Der Stellenwert, den »Nacht und Kreuz« in der christlichen Mystik vom Karfreitag Jesu Christi her haben, macht zwei weitere Züge der christlichen Mystik, die sich an Jesus mißt und ihn als Fokus der Erfahrung hat, sichtbar.

III. Gottes Transzendenz und Jesu Kenosis zur Welt

Zum einen wird damit die absolute Transzendenz Gottes noch stärker hervorgehoben. Gott steht so sehr jenseits unserer Weltwirklichkeit, daß in der Begegnung mit ihm die »Erfahrung von ihm« nochmals überstiegen Mystik wird. Denn auch Dunkelheit, also Nichterfahrung, kann vollgültige Gotteserfahrung[9] sein. Für jede Gottes-Mystik gilt: Nur dann meint sie wirklich Gott, wenn sie in ihrer Erfahrung zugleich weiß, daß Gott alle Erfahrungen übersteigt, transzendiert.

Dieser Überstieg kann zur schmerzvollen Erfahrung werden, wie es sich als Nacht und Kreuz in der konkreten christlichen oftmals niedergeschlagen hat. Auch Tod und Sterben können zum Zeichen und zur erlebten Erfahrung dieser Transzendenz werden. Daher findet sich im Christentum manche mystische Nacht – wie z.B. bei Thérèse von Lisieux[10], die bis in den Todeskampf hineinreicht. Jesu Ende selbst ist das einzigartige Zeugnis einer Gottesfinsternis bis in den letzten Zug des Lebens hinein. Der christliche

9 So kann die Imitatio Christi (IV, 8, 4) schreiben: »Ich suche nicht deine Gabe, ich suche dich!«

10 Man muß dazu ihre Gespräche mit ihren Mitschwestern in die Hand nehmen.

Mystiker aber kann sich in seiner Nachterfahrung an eben diesen Jesus halten. Das ist der Grund der christlichen Kreuzes- und Leidensmystik.

Jesu Sterben bezeugt noch ein weiteres: Gott hat auch diese leidvollste Situation des Menschen in sein ewiges Sein hineingenommen. Die Gefahr des neuplatonischen und anderen Denkens, irdisches Leben wegen Tod und Leid auf eine mindere Seinsebene hinab zu verbannen und Gott in eine unberührbare Ewigkeit emporzuheben, hat Gott selbst überwunden, als er durch Jesus Christus in den tiefsten Abgrund dieses Lebens, in das dunkle Sterben hinein abgestiegen ist. Die Aufwertung unseres von der Materie abhängigen und daher hinfälligen Daseins ist so in endgültiger Weise geschehen. Paulus übersetzt diese Wahrheit in eine theologische Terminologie, wenn er das historische Faktum des Sterbens Jesu in seiner Theologie der Rechtfertigung durch das Kreuz Jesu deutet.

Dieses »Kenosis« (Entleerung) Gottes ist der entscheidende Punkt im Gespräch mit den fernöstlichen Religionen.[11] Nirgendwo wird dieser kritische Punkt deutlicher als gerade im Gespräch um die mystische Erfahrung. Die Nichtigkeit, die im Buddhismus eine zentrale Stelle einnimmt, bekommt im Christentum den personalen, existentiellen Akzent der Kenosis des lebendigen Gottes.

In der Armutstheologie der südamerikanischen Befreiungstheologie wird gerade dieser Weg Gottes in die Nichtigkeit des grausamen Todes zum befreienden Aufruf gegen jede Unterdrückung. Auch Teilhard de Chardin hat in seinem evolutiven Optimismus immer neu um die Rolle des Kreuzes, des Scheiterns, des Leidens, der Gottesfinsternis gerungen. Im Scheitern seines eigenen Lebens – erst nach seinem Tod trat sein Werk den Siegeszug an – wurde es zur existentiellen Erfahrung. Ob ihm die theoretische

11 Das ist der Kern des Gesprächsansatzes von H. Waldenfels

Darstellung dieses theologisch-philosophischen Geheimnisses ganz gelungen ist, darf man bezweifeln. Doch wer überhaupt kann »theoretisch« verstehen, daß das Leid unserer Existenz, unsere physische und metaphysische Begrenztheit mit dem Kreuz Jesu Christi Gott selbst durchs Herz gegangen ist und daß dieses Kreuz den Fokus des christlichen Glaubens ausmacht? Aber auch Teilhard de Chardin[12] schrieb:

»Christus ist gehorsam geworden bis zum Tod am Kreuz. Offensichtlich liegt hier der genaue und tiefe Sinn des Kreuzes: Gehorsam, Unterwerfung dem Gesetz des Lebens gegenüber. Geduldig arbeiten bis zum Tode – und alles voller Liebe hinnehmen, auch den Tod: das ist das Wesen des Christentums.

Schließlich bedeutet das Christentum unserem Durst nach Glück, gerade durch den Kreuzestod dieses anbetungswürdigen Wesens, daß das Ziel der Schöpfung nicht in den zeitlichen Bezirken der sichtbaren Welt zu suchen ist; die von unserer Treue erwartete Anstrengung wird sich erst vollenden, wenn wir selbst und alles, was uns umgibt, vollständig umgestaltet sind.«

Dieser Zug der Hoffnung auf ein Ostern über alle Erfahrungen hinaus – über die positiven, beglückenden, wie über die leidvollen, harten – gibt einer an Jesus orientierten Mystik ihr volles christliches Gepräge. Niemals wird die christliche Mystik in diesem Leben eine Erfahrung erreichen, in der die Erwartung Gottes ganz und gar in die Gegenwart hinein aufgehoben ist – so wie ein amerikanischer Zen-Autor[13] die Drohung der Hölle zur Gegenwartserfahrung der Mystik umfunktioniert: »Abandon hope« heißt sein Buch in Erinnerung an die Höllenaufschrift bei Dante: »Ihr, die ihr hier eintretet, laßt alle Hoffnung

12 Teilhard de Chardin-Lexikon, Stichwort »Kreuz«.
13 Justin F. Stone, YOU - as Buddha as God as You. The way of Fulfillment, Albuquerque 1974.

fahren.« Aber bei Stone ist das alles positiv gemeint: Man braucht keine Hoffnung, weil alles schon da ist in der Gegenwartserfahrung. Christliche Mystik aber bleibt stets offen auf das »Je-weiter«, »Je-höher«, »Je-näher« zu Gott hin, bleibt offen auf die eschatologische Endgültigkeit Gottes.

Das ist keine Verbeugung vor einer Dogmatik, die in ihren Denkbewegungen erstarrt ist. Es ist wesentlich für eine Erfahrung, die im geschichtlichen Kommen Gottes gründet. Es ist eine Erfahrung, die sich in der christlichen Mystik tausendfach belegen läßt.

CARL GUSTAV JUNG

Jesus, archetypisch gesehen

Die Trinität und das innertrinitarische Leben erscheinen als ein in sich geschlossener Kreis eines göttlichen Dramas, an dem der Mensch höchstens als Erleidender Teil hat. Der göttliche Lebensprozeß nimmt Besitz vom Menschen und zwingt ihn während mehrerer Jahrhunderte zu einer leidenschaftlichen geistigen Beschäftigung mit sonderbaren Problemen, die dem Heutigen reichlich abstrus, wenn nicht gar absurd vorkommen. Man begreift vor allem nicht, was die Trinität für uns praktisch, ethisch oder symbolisch bedeuten soll. Selbst Theologen empfinden die Trinitätsspekulation oft als eine mehr oder weniger überflüssige Begriffsspielerei; es gibt solche, die ganz gerne ohne die Gottheit Christi auskämen, und die Rolle des Heiligen Geistes innerhalb und außerhalb der Trinität bedeutet vollends eine Verlegenheit. D.F. Strauß sagt über das »Symbolum Athanasianum«: »Fürwahr, wer das Symbolum Quicumque beschworen hatte, der hatte die Gesetze des menschlichen Denkens abgeschworen.« So kann natürlich nur ein Mensch reden, der nicht mehr unter dem Eindruck der offenbarenden Heiligkeit steht, sondern auf seine eigene geistige Aktivität zurückgefallen ist. Das ist in Bezug auf den Archetypus stets ein unvermeidlicher Rückschritt: die liberale Vermenschlichung Christi geht zurück zur Homoiousie und zum Arianismus, und der moderne Antitrinitarismus hat ein Gottesbild, welches mehr alttestamentlich oder islamisch als christlich ist.

Allerdings, wer mit rationalistischen und intellektualistischen Voraussetzungen, wie ein D. F. Strauß, an dieses Problem herangeht, dem müssen die patristischen Diskussionen und Argumentationen geradezu unsinnig erscheinen. Daß man aber (sogar als Theologe) auf derart inkommensurable Kriterien, wie Vernunft, Logizismus und dergleichen verfallen kann, beweist, daß es allen geistigen Anstrengungen der Konzilien und der scholastischen Theologie nicht gelungen ist, ein den Glauben auch nur unterstützendes Verständnis des Dogmas der Nachwelt zu übermitteln. Es blieb nur die Unterwerfung im Glauben unter Verzicht auf das eigene Verstehenwollen. Wie die Erfahrung zeigt, zieht der Glaube oft den kürzeren und muß einer Kritik weichen, die dem Gegenstand des Glaubens keineswegs angemessen ist. Solche Kritik gebärdet sich nämlich stets aufklärerisch, d.h. sie verbreitet aufs neue jene Dunkelheit, welche die Offenbarung mit ihrem Licht zuvor durchdringen wollte. »Et lux in tenebris lucet, et tenebrae eam non comprehenderunt.« (Joh 1, 5.)

Es kommt dieser Art von Kritik natürlich nicht bei, daß ihr »way of approach« mit ihrem Gegenstande inkommensurabel ist. Sie meint es mit rationalen Fakten zu tun zu haben und übersieht völlig, daß es sich in erster Linie um irrationale psychische Phänomene handelt und stets gehandelt hat. Das zeigt sich schon im unhistorischen Charakter der Evangelien, denen es nur daran gelegen ist, die wunderbare Gestalt Christi nach Maßgabe ihres Darstellungsvermögens möglichst eindrücklich zu machen. Das beweist auch schon der älteste literarische Zeuge, nämlich Paulus, welcher den kritischen Ereignissen zeitlich näher stand als die Apostelschüler. Es ist geradezu enttäuschend zu sehen, wie der reale Jesus von Nazareth bei ihm so gar nicht zu Worte kommt. Er ist schon damals (und nicht erst im Johannesevangelium) völlig von metaphysischen Vorstellungen zugedeckt oder durch solche ersetzt: er ist der Herr der Dämonen, der kosmische Heilbringer, der vermittelnde Gottmensch. Die ganze vorchristliche und »gnostische« Theologie des vorderen Orients (mit einzelnen Wurzeln, die noch viel weiter reichen) rankt sich bereits an ihm empor und verdichtet sich zusehends zu jener dogmatischen Gestalt, die der Historizität überhaupt nicht mehr bedarf. Schon auf sehr früher Stufe also verschwand der wirkliche Mensch Jesus hinter den Emotionen und Projektionen seiner näheren und weiteren Umgebung; er wurde sofort und beinahe restlos an die seelischen »Bereitschaftssysteme«, die ihn umgaben, assimiliert und damit in deren archetypisch geformten Ausdruck umgewandelt. Er wurde zu jener kollektiven Gestalt, welche das zeitgenössische Unbewußte erwartete, und darum fragt man vergeblich, wer und wie er »eigentlich« war. Wäre seine Gestalt nichts als menschlich und historisch getreu, so wäre sie nach aller Wahrscheinlichkeit ebenso unerleuchtend, wie die eines Pythagoras, Sokrates oder Apollonius von Tyana. Er wirkte darum offenbarend, weil und insofern er *ewiger* (und darum unhistorischer) *Gott* war, und er konnte als solcher nur wirken dank dem consensus generalis der unbewußten Erwartung. Hätte niemand dem wundertätigen Rabbi aus Galiläa etwas Besonderes angesehen, so hätte die Finsternis gar nicht gemerkt, daß überhaupt ein Licht geleuchtet hat. Ob er aus eigener Kraft das Licht entzündet hat oder ob er der war, welcher unter der allgemeinen Lichterwartung als Erleidender zusammenbrach, darüber kann bei dem Mangel an zuverlässiger Nachricht nur der Glaube entscheiden. Auf alle Fälle ist der urkundliche Befund in Bezug auf die allgemeine Projektion und Assimilation der Christusgestalt unzweideutig. Die Kooperation des kollektiven Unbewußten ist aufs reichlichste belegt, denn die religionshistorischen Parallelen sind im Überfluß vorhanden. Bei dieser Sachlage muß man sich daher fragen, was wohl im Menschen durch die

»Botschaft« angerührt worden sei und was aus ihm darauf geantwortet habe.

Wenn wir diese psychologische Frage beantworten sollen, so müssen wir einerseits die ganze neutestamentliche Christussymbolik zusammen mit der patristischen Allegorik und der mittelalterlichen Ikonographie, andererseits den Besitzstand der unbewußten Psyche auf ihren Gehalt an Archetypen untersuchen, um herauszufinden, welcher Typus zur Reaktion gebracht worden ist. Die hauptsächlichsten symbolischen Aussagen über Christus sind zunächst die *Attribute des Heldenlebens:* unwahrscheinliche Herkunft, göttlicher Vater, gefährdete Geburt, knappe Rettung, frühe Reifung (Heldenwachstum), Mutter- und Todüberwindung, Wundertaten, tragisches, frühes Ende, symbolisch bedeutsame Todesart, postmortale Wirkung (Erscheinungen, Wunderzeichen etc.). Als Logos, Sohn des Vaters, Rex gloriae, Judex mundi, Redemptor und Salvator ist er selber Gott, eine *allumfassende Ganzheit*, welche ikonographisch, wie die Definition der Gottheit, durch den Kreis, das sogenannte *Mandala* ausgedrückt wird. Ich erwähne nur die traditionelle Darstellung des Rex gloriae im Mandala, begleitet von seiner *Quaternität*, den vier Evangelistensymbolen (inklusive vier Jahreszeiten, vier Winde, vier Ströme etc.). Eine ähnliche Symbolik ist die *Chorbildung* der Heiligen, Engel und Ältesten um Christus (resp. Gott) als Zentrum. Er stellt die *Integration* der Könige und Propheten des alten Bundes dar. Als *Hirt* ist er der Führer und der Mittelpunkt der Herde. Er ist der Weinstock und die ihm anhangen, die Ranken. Sein Leib ist das Brot, das man ißt, und sein Blut der Wein, den man trinkt; er ist auch das corpus mysticum, welches von der Gemeinde gebildet wird. Als menschliche Erscheinung ist er *Heros* und sündenloser Gottmensch, also vollständiger und vollkommener als der natürliche Mensch. Er überragt und umfaßt diesen, der sich zu ihm verhält wie ein Kind zum Erwachsenen oder wie ein Tier (Schaf) zum Menschen.

Mit solchen Aussagen wird mythologisch innerhalb sowohl wie außerhalb der christlichen Sphäre ein Archetypus beschrieben, welcher sich mehr oder weniger durch dieselbe Symbolik ausdrückt und in den individuellen Träumen oder in phantastischen Projektionen (d.h. besonderen Übertragungsformen) auf lebende Menschen (Heldenprojektionen) vorkommt. Der Inhalt solcher Symbolgebilde ist die Vorstellung eine überragenden, umfassenden, vollkommenen oder vollständigen Wesens, welches entweder durch einen Menschen mit heroischen Eigenschaften oder durch ein Tier mit magischen Attributen oder durch ein magisches Gefäß oder eine sonstige »schwer erreichbare Kostbarkeit«, Juwel, Ring, Krone, oder direkt – geometrisch – durch das Mandala dargestellt wird. Die archetypische Vorstellung entspricht einer als unbewußtes Bild vorhandenen Ganzheit des Individuums, d.h. des Selbst, welche aber für das Bewußtsein gänzlich unanschaulich ist, und zwar darum, weil zu ihr nicht nur die bewußte, sondern auch die unbewußte Psyche gehört, welche letztere nicht anschaulich ist.

Dieser Archetypus des Selbst hat in jeder Seele auf die »Botschaft« geantwortet, so daß der konkrete Rabbi Jesus in kürzester Frist vom konstellierten Archetypus assimiliert wurde. So verwirklichte Christus die Idee des Selbst. Da man nun aber empirisch nie unterscheiden kann, was ein Symbol des Selbst und was ein Gottesbild ist, so treten diese beiden Ideen trotz aller Unterscheidungsversuche immer wieder vermischt auf, z.B. das Selbst als Synonym mit dem inneren Christus johanneischer und paulinischer Prägung oder Christus als Gott (»dem Vater wesensgleich«) oder der Atman als individuelles Selbst und zugleich als Wesen des Kosmos oder Tao als individueller Zustand und zugleich als korrektes Verhalten der Weltereignisse. Psychologisch beginnt die »göttliche« Domäne unmittelbar jenseits des Bewußtseins, denn dort schon ist der Mensch der Naturordnung auf Gedeih und Verderb preisgeben. Die ihm von dort entgegentretenden Symbole der Ganzheit benennt er mit Namen, die je nach Zeit und Ort verschieden sind.

Psychologisch ist das Selbst definiert als die psychische Ganzheit des Menschen. Zum *Symbol des Selbst* kann alles werden, von dem der Mensch eine umfassendere Ganzheit voraussetzt als von sich selber. Daher besitzt das Symbol des Selbst keineswegs immer jene Ganzheit, welche die psychologische Definition erfordert, auch die Gestalt Christi nicht, denn dieser fehlt die Nachricht der seelischen Natur, die Finsternis des Geistes und die Sünde. Ohne Integration des Bösen aber gibt es keine Ganzheit, auch kann es nicht »mit Gewalt in die Mischung gezwungen« werden. So könnte man denn Christus als Symbol dem μέσσν (Mittel) der ersten Mischung der Weltseele vergleichen und damit würde er einer Dreiheit angehören, in welcher das Eine und Unteilbare durch Gott-Vater, das Teilbare aber durch den Heiligen Geist, der sich bekanntlich in viele Feuerzungen aufteilt, dargestellt wird. Damit ist aber laut *Timaios* noch keine Wirklichkeit erreicht. Es bedarf daher einer zweiten Mischung.

Das Ziel der psychologischen Entwicklung ist, wie das der biologischen, die *Selbstverwirklichung*, resp. die *Individuation*. Da der Mensch sich nur als ein Ich kennt und das Selbst als Totalität unbeschreibbar und ununterscheidbar von einem Gottesbild ist, so bedeutet die Selbstverwirklichung in religiös-metaphysischer Sprache die *Inkarnation* Gottes. Das ist in der Sohnschaft Christi ausgedrückt. Insofern die Individuation eine heroische oder tragische, d.h. eine schwerste Aufgabe darstellt, bedeutet sie Leiden, eine *Passion des Ich*, d.h. des empirischen, gewöhnlichen, bisherigen Menschen, dem es zustößt, in einen größeren Umfang aufgenommen und seiner sich frei dünkenden Eigenwilligkeit beraubt zu werden. Er leidet sozusagen an der Vergewaltigung durch das Selbst. Demgegenüber bedeutet die analoge Passion Christi das Leiden Gottes an der Ungerechtigkeit der Welt und der Finsternis des Menschen. Das menschliche und das göttliche Leiden bilden zusammen eine Komplementarität mit kompensierendem Effekt: durch das Symbol kann der Mensch die wirkliche Bedeutung seines Leidens erkennen; er ist auf dem Wege zur Verwirklichung seiner Ganzheit, wobei sein Ich infolge der Integration des Unbewußten in das Bewußtsein in den »göttlichen« Bereich tritt. Dort nimmt es Teil am »Leiden Gottes«, dessen Ursache die »Inkarnation«, d.h. eben jener selbe Vorgang ist, der auf der menschlichen Seite als Individuation erscheint. Die menschliche Geburt des göttlichen Heros schon ist von Mord bedroht; er hat keinen Ort, wo er sein Haupt hinlegen könnte, und sein Tod ist von grausamer Tragik. Das Selbst ist nicht bloß ein Begriff oder ein logisches Postulat, sondern eine seelische Wirklichkeit, die nur zu einem Teil bewußt ist, im übrigen aber auch das Leben des Unbewußten umgreift und daher unanschaulich und nur durch Symbole ausdrückbar ist. Das Drama des archetypischen Christuslebens beschreibt in symbolischen Bildern die Ereignisse im bewußten und im bewußtseinstranszendenten Leben des Menschen, der von seinem höheren Schicksal gewandelt wird.

Eugen Drewermann

Jesus, therapeutisch gesehen

I. Ein Glaube, der Kranke heilt, oder: Die Wunder träumender Güte

Eine Menschlichkeit, die heilt, ein Mitleid, das keine Grenzen kennt – das ist nicht nur ein Hauptunterschied zwischen der Gestalt Johannes des Täufers und der Person Jesu, das ist in diesem Unterschied zugleich der beste Zugang zu dem Geheimnis des Jesu von Nazareth. Schon Markus hat das erkannt. Gleich bei der ersten Predigt in der Synagoge zu Kapharnaum läßt er Jesus einen Besessenen heilen, so daß »alle erschauderten ... und überlegten: Was ist das! Eine neue Lehre in Vollmacht! Sogar den unreinen Geistern gebietet er, und sie gehorchen ihm« (Mk 1,27). Für Markus liegt in dieser Heilung ein ganzes Programm, das er in einem quasi mythischen Szenarium zu beschreiben sucht: Die gesamte Welt ist seiner Darstellung nach in der Hand des Bösen, und bis in das Innerste des menschlichen Herzens hinein ist es dem Heerbann der Dämonen gelungen, ihre widergöttliche Schreckensherrschaft aufzurichten; wenn dieser Welt aus Grab und Dunkelheit je wieder etwas von dem Schimmer des Göttlichen zurückgegeben werden soll, so muß Jesus sie förmlich freikämpfen durch das Geheimnis seiner Person und die Strahlkraft seiner Botschaft. Es wird ein Kampf sein auf Leben und Tod, aber gerade der Tod Jesu, die Überwindung der Todesangst durch das Vertrauen, wird den Menschen das Leben zurückschenken ... Es ist nicht schwer, den Erlösungsmythos des Markus psychologisch in die Erfahrung von Angst und Zerrissenheit, Zuversicht und Heilung zurückzuübersetzen.[1] Denn bei aller beginnenden Überhöhung der Gestalt Jesu in Richtung der Titel »Messias« (Mk 8,27–30), »Menschensohn« (Mk 14,62) und »Gottessohn« (Mk 1,11.24; 5,7; 9,7; 15,39) läßt sich im Markusevangelium doch noch sehr deutlich die Art herausspüren, in der Jesus auf Menschen zuging.

Als zum Beispiel in Mk 10,17.18 der reiche Jüngling Jesus anredet mit »Guter Meister«, entgegnet Jesus ihm geradezu schroff: »Was nennst du mich gut? Keiner ist gut denn einer: Gott.« Ausdrücklich will Jesus überhaupt nicht, daß man seine Person auch nur irgendwie verfeierlicht oder zum Himmel hin verflüchtigt[2]; das einzige, was er möchte, besteht in der unnachahmlichen Kunst, sich selber so weit durchscheinend zu machen, daß das Licht des Himmels möglichst schattenlos einen Menschen umspielt, bis daß er aufblüht zu seiner Schönheit und sich aufrichtet zu seinem Maß. Nirgendwo deshalb macht Jesus selbst sich zum Thema; nirgendwo erfahren wir aus seinem Munde irgend etwas aus seinem Werdegang oder von seiner Biographie. Ja, es gibt im Markusevangelium eine Stelle, die »christologisch« zu den erstaunlichsten des ganzen Neuen Testamentes zählt: Als Jesus in Mk 13,32 auf das »Ende« der »Welt« zu sprechen kommt, wagt er es das erste und einzige Mal bei Markus, von sich selbst als dem »Sohn« (Gottes) zu sprechen; es handelt sich um eine deutlich von Markus selbst redigierte und in die Vorlage eingeschobene Antwort auf die Frage, welche »Gewißheit« Menschen denn von dem

1 Vgl. E. Drewermann: Das Markus-Evangelium, I 25–80.
2 Vgl. a.a.O., II 115–128, S. 120–122, Anm. 10–11.

entscheidenden, vermeintlich bald schon bevorstehenden Ereignis des Untergangs der Welt gewinnen können; der Jesus des Markus sagt hierzu: »Von jenem Tag aber oder der Stunde weiß niemand, nicht einmal die Engel im Himmel, nicht einmal der Sohn, nur der Vater.« Da gibt es also eine Stelle im Markusevangelium, an welcher Jesus selber sich als »Sohn« Gottes bezeichnet, aber ganz anders, als es nach den Vorstellungen der christlichen Dogmatik zu erwarten wäre, verbindet sich mit der »Gottessohnschaft« an dieser Stelle gerade nicht die übliche Blütenlese göttlicher Eigenschaften wie Allmacht und Allwissenheit, sondern im Gegenteil: die »Sohnschaft« Jesu besteht offensichtlich darin, selbst im Zusammenbruch der Welt und im Einsturz des Himmels nicht mehr wissen zu wollen, als möglich ist, und sich bedingungslos auch und gerade in dieser Ungewißheit in die Hände Gottes als des »Vaters« zu geben[3]; »Gottessohnschaft« bedeutet hier eine äußere Form vertrauensvoll gelebter Menschlichkeit; sie bietet die Möglichkeit, die eigene Schwäche und Ohnmacht so zu akzeptieren, daß es auch anderen Mut macht, nicht mehr (und nicht weniger) zu sein, als sie selber wirklich sind.

Diese Haltung einer vertrauensvoll gelebten Menschlichkeit stellt für Markus auch den Hintergrund der »Wunder« Jesu dar. Keinesfalls sieht er in dem Mann aus Nazareth einen übermächtigen Alleskönner, vielmehr heilt der Jesus des Markusevangeliums die Kranken einzig durch das Vertrauen, das er in ihnen erzeugt.[4] Er blickt auf zum Himmel, da, wo für den Taubstummen im Gebiet der Zehnstädte an sich keine Aussicht ist (Mk 7,34), er legt seinen Speichel und seine Hände auf die Augen des Blinden, die den Anblick der Welt schon seit langem nicht

3 A.a.O., II, 375–397, S. 395, Anm. 49.
4 Vgl. E. Drewermann: Tiefenpsychologie und Exegese, II, 105–114; 114–125.

mehr vertragen (Mk 8,23), er beruhrt die Haut eines Aussätzigen und spricht bezwingend zu ihm: »Ich will, sei rein!« (Mk 1,41). Allerorten ist es der persönliche Kontakt und die Dichte der persönlichen Nähe, die ein solches Vertrauen auf den jeweils Kranken überträgt, daß darunter die Verformungen der Angst bis ins Physische hinein sich auflösen können. Erstmalig, nicht einmalig wirkt Jesus seine Wunder, und er möchte die Heilungen, die sich im Kontakt mit ihm ereignen, gerade nicht (im Sinne der frühchristlichen Apologetik)[5] als eine Demonstration seiner Einzigartigkeit betrachten, sondern er verlangt in aller Deutlichkeit von seinen Jüngern, darin so etwas zu sehen wie ein Handlungsvorbild und einen Maßstab des eigenen Tuns; denn mit eben diesem Auftrag ziehen die Jünger Jesu in die Dörfer Galiläas, daß sie »viele Dämonen austreiben, viele Kranke mit Öl salben und sie heilen« (Mk 6,13); sie können dies tun, weil Jesus ihnen »Macht« dazu gibt (Mk 6,7); worin aber bestünde diese »Macht« sonst außer in dem vollkommenen Vertrauen Gott gegenüber? Der Jesus, der den Jüngern die Fähigkeit, Menschen zu heilen, bis zum Wunderbaren verleiht, ist derselbe, der noch eine Zeile zuvor in Mk 6,5.6 sich außerstande zeigt, in seiner Heimatstadt Nazareth »auch nur einen einzigen Machterweis zu wirken«, »wegen ihres Mißtrauens«, »außer, daß er einigen Kranken die Hände auflegte und dadurch heilte«. Es ist gerade der Kontrast zwischen der persönlichen Armut und Ohnmacht auf der einen Seite und der Größe der Macht Gottes, die Markus an der Gestalt Jesu (und seiner Jünger!) so fasziniert. »Nehmt nichts mit auf den Weg ...«, das ist die Mahnung, mit der Jesus die »Macht« erläutert, die er seinen Jüngern mit auf den Weg gibt (Mk 6,8).

5 Vgl. bes. Origenes: Gegen Celsus, III 28, BKV, II 235; VIII 47, BKV,III 355–356, wo die Wunder Jesu als Hauptursache für die Ausbreitung des Christentums erklärt werden.

Wie also »versteht« man die »Wunder« Jesu? Für das Markusevangelium trifft noch ganz und gar zu, was der libanesische Dichter Khalil Gibran darüber sagte: »Jesus kam aus den Herzen der Menschen.«[6] »Er war kein Gott (sc. im Sinne der Machtbesessenheit der Römer, d.V.), sondern ein Mensch wie wir alle, und dennoch wuchs in Ihm die Myrrhe der Erde empor, um den Weihrauch des Himmels zu berühren, und in Seinen Worten erreichte unser Gestotter das Flüstern des Unsichtbaren; in Seiner Stimme vernahmen wir ein unergründliches Lied.«[7] »Er nahm sich des Tempels der Seele an, die der Körper ist. Er spürte die bösen Geister auf, die sich gegen unsere Nerven verschwören, ebenso wie die guten, die der Nerven Fäden weben. Meines Erachtens heilte Er die Kranken durch die Kräfte des Gegensatzes und Widerstandes. Er überraschte das Fieber durch eine Berührung, die so kühl war wie der Schnee, und das Fieber zog sich zurück. Den erschöpften und verkrampften Gliedern begegnete Er mit Ruhe und Gelassenheit; sie lockerten sich und waren geheilt. Er erkannte die versiegende Kraft im Innern der zerfurchten Rinde, aber wie Er sie mit Seinen Fingern berühren konnte, weiß ich nicht ... Manchmal schien mir, daß Er die stummen Klagen aller Lebewesen vernahm, die unter der Sonne aufwachsen, und Er stand ihnen bei. Er half ihnen nicht nur mit Seinem Wissen, sondern indem Er ihnen die Kraft verlieh, sich über ihr Leid zu erheben und zu gesunden.«[8] »In Jesus vereinten sich die Elemente unseres Körpers mit den Elementen unserer Träume. Alles, was vor Ihm außerhalb der Zeit lag, trat mit Ihm in die Zeit ein. Man sagt, daß Er Blinde sehend und Lahme gehend machte und daß Er aus den Besessenen die Dämonen vertrieb. Vielleicht ist Blindheit nur ein dunkler Gedanke, den ein heller Gedanke

6 Kh. Gibran: Jesus Menschensohn, 91.
7 A.a.O., 89.
8 A.a.O., 19–20.

vertreiben kann. Ein lahmes Glied ist möglicherweise nur Trägheit, die sich durch Energieübertragung beleben läßt. Und vielleicht können Dämonen, diese Unruhegeister unseres Lebens, durch Engel des Friedens und der Heiterkeit verscheucht werden. Ja, man sagt sogar, daß Er Tote ins Leben zurückrief.

Wenn ihr mir sagen könnt, was der Tod ist, werde ich euch sagen, was das Leben ist. Auf einem Feld sah ich einmal eine Eichel, ein scheinbar nutzloses und unscheinbares Ding. Als ich aber im Frühling wiederkam, hatte die Eichel Wurzel geschlagen und streckte sich zur Sonne aus; es war der Beginn eines mächtigen Eichenbaums. Sicher werdet ihr das als Wunder bezeichnen. Und solches Wunder vollzieht sich tausend und abertausend Male im Schlummer jedes Herbstes und in der Leidenschaft jedes Frühlings. Warum soll es sich nicht auch im Herzen der Menschen ereignen können. Warum sollen sich die Jahreszeiten nicht treffen in den Händen oder auf den Lippen eines Gesalbten? Wenn Gott der Erde die Kraft schenkte, eine scheinbar tote Saat in ihrem Innern zu Leben keimen zu lassen, warum sollte Er dem Menschenherzen nicht die Kraft verleihen, Leben in ein anderes Herz zu hauchen, das scheinbar tot ist?

Ich sprach von jenen Wundern, die ich für gering erachte im Vergleich zu dem ungleich größeren Wunder, das dieser Mann selber ist, dieser Wanderer, dieser Mann, der meinen Unrat in Gold verwandelte, der mich lehrte, diejenigen zu lieben, die mich hassen, der meinem Leben Erquickung schenkte und meinem Schlaf die angenehmsten Träume. Das ist das Wunder in meinem Leben. Meine Seele war blind und lahm, und ich war besessen von ruhelosen Geistern, und ich war tot. Nun aber sehe ich klar und gehe aufrecht. Ich lebe in Frieden mit mir, und jede Stunde des Tages bezeuge und verkünde ich mein lebendiges Sein ... Ich habe die Abenddämmerung meines Lebens erreicht, und wenn ich das Morgenrot meines Lebens suche, dann halte ich Ausschau nach der Jugend Jesu.«[9]

Von dieser Art waren die Wunder und Machttaten des Jesus von Nazareth im Markusevangelium; es waren Wunder der Menschlichkeit und Machttaten eines angstbesiegenden Vertrauens.

Doch nun Matthäus. Ihm liegt die Konzeption des Markus zugrunde; aber um so wichtiger ist jetzt, wie er mit dieser Vorlage umgeht. Als erstes: er systematisiert wie kein anderer der Evangelisten die Vorstellung von Jesus als dem Heiler. Nicht aufgrund eigener historischer Informationen, sondern als theologisches Konzept malt er immer wieder das Bild, wie Jesus die Kranken heilt, alle Kranken wohlgemerkt, wie er in Mt 4,23 (gegenüber Mk 1,39) sagt: »Er zog umher in ganz Galiläa, als Lehrer in ihren Synagogen, als Verkünder der Heilbotschaft vom Königtum (Gottes) und als Heiler aller Krankheiten und allen Gebrechens im Volk.« Ganz entsprechend formuliert er in Mt 9,35, um zwei Verse weiter (Mt 10,1) zu schildern, wie Jesus die »Vollmacht über die unreinen Geister, sie auszutreiben, und zu heilen alle Krankheiten und alles Gebrechen« auch an die zwölf »Sendboten« (Apostel) weitergibt. Es ist eine Lieblingsszene des Matthäus, die er immer wieder beschwört, wie die Kranken und Verzweifelten Jesus umdrängen und Jesus sie heilt (Mt 4,24), und deutlich sieht er darin die Prophezeiung des Deutero-Jesaja (Jes 53,4.11) verwirklicht: »Er – unsere Gebrechen hat er weggenommen, die Krankheiten hat er hinweggetragen« (Mt 8,16–17). Ja, es enthüllt sich im Fortgang des Matthäusevangeliums immer mehr, daß Jesus gerade für seine Heilungen, die er am Sabbat wirkt (Mt 12,9–14, nach Mk 3,1–6), von den Pharisäern und Schriftgelehrten verfolgt und getötet werden wird, doch gerade so tritt Jesus für

9 A.a.O., 77-79.

Matthäus in dic Gestalt des »Knechtes Gottes« ein, der »das geknickte Rohr nicht zerbricht und den glimmenden Docht nicht auslöscht« (Mt 12,15–21, nach Mk 3,7–12; Jes. 42,1–4). »Bist du es, der da kommen soll?« – auf diese Frage Johannes des Täufers aus dem Gefängnis besteht die Antwort Jesu bereits in der Q-Quelle in dem Hinweis auf all die Wunder der Heilung, die schon Jesaja erhoffte (Jes 29,18–19; 35,5.6; 61,1), und darauf, daß »Armen die Heilbotschaft verkündet« wird (Mt 11,5). Gerade die Wunder der Heilung beweisen für Matthäus die göttliche Kraft, die in Jesus als dem »Gottesknecht« und »Messias«, ja, als dem »Sohn Gottes« lebt. Eben noch bekennen die Jünger nach der Beruhigung des Sturms auf dem See ihren Meister kniefällig als den »Sohn Gottes« (Mt 14,33), da bringt man zu ihm aus der ganzen Umgegend »alle, die übel dran waren«, und wenn sie auch nur »den Saum seines Mantels berühren«, werden sie gerettet (Mt 14,34–36, nach Mk 6,53–56). Der Gott Israels wirkt in Jesus, indem er all die »Lahmen, Krüppel, Blinden, Taubstummen und viele andere« heilt, die man ihm in ihrer Not buchstäblich »vor die Füße« legt (Mt 15,29–31, nach Mk 7,31–37).

In diesen Heilungen aber, das ist die zweite Aussage des Matthäus, liegt zugleich auch das Urbild christlicher Existenz enthalten. Es ist erstaunlich, mit welcher Heftigkeit auch heute noch manche Theologen in Abwehr einer tiefenpsychologischen Deutung der Bibel kategorisch die wesentlich »therapeutische« Seite an der Gestalt Jesu zu leugnen suchen.[10] Ob man es wahrhaben will oder nicht: Insbesondere das Matthäusevangelium legt das größte Gewicht auf die untrennbare Einheit von »Verkündigung« und Krankenheilung; nach diesem Evangelium kann man im Sinne Jesu glaubwürdig von Gott nur spre-

10 Vgl. z.B. J.B. Metz (F.X. Kaufmann): Zukunftsfähigkeit, 106; vgl. dazu E. Drewermann: Kleriker, 665-667.

chen, indem man im Herzen der Menschen die Folgezustände der Angst: Entfremdung (Besessenheit) und Verzweiflung (Krankheit) aufzulösen beginnt. Die Botschaft vom »Königtum« Gottes und die Heilung der Menschen gehören für Matthäus zusammen wie »Theorie« und »Praxis« oder besser: wie »Wort« und »Zeichen«; sie bilden die beiden Spannungspole ein und derselben »sakramentalen« Wirklichkeit.

Für die (katholische) Kirche, die in ihrer dogmatischen Selbstdarstellung das »Ursakrament« Christi zu sein beansprucht[11], müßte allein diese Konzeption des Matthäusevangeliums, auf das sie sich mit solcher Vorliebe bezieht, bereits eine geradezu dramatische Veränderung des gesamten Gehabes in Theologie und Frömmigkeit nach sich ziehen. Was heute »Theologie« heißt, hat schon der Definition nach mit »Religiösität« kaum noch etwas zu tun. Es handelt sich um ein kirchlich kontrolliertes, kirchlich konfirmiertes und kirchlich konformiertes Mischgebilde, das sich »objektiv« und »wissenschaftlich« gerade darin gibt, daß es mit keinerlei subjektiver Lebenswirklichkeit etwas zu tun haben muß, und das doch wiederum in seinem Anpassungszwang an die Vorgaben des kirchlichen »Lehramtes« auch des Vorzugs wirklichen wissenschaftlichen Forschens und Suchens entbehren muß. Ein solcher Typ von Theologie leistet gerade so viel und so wenig wie jede Ideologie: Sie stabilisiert die Machtverhältnisse einer bestimmten Gruppe, rechtfertigt die »Göttlichkeit« ihrer Einrichtung sowie die Wahrheit ihrer Lehren und hält im übrigen für den »persönlichen« Bereich gerade so viel an Prämien, Ehren und Titeln bereit, um einer besonderen Schar von speziellen Charakteren als erstrebenswert zu erscheinen. Das Ergebnis einer solchen »Theologie«, die studiert zu haben heute die Vorausset-

11 Vgl. K. Rahner: Kirche und Sakramente, 11–18.

zung jedes »kompetenten« Sprechens von Gott im Raum der Kirche darstellt, läuft notgedrungen auf eine »Verkündigung« hinaus, die wesentlich nichts weiter ist als eine endlose Repetition von vorgesetzten Redensarten. Eine solche »Verkündigung« ist nicht nur völlig außerstande, irgendein seelisches oder psychosomatisches Leid von Gott her zu verstehen und auf Gott hin durchzuarbeiten, sie ist in sich selber der Entstehungsort zahlreicher seelischer Leiden und Krankheiten. Ein Denken, das nicht verbunden ist mit der Welt der Gefühle und Affekte, verwandelt in seiner Vereinseitigung selbst die »Lehren« der Religion in bloße Theorien, deren »Aneignung« allenfalls zum Gegenstand des moralischen Willens, sicher aber nicht der lebendigen Erfahrung werden kann. Die Abspaltung theologischer Anschauungen und Vorstellungen von der Welt der Symbole und Bilder in den Tiefenschichten der menschlichen Psyche macht aus poetisch verdichteten Evidenzen der Existenz aufgezwungene Doktrinen zum Auswendiglernen; und je länger und umfangreicher ein solcher Typos von Theologie sich breitmacht, desto verwüsteter, ausgezehrter und zerstörter wird darunter die Seele des Menschen. Religion, wenn es so steht, ist am Ende wirklich nur noch der Entfremdungszustand der menschlichen Psyche[12], ein heiliger Terror der Außenlenkung und Versklavung von Gefühl, Bewußtsein, Freiheit und Persönlichkeit, sie tritt dann auf als die vollständige Tabuisierung des Subjekts inklusive seines Rechts auf ein Leben in Wahrheit, Glück und Selbstentfaltung[13]. Eine helfende, heilende Theologie ist unter Umständen heute, am Ende des zwanzigsten Jahrhunderts, nur formulierbar, indem die rationalisierende Verstandeseinseitigkeit mit

12 Vgl. E. Fromm: Jenseits der Illusionen, in: Gesamtausgabe, IX 39–157, S. 67–78: zum Entfremdungsbegriff bei Marx; Ders.: Wege aus einer kranken Gesellschaft, IV 1–254, S. 125–126, wo er den Monotheismus als unvereinbar mit der Entfremdung des Menschen erklärt.

13 Vgl. E. Drewermann: Kleriker, 225–268.

ihrer Spaltung von Bewußtsein und Unbewußtem aufgegeben wird zugunsten einer traumnahen, dichterischen Sprache, die all die Erfahrungen aufgreift, die in unserer Zeit eher in den Gesprächsräumen der Psychoanalyse als in den Kathedralen der bestehenden Religionsform ermöglicht und zugelassen werden.

In dieser Hinsicht liegt ein unübersehbar wichtiger Hinweis darin, daß Matthäus gleich zu Beginn seines Evangeliums, in der sogenannten Kindheitsgeschichte, Schritt für Schritt schildert, daß einzig der Empfang göttlicher Träume es ist, der das Leben des Erlösers aus Israel zu schützen und zu retten imstande ist. In einem Traum wird Joseph über die Bedeutung der Schwangerschaft seiner Geliebten aufgeklärt und in das Wesen ihres Kindes eingeführt (Mt 1,20–21); im Traum werden die »Magier« gewarnt, zu König Herodes zurückzukehren (Mt 2,12); im Traum ergeht die dringende Aufforderung an Joseph, mit dem Kind und seiner Mutter vor dem Mordplan des Herodes nach Ägypten zu fliehen (Mt 2,13), und in Ägypten erfährt Joseph wiederum durch einen Traum, daß es an der Zeit ist, nach Israel zurückzukehren (Mt 2,19–20), um schließlich erneut im Traum Anweisung zu empfangen, daß er wohnhaft werden soll in Nazareth (Mt 2,22). Der Traum ist für Matthäus der Erfahrungsort, da der Engel Gottes einem Menschen erscheinen kann und göttliche Weissagungen sich zu verwirklichen beginnen; ja, die Tatsache selbst, daß es solche Träume wieder(!) gibt, stellt für ihn nichts Geringeres dar als das Indiz einer Zeitenwende, als das Signal des endgültigen Endes einer Religion der toten Schriftgelehrsamkeit, als den Beginn einer stets erwarteten, doch jetzt endlich in der Person Jesu ermöglichten Form der Innerlichkeit und Gottunmittelbarkeit. Ja, es ist für Matthäus keine Frage, daß Jesus niemals hingerichtet worden wäre, wenn die Machthaber dieser Welt auf Träume zu hören gelernt hätten – auf die Träume von

Frauen insbesondere. Denn als in Mt 27,19 Pilatus, wohl wissend, daß einzig »aus Neid« »die Ältesten und Hohenpriester« Jesus dem Tod überliefern wollen, gleichwohl dem Volk die Wahl läßt zwischen dem berüchtigten »Barabbas« und dem verborgenen König Israels, da ist es seine eigene Frau, die ihn auffordert, an »diesem Recht vor Gott Lebenden« sich nicht schuldig zu machen, denn »viel gelitten« habe sie »im Traum seinetwegen«. Eine Denkweise und Lebensform, die patriarchalisch und verstandeseinseitig genug ist, um die Sprache der Frauen, um die Stimmen der Nächte, um die Bilder des Unbewußten in der Alltagslogik männlicher Vernunft gar nicht erst zu beachten, ist in sich selbst ein unausgesetzter Prozeß des Ungehorsams gegen Gott und der Hinrichtung dessen, was Gott uns in der Gestalt des Jesus von Nazareth sagen möchte. Wie soll im Sinne des Matthäus eine Theologie, eine Bibelexegese insbesondere, im Raum der Kirche berechtigt sein, die sich strukturell und methodisch außerstande zeigt, auch nur einen einzigen Traum, auch nur ein einziges mythisches Bild, auch nur eine Märchenerzählung oder das Spiel eines Kindes menschlich zu würdigen und zu verstehen? Wirklich: alles, was Matthäus seinen Jesus sagen läßt, ist eine »Enthüllung« allein für die »Kindlichen« (Mt 11,25). Die Psychoanalyse ist für die heutige Theologie schon deshalb ein unerläßliches Nadelöhr, weil sie im Umgang mit seelischem Leid gelernt hat und lehren kann, den Standpunkt der »Erwachsenen«, die Einstellung der Wissenden, die Haltung männlicher Tüchtigkeit zu revidieren und von vorn zu beginnen mit einem Leben, wie es niemals sein durfte und dennoch in uns seit Urzeittagen darauf wartet, in der Botschaft des »Menschensohns« lebendig zu werden. So viel ist jedenfalls klar: nur in einer gewissermaßen »träumenden« Haltung wird man das Evangelium des Matthäus verstehen und auslegen können und dürfen.

II. Die Umwandlung von Erfahrung in Lehre oder: Die Überhöhung des Christusbildes

Und doch . . . ist dies nur die eine Seite des Bildes, das Matthäus von »seinem« Jesus als dem Verkünder und Heiler entwirft. Die andere Seite liegt darin, daß gerade die theologische Systematisierung, in welcher Matthäus die Vorlage des Markus-Textes ausgestaltet, wie von selber dazu führt, die Menschlichkeit Jesu im Hintergrund seiner »Machterweise« immer stärker auszudünnen beziehungsweise ins Göttliche zu überhöhen. Aus der Erfahrung von der Rettung aus der »Dämonie« der Angst und Verlorenheit bei Markus wird bei Matthäus immer mehr eine Lehre von der göttlichen Person des »Retters Israels«, die Erlösungslehre (die »Soteriologie«) des Markus verschiebt sich bei Matthäus zunehmend in Richtung einer dogmatischen Christologie. An drei kleinen Beobachtungen läßt sich das festmachen.

Da ist einmal die schon bemerkte Formelhaftigkeit selbst, mit der Matthäus (in 4,23 und 9,35 sowie in 4,24–25; 8,16–17; 9,20–21 und 15,29–31) schildert, wie Jesus ineins als Verkünder und Heiler auftritt und wie die »Scharen« ihn in ihrer Not umdrängen. Dieses immer wieder vermittelte Bild gerät bei Matthäus zu dem typischen Erkennungszeichen, an dem die Person des Jesu von Nazareth als des Erfüllers und Vollenders der prophetischen Weissagungen (vor allem der Gottesknechtslieder des Deutero-Jesaja) wahrzunehmen und folglich als des »Messias« Israels zu glauben und zu beglaubigen ist; was vormals erlebte und erlebbare Wirklichkeit war, wird auf diese Weise zu einer künstlichen dogmatischen Inszenierung, die sich dem gleichen Maße mit theologischem Anspruch auflädt, wie sie an historischer und menschlicher Erfahrung verliert. Das Erlebnis eines befreiten Daseins in der Nähe Jesu wird immer mehr zu einer Glaubensbehauptung über die Frage, wer der Mann aus Nazareth »eigentlich« (gewesen) ist.

Damit zusammen hängt zum zweiten das ausgesprochene Desinteresse des Matthäus an den konkreten Begebenheiten, in denen Markus die Heilungen schildert. Für das Verständnis der »Wunder«, die Jesus an den Kranken und Notleidenden wirkt, sind gerade die Einzelheiten: die Darstellung ihrer Krankheit sowie die Art des Vorgehens Jesu, psychologisch von größter Bedeutung.[14] Um so erstaunlicher ist es, daß Matthäus ganze Passagen aus dem Markusevangelium einfach wegstreichen kann oder sie mitunter so verändert, daß ihr psychischer Sinn dabei völlig verlorengeht. Ein paar Beispiele mögen das illustrieren.

In Mk 5,1–20 erzählt Markus zum Beispiel die Heilung eines Besessenen im Gebiet von Gerasa (von Gadara, korrigiert Matthäus in 8,28), und ausführlich schildert er dabei, wie der Mann in Grabhöhlen haust, Tag und Nacht »am Schreien ist« und mit Steinen auf sich einschlägt; schon oft war er mit Ketten und Fesseln gebunden worden, aber immer wieder hatte er die Versuche, ihn häuslich zu machen, in seiner Wildheit abgewehrt. Diese äußerst eindringliche Beschreibung bei Markus faßt Matthäus in einem einzigen Wort zusammen: »überaus wild«, sagt er dazu und fährt dann mit einer Bemerkung fort, die er sich selbst zurechtlegt: »so daß niemand die Kraft besaß, vorüberzugehen auf jenem Weg«. Die ganze Aussage der ursprünglichen Erzählung bei Markus wird durch diese Änderung verschoben: statt zu sehen, wie dieser Mann an sich selber leidet, hat Matthäus offenbar nur Augen dafür, daß die anderen gezwungen sind, seinetwegen Umwege zu machen. Aus der hochsensiblen psychischen Schilderung bei Markus wird bei Matthäus mithin eine einfache

14 Vgl. E. Drewermann: Tiefenpsychologie und Exegese, II, 239–246.

soziale Information, und das Schicksal der Leute ist ihm erkennbar wichtiger als die Not eines einzelnen. Aber noch mehr: Wer die Beschreibung des Besessenen bei Markus aufmerksam liest, begreift sofort, daß dieser Mann in einer radikalen Einsamkeit existiert und daß für ihn gerade die Beziehung zu anderen Menschen ein unauflösliches Dilemma von Sehnsucht und Angst, von Verlangen und Abwehr, von unerträglicher Nähe und einer ebenso unerträglichen Distanz darstellt; Matthäus hingegen zeigt für derlei Zusammenhänge nicht das geringste Gespür, indem er statt von einem Besessenen gleich von zwei Besessenen spricht. Gewiß, das läßt die Wundermacht Jesu gleich doppelt groß erscheinen (ähnlich wie in Mt 9,27–31, wo Matthäus aus dem Bartimäus in Mk 10,46–52 gleich zwei Blinde macht), aber es verkennt vollkommen die wesentliche Isolation dieses Typs von »Besessenheit« – also ob es Menschen dieser Art irgendwo auf Erden jemals zu zweit miteinander aushielten! Und weiter: Bei Markus ist es (Mk 5,9) für die Art der Heilung sehr wichtig, daß Jesus den Besessenen fragt: »Wie heißt du?«, und daß der Besessene antwortet: »Legion ist mein Name!, denn viele sind wir.«[15] Matthäus läßt diesen entscheidenden Abschnitt ganz einfach fort und geht sofort zu der Szene über, wie Jesus die Dämonen in die Schweine schickt; aus einem therapeutischen Prozeß wird durch diese Redaktionsweise ein bloßer »Beweis« für die Macht, die Jesus über die Dämonen besitzt. Und auch für das weitere Schicksal des Besessenen, das Markus (Mk 5,18–20) ausführlich schildert, hat Matthäus keinerlei Interesse. Die Gestalt Jesu als des göttlichen Wundertäters wird so übergroß, daß alle menschlichen Belange dahinter zurücktreten; das Durcharbeiten seelischer Not schrumpft mithin zu einer bloßen göttlichen Machtgebärde zusammen. Und ähnliches läßt sich Stelle für Stelle beobachten.

15 Vgl. a.a.O., II 246–277, S. 264–267.

In Mt 9,18–26 zum Beispiel übernimmt Matthäus aus Mk 5,21–43 die Geschichte von der Heilung der Tochter des Jaïrus und der blutflüssigen Frau. Die Tochter des Jaïrus bei Markus »ist am Ende« (5,23), sie droht zu sterben, bei Matthäus (Mt 9,18) ist sie bereits »geendet«; aus einer Heilungsgeschichte wird von Anfang an eine Totenauferweckung. Erneut erhöht sich damit natürlich die Demonstration der Machttaten des Messias Jesus, aber es verfälscht nicht nur die historische Vorlage zugunsten einer bestimmten theologischen Aussage, es geht erneut auch zu Lasten all der menschlichen Details, die Markus mit großer Wärme und Einfühlung berichtet. Bei Markus fällt Vater Jaïrus Jesus zu Füßen und bittet den Heiland inständig für sein »Töchterlein«. Bei Matthäus erfahren wir nicht einmal den Namen dieses Mannes, und aus seinem »Töchterlein« wird kalt und kurz die »Tochter«. Und vor allem: Die ganze Dramaturgie der Erzählung bei Markus wird von Matthäus erneut rigoros zusammengestrichen: Bei Markus kommen unterwegs die Leute und melden dem Vater, seine Tochter sei gestorben, er solle den Meister nicht weiter belästigen; in dieser Situation richtet Jesus gerade an Jaïrus die alles entscheidenden Worte: »Fürchte dich nicht, hab nur Vertrauen« (Mk 5,36). Markus schildert des weiteren, wie Jesus die Menge vertreibt, die seine Erklärung: »Das Kind ist nicht gestorben, es schläft nur«, verlacht, und wie er neben den drei Jüngern: Petrus, Jakobus und Johannes, nur die Eltern mit in den Raum nimmt, in dem das Kind »schläft«. Geradezu zärtlich schildert Markus, wie Jesus das Kind anredet und ihm sagt: »Talitha kum – Mädchen, ich sage dir, steh auf«, und wie er dem Kind, das doch schon 12 Jahre alt ist, zu essen geben läßt; im übrigen aber verbietet Jesus es streng, das Wunder herumzureden. Von all diesen wichtigen Details bleibt bei Matthäus buchstäblich nichts übrig: Bei ihm jagt Jesus die Leute fort, er faßt das Mädchen bei der Hand, und es steht auf. Punkt. »Und hinaus ging die Kunde davon ins ganze dortige Land« (Mt 9,26). In diesem Stenogramm geschehen die Wunder Jesu bei Matthäus. Mit anderen Worten: die Verkündung von Jesus als dem messianischen Wundertäter überwiegt bei diesem Evangelisten ganz deutlich jedes menschliche Interesse; die Theologie, wenn man so will, verdrängt die Anthropologie, oder, wie eben gesagt: die Soteriologie wird eingeschmolzen in die Christologie.

Wer etwa noch zögert, einer so weitgehenden Folgerung zuzustimmen, braucht nur an der gleichen Stelle sich anzusehen, wie Matthäus mit der blutflüssigen Frau verfährt. Markus schildert ausführlich, welche Qualen diese Frau mit ihrer Krankheit bei allen möglichen Ärzten durchgemacht hat, wie sie all ihr Vermögen aufgewendet hat, nur damit alles schließlich immer noch schlimmer wurde (Mk 5,25–26). Von dieser ergreifenden Darstellung kein Wort bei Matthäus. Markus schildert, wie schwer es der Frau wird, ihren Entschluß durchzuführen, wenigstens die Kleider Jesu zu berühren – wie sie bei der verstohlenen Berührung erlebt, daß der Blutfluß nachläßt, wie Jesus, umringt von der Menge, fragt, wer ihn berührt hat, wie die Jünger sich ärgern über diese scheinbar unsinnige Frage und wie schließlich die Frau, zitternd und ängstlich, ihm »die ganze Wahrheit sagt«.[16] All das ist bei Matthäus nicht

16 A.a.O., II 277–309. – Ganz in diese Umwandlung von Erfahrung in Anspruch, von Leben in Lehre fügt sich, was U. Luz: Die Jünger im Matthäusevangelium, ZNW 62 (1971) 3/4, 141–171, 160–161, freilich ohne jede psychologische Problematisierung konstatiert: »Beide Aspekte, Vergangenheit und Transparenz, scheinen ... im Matthäusevangelium in bestimmter Weise der Christologie zugeordnet. Die Transparenz des Jüngerbegriffs scheint für die Zusage des Heils, also den Indikativ, besonders wichtig zu sein. Heil ist im Matthäusevangelium wesentlich die fortdauernde Vollmacht des Herrn in der Gemeinde, Empfang der von Jesus der Gemeinde anvertrauten wirksamen Sündenvergebung. Heil ist das Andauern von in Jesu Namen geschehenden Wundern in der Gemeinde ... Verkündung des Evangeliums vom Reich Gottes ist ohne Wunder nicht möglich.« Doch läßt sich übersehen, wie formalisiert das Sprechen vom Wunder bei Mt bereits ist?

der geringsten Beachtung wert; bei ihm erklärt Jesus wie aus der Pistole geschossen: »Dein Vertrauen hat dich gerettet. Und gerettet ward die Frau von jener Stunde an« (Mt 9,22). Der Unterschied ist auch inhaltlich klar: Während bei Markus die Frau bereits geheilt ist, noch ehe Jesus sie anredet, liegt bei Matthäus die Heilung ganz und gar in dem Machtwort Jesu selbst, das den Glauben der Frau bestätigt und belohnt. Alle menschlichen Gefühlsregungen und Verhaltensweisen reduzieren sich für Matthäus auf eine einzige Frage: Glauben die Betreffenden an Jesus als den »Retter aus Israel«, oder glauben sie so nicht, und was bei Markus als eine Haltung einfachen Vertrauens erscheint, tritt bei Matthäus als ein christologischer Bekenntnisglaube auf.

Natürlich entsteht unter diesen Umständen sehr bald die Frage, wie es denn möglich sein soll, bei einer solchen Neutralisierung der menschlichen Gefühle noch wirklich zu tun, was Jesus wollte: den Krankheiten der menschlichen Seele im Namen Gottes heilend entgegenzutreten. Daß die Jünger Jesu auch ihrerseits Kranke heilen und Dämonen vertreiben sollen, betont auch Matthäus (Mt 10,8) sehr deutlich, ja, er fügt gegenüber der Markus-Vorlage (Mk 6,7.13) sogar noch hinzu, sie sollten Tote auferwecken, und ohne Zweifel meint Matthäus das wörtlich. Doch je mehr er auf diese Weise den »Verkündigungsanspruch« an die Gläubigen steigert, desto mehr nimmt er an ursprünglicher Erfahrung aus seinen theologischen Setzungen fort.

In welche Richtung der ganze Duktus der theologischen Konzeption des Matthäus geht, zeigt er selbst recht deutlich zum Beispiel in der Geschichte von der Stillung des Seesturms (Mt 8,23–27). In der Vorlage des Markus (Mk 4,35–41) wecken die Jünger in ihrer Angst den »Lehrer« auf, der schlafend im Heck des Bootes liegt, und werfen ihm seine vermeintliche Gleichgültigkeit vor, mit der er sich um die Not seiner Jünger nicht zu kümmern scheint; Jesus aber richtet sich auf, herrscht den Wind an und sagt dem »Meer«: »Schweig. Sei still.« – »Da legte sich der Wind, und eine große Ruhe trat ein. Und er sagte ihnen: »Was seid ihr Feiglinge. Noch immer habt ihr kein Vertrauen? Da gerieten sie in Furcht, eine große Furcht ... « (Mk 4,38-41). Anders bei Matthäus. Da bitten die Jünger Jesus, den sie als »Herrn« anreden, unmittelbar: »Rette uns, wir gehen verloren.« Schon diese Änderung ist wichtig. Doch nun das Entscheidende: Statt daß Jesus als erstes dem dringenden Bitten seiner Jünger nachkommt, stellt er zuvörderst ihren Glauben auf die Probe: »Ihr so wenig Vertrauenden«, schilt er sie (Mt 8,26); dann erst besänftigt er den Sturm. Aus der Wundergeschichte des Markus wird bei Matthäus mit ein paar Veränderungen eine Geschichte von dem erfüllten Glauben an Jesus als den »Herrn«. Und diese Veränderungen haben System und Methode. Dahinter steht eine Verschiebung des gesamten Ausgangspunktes. Wenn es bei Markus noch die Menschlichkeit Jesu selber ist, die als so dicht und nah erfahren wird, daß sich dabei die Riegel zwischen Himmel und Erde, zwischen Gott und Mensch, zwischen Vertrauen und Angst zu lösen beginnen, so verwandelt sich bei Matthäus das mühsam errungene Ergebnis einer menschlich erfahrbaren Zuversicht in einen neuen, fertig vorliegenden Ausgangspunkt, in eine theologische Behauptung, die in sich selber eingefordert werden kann und nunmehr durch sich selber die Wunder der Heilung wirken muß. Nicht die Art, wie Menschen in Namen Jesu einander begegnen, erscheint jetzt als das Heilsame und Befreiende, das dazu führt, Jesus als den »Heiland der Welt« zu erkennen, sondern umgekehrt: geheilt wird, wer Jesus als den Messias Gottes, als den Sohn Gottes glaubt. Die Allmacht Gottes, nicht die vertrauende Ohnmacht des Menschen wird jetzt zum Agens des Wunderbaren.

Es versteht sich, daß Matthäus, um diese enorme theologische Akzentverschiebung durchzusetzen, zum dritten seine eigenen Quellen jetzt von allem »reinigen« muß, was in die christologische Überhöhung seines Jesus-Bildes nicht (mehr) hineinpaßt, und das ist eine Menge. Hörten wir nicht eben noch, wie der Jesus des Markusevangelium die Anrede des reichen Jünglings »Guter Meister« zurückwies, um hinzuweisen auf Gott als den einzig Guten (Mk 10,17–18)? Bei Matthäus (Mt 19,17) lesen wir statt dessen, daß der Jüngling einfach sagt: »Meister, was muß ich Gutes tun ... « und Jesus antwortet: »Warum fragst du mich über das Gute? Einer ist der Gute. « Da wird aus einer Frage nach der Person Jesu eine Sachfrage nach dem Guten, und dann wieder wird die Frage nach dem Guten als sittlicher Pflicht zu einer Frage nach dem Guten als der Person Gottes; beide Verschiebungen scheinen Matthäus nötig, um die »christologische Frage« auszuklammern, die der Markus-Text aufwirft. – Oder noch anders: Wenn wir in Mk 13,32 hörten, daß Jesus selbst auch als »der Sohn« nicht »allwissend« ist und »den Tag und die Stunde« des Weltuntergangs durchaus nicht kennt, so finden wir bei Matthäus (Mt 24,36) den Hinweis auf den »Sohn« einfach gestrichen: Die Engel Gottes wissen nicht, was nur der Vater weiß – vom »Sohn« geht keine Rede mehr. Zudem: Wir hörten, daß der Jesus des Markusevangelium auch nicht als »allmächtig« erscheint: in jener Szene von der Heilung des Besessenen von Gerasa zum Beispiel (Mk 5,1–20) befiehlt Jesus mit Nachdruck dem Dämon: »Ausfahre, unreiner Geist aus dem Menschen« (Mk 5,8); doch das Ergebnis ist nur, daß der Besessene Jesus mit lauter Stimme anschreit: »Was habe ich mit dir zu schaffen, Jesus, Sohn des höchsten Gottes? Ich beschwöre dich bei Gott: quäle mich nicht« (Mk 5,7). Matthäus umgeht das »Problem« dieses ohnmächtigen Exorzismus-Versuches Jesu auf seine charakteristische Art: er läßt es einfach weg. Notfalls freilich ändert Matthäus auch den Text: Wie war das in Nazareth, als Jesus nach dem Zeugnis des Markus »nicht nur einen einzigen Machterweis zu wirken vermochte« und »verwundert ward wegen ihres Mißtrauens« (Mk 6,5–6)? Da findet die Wundermacht Jesu ihre Grenze an dem Unglauben der Menschen. Matthäus indessen setzt: »Es wirkte dort nicht viele Machttaten wegen ihres Mißtrauens« (Mt 13,58), und das heißt unzweifelhaft: Jesus konnte Wunder der Heilung wirken, wo und wieviel er nur wollte – auch in Nazareth natürlich; daß er dort »nur wenige« Machttaten zeigte, liegt einzig daran, daß er den Unglauben der Leute strafen wollte. Der Unterschied kann nicht größer sein. Bei Markus hängen die Wunder Jesu ganz und gar ab von der Einstellung des Vertrauens, das die Menschen ihrem Heiland entgegenbringen; die Perspektive richtet sich hier aus der menschlichen Not auf den Erlöser und Retter. Matthäus hingegen wählt mit Vorliebe die »theologische« Perspektive eines fertigen Wissens: von Jesus als dem Sohn Gottes her geht er auf den Menschen zu. Die »Natur« des Erlösers löst sich in dieser Sichtweise immer weiter aus den Erfahrungsbedingungen heraus und wird zum Gegenstand christologischer Überhöhung beziehungsweise dogmatischen Wissens.

»Überhöhung« ist bei Matthäus übrigens ganz wörtlich zu nehmen. Derselbe Evangelist, der in Mt 10,8 so klar betonen konnte, daß auch die Jünger Jesu Wunder der Heilung vollbringen sollen nach dem Vorbild ihres Meisters, stellt die Person Jesu bereits rein räumlich immer wieder hoch über die Menschen: Vom Berge herab sieht Jesus auf die Scharen der Kranken und Besessenen und trägt ihnen die Botschaft von den wahrhaft Glücklichen vor (Mt 5,1); auf den Berg steigt Jesus in Mt 15,29–30 und heilt die Scharen der Kranken; auf den Berg begibt Jesus sich, um in der Einsamkeit zu beten (Mt 14,23, nach Mk 6,46); auf dem Berg empfängt Jesus die Himmelsstimme, die ihm als Sohn Gottes verkündet (Mt 17,1 ff., nach Mk 9,2 ff.); auf den Berg schließlich beruft Jesus die Jünger, um sie auszudehnen bis an die Enden der Erde und bis an das Ende der Tage (Mt 28,16). Der »Berg« mit anderen Worten ist das Zentrum zwischen Himmel und Erde, an dem die Person Jesu wesentlich »angesiedelt« ist; der »Berg« ist der Ausgangspunkt seines Kraftempfangs, seiner Sendung, seines göttlichen Wirkens sowie der göttlichen Mission seiner Jünger; nicht als »irdisch«, rein horizontal, als Mensch unter Menschen kann man nach Matthäus die Person Jesu verstehen, sondern nur in der Vertikalen vom Himmel her und zum Himmel hin. Es ist, ganz wörtlich, diese überhöhte Zwischen- und Mittlerstellung, die Matthäus als das Wesen Jesu versteht. Der Berg, auf dem Jesus steht, ist dabei immer derselbe – ein zweiter oder, besser, der wahre Berg Zion oder der Sinai oder der Horeb; es ist der Gottesberg selber, da der Gott Israels wohnt und sich den Menschen zu erkennen gibt; die Erkenntnisform Gottes aber, seine Offenbarungsgestalt – das ist Jesus von Nazareth.

Heinz Robert Schlette

Jesus, solidarisch gesehen

In dem modernen Jesus-Buch des Wiener Theologen Adolf Holl, das den provozierenden Titel trägt: »Jesus in schlechter Gesellschaft«, stehen diese Sätze:

»Jesus ist bei den Kindern, die von zu Hause fortlaufen. Bei den Gefangenen und Verurteilten. Immer bei den Armen, nie bei den Reichen. Stets bei den Unzufriedenen, die Satten meidet er. Nicht bei den Erhaltern des Bestehenden, denn die kommen ohne ihn zurecht. Jesus nimmt Partei für die Ohnmächtigen. Den Zornigen fühlt er sich verbunden. Gründungsversammlungen besucht er nicht. In Kirchen ist er selten zu sehen – dort wird er ohnedies verehrt. Jesus ist unauffällig gekleidet, eine Uniform trägt er nie.

Er hält sich nirgends lange auf.«[1]

Dies ist die Skizze des solidarischen Jesus, der bewußt auf die Seite der Kleinen und Armen getreten ist und der sich nicht einordnen, der sich nicht integrieren läßt in irgendeine geschlossene Gesellschaft oder Gemeinde. Es ist die Beschreibung des sozialkritischen und religionskritischen Jesus, der der historische Jesus tatsächlich gewesen ist, und genau dieser Jesus ist es, den auch nichtchristliche Menschen schätzen und verehren, jener Jesus, der im Laufe der Jahrhunderte immer wieder zum Zeugen angerufen wurde – gegen die Großen, die Heuchler in Religion und

1 A. Holl, Jesus in schlechter Gesellschaft, Stuttgart 1971, 172.

Gesellschaft, gegen die Inquisitoren, gegen die institutionalisierten Systeme der Ungerechtigkeit und Unmenschlichkeit.

Ist nun aber dieser Jesus unser Bruder? Darf man ihn – das ist die Frage, der wir hier nachgehen wollen – einen »Bruder« nennen, und darf man wirklich von der Brüderlichkeit Jesu sprechen? Ist dieser Jesus nicht immer schon viel mehr als unser Bruder? Was kann also gemeint sein, wenn wir fragen, ob es eine Brüderlichkeit nicht nur der Christen untereinander gibt, über die Joseph Ratzinger ein bekanntes Buch geschrieben hat,[2] sondern eine Brüderlichkeit zwischen Jesus und den Seinen, ja vielleicht eine Brüderlichkeit zwischen Jesus und jedem, der ein menschliches Antlitz trägt, und in besonderer Weise, sogar zwischen Jesus und den Menschen jenes Volkes, zu dem er nach Herkunft und Glauben gehörte, zwischen Jesus und den Juden?

Machen wir uns es nicht zu leicht. Versetzen wir uns nicht in eine ekstatische Begeisterung, bleiben wir kritisch und hüten wir uns, abermals ein Jesus-Bild nach dem Geschmack unserer Zeit zu entwerfen. Wenn es uns nicht gelingt, den Bruder-Begriff so auf Jesus zu beziehen, daß dies einen Sinn ergibt, der über den Tag hinaus gültig ist, dann ist diese Rede nicht viel wert. Doch bedenken wir auch, daß es Titel für Jesus gibt, die an vergangene Zeiten und Vorstellungen gebunden sind – so zum Beispiel der Königstitel – und die es den Menschen heute nur unnötig schwermachen zu verstehen, wer Jesus war und was er wollte. Wir haben also zwischen einer schlechten Aktualität und dem berechtigten Interesse an verständlicher Sprache in einer bestimmten Zeit und Kultur zu unterscheiden.

Ich möchte nicht verheimlichen, daß ich zunächst nur in Schwierigkeiten geriet, als ich über dieses Thema nachzu-

2 Vgl. J. Ratzinger, Die christliche Brüderlichkeit, München 1960.

denken begann. Mir fielen die Titel und Lehraussagen der dogmatischen Christologie ein und alsbald auch der Titel einer Schrift des katholischen Tübinger Theologen Karl Adam, der 1929 ein damals beachtliches Buch veröffentlichte, welches hieß: »Christus unser Bruder«. Doch es stellte sich heraus, daß der Bruder-Begriff in diesem Buch merkwürdigerweise nur ganz selten gebraucht wird. Eine Schlüsselstelle des Buches lautet so: »Das ist der ganze Christus: Nicht Gott allein, sondern der Gott *und der Mensch* Christus, der *menschgewordene* Gott. Warum liegt in der *Menschwerdung* Gottes das Entscheidende? Weil wir jetzt einen Menschen unter uns haben, der Gott ist. Wir haben einen Bruder, der Gott ist. Unser eigenes Fleisch und Blut, unser Wesen, ist nicht mehr gottverflucht, sondern aus dem Nein in das Ja, aus dem Nichts in die Fülle erhoben.«[3] Mit diesen Worten »Wir haben einen Bruder, der Gott ist« spricht Karl Adam über das Geheimnis der Inkarnation und der Erlösung, wie es die Theologie gedeutet und entfaltet hat und wie es in der christlichen Volksfrömmigkeit gefeiert wird. So heißt es zum Beispiel in dem alten Weihnachtslied »Es kommt ein Schiff geladen«, dessen Text auf den Mystiker Johannes Tauler zurückgeht: »Maria, Gottes Mutter, gelobet mußt du sein! Jesus ist unser Bruder, das liebe Kindelein.« Halten wir also fest, daß wegen seiner menschlichen Natur gesagt werden konnte, er, Jesus, sei unser Bruder, ein »Bruder, der Gott ist«. Es scheint mir im Hinblick auf die jüngste Theologiegeschichte nicht unwichtig, daran zu erinnern, daß insbesondere in der katholischen Theologie die dogmatische Neubesinnung auf die wahre Menschheit Jesus ganz erheblich dazu beigetragen hat, mit den Mitteln der historisch-exegetischen Forschung nach diesem Menschen Jesus, dem historischen Jesus zu fragen, sich ihn möglichst

3 K. Adam, Christus unser Bruder, Regensburg 1960, 128.

konkret als geschichtliche Gestalt in einer ganz bestimmten Situation und mit einem ganz bestimmten Auftrag vor Augen zu führen. Wenn man heute die Frage stellt, ob die Worte »Bruder« und »Brüderlichkeit« auf Jesus angewandt werden können, dann steht das Interesse an diesem historischen Jesus im Vordergrund, doch gleichzeitig hat das Wort »Brüderlichkeit« für uns einen Klang angenommen, in dem die Appelle der europäischen Aufklärung mitschwingen, der Ruf also nach einer wahrhaft menschlich gewordenen Welt. So werden wir heute nach der Brüderlichkeit Jesu von einem Ansatz aus fragen, der sich so umschreiben läßt: Kann man, nach allem, was wir von dem historischen Jesus mit hoher Wahrscheinlichkeit wissen, ihn unseren Bruder nennen, oder genauer gesprochen: Kann man sagen und zeigen, daß dieser Jesus in einer Haltung der Brüderlichkeit den Menschen gegenübertrat und daß noch heute eine Beziehung zu ihm möglich ist, in der er uns als Bruder gegenwärtig ist und als Bruder mit uns lebt?

Beginnt man, um eine Antwort auf diese Fragen zu versuchen, damit, aus unserem alltäglichen Sprechen und Denken heraus ein erstes Verständnis oder, wie die Philosophen sagen, ein »Vorverständnis« dessen zu ermitteln, was Brüderlichkeit heißt, heißen kann oder heißen soll, so zeigt sich bald, daß dieses Vorverständnis in erheblichem Maße mitgeprägt wurde von der dreifachen Losung der Französischen Revolution: »Freiheit – Gleichheit – Brüderlichkeit«. Der Historiker Wolfgang Schieder hat in einer begriffsgeschichtlichen Abhandlung die Verwendung des Wortes »Brüderlichkeit« in den letzten beiden Jahrhunderten untersucht und dabei auch die Vieldeutigkeit und Formelhaftigkeit dieses Wortes aufgezeigt. Was das Wort »Brüderlichkeit« bedeutet, ist weder politisch-historisch noch aufgrund des verbreiteten Vorverständnisses als eindeutig anzusehen, so daß Schieder das Wort als einen

»reinen Gesinnungsbegriff« bezeichnen kann, der »für Demokraten und Sozialisten, Konservative und Liberale gleichermaßen verfügbar« wurde und war, obwohl er, wie Schieder nicht übersieht, »seiner ursprünglichen Intention nach auf institutionelle Verankerung angelegt« gewesen sei.[4] Das bedeutet insbesondere, daß der Gesinnungsbegriff »Brüderlichkeit«, »seiner Tendenz nach egalitär«[5], eine kritische Komponente in sich hat, die, außer auf *politische Gleichheit*, unter dem besonderen Einfluß der sogenannten Arbeiterbewegung des 19. Jahrhunderts und des Sozialismus auch auf *soziale Gleichheit* hinorientiert ist. Der Sinn von Brüderlichkeit läßt sich also inhaltlich von der Gleichheitsforderung nicht ablösen, ja, sie fügt dieser im Grunde nur das Moment der gemeinsamen Gesinnung und Bereitschaft hinzu, für dieses politische und soziale Ziel einzutreten, und damit wird das Wort nahezu identisch mit dem Begriff der Solidarität in der hier gemeinten Perspektive.

Nach einer solchen Vergewisserung über die Bedeutung des Wortes »Brüderlichkeit« blicken wir wieder auf Jesus. Es gilt jetzt, sich vor Augen zu führen, wie der historische Jesus gelebt hat, und alsdann zu prüfen, ob die Erwartungen und Ideale, die wir mit dem Wort »Brüderlichkeit« verknüpfen, und unser Wissen von dem historischen Jesus derart einander angenähert werden können, daß wir in der Tat von der Brüderlichkeit Jesu sprechen dürfen. Diese Art und Weise, über Jesus zu reden, deren wir uns hier bedienen, ist schon oft angewandt worden und hat zweifellos ihre Berechtigung. Doch es lassen sich gegen diese Methode der Annäherung moderner Begriffsinhalte an eine historische Figur auch Bedenken geltend machen: Könnte es

4 W. Schieder, Brüderlichkeit, in: Geschichtliche Grundbegriffe. Historisches Lexikon zur politisch-sozialen Sprache in Deutschland, hrsg. von O. Brunner/W. Conze/R. Koselleck, Bd. I, Stuttgart 1972, 552–581, speziell 581.

5 Ebd. 569, vgl. 573–579.

nicht sein, daß wir alle unsere Hoffnungen und Wünsche in die Worte »Bruder« und »Brüderlichkeit« hineinlegen, hineinprojizieren und daß wir, wenn wir dann Jesus den Bruder nennen und von seiner Brüderlichkeit sprechen, in ihm nur uns selber wiederfinden? Ist es wirklich so sicher, daß die Brüderlichkeit Jesu all das erfüllt und umfaßt, was wir heute bei diesem Stichwort assoziieren? Verstellen wir uns damit nicht die Möglichkeit, Jesus in seiner einmaligen, nur ihm eigenen Weise brüderlich zu sein, zu erkennen? Diese Frage warnen zumindest davor, Jesus allzu rasch doch wieder einzuordnen oder zu integrieren.

Aber es gibt meiner Ansicht nach noch weitere Vorbehalte gegenüber der Bruder-Terminologie. Deren historisch-politischer Mißbrauch ist hinreichend bekannt. Daß Kinder derselben Eltern nicht immer ein überzeugendes Symbol für Eintracht und Frieden, Gleichheit und Solidarität abgeben, bedarf ebenfalls keiner Worte. Auch kennt man Orwells »Großen Bruder«, der in Wirklichkeit eine schlimme Vaterfigur ist, die als Über-Ich herrscht und herrschen will und nur um des guten Scheines willen als Bruder auftritt. Daß es »falsche Brüder« gibt, auch in der christlichen Gemeinde, erwähnt bereits Paulus (2 Kor 11,26). Kurzum: es ist semantisch keineswegs überzeugend oder gar zwingend, all seine Hoffnungen auf Menschlichkeit, Gleichheit, Kommunikation, gelungene Interaktion usw. in die Worte »Bruder« und »Brüderlichkeit« hineinzulegen.

Und dies gilt nun auch in Bezug auf den historischen Jesus, wie er uns heute durch die Exegese vorgestellt wird: Wer er war und was er wollte, läßt sich in einer einzigen Benennung immer nur partiell erfassen. Die Zeugnisse spiegeln die Verschiedenheit der Erfahrungen wider, die man mit ihm gemacht hat: Er trat wie eine charismatisch-prophetische Gestalt auf, er sprach mit Einfachheit und Klugheit, vor allem aber mit Souveränität und Mut, er war der Meister, der Lehrer, bisweilen hart und streng, bisweilen aber auch unendlich milde und liebevoll und dabei über kultisch-rituelle und soziale Konventionen sich hinwegsetzend. Zu seinen Mählern lud er Verachtete, Ausgestoßene, Erniedrigte ein, er redete nicht nur mit jüdischen Gelehrten und denen, die ihm am nächsten standen, sondern auch mit Kindern, Leidenden, Unwichtigen, mit Sündern, mit Zöllnern und mit Prostituierten (vgl. etwa Lk 18,15 f, Mt 18,2; Mk 2,15–17, 18 f; Mt 11,19 par Lk 7,34; Mt 21,32; Lk 15,2). In seinem Auftreten lagen Züge eines wirklichen Meisters, doch zugleich und unablösbar davon sehen wir die Gesten der Zuneigung, der Verbundenheit, der Zärtlichkeit, der Solidarität, der besonderen Sympathie für die, die nicht im Lichte stehen, sondern auf der dunklen Seite des Lebens. Gerade diesen erweist er Freundlichkeit, Hilfe, Heilung, Trost, ja, er nimmt öffentlich Partei für sie, er ist parteiisch zu ihren Gunsten, denn er ist wirklich ihr »Freund«. Man darf also das Bild, das wir vom historischen Jesus erhalten, wenn wir den Exegeten zuhören, nicht reduzieren, sei es auf seine Überlegenheit und Meisterlichkeit, sei es auf seine Verbundenheit mit den Kleinen und Armen, sei es auf seine Gegnerschaft zu den Amtsträgern des damaligen Judentums. Alles dieses und noch anderes gehört zu Jesus, und doch ist er mehr als dieses alles zusammen. Fragen wir, wodurch sein ganzes Wesen quer durch sein Auftreten, Lehren und Handeln hindurch charakterisiert und zusammengehalten wurde, so müssen wir sagen, daß es die Bindung war, in der er zu seinem Gott stand und aus der er diesen Gott mit größtem Vertrauen als abba, »Väterchen«, anredete, und daß ihm eine Freiheit und Weite der Liebe zu den Menschen eigen war, die die Grenzen der jüdischen Religion sprengte und programmatisch in dem Wort zu Ausdruck kommt: »Der Sabbat ist um des Menschen willen geschaffen und nicht der Mensch um des Sabbats willen« (Mk

2,27). Die unvergleichliche, einmalige Art zu leben, die wir in der Existenz Jesu vor uns haben, war bereits eine erste Gegenwart des Reiches Gottes, dessen nahe Zukunft Jesus proklamierte. Wenn wir heute, als Menschen des 20. Jahrhunderts und mit dem Wissen um eine fast zweitausendjährige Christentumsgeschichte voller Widersprüche, jenen Satz über die Unterordnung des Sabbat unter den Menschen hören und das Prinzip herausschälen, das er enthält, so werden uns in der Tat nicht wenige moderne Worte einfallen, die dieses äußerste Engagement für das Menschliche benennen können, und wir dürfen in diesem Sinn auch das Wort »Brüderlichkeit« aufnehmen, um zu bezeichnen, was Jesus in die Welt bringen wollte. Die christliche Gemeinde verstand sich tatsächlich als eine Gruppe von Brüdern und Schwestern, so daß nicht etwa nur Theologen, sondern eben auch Historiker wie zum Beispiel Wolfgang Schieder zu dem Urteil gelangen: »Es überrascht . . . nicht, daß aus der griechisch-römischen Antike keinerlei nachweisbare Wirkungen auf das neuere Bruderdenken ausgegangen sind. Für die Entfaltung des Begriffs war vielmehr der frühchristliche Brudergedanke, wie er sich im Neuen Testament darstellt, von grundlegender Bedeutung.«[6] »Ihr alle seid Brüder«, heißt es (Mt 23,8), aber an derselben Stelle gehen die Worte voraus: »Einer ist euer Meister.« Wenn aber dieser Eine so ausdrücklich und antithetisch als Meister bezeichnet wird, dem die Gemeinde derer gegenübersteht, die untereinander Brüder sind, so ist offenbar noch immer die Frage unbeantwortet, ob auch Jesus selbst, der der Meister ist, gleichwohl auch als Bruder und ob sein Verhältnis zu uns »brüderlich« genannt werden darf.

Nun, bevor man sich auf das skizzierte moderne Verständnis von Brüderlichkeit beruft, um die Redeweise von

6 Ebd. 554.

der Brüderlichkeit Jesu zu rechtfertigen, sollte man sich daran erinnert haben, daß es einige Stellen im Neuen Testament gibt, die den Bruderbegriff ausdrücklich auf Jesus beziehen. Es kommt mir nicht zu, diese Stellen im einzelnen exegetisch zu erklären, aber ich möchte sie hier wenigstens nennen und kurz vorstellen.

Die Synoptiker erzählen, wie einst die Verwandten nach Jesus riefen, und er, auf seine Jünger blickend, antwortete: »... wer den Willen Gottes tut, der ist mein Bruder und meine Schwester und meine Mutter« (Mk 3,31–35, parr). Nebenbei bemerkt: Hier wird klar, daß es für Jesus keinen Unterschied gibt zwischen Brüderlichkeit und Schwesterlichkeit – die Schwestern sind immer gleichrangig mitgemeint, wenn von den Brüdern die Rede ist! – In einem Osterbericht (Mt 28,10) sagt der auferstandene Jesus zu den Frauen: »Geht und kündet meinen Brüdern, sie sollen nach Galiläa gehen, dort werden sie mich sehen.« Der Auferstandene also spricht hier von »seinen Brüdern«. Dies führt uns weiter zu einer Formulierung aus dem Römerbrief (8,29), wo Paulus den Auferstandenen, den »Sohn«, den »Erstgeborenen unter den vielen Brüdern« nennt. – In der Gerichtsszene bei Matthäus spricht der richtende Menschensohn, der König, zu denen auf der rechten Seite, die ihn erstaunt fragen: »Wann haben wir dich hungernd, dürstend, nackt und krank gesehen?«, die erstaunlichen Worte: »Was immer ihr einem dieser meiner geringsten Brüder getan habt, das habt ihr mir getan« (25,40). Nicht nur Christen sind hier angesprochen, sondern schlechthin alle. – Schließlich ist noch ein Satz des Hebräerbriefs zu erwähnen, der darauf hinweist, daß Jesus und die Seinen Brüder sind, weil Gott der Vater Jesu und der Vater der Gläubigen ist (vgl. Hebr 2,11 f). Es scheint einiges dafür zu sprechen, daß die Redeweise von Jesus als einem Bruder der Seinen, ja von den Geringsten als seinen Brüdern, nach dem Tod Jesu in der christlichen Gemeinde nicht ungewöhnlich war. Wichtiger aber ist, daß dieser Sprachgebrauch von Jesus als dem Bruder auf eine Gemeinsamkeit, eine Zusammengehörigkeit mit Jesus hindeutet, die in der Gerichtsperikope des Matthäus zur Solidarität Jesu mit allen Leidenden universalistisch und humanistisch ausgeweitet wird.

Man darf daraus die Folgerung ziehen, daß auch überall dort, wo mit anderen Worten in diese selbe Richtung gewiesen wird, so wenn etwa im Samaritergleichnis gezeigt wird, was die Liebe zum Nächsten bedeutet (Lk 10,29–37), oder wenn Jesus in den Seligpreisungen die Partei der Armen und der Milden, der Aufrichtigen und der Friedenstifter ergreift (Lk 6,20–23 und Mt 5,3–12), daß dann stets eine zwischenmenschliche Haltung gefordert wird, die früh schon durch den Bruder-Begriff gekennzeichnet wurde, wobei man der Überzeugung war, daß in der Brüderlichkeit der Christen, ja der Menschen, die menschlich sind, die Brüderlichkeit Jesu selbst anwesend ist. Gerade die so wichtige Gerichtsszene legt es nahe, von der verborgenen Gegenwart, gleichsam von der *Anonymität*, das heißt von der namentlichen Unerkanntheit Jesu als des Bruders in den Geringsten, in den scheinbar Uninteressantesten der Menschen, zu sprechen.

Denken wir jetzt abermals an den modernen Begriff von Brüderlichkeit mit der ihm eigenen Tendenz zu politischer und sozialer Gleichheit, so wird man anerkennen müssen, daß darin zumindest Elemente jener Brüderlichkeit enthalten sind, die wir als die Brüderlichkeit Jesu kennengelernt haben. Insofern die moderne Brüderlichkeit in der Praxis des Lebens wirklich auf eine Humanisierung aller Verhältnisse abzielt, will sie doch nichts anderes als eine humane Gegenseitigkeit und damit eine gesellschaftlich-öffentliche Form herrschaftsfreier Liebe der Menschen untereinander herbeiführen. In humanen und humanisierten Aktionen, die wirklich diese Benennung verdienen, ist also Brüderlichkeit Jesu und damit Jesus selbst – wenn auch zumeist unerkannt, anonym – anwesend, so daß es nicht nur blasse Lyrik oder schiere Propaganda ist, sondern einen wohlbegründeten theologisch-christlichen, ja mystischen Sinn ergeben *kann*, wenn es am Ende eines russischen Revolutionsgedichtes von Alexander Block heißt[7]:

> »und voll Sanftheit jeder Schritt,
> schreitet Jesus Christus mit.«

Freilich, daß es sich wirklich so verhält, das wird sich, mit den mystisch chiffrierenden Worten des Evangeliums gesprochen, erst vom Ende, vom Gericht her herausstellen, und deshalb ist Wachsamkeit stets am Platze. Obwohl in dieser Perspektive der Sinn dessen sich erschließt, was christlich verstanden Einheit und Universalität der Geschichte bedeuten, muß doch immer auch hinzugefügt werden, daß quälende Fragen, die uns die Not der Menschen aufgibt, die Rede von der Brüderlichkeit Jesu mit allen Menschen und das Vertrauen auf diese Brüderlichkeit stets schmerzhaft kontrastieren. Angesichts von Millionen hungernder Menschen in der Dritten Welt, angesichts der Schrecken der Kriege, der ungebändigten Krankheiten und vielen anderen öffentlichen und privaten Elends vermögen viele, und mir geht es nicht anders, von Gott und Religion nur noch stockend und zweifelnd zu reden. Und von der Brüderlichkeit Jesu müssen wir beschämt eingestehen, daß sie nur konkret werden kann in den Taten der Menschen und allenfalls noch in der Hoffnung, die sich auf ihn als den »Erstgeborenen unter vielen Brüdern« richtet, das heißt in der vielgeschmähten Hoffnung über dieses Leben hinaus. Man kann also nicht die Augen davor verschließt,

7 Aus: A. Block, Die Zwölf (1918), zitiert nach: Oktober-Land. 1917–1924. Russische Lyrik der Revolution, hrsg. von E. Mirowa-Florin und L. Kossuth, Berlin 1967, 55.

daß die Rede von der Brüderlichkeit Jesu und die Erfahrung, die man von ihr haben könnte oder sollte, heute nicht als sonderlich überzeugend und animierend empfunden werden und daß ihnen auch eine gewisse Mehrdeutigkeit anhaftet, denn sie lassen sich nur schwer oder vielleicht gar nicht in Handlungsanweisungen für soziale Strategien, für Wahlkämpfe und ähnliche Zwecke umsetzen. Was aber jederzeit möglich ist, läßt sich meiner Ansicht nach so formulieren: Es ist sehr wohl möglich, sich selbst nachdenkend, wenn man will: meditierend, immer neu der Gestalt des historischen Jesus und der auf Brüderlichkeit hinweisenden Züge seines Wesens, seines Handelns und seiner Lehre auszusetzen und dann – nach einer rationalen Analyse der Situation, in der man sich befindet – zu der Frage überzugehen, was konkret wohl am ehesten der brüderlichen Gesinnung Jesu zu den Menschen entsprechen könnte. Inwieweit dann die Gesellschaft, in der man jeweils lebt, es überhaupt und insbesondere den Christen gestattet, aufgrund einer solchen vermittelnden Reflexion, die uns nun einmal nicht erspart wird, zu leben oder gar verändernd zu wirken – auch diese Frage muß jeweils kritisch und nüchtern untersucht werden, wenn man es mit der Brüderlichkeit Jesu ernst meint.

Zum Schluß möchte ich noch in aller Kürze auf eine andere Problematik zu sprechen kommen, die hier nicht unerwähnt bleiben darf. In jüngster Zeit haben angesehene jüdische Theologen Jesus als ihren »Bruder« bezeichnet, so zum Beispiel ein Mann wie Martin Buber[8]; dessen Freund und Schüler Schalom Ben Chorin hat einem Jesusbuch den Titel »Bruder Jesus« gegeben.[9] Diese jüdischen Theologen

8 Vgl. M. Buber, Zwei Glaubensweisen (1950), in: M. Buber, Werke, Bd. I, München/Heidelberg 1962, 657: »Jesus habe ich von Jugend auf als meinen großen Bruder empfunden.«

9 Vgl. Sch. Ben-Chorin, Bruder Jesus. Der Nazarener in jüdischer Sicht, München 1967.

versuchen, mit Hilfe des Bruder-Begriffs, der an die Zugehörigkeit Jesu zum Volk Israel erinnert, den Abgrund zu überbrücken, der zwischen Jesus, dem Messias und Gottessohn des Christentums, und dem historischen jüdischen Jesus entstanden ist. Wir müssen, wenn wir Christen sind, in der Regel erst lernen zu ermessen, was es für gläubige Juden bedeutet, diesen Jesus aus Nazareth, in dessen Namen den Juden unsägliches Leid zugefügt wurde, heute als den »Bruder Jesus« zu begreifen. Zudem sind es nur wenige Juden, die so zu sprechen wagen.

Die Brüderlichkeit Jesu, so sahen wir, hat einen universalistisch-humanistischen Radius; die Juden sind darin eingeschlossen, aber daneben besteht noch ein ganz spezifisches Verhältnis der Brüderlichkeit zwischen Jesus und den Juden. Dieses besondere Bruder-Verhältnis, das über die Zugehörigkeit zu Israel als Volk hinausgeht, hat letztlich seinen Grund in einer tiefen Übereinkunft zwischen den wahren Intentionen des Judentums: Es geht um eine Gemeinsamkeit aller Menschen in der Hoffnung auf eine totale Wende aller Dinge.

Provokative Unterbrechungen

Jan Milič Lochman

Jesus, atheistisch gesehen

Im Januar 1967 hatte ich in meiner Prager Wohnung eine denkwürdige Begegnung mit einem führenden deutschen Theologen. Er hatte mir ein Exemplar des amerikanischen Nachrichtenmagazins »Time« mitgebracht und machte mich auf einen Artikel über die neueren Entwicklungen in der amerikanischen Theologie aufmerksam. Der Titel des Artikels: »*Gott ist tot.*« Ich war doch etwas überrascht über dieses Stück theologischer Information aus »Gottes eignem Land«. Umgekehrt konnte aber auch ich meinem Freund eine Artikelserie zeigen, die eben in einer wichtigen Literaturzeitschrift meines Landes erschienen war. Damals hatte die Tschechoslowakei immerhin schon zwanzig Jahre unter dem Einfluß einer offiziellen atheistischen Propaganda gestanden und galt in Ost und West weithin als gut gesicherte Hochburg des Atheismus. Und nun erschienen diese Artikel mit der Überschrift: »*Gott ist nicht ganz tot*«.

Das Paradoxe der Situation war nicht zu übersehen, besonders da diese beiden Stimmen nicht von irgendwelchen subversiven Gruppen im jeweiligen Lager kamen, sondern mitten aus den offiziellen universitären Institutionen. Die amerikanischen Gott-ist-tot-Theologen hatten nicht die Absicht, die Theologie abzuschaffen; sie nannten sich selbst die »radikalen Theologen«. Und umgekehrt wollten die Atheisten des Gott-ist-nicht-ganz-tot-Atheismus nicht als krypto-religiös gelten und nannten sich selbst darum »radikale Atheisten«. Wie also waren diese Erscheinungen zu verstehen und zu interpretieren? Als Ausbruch des geistigen und weltanschaulichen Chaos?

Vielen schien die Bejahung dieser Frage als Antwort auf das Problem einleuchtend. Elemente der Verwirrung waren tatsächlich nicht zu verkennen. Inzwischen hat sich manches geklärt, teils zum Guten, teils zum Schlechten. Bereits damals aber war noch eine andere Bewertung möglich: in diesen unerwarteten Stimmen im positiven Sinn die Zeichen der Zeit zu erkennen, nämlich als Zeichen einer Entwicklung, welche die simplifizierenden, dogmatischen und selbstgerechten Antworten in Frage stellt, die auf manche geistige und politische Grundfragen unserer Zeit gegeben wurden.

Ich denke dabei besonders an die Mentalität, die in den fünfziger Jahren vorgeherrscht hat, an die Zeit des Kalten Krieges. Diese unglückselige und gefährliche Epoche war in Kirche und Gesellschaft geprägt durch vereinfachende Antworten auf die umstrittenen politischen und weltanschaulichen Fragenkomplexe. Die beiden Machtblöcke befehdeten sich nicht nur politisch und militärisch, sondern auch mit dogmatisierten weltanschaulichen Ansprüchen. Die Gegensatzpaare Religion-Antireligion und Theismus-Atheismus spielten in dieser Auseinandersetzung eine gewisse Rolle – und zwar eine keineswegs hilfreiche Rolle. Ihr Gebrauch (oder besser: Mißbrauch) gab den politischen Spannungen den Charakter eines metaphysischen Kampfes und verschärfte die Auseinandersetzung in verhängnisvoller Weise, indem durch sie das Element der Selbstgerechtigkeit und Unfehlbarkeit hineingebracht wurde. Die »Kinder des Lichtes« standen den »Kindern der Finsternis« gegenüber. Unter »Licht« und »Finsternis« verstand man jeweils das Gegenteil: Dem Westen galt der Theismus als erleuchtet, als lichtes Teilstück der christlichen Zivilisation gegenüber dem atheistischen Antichristen; für den Osten stand der aufgeklärte Atheismus als Vorhut des gesellschaftlichen und kulturellen Fortschritts im Streit mit den dekadenten bourgeoisen religiösen Heuchlern und Dunkelmännern. Hinter beiden Versionen stak die gleiche Mythologie: eine simplifizierende Antwort auf die geistige und politische Krise.

Diese mythologische Simplifizierung in Frage zu stellen, lag im Interesse der Humanisierung unserer Welt nach innen wie nach außen. *Intern*, nämlich im Blick auf das weltanschauliche Klima der jeweiligen Gesellschaft, zerstört eine starre weltanschauliche Haltung und moralische Selbstgerechtigkeit die gesunde Entfaltung menschlicher Belange. Eine Gesellschaft und Kultur, die nicht fähig ist, die Debatte über ihre weltanschaulichen Voraussetzungen immer neu zu eröffnen, gerät in Gefahr zu degenerieren. Und eine Theologie und Philosophie, die eine solche Überprüfung und Neuinterpretation ihrer Dogmen nicht erlauben und zu ihr ermutigen kann, verfehlt ihre wichtigste Funktion an der Gesellschaft – nämlich als kritische Theorie ihrer Kirche und Gesellschaft zu dienen.

Ebenso gefährlich waren diese mythologischen Simplifizierungen der Spannungen und Differenzen *nach außen*. Sie gefährdeten das übergreifende Interesse an einer verantwortbaren Koexistenz zwischen den Blöcken und schließlich auch an der dringend nötigen Proexistenz beider, der »ersten« wie der »zweiten« Welt für die »dritte« Welt (oder besser: die Zwei-Drittel-Welt, Asien, Afrika und Lateinamerika). Hier liegt ohne Zweifel die wichtigste politische Aufgabe unserer Zeit, das Problem der *Entwicklung* innerhalb der einen Menschenfamilie. Betrachtet man sowohl die konstruktiven wie die destruktiven Möglichkeiten der gegenwärtigen Welt, bleibt keine andere Wahl als die klare Alternative: Pro-Existenz oder Nicht-Existenz. Nun aber läßt es Befangenheit in künstlichem, statischem und selbstgerechtem Widerspruchsgeist kaum zu, daß wir uns produktiv auf unsere geistigen und politischen Ressourcen konzentrieren. Eben dieser Konzentration bedarf es aber. Um nicht mißverstanden zu werden: Sicher gibt es wirkliche Spannungen und Widersprüche in unserer Welt und zwischen unseren Systemen. Ihnen hat man sich nüchtern zu stellen; sie zu ignorieren oder auf eine einfache Konvergenztheorie zu reduzieren hilft nicht. Aber künstliche und in die Länge gezogene Kontroversen sind unnötiger Luxus. Und in einer solchen Situation liegt dann die Entmythologisierung der Alternative Theismus-Atheismus im gegenseitigen Interesse und im Interesse unserer gemeinsamen Verantwortung für den Menschen in unserer Welt.

Dieser Punkt ist für *Christen* und Theologen in *Ost-Europa* besonders wichtig geworden, vor allem in der Tschechoslowakei. Das lag an unserer etwas delikaten Situation: Wir waren einerseits loyale Bürger unserer sozialistischen Gesellschaft und als solche enttäuscht und entmutigt durch die Neigung mancher unserer Mitchristen im Westen, Osteuropa dogmatisch mit »atheistischer Welt« zu identifizieren, als ob es unsere Kirchen dort nicht gäbe. Unter dieser Kalten-Kriegs-Propaganda litten wir. Umgekehrt mußten wir uns ebenso gegen die Dogmatismen der atheistischen Propaganda in unseren eigenen Ländern stellen. Die einfache Gleichsetzung von gesellschaftlichem und kulturellen Fortschritt mit Atheismus, wie sie die offizielle Ideologie betrieb, war für uns unannehmbar.

Unter diesen Umständen wurde es dringend, die Debatte zwischen Theisten und Atheisten, die Überprüfung eingefahrener Positionen und Lösungen neu zu eröffnen. Das war wichtig, nicht nur vom Gesichtspunkt der Weltanschauung und Doktrin her, sondern auch als Teilstück unserer geistigen Berufung und im Interesse des Friedens. Aus diesem Zusammenhang sind der christlich-marxistische Dialog und die Prager Christliche Friedenskonferenz zu verstehen. Beide stellen wichtige Erscheinungen christlicher Existenz in Ost-Europa dar. Beide wurden von tschechoslowakischen protestantischen Theologen unter der Leitung von Josef L. Hromádka gegründet. Seine Abhandlung »Evangelium für Atheisten« hat in beiden Richtungen die Tür geöffnet. Was als Symbol allgemeiner Verwirrung erschien, war darum Zeichen einer zwar schwierigen, aber doch verheißungsvollen Entwicklung in unserer Gesellschaft und dann auch in unseren ökumenischen Begegnungen.

Unsere Erwägungen zum Thema sind vor diesem konkreten theologischen und persönlichen Hintergrund zu sehen. Ich stelle sie unter das Stichwort »Jesus für Atheisten«. Die Formulierung ist zweideutig: »Jesus für Atheisten« läßt sich zunächst verstehen als Betonung dessen, was mir der ursprüngliche Zug des Evangeliums von Jesus Christus zu sein scheint: *Jesus war Mensch für andere*. Die Erzählungen der Evangelisten wie die Schriften der Apostel im Neuen Testament weisen in diese Richtung. Folgt man der *Geschichte Jesu*, wie sie im Evangelium enthalten ist, so kann man sich über diese Richtung nicht täuschen. Hier war einer, der unbedingte Liebe zum Nächsten, einschließlich des Feindes predigte und der diese Liebe in einzigartiger Solidarität mit den Ausgestoßenen rechts und links der Straße des Establishments praktizierte. Und hört man auf die *Verkündigung* dieses einen als des Herrn in den Schriften der Apostel, dann entdeckt man, daß sie zum Engagement in derselben Richtung aufrufen. Alle Trennungsmauern werden niedergerissen, alle Arten der Absonderung in Frage gestellt. »Hier ist nicht Jude noch Grieche, hier ist nicht Knecht noch Freier, hier ist nicht Mann noch Weib, denn ihr seid allzumal *einer* in Jesus Christus.« (Gal 3,28). Wer auf diese Konsequenz des Christusglaubens eingehen will, muß als sein Nachfolger für alle offensein. Er ist

»Schuldner der Griechen und Nichtgriechen, der Weisen und Nichtweisen« (Röm 1,14). So hat die Geschichte und der Glaube Jesu eine Bewegung zur radikalen Proexistenz in Gang gesetzt. Eben hier findet die Polyphonie der neutestamentlichen Stimmen ihren Cantus firmus: Jesus ist für alle da, also auch für Atheisten.

Andererseits läßt sich unsere Formulierung aber auch verstehen als Antwort auf die Frage: *Was bedeutet Jesus für Atheisten?* In dieser Version führt sie zu einem anderen Problemkreis, nämlich zur Begegnung mit der atheistischen Vorstellung von Jesus. Dieses Thema ist sehr alt; von Anfang an hat Jesus die Aufmerksamkeit der Nicht-Glaubenden ebenso auf sich gezogen wie die der Glaubenden. Das gehört unmittelbar zum Wesen des Evangeliums: Seine Geschichte ist in keiner Weise esoterisch; es ist öffentliche Angelegenheit, spielt auf der politischen Bühne. Darum ist es den verschiedensten Reaktionen ausgesetzt und wird aus verschiedenen Blickwinkeln angesehen. So bereits in den Tagen Jesu und seither durch die ganze Kirchengeschichte.

In unseren Tagen gewinnt dieses alte Thema »Jesus für Atheisten« neue *Aktualität.* Wir beobachten an verschiedenen Stellen ein wachsendes Interesse an Jesus. Einerseits nimmt zwar das Interesse an religiösen Institutionen deutlich ab, die Säkularisation schreitet im Westen wie im Osten fort. Andererseits stellen sich Anzeichen einer neuen Faszination durch Jesus an unerwarteten Stellen ein: unter Hippies, Revolutionären, Künstlern und Theologen. Ein unbegreifliches Paradox? – Nicht unbedingt. Die Beschäftigung mit Jesus zeigt einige neue gemeinsame Aspekte: die Suche nach dem »nicht-etablierten«, »nichtkonformistischen« Jesus. Das Ergebnis dieser Suche befriedigt nicht durchweg; immer wieder werden wir Zeuge neuer Verdrehungen des biblischen Jesusbildes. Aber ebenso stellen sich neue Akzente und Einsichten heraus, die

Jesus von alten Stereotypen und den herkömmlichen Verdrehungen befreien. Von daher erscheint der »Jesus für Atheisten« als wichtige Erscheinung und als wichtiges Thema.

Für unsere Überlegungen halte ich beide Akzente unserer zweideutigen Themaformulierung für wichtig. Der erste zeigt die theologische Perspektive an, der zweite deren Gegenstand.

Zu a) die *Perspektive*: Nach meiner tiefen Überzeugung läßt sich die einzig legitime Antwort auf das Problem des Atheismus nur im Licht des *Evangeliums für Atheisten* suchen und finden. Das bedeutet keine Unterschätzung der negativen Seiten des Atheismus: nach meiner Überzeugung und Erfahrung ist der Atheismus als Antwort auf die Grundfrage des Menschen ungeeignet. Trotzdem kann der Christ in der Beschäftigung mit ihm nur vom Evangelium, nicht vom Gesetz herkommen. Das ist von den Christen in Theorie und Praxis oft vergessen worden. »Nieder mit den Atheisten« hallt es als orthodoxe »Antwort« auf den Atheismus durch die Kirchengeschichte. Eine solche Haltung ist absolut unproduktiv und selbstzerstörend – nicht nur in pragmatischer, sondern auch in theologischer Wertung. Die Kreuzzugsmentalität widerspricht dem Geist des Evangeliums. Legitimes christliches Zeugnis muß die für es selbst konstitutive Perspektive ernst nehmen: Evangelium *für* Atheisten.

Zu b): Der andere Akzent bestimmt den *Gegenstand* unserer Untersuchungen. Wir werden uns auf einige neuere atheistische »Jesusbilder« konzentrieren, auf *atheistische Christologie*. Im besonderen werden wir uns dann mit einer bestimmten Familie des Atheismus beschäftigen, nämlich dem *marxistischen* Denken. Sicher ist der Marxismus nicht die einzige Richtung im modernen Atheismus; in der gegenwärtigen Welt gibt es viele Traditionsströme eines ausgesprochenen Atheismus. Für mich selbst aber und mein Leben und Denken sind die marxistischen Atheisten die Gesprächspartner geworden, die mich am meisten herausgefordert haben. Das erklärt sich aus dem besonderen biographischen Hintergrund eines Theologen, der in einer marxistischen Gesellschaft lebte. Es hat aber auch noch tiefere Gründe. Meiner Ansicht nach gibt es kaum eine andere Denkrichtung, die für das Christentum heute eine vergleichbare Herausforderung darstellt. Und zugleich gibt es kaum eine andere Bewegung, in der wir ähnlich wichtige Entwicklungen in ihrem Verständnis von Jesus beobachten könnten, wie bei den Marxisten.

Milan Machovec

Jesus, marxistisch gesehen

Fast ausnahmslos wird das historische, besonders das neuzeitliche Christentum von Marxisten aufs schärfste kritisiert, ja verurteilt – aber *nie* hat irgendein Marxist die sogenannte »Sache Jesu« – d. h. die mit der Person Jesu direkt verknüpften sittlichen Aufrufe – für absolut schlecht und restlos schädlich gehalten. Im Gegenteil: Trotz aller Unterschiede unter den Marxisten gibt es in dieser Hinsicht fast völlige Übereinstimmung darüber, daß es an der »Sache Jesu« auch Gutes gab, daß jedoch gerade die Marxisten und die von ihnen geförderte geschichtliche Weltbewegung *legitime Erben, Nachfolger, Ersetzer* alles dessen sind, was an dieser »Sache« relativ gut, d.h. humanistisch, sozial, moralisch usw. war.

»Erben und Nachfolger« insofern, als alles, was Jesus und die besten Träger der christlichen Tradition emotionell ersehnten und wollten, aber in der Praxis mit primitiven Mitteln und deshalb mit nur geringem Erfolg durchsetzten, die Marxisten jetzt *realistisch, wissenschaftlich*, mit allen Mitteln des technischen Aufbaus und der Organisationsfähigkeit realisieren. Kleinigkeiten erwecken kaum Interesse, aber fast jeder Marxist weiß etwas von der christlichen Barmherzigkeit, Güte, Nachsicht, Nächstenliebe, auch vom christlichen Universalismus, er sagt zu all dem nicht »nein«, aber behauptet, daß das Christentum schließlich nur *Almosengeben* kannte und kennt, also bloß individuelle Initiativen, eigentlich nur *zufällige* Akte (solche Versuche der Organisationen der Nächstenpflege wie z. B. die der Salesianer konnten generell an dieser Tatsache nichts ändern), also einen Akt zwar gut gemeinter Verbesserung der Lage von Tausenden, der aber nichts daran änderte, daß die antagonistische Struktur der weiterbestehenden Klassengesellschaft zugleich wiederum Hunderttausende in traditionelle Nöte wirft. So kann sich zwar jenes »Gute« im Christentum – »die Sache Jesu« – ewig wiederholen, aber es verbleibt bei einem »circulus vitiosus«, die Gesellschaft als ganze bleibt in ihren Grundlagen krank, entfremdet, »unerlöst«. Und es gibt dann – trotz aller edlen Sehnsüchte heiliger Träumer – mehr Unglückliche als durch die Liebe tatsächlich vom Glück Bestrahlte auf dieser Welt ... Auch die *unnötig* Leidenden, die mit marxistischen Mitteln zu retten gewesen wären ... So habe das Christentum das ethische Hauptgebot seines Meisters: »Geh und hilf dem Nächsten« auf eine nur primitive, schon längst antiquierte Weise erfüllt – eigentlich habe es dieses Gebot nicht erfüllt. Marxisten sind überzeugt, daß sie *selbst* das positive Erbe der Sache Jesu – die tätige Nächstenliebe – übernehmen und besser verwirklichen – oder verwirklichen werden ...

Tief eingewurzelt lebt unter den Marxisten – freilich ohne daß begrifflich diese Terminologie benützt würde – die Vorstellung von einem *»dritten Bund«*, d.h. daß die Menschheit heute – durch den Marxismus – einen noch größeren Umsturz erlebt als damals, als sich aus dem ersten Bund der Synagoge die Kirche trennte, und daß wir Marxisten – da benützt man sogar fast dieselbe Terminologie! – »berufen« sind (aufgerufen, ek-klésia, Partei ...), der Menschheit dynamisch – aktiv, tätig, praktisch, arbeitsam, gehorsam, opferbereit (das alles gehört immer zur »Berufenheit«) – auf eine geschichtlich und moralisch höhere Ebene zu helfen. Das Christentum erscheint dann allen so begeisterten Marxisten ganz ähnlich und in analoger Lage zu sein, wie weiland das Volk des ersten Bundes den Frühchristen erschien: Entweder wirst du dich bekehren, mit uns glauben, mit uns gehen, oder du wirst früher oder später wie ein dürrer Zweig des geschichtlichen Stroms im Warteraum des Absterbens zurückbleiben ... Alle Marxisten sind von ihrer eigenen Einzigartigkeit und Berufung tief überzeugt (es zeigt sich eine eigentlich seltsame Sache, daß der Mensch die »Berufenheit« annimmt, auch ohne daß ein Lebendiger »gerufen« hätte). Ist das ein ererbtes Stereotyp? Nur eine vorübergehende façon de parler? Ob dann der Marxist die Christen verfolgt oder mit ihnen gewisse taktische, revolutionäre oder Aufbau-Bündnisse schließt (und deswegen ihre Kulte toleriert), diese Unterschiede darf man zwar nicht unterschätzen, aber sie ändern nichts an der erwähnten Mentalität der »höheren Ebene« und des höheren »Bundes«.

Nicht mehr also: Aufrufe zur Barmherzigkeit, Nächstenliebe usw., sondern planmäßiger Aufbau der Krankenhäuser, Schulen u. ä. Nicht also: Schwärmerei von der Gewaltlosigkeit, sondern allmählicher Progreß zur klassenlosen Gesellschaft, die auch – freilich erst »dann«! – gewaltlos sein wird, *tatsächlich* für alle Menschen gewaltlos. Nicht mehr Reden von der Allmacht der Liebe, sondern Aufbau einer solchen Gesellschaftsstruktur, in welcher nicht mehr Markt und Profit, Geld und Macht, sondern nur liebende Herzen und andere natürliche menschliche Gaben die Individuen verbinden werden. Nicht mehr Aufrufe zum »Nicht-nur-Brot«, sondern geduldiger Weg zu einer solchen Gesellschaft, in welcher möglichst die meisten geborenen Individuen sowohl geistige Bedürfnisse haben als diese auch befriedigen können. Nicht mehr inbrünstige Liturgie von der mystischen Einheit der Menschen, sondern planmäßiger Aufbau der realen, internationalen, friedlichen Gemeinschaft und allseitige Zusammenarbeit. Und so ähnlich.

Ist dies aber alles nicht zu klar, zu selbstverständlich, zu schön, um tatsächlich wahr zu sein? Und nachdem die Marxisten schon mehr als ein halbes Jahrhundert Gelegenheit hatten, diese »Selbstverständlichkeiten« zu verwirklichen: Sind ihre Ergebnisse wirklich so eindeutig? Und sind die kritischen Stimmen wirklich immer nur durch das niedrige egoistische Privateigentumsinteresse der Kapitalisten motiviert? Auch wenn das alles – hinsichtlich des christlichen Gebots zum Almosengeben klar wäre, sollte man nicht vergessen, daß auch die Christenheit ihrer Zeit etwas zweifellos Höheres brachte als die Synagoge, aber daß es die Christen nicht vor alten und neuen Fehlern schützte und daß die Kirche *sich täuschte*, als sie meinte, daß das Volk des ersten Bundes einfach »verschwindet«, während das Volk des neuen Bundes so offensichtlich entstand ...

II.

Das erwähnte ABC hat sich nicht geändert: Auch die modernsten marxistischen Denker halten heute ähnliches von der »Sache Jesu«. Trotzdem konnte man in den letzten zwanzig Jahren seitens vieler Marxisten – von Togliatti bis zu jungen sowjetischen Philosophen – auch ganz andere Überlegungen zum Christentum hören als früher. Woher kommt diese Änderung? Sie gründet nicht so sehr auf einer tieferen Kenntnis der »Sache Jesu«, auch weniger auf gewissen Änderungen im zeitgenössischen Christentum, sondern vor allem auf einer freilich erst beginnenden tieferen *Selbstreflexion* des eigenen Wesens des zeitgenössischen Marxismus, welche sich dann zuerst nur auf jene höchst allgemeinen Stereotype der Jesus-Überlieferung, allmählich aber auch auf deren tiefere Applikationen erstreckt.

Der Marxismus hat während seines Wirkens Millionen beeinflußt, Millionen gewonnen. Aber unter diesen Millionen gibt es – schon dieser Breite wegen – *riesige Unterschiede*. Es gibt heute unter den Marxisten kämpfende Revolutionäre und auch Minister, also Menschen, die durch ganz andere gesellschaftliche Positionen bedingt und beeinflußt sind. Es gibt mächtige und machtlose Marxisten. Es gibt tiefe Wirkungen der ganz anderen dreitausendjährigen Entwicklung von Asien und von Europa auf die Mentalität der Leser und Schüler von Karl Marx. Es gibt marxistische Wissenschaftler und Künstler – und auch jene, welche dies oder jenes eher spielen und die deswegen, wenn sie sich »durchsetzen« wollen, nicht selten die erfolgreicheren Kollegen mit anderen, beispielsweise mit quasi-politischen Mitteln (wie es überall in der Welt – ähnlich auch in der Kirchenhierarchie – geschieht) »bekämpfen«, um sie zum Schweigen zu bringen. Es gibt natürlich auch jene, die Befehle und Polizei, monopolisierte Staatsbetriebe und streng kontrollierte Presse zur Verfügung haben und die zugleich bestimmen wollen, was Marxismus ist und was er nicht ist. Es scheint, daß sie entweder nicht wissen oder vergessen wollen, daß eine schleichende Epidemie der Angst in der Bevölkerung fast alle ursprünglich edlen und humanistischen Züge entstellen, beziehungsweise in Karikaturen des einmal Ersehnten umwandeln kann. Es gibt mutige, ja – sit venia verbo – »heilige« Marxisten, die für leidende Brüder wie Che Guevara alles opfern, und es gibt Länder, wo das Wort »Marxismus« auch mit Profit, Macht und Konsum zusammenhängt. Es gibt Tausende kleinbürgerlicher Seelen, die sich zwar »zum Marxismus wenden« (in solchen Fällen natürlich oft hundertzehnprozentig), um mehr Monatsgehalt, Reisepaß und ähnliches zu bekommen, ja oft nur um jene Spießerruhe für ihr Alter zu retten, welche Marx aus ganzer Seele haßte. Und wenn diese auch alle fast dasselbe sagen, so ist doch klar, daß es für sie – rein persönlich – oft etwas ganz Entgegengesetztes bedeutet. Es gibt demzufolge – christlich ausgedrückt – im 20. Jahrhundert sowohl »Jesus ähnliche« Menschen unter den Marxisten (Menschen, die an Gott nicht glauben, aber die erwähnten Grundlagen der »Sache Jesu« weitertragen), als auch pharisäische, ja inquisitorische Formen des Phänomens »Sich-selbst-für-einen-Marxisten-halten«.

Hat demzufolge die Aussage: »Ich bin Marxist« oder: »Ich bekenne mich zum Marxismus« überhaupt noch einen Sinn? Stecken in dieser Aussage neben dem oft verblaßten Namen des Gründers (allerdings mutatis mutandis ähnlich im Christentum) überhaupt noch gewisse *eindeutige Konstanten*, die durch die erwähnten eher ethischen Unterschiede unberührt blieben? Beachten wir die Hauptbegriffe der theoretischen Struktur des Marxismus: klassenlose Gesellschaft als Ziel, Internationalismus, politischer Kampf gegen Reaktionäre, Wissenschaftlichkeit. Wenn nicht dies, was sollte jene unantastbaren Konstanten bilden?

Es bekennt sich sicher jeder Marxist zum Ideal der *klassenlosen Gesellschaft*, der nach der Beendigung des Klassenkampfes mit den Ausbeutern zu errichtenden, »voll entwickelten menschlichen Gesellschaft«. Aber wie sich dieser oder jener Mensch diese »volle Entwicklung« vorstellt, womit man diese künftige »Fülle« eigentlich »erfüllen« will, wofür man dann im Alltag eigentlich arbeitet, das ist natürlich ganz abhängig von der so unterschiedlichen Tatsache, was dieser oder jener Mensch *jetzt* in seinem Lebensstil für Werte hält, was für eine Werthierarchie er heute *selbst repräsentiert*, durch sein Handeln *verkörpert*. Seine Taten sind nämlich für seine Umgebung hundertmal wichtiger als seine Reden; und da ist schon der erwähnte ethische Aspekt allgegenwärtig.

Das Schlagwort *Internationalismus* bedeutete ursprünglich nicht nur, daß sich die Unterdrückten aller Völker zum Kampf gegen die Unterdrückenden vereinigen sollten, sondern auch, daß die fortschrittlichen Menschen aller Länder aus ihren spezifischen Traditionen ihren eigenen Beitrag zur friedlichen Gemeinschaft bringen dürfen und sollen. Theoretisch hat es niemand widerrufen, aber seitdem es mächtige marxistische Staatsstrukturen gibt, finden sich überall Tausende und Abertausende kleinbürgerlicher serviler Menschen, die durch ihren Lebensstil und durch ihren »grundsätzlichen« Kampf gegen die tiefer Suchenden eine solche Praxis darstellen, als ob das Höchste im Internationalismus ein blinder Gehorsam dem stärksten Machtzentrum gegenüber wäre. Deshalb auch folgendes Kennzeichen: Solche Menschen sind nie fähig, die Mächtigsten im Zentrum zu kritisieren, wodurch sie sich angeblich als die »treuesten« erweisen, aber im Grunde diesen Staatsmännern und dem ganzen Internationalismus großen Schaden, unvorstellbare Verluste zufügen. Die nationalen Eigentümlichkeiten werden zwar auch geduldet, aber in der Praxis eher auf bunte Volkstänze und andere Bräuche ethnographischer Art reduziert; dagegen bleibt die moralisch-politische Linie monoton, sie verarmt.

Ähnlich sieht aber selbst die These vom *politischen Kampf* aus: Bei den Gründerpersönlichkeiten war die Idee des Klassenkampfes eine radikal humanistische, d.h. sie rief zum organisierten Engagement für alle Unterdrückten auf. In ganz veränderter Lage – viele Jahre nach der Beseitigung der Not – werden innere politische Kämpfe nicht selten durch Tendenzen beeinflußt, wie z.B. uralte kleinbürgerliche Schadenfreude, Neid, Abreagieren gewisser Minderwertigkeitskomplexe durch »Härte« ... Sogar die Idee der *Wissenschaftlichkeit* kann man sehr verschiedenartig interpretieren und besonders verschiedenartig in seinem Lebensstil ausdrücken. Viele Menschen meinen naiv, daß sie schon durch ihre Bereitschaft, zu marxistischer Politik und Macht global ja zu sagen, so etwas wie ein Patent auf alle erhabenen Titel der marxistischen Tradition erhalten. »Wissenschaftliche Weltanschauung« besitzt dann ein Mensch, der sich den Kopf wegen menschlicher und wissenschaftlicher Fragen nie zerbricht, daher bequem immer »fest« bleiben kann; »schöpferisch« sieht dann das Leben dessen aus, der gedankenlos in einer gesellschaftlichen Struktur lebt; »kritisch« nennen sich nicht selten absolut intolerante, despotische, aufgeblasene Jünglinge, »wissenschaftlich« zu sein rühmt sich ein Mensch, der nie von den Vorhöfen mühsamer wissenschaftlicher Arbeit hört. »Gut« können dann absolute Zyniker des Egoismus sein, »gefährlich« die suchenden, neue Werte erschließenden Menschen, »revisionistisch« muß dann freilich jeder Versuch erscheinen, dem Marxismus neue Antriebe und neue Kraft zu geben. Und »revolutionär« nennen sich dann Menschen, die in ihrem Lebensstil nichts anderes als den status quo mit rein epikureisch aufgefaßten »Vorteilen« erstreben. Kein Wunder, daß solche Menschen durch Staatsedikte einfach das verbieten wollen, was Marx für das wissenschaftlich Wichtigste hielt: *den radikalen Kritizismus*, offene Kritik an Schlüsselproblemen der gesellschaftlichen Entwicklung. Das soll Hunderttausende »betreffen«, um ungestörte »Ruhe« zu haben. Den Andersdenkenden durch Gewalt zum Schweigen zu bringen – das war schon immer der Weisheit höchster Schluß, wenn sich eine kleinbürgerliche Seele in ihren angeblichen »Vorteilen« *bedroht* fühlte. Es wäre für Karl Marx die größte Überraschung, daß unter seinem Namen so etwas geschieht, aber wo könnte man eine bessere Schule solcher Phänomene finden als in der Kirchengeschichte? Es ist klar, daß selbst das ABC der theoretischen Struktur des Marxismus nicht konstant, sondern ebenso höchst unterschiedlich aufgefaßt und verkörpert wird, wie wir es oben geschildert haben.

Wir müssen noch bemerken, daß im Leben natürlich nur sehr selten aufrichtige »reine« Phänomene vorkommen – absolut gut oder absolut schlecht: Das reale Gesicht des zeitgenössischen Marxismus besteht viel eher in einer immer präsenten *Spannung* zwischen den erwähnten Interpretationspolen, zwischen der »edlen« und der entstellten (»pharisäischen«, kleinbürgerlichen) Auffassung und »Verkörperung« der erwähnten marxistischen Grundthesen.

Ähnlich ist es heute mit dem für die Marxisten nur sekundär wichtigen Phänomenen, nämlich mit ihrer Beziehung zur »Sache Jesu«, mit der oben geschilderten eingewurzelten These von der legitimen Erb- und Nachfolgerschaft aller positiven Seiten des Christentums. Die so übernommene These von der »Nachfolge«, vom »Ersatz« sagt – *schon weil der »Nachfolger« innerlich so kompliziert ist* – eigentlich heute wirklich gar nichts. Auch deswegen nicht, weil der Begriff der »Nachfolge« selbst sehr unklar ist. Wie und wodurch ist jemand »Nachfolger« eines anderen? Wie und wodurch kann man auf einer neuen geschichtlichen Ebene etwas älteres »ersetzen«? Man kann es sowohl so begreifen, daß man alle edlen Sehnsüchte des »Vorgängers« sorgfältig übernimmt und anreichert (z.B. alle ethischen und existenziellen Sehnsüchte ohne die überholte mythologische und dualistische Weltanschauung), aber auch so, daß wir schon so, wie wir jetzt sind, ohne große Mühe schon deswegen, weil wir in eine neuzeitliche Bewegung eingegliedert sind, schon durch das erwähnte bequeme »Sich-selbst-zu-Marx-Bekennen« in jeder Hinsicht besser sind und tiefer leben als Jesus und seine besten Gläubigen. Die zweite Position stellt viel eher einen pseudomodernen Aberglauben, eine dumme Selbsttäuschung der neuen »Geistesarmen« dar. Besonders dumm ist diese Aufgeblasenheit dann, wenn jemand meint, daß er – schon deswegen, weil er eine »wissenschaftliche Weltanschauung« hat, auch wenn er sie nur so »besitzt«, so bei sich hat, wie eine tote Sache, die er nicht benützt – in jeder Hinsicht höher steht als Augustinus, Hus, Luther, als solche Finsterlinge wie Karl Barth. Ähnlich ist es mit der verbreiteten Tendenz des »Um-jeden-Preis-immer-modern-Seins«, das auf dem Niveau modesüchtiger Backfische steht. Die Menschen der wissenschaftlich-technischen Revolution sind im Durchschnitt nicht weniger abergläubisch als die Heiden vor zweitausend Jahren – nur auf eine andere Weise.

Der Marxismus ist zweifelsohne mit geschichtlich höheren Methoden der Nächstenliebe verbunden als das christliche Almosenspenden – aber daß man sich selbst sehr gefährlich und tragisch täuschen kann, wenn man meint, daß das bloße »Sich-zum-Marxismus-Bekennen« einem persönlich eine geschichtlich und moralisch »höhere Ebene« *garantieren* kann, das geht aus allen unseren Überlegungen (die gar nicht bloße Spekulation sind, sondern auf vielen praktischen Erfahrungen beruhen) schmerzlich hervor. Augustinus, Hus, verschiedene verketzerte und »heilige« Träger der Sache Jesu haben oft höchst anspruchsvolle ethische und existentielle Kämpfe erlebt, die höher stehen als das relativ anständige Leben eines Durchschnittsmenschen des 20. Jahrhunderts, Kämpfe, die für einen solchen höchst aktuell und nützlich sein könnten, falls er sie überhaupt kennenlernen und *miterleben* möchte.

Echte marxistische »wissenschaftliche Weltanschauung« gibt es nur insoweit, wie sie wirklich und in jedem Individuum persönlich tätig und mit all den Werten verknüpft ist, die die Wissenschaft jemals vorwärtsgebracht haben, d.h. mit der suchenden Energie, mit der faustischen Unruhe, mit der geistigen Freiheit, die durch keine Grenzen und keine »Staatszensur« behindert werden darf (wie sie auch keine kirchliche Zensur vertrug), falls sie sich selbst, das Prinzip ihrer Existenz nicht verraten und durch diesen Verrat dann nur einen gelehrten Adepten der allmählichen – wenn auch »friedlichen« – Selbstvernichtung der Menschheit spielen will. Jesus und die berühmtesten Gestalten der christlichen Geschichte waren freilich keine Wissenschaftler. Aber auch wenn wir nur sehr wenig vom Inhalt der »Sache Jesu« wissen – z.B. von seinem Aufruf, auch den Andersdenkenden zu helfen und von seiner Warnung vor den Pharisäern, die zwar *ganz richtige, ganz beherzigenswerte Ideen verkünden, aber diese durch ihren Lebensstil kompromittieren* (vgl. Mt 23,3) –, ist es ein Wunder oder ein »Verrat«, wenn in den letzten Jahren in bezug auf die geschilderten inneren Erfahrungen in der marxistischen Bewegung sich Hunderte von profilierten Marxisten wieder mehr und tiefer für die »Sache Jesu« interessieren? (...)

III.

Nun können wir – weil der aufmerksame Leser die kompetenten Schlüsse eigentlich schon selbst ziehen könnte – kurz zusammenfassen und schließen: Der Marxist, der schon eine solche Selbstreflexion macht, der bereit ist, sie im Dialog – das heißt offen, mit Bereitschaft zum Eingeständnis eigener Fehler und »schwacher Seiten« zu handhaben – ist natürlich fähig, nicht nur jene fünf oder zehn allgemein bekannten Ansichten vom Inhalt der »Sache Jesu« viel tiefer, komplizierter, für alle nützlicher zu sehen, sondern auch viele andere aus der synoptischen Tradition bekannte Überlieferungen von Jesus von Nazaret nicht nur als gewisse ihm fremde mythologische Kuriosität, sondern als ein auch *ihn selbst tief betreffendes Erbe* zu interpretieren. Er spekuliert nicht nur – auf der Basis der marxistischen Methodologie – über gewisse abstrakte

Theoreme – zum Beispiel von der geschichtlichen und klassenmäßigen Begrenztheit der christlichen Auffassung der Nächstenliebe (das vermag er freilich auch weiterhin, das ist aber für ihn nicht mehr das Wichtigste) –, sondern das ganze menschliche Schicksal Jesu und seiner Schüler erscheint ihm höchst interessant, tief und lehrreich.

Er erblickt auch in dieser Hinsicht *die positive Bedeutung der antikapitalistischen Revolution*, die ihn von gewissen Vereinfachungen befreite: Denn solange er durch den Kampf gegen die kapitalistische Klasse gebunden war, mußte ihm natürlich die christliche These von der Verzeihung, von der Liebe auch dem Feinde gegenüber, vom Anbieten der zweiten Wange usw. als etwas zur Passivität, zur »Klassenversöhnung« Führendes, also als etwas Falsches und nicht »Benützbares« erscheinen. Nachdem er aber lange Jahrzehnte in seiner eigenen Bewegung viele innere Kämpfe erlebte, geriet er selbst oft in Situationen, wo er vor der Wahl stand, *entweder* sich selbst am Unrecht gegen die Genossen zu beteiligen – *oder* lieber selbst durch Unrecht verletzt, beleidigt, erniedrigt zu werden. In einer solchen Lage wählen freilich manche die erste Möglichkeit. Es war für mich jedoch fast ein Wunder zu erleben, wie *viele* marxistische Atheisten an diesem Scheideweg lieber die zweite Möglichkeit wählten und nicht durch etwas Perverses, durch falsche Liebe zum Schmerz motiviert, sondern aus Gewissensgründen, in der festen Überzeugung, daß sie *so* – eben so! – ihrer eigenen Bewegung zu einer besseren, moralisch höherstehenden Zukunft helfen würden. Damit ist natürlich der Weg auch zu den angeblich »tiefsten Geheimnissen« des Lebens Jesu von Nazaret erschlossen . . . Auch ein Marxist vermag lieber zu sterben, als den Sinn für die Wahrheit und seine Brüder zu verraten . . . Auch er kann dann – wenn auch nichtgläubig, nicht an eine »physische Auferstehung« glaubend – mit Petrus begreifen, daß der Bergprediger nicht einfach auf Golgatha sterben konnte . . . Denn *seine* Sache, für die er lebte, für die er starb, war zu groß . . .

Stellen wir uns schließlich den etwas absurden Fall vor: Alle, absolut alle literarischen und künstlerischen, kirchlichen und geschichtlichen Überreste der zweitausendjährigen Geschichte des Christentums würden augenblicklich verschwinden (oder würden in gewissen Jahrzehnten radikal vernichtet und absolut vergessen): alle Gebäude, alle Kirchen, alle Statuen und Bilder, die des Michelangelos wie jeder Kitsch, alle theologischen Konstruktionen, ja auch alle das Christentum betreffenden historischen und auch ihm feindlichen Bücher. Man brauchte aber nichts aus der griechischen oder ägyptischen heidnischen Antike, nichts aus der gottlosen Renaissance und Neuzeit zu vergessen. *Dann* – in einer so »gereinigten«, radikal »entchristlichten« Gesellschaft würde man plötzlich irgendwo in der ägyptischen oder syrischen Wüste ein komplettes Matthäus- oder Lukas-Evangelium entdecken, als etwas ganz Neues erforschen und den Denkern und Historikern zur Verfügung stellen. *Dies* müßte eine ganz *phantastische Entdeckung* sein, mit der verglichen die Funde von Qumran oder das Entziffern der ägyptischen Hieroglyphen, die ganze Afrikanistik und Amerikanistik nur lächerliche Kleinigkeiten wären. Die Moral-Philosophen und die Historiker würden *staunen*, daß so etwas moralisch Tiefes und Weitgehendes unter den brutalen und halb barbarischen Bedingungen des ersten oder dritten Jahrhunderts überhaupt möglich war. Selbst die tiefsten ethischen Überlegungen eines Sokrates oder Aristoteles würden für uns eindeutig zu etwas viel Niedrigerem, etwas Aristokratischem und Kühlem. Für alle moralisch tiefer Suchenden, Leidenden, Beunruhigten wäre solch eine Entdeckung – trotz des dualistisch-mythologischen Schleiers – etwas Ungeheures, ja ein Bruch in ihrem eigenen Sein und Denken.

Ich weiß nicht, warum ich auf so etwas warten sollte.

Wenn ich als neuzeitlicher Mensch *die ganze Tragweite des Werkes von Karl Marx* anerkannt habe (als den dynamischsten Beitrag der neuen humanistischen Suche der modernen Menschheit) und mich mit seinen geschichtlichen und befreienden Zielen identifiziert habe, wenn ich unfähig bin, an dualistische Grundlagen des Kosmos zu »glauben«, weiß ich nicht, warum ich durch das Leben und Sterben Jesu nicht tief beeindruckt sein dürfte, ja warum ich es nicht als »mein Erbe«, als mich betreffenden, mich befreienden, mich zu tieferer Verantwortung in meiner geliebten neuzeitlichen Bewegung mahnenden Anspruch verstehen sollte. Ich weiß auch nicht, welche Ziele und Methoden, welche politischen oder wissenschaftlichen Teile der marxistischen Theorie ich deswegen »verraten« müßte. Bei beiden stehen im Grunde verschiedene, jedoch nicht entgegengesetzte Lehren im Mittelpunkt.

Wir Marxisten der zweiten Hälfte des 20. Jahrhunderts haben also keinen Grund, der uns veranlassen müßte, zuerst die »Botschaft« *unseres* Meisters (kurz: seine Verknüpfung der radikal zukunftsoffenen Erneuerungssehnsucht mit nüchternen wissenschaftlichen Methoden) zu »verlassen«, zu »verraten« oder »abzulegen«, um dann die höchsten Errungenschaften des Geistes früherer Jahrhunderte zu bewundern und die tiefsten Schätze früherer Jahrhunderte demütig anzunehmen. Wenn uns gewisse Menschen aus Mißverständnis oder anderen Gründen deswegen als Pseudo-Marxisten, ja als eine »fünfte Kolonne der Religion im atheistischen Lager« betrachten, ist dies letztlich nur etwas, was es immer gab. Aber der *richtig* begriffene Marx bindet die Menschen nicht stärker, sondern macht sie freier. Nicht nur in der Gegenwart, sondern auch in der Geschichte. Und nicht nur in bezug auf die älteren Atheisten, sondern auch in bezug auf alle tief denkenden Menschen verschiedener Religionen.

Wer könnte mit völliger Sicherheit sagen, wie lange die

Religion leben wird – oder ob sie »überhaupt« überlebt! Dies hängt von mehr Bedingungen ab, als wir früher dachten, es hängt auch von unseren eigenen Fehlern ab, von der relativen Tiefe oder Oberflächlichkeit der Gottgläubigen usw. Diese Frage hat für mich eigentlich kein großes Interesse – es gibt nämlich heute auch viele »atheistische« Formen des Opiums . . . Ich würde den Untergang der Religion als solcher nicht bedauern. Aber falls ich in einer Welt leben sollte, die die »Sache Jesu« absolut vergessen könnte, dann möchte ich gar nicht mehr leben . . . Es scheint mir, daß in einer solchen Welt ohne die »Sache Jesu« auch der richtig verstandene Sieg der »Sache von Karl Marx« unmöglich wäre . . .

ERNST BLOCH

Jesus, rebellisch gesehen

Zu einem Kind, das im Stalle geboren, wird gebetet. Näher, niedriger, heimlicher kann kein Blick in die Höhe umgebrochen werden. Zugleich ist der Stall wahr, eine so geringe Herkunft des Stifters wird nicht erfunden. Sage macht keine Elendsmalerei und sicher keine, die sich durch ein ganzes Leben fortsetzt. Der Stall, der Zimmermannssohn, der Schwärmer unter kleinen Leuten, der Galgen am Ende, das ist aus geschichtlichem Stoff, nicht aus dem goldenen, den die Sage liebt. Trotzdem hat man versucht, wie Moses, so *Jesus* in lauter Legende aufzulösen, mit niemandem dahinter. Danach hat Jesus sowenig gelebt wie Wilhelm Tell, und Herodes hätte sich nicht um Kindermord zu bemühen brauchen, und Pilatus wäscht seine Hände nicht in Unschuld, sondern in Luft. Unzweifelhaft ist Jesus von Mythe umgeben, doch sie ist nur der Rahmen, in den ein Mann eintrat und der von einem Mann gefüllt wurde. Der Rahmen war einer der Erwartungen; als solcher gerade ist er auch für die Existenz Christi wichtig, für dessen Auftritt hinein in Unruhe, Weissagung, Jahrgott-Mythos. Die *Unruhe* war die politische im jüdischen Land, die einen Führer ersehnte. Einen starken König aus Davids Geschlecht, fähig, die römische Besatzung hinauszujagen, hinauszubannen. Von hier die erste Gefolgschaft Jesu, sein Eintritt in Jerusalem und die Bereitschaft, das Hosianna anzustimmen, das der Zuruf an die altisraelitischen Könige war. Die *Weissagung* gibt das zweite, sehr viel breitere

Erwartungsmotiv, ein übers ganze römische Imperium verbreitetes. Schon lange hatten hellenistische Könige den Titel Sotér (Heiland) auf sich geleitet, er kam vom altorientalischen Hofzeremoniell her. Genau um Christi Geburt senkte sich der Titel auf Augustus, den erhofften Friedenskaiser; zugleich strömte der ägyptische Horus-Mythos vom göttlichen Kind mit dem Retterbild zusammen. Genuin römisch, jedoch bereits mit messianischen Einschüssen aus der römischen, vielleicht bis zu Horaz reichenden Judengemeinde durchzogen, war die weitere Verbindung des Imperators mit Erinnerungen des Goldenen Zeitalters, mit dem Zeitalter des Saturn. Auf Augustus bezieht sich derart die berühmte Weissagung in Vergils vierter Ekloge: »Nun kommt die Jungfrau wieder, mit ihr die Herrschaft Saturns, nun steigt ein neues Geschlecht vom hohen Himmel herab. Das Kind, dessen Herrschaft das Eiserne Zeitalter enden wird und das Goldene der Welt wiederbringt, keusche Lucina, beschütze es, schon herrscht dein Apollo ... Siehe, wie die Welt auf ihrer erschütterten Achse schwankt, wie die Erde, die Meere in ihrer unendlichen Weite, der Himmel und sein tiefes Gewölbe, wie die ganze Natur erzittert vor der Hoffnung der kommenden Zeiten (Aspice venturo laetantur ut omnia saecula).« Sogar das Wort Evangelium, im neuen Sinn einer alles wendenden Frohbotschaft, lebt auch außerhalb Judäas, auf den Kaiser, nicht auf den König der Juden bezogen. So in einer Altarinschrift aus dem kleinasiatischen Priene, aber den Geburtstag des Augustus, nicht des Christus Jesus feiernd: »Dieser Tag hat der Welt einen anderen Anblick gegeben, sie wäre dem Untergang verfallen, hätte nicht in dem nun Geborenen für alle Menschen ein gemeinsames Glück sich gezeigt. Richtig urteilt, wer in diesem Geburtsfest den Anfang des Lebens und aller Lebenskräfte für sich erkennt; endlich ist die Zeit vorüber, da man es bereuen mußte, geboren zu sein. Die Vorsehung hat diesen Mann mit solchen Gaben erfüllt, daß sie ihn uns und den kommenden Geschlechtern als Sotér gesandt hat; Fehde wird er beenden, alles herrlich ausgestalten. Der Geburtstag des Gotts hat für die Welt die mit ihm verbundenen *Evangelia* heraufgeführt, von seiner Geburt beginnt eine neue Zeitrechnung.« Die fremdartige Ekstase solcher Kaisergeburtstagsfeiern zeigt an, welcher Wunder- und Erlösungsglaube, welches Bedürfnis nach ihm schon zur Zeit Christi im Römischen Reich umlief. Die Ruhe und Rechtssicherheit, welche der Cäsarismus, aus Anarchie geboren, gebracht hatte, reichen für die überschwenglichen Huldigungen nicht aus, desto weniger, als sie sich keineswegs mit dem späteren Kaiserkult decken. Vielmehr ging damals ein seltsames Gefühl von Zeitwende, als bevorstehender, vom Ende des Eisernen Zeitalters durchs Römische Reich. Auch von hier aus und nicht nur aus der mandäischen Prophetie (Johannes der Täufer) klingt die liturgische Form in Lukas 2,14: »Ehre sei Gott in der Höhe und Friede auf Erden und den Menschen ein Wohlgefallen.« Und drittens nun der *Jahrgott-Mythos*, als freilich astralmythisch tingiertes Erwartungsmotiv, er beendet diesen noch äußeren, bloß generellen Rahmen um Jesus. Keineswegs das Leben, aber das Sterben Christi tritt in den Rahmen des nun untergehenden und wieder auferstehenden Jahres- oder Vegetationsgotts. Dessen Kult war zur Zeit Christi in Kleinasien verbreitet, stark mit orphisch-dionysischen Bildern des Stirb und Werde vermischt. Es gab Wehklage und Jubel um den phrygischen Attis, um den babylonisch-phönikischen Tammuz (den gleichen, der schon dazu dienen sollte, den Josef in der Grube gänzlich zur Mythe zu machen); beide sind Naturgötter, die blühen und verschwinden. Dem Attis wurde bei Frühlingsanfang eine umgehauene Fichte errichtet, bekränzt mit Veilchen, behängt mit dem Bild des Gottes und umwickelt mit Binden wie eine Leiche; die Fichte wurde im römischen Attiskult einer Prozession, am 22. März, vorhergetragen Frühlingsanfang und Sommersonnenwende wurden hierbei, im Attiskult wie in dem des Tammuz (hellenisiert Adonis), zusammengelegt oder ineinander verschoben; die Todesfeier fiel auf den ersten Frühlingstag, zwei Tage später wurde das Auferstehungsfest begangen. Ja, der ins Elend geratene Gott wurde nicht nur beklagt, sondern auch verspottet: wenigstens vom persischen Sakäenfest, das mit dem kleinasiatischen Kalenderkult zusammenhängt, ist bezeugt, daß der sterbende Jahrgott durch einen Sklaven im königlichen Gewand unter dem Titel Zoganes dargestellt wurde oder durch einen zum Tod verurteilten Verbrecher, dem man zum Hohn als König huldigte. Von hier aus etwa die Verspottung Christi durch die römischen Soldaten (Mt 27, 28f.): »er wird als Narrenkönig gegrüßt, mit Purpurmantel, Rohrstock, Dornenkrone«. So kam vom Jahrgott-Mysterium ein mythisches Schema, in das das Sterben Christi, sein Karfreitag, zu großem Teil eintrat. Diesesfalls in Formen, worin selbst der Tod am Kreuzgalgen, ein wirkliches Geschehnis, noch unimposanter als die Geburt im Stall, sich mit den Zeremonien eines Kalendergotts umhüllte oder verband. Indes, wie bemerkt, es gelingt trotzdem nicht, mit all diesen Erwartungsbildern, mit jüdischer Unruhe, römischer Weissagung, vorderasiatischem Jahrgott-Mythos, den geschichtlichen Jesus selber in Legende aufzulösen. Konträr: das *Leben und das Evangelium Christi* heben sich gerade in der Allgemeinheit des Erwartungsrahmens, ja selbst noch vom späten *Kultbild*-Evangelium *über Christus* als besonders sinnfällig und konkret ab. Das Christentum wurde dadurch verhindert, so eine Pneumatiker- und Theosophen-Religion zu sein, wie der Neu-Doketismus der sogenannten Christusmythe es zu einer Mythologen-Religion macht. Und schließlich

9 vgl. Ed. Meyer, Geschichte des Altertums I, 1913, S. 724f.

noch mehr als Stallgeburt und Tod am Galgen weist die *Personwirkung* Christi auf seine Jünger Wirklichkeit aus. Wäre Jesus erdichtet, wäre seine Person erst nachträglich in den Mythos interpoliert worden, so wären die früheren Evangelien phantasievoll-spekulativ und erst die späteren historisierend; gerade das Gegenteil ist aber der Fall. Jesus trat zweifellos innerhalb eines ganzen Gewitterlichts von Mythos auf, und es war in ihm selber, wobei sogar die *mandäische Apokalyptik*, von der keine Christusmythe spricht, stärker war als die drei aufgezählten Erwartungen zusammen. Aber der Religionsstifter, der belebt und erfüllt, was ringsum aus Mythen eschatologisch zusammenschoß, auf die »Fülle der Zeiten« hin, ist nicht selber mit Naturgöttern verwechselbar. Dann am wenigsten, wenn sein Evangelium so fremd wie Moses zum Naturmythos steht. Sei es, daß aus der Vegetation nur Gleichnisse kommen für ein ganz anderes Samenkorn, sei es, daß das Himmelsgewölbe nur noch Raum behält für die Wolken, auf denen der Menschensohn wiederkehrt. Vor allem aber die *Lebensdarstellung* des Stifters, aus der Erinnerung so vieler Zeugen gewonnen, findet in keinen Legenden und heiligen Abenteuern von Attis, Mithras, gar Osiris ihresgleichen. Die Realgestalt Jesus zeigt einen Zug, der am wenigsten erfindbar, weil am wenigsten erwartbar: Schüchternheit. Sie ist in seiner frühen Meinung, nur ein Prediger zu sein (Mk 1,38), in dem abgewehrten, zur Diskretion anbefohlenen Ereignis von Cäsarea Philippi (Mk 8,27 ff.), das aus dem Prediger den Messias macht. Stall am Anfang, Galgen am Ende paßten nur schlecht ins legendäre Retterbild, aber die Schüchternheit ist ihm völlig fremd. Ebenso sind die Anfechtungen und Verzagtheiten Christi unkonstruierbar, sie sagen Ecce homo, nicht Attis-Adonis. Das *letzte bange Abendmahl, die Verzweiflung in Gethsemane, die Verlassenheit am Kreuz und ihr Ausruf*: sie stimmen mit keiner Legende des Messiaskönigs zusammen, auch nicht mit der des leidenden Messias. Dieser hätte nicht die Agonie des Zweifels durchlebt, er hätte, wie so viele spätere Märtyrer, ein Erfüllungsgefühl aus dem Leiden geschöpft. Auch gerade die gnostisch-doketische Auflösung Christi in puren Logos, Licht, Leben und andere Hypostase, die im Johannesevangelium nur beginnen möchte, wäre zweifellos voll gelungen ohne den geschichtlich-realen Widerstand, den die Person Christi zeigt; ein Vegetationsgott hätte diesen Widerstand nicht geleistet. So lebt *christlicher Glaube wie keiner von der geschichtlichen Realität seines Stifters*, er ist wesentlich Nachfolge eines Wandels, nicht eines Kultbilds und seiner Gnosis. Diese reale Erinnerung wirkte über die Jahrhunderte hinweg: Nachfolge Christi war auch bei noch so großer Verinnerlichung und Spiritualisierung primär eine historische und daran erst eine metaphysische Erfahrung. Dies konkrete Wesen Christi war seinen Gläubigen wichtig, es gab ihnen, in betäubender Schlichtheit, was kein Kultbild oder Himmelsbild hätte geben können. Es machte noch den Himmel, im Sinn eines bloßen getauften Astralmythos, leer und schal. Kein Attis-Myste, und hätte er noch so viele Übungen in der Vergegenwärtigung seines Gottes zustande gebracht, hätte sprechen können wie ein Thomas a Kempis: »Ich will lieber mit dir auf der Erde als Bettler pilgern als ohne dich den Himmel besitzen. Wo du bist, ist der Himmel, und wo du nicht bist, ist Hölle und Tod« (Von der Nachfolge Christi, III). Und letzthin, was nun ganz entscheidend ist, gänzlich aus generell-mythischem Rahmen ins religionsphilosophische Novum führt: ist Christentum kein getaufter Natur- oder Astralhimmel, so ist es *ebensowenig Himmel als Thronsaal Jahwes*. Jesus setzte sich als Menschensohn in dieses Oben ein, ist genauer in dieser Übermenschlichung seines Gottes anwesend als Zoroaster oder Buddha. Nicht den vorhandenen Menschen setzte er ein, sondern die Utopie eines Menschenmöglichen, dessen Kern und eschatologische Brüderlichkeit er vorgelebt hat. Gott, der eine mythische Peripherie war, ist zum menschgemäßen, menschidealen Mittelpunkt geworden, *zum Mittelpunkt an jedem Ort der Gemeinde*, die in seinem Namen sich versammelt. Dazu gehörte und überzeugte ein Stifter, in dem das Wort zu Fleisch geworden, zu greifbarem, crucifixus sub Pontio Pilato. Dazu gehörte die unfingierbare Zartheit einer Hybris, die so ruhig behauptend sich darstellt, daß sie nicht einmal als solche empfunden worden ist und wird.

Ein Mensch wirkte hier als schlechthin gut, das kam noch nicht vor. Mit einem eigenen *Zug nach unten*, zu den Armen und Verachteten, dabei keineswegs gönnerisch. Mit *Aufruhr nach oben*, unüberhörbar sind die Peitschenhiebe gegen die Wechsler und alle, »welche die Meinen betrüben«. Es dauert nicht mehr lange, bis die Tafel verkehrt wird und die Letzten die Ersten werden. Armut steht dem Heil am nächsten, Reichtum hindert es, inwendig und auswendig. Aber Armut ist bei Jesus mitnichten bereits ein Stück des Heils, dergestalt, daß sie nicht vernichtet werden müsse. Nirgends wird Armut, als übliche, erzwungene, erbärmliche, verteidigt, geraten wird nur freiwillige Armut, und der Rat zu ihr ergeht nur an die Üppigen, an den reichen Jüngling (Mt 19,21). Der Menschensohn hat für sich doch den Zustand durchaus nicht gepriesen, daß er nichts hatte, wohin er sein Haupt legen konnte. Und auch die freiwillige Armut gilt nicht als Selbstzweck, wenigstens soweit der Rat zu ihr ergeht und nicht die Liebe die Armen erwählt; wovon später. Sich arm halten, das gilt als Mittel zur Verhinderung des steinernen Herzens, zur Beförderung der Brüdergemeinde. Diese Gemeinde, liebeskommunistisch aufgebaut, will keine Reichen, doch auch keine Armen im erzwungen-entbehrenden Sinn. »Keiner sagte von seinen Gütern, daß sie seine wären, sondern es war ihnen alles gemeinsam« (Apg 4,32), und die Güter sind aus

Spenden gesammelt, ausreichend für die kurze Frist, die Jesus der alten Erde noch übrigließ. Der Satz von den Lilien auf dem Felde, den Vögeln unter den Himmeln ist keineswegs wirtschaftlich naiv, er ist vielmehr schwärmerisch überlegt. Denn wenn die Füße derer, die die Welt und ihre Sorgen begraben, vor der Tür stehen, wird wirtschaftliche Vorsorge für übermorgen dumm. Ebenso lehrt der Rat, dem Kaiser zu geben, was des Kaisers ist (M 12,17), nicht Schickung in die Welt, wie nachher bei Paulus, sondern Verachtung; in Kürze wird des Kaisers gar nichts mehr sein. Das Pfund, mit dem gewuchert werden soll, ist einzig Güte oder der innere Schatz. Ihn hebt die *Nachfolge einer Liebe*, die nichts mehr für sich gewollt hat, die das Leben für die Brüder zu geben bereit ist. Die antike Liebe war Eros zu dem Schönen, Glänzenden, die christliche wendet sich statt dessen nicht bloß dem Gedrückten und Verlorenen, sondern darin dem Unscheinbaren zu. Nur diese Bewegungsumkehr der antiken Liebe gibt der Parteiigkeit für die Armen nun doch einen Selbstzweck, eben den aus ihrer Erwählung folgenden, aus dem Aufenthalt im Kleinen. Jesus ist selber bei den Hilflosen anwesend, als Element dieser Niedrigkeit, im Dunkel stehend, nicht im Glanz: »Was ihr getan habt einem unter diesen meinen geringsten Brüdern, das habt ihr mir getan« (Mt 25,40). Die christliche Liebe enthält diese Hinneigung zu dem vor der Welt Unscheinbaren als Begegnung mit ihm, als Betroffenheit dieser Begegnung, sie enthält das Pathos und das Geheimnis der Kleinheit. Daher wird das Kind in der Krippe so wichtig, zusammen mit der Niedrigkeit aller Umstände im abseitig-engen Stall. Das Unerwartete, den Erlöser als hilfloses Kind zu finden, teilte sich der christlichen Liebe dauernd mit, am sichersten franziskanisch; sie sieht das Hilflose als bedeutend, das von der Welt Weggeworfene als berufen. Dem steht allemal die Anbetung des Kindes im Gemüt und die Suche nach dem Eckstein, den die Bauleute verworfen haben; Andacht zum Unscheinbaren leitet letzthin die Bewegungsumkehr dieser Liebe und ihres Aufmerkens, Einschlagens, Umschlag-Erwartens in den *Nebenpunkten, Stillepunkten, Anti-Größen* der Welt. Daher hat sie in keinem bisherigen moralischen Glauben ihresgleichen, auch nicht im jüdischen, trotz des »Liebe deinen Nächsten wie dich selbst« (3. Mos. 19,18) und der Rezeption Mt 22,39. Auch die Liebe Buddhas, der als Hase ins Feuer springt, um einem Bettler ein Mahl zu bereiten, führt nicht auf den Bettler, sucht nicht im Ohnmächtigen Göttliches. Wären statt der Heiligen Drei Könige Konfuzius, Laotse, Buddha aus dem Morgenland zur Krippe gezogen, so hätte nur einer, Laotse, diese Unscheinbarkeit des Allergrößten wahrgenommen, obzwar nicht angebetet. Selbst er aber hätte den *Stein des Anstoßes* nicht wahrgenommen, den die christliche Liebe in der Welt darstellt, in ihren alten Zusammenhängen und ihren nach Herrenmacht gestaffelten Hierarchien. Jesus ist genau gegen die Herrenmacht das Zeichen, das widerspricht, und genau diesem Zeichen wurde von der Welt mit dem Galgen widersprochen: das Kreuz ist die Antwort auf die christliche Liebe. Auf die Liebe zu den Letzten, die die Ersten sein werden, zu dem Verworfenen, worin sich das wirkliche Licht ansammelt, zu der Freude, die nach Chestertons scharfem Wort die große Publizität weniger Heiden war und das kleine Geheimnis aller Christen wurde oder sein wird. Um sich zu rechtfertigen, hat die gleiche Welt, unter Benutzung ihrer heidnischen Mythen, den Tod am Kreuz hernach zu einem freiwilligen Opfertod gemacht, als wäre er nicht in ihrem, sondern in Christi Sinn gelegen. Als wäre er selber aus der Liebe entsprungen und, wie Paulus formulierte, der Preis, den Jesus Gott gezahlt hat, um die Menschen von der Sünde loszukaufen. Nicht obwohl Jesus am Kreuz starb, ist er der Messias, sondern weil er am Kreuz starb: so dialektisierte nun Paulus, der Jesus nicht gekannt hatte, den weißen Terror. Auch Jahwe hat demnach Golgatha gewollt, er ist nicht gleich Satan, sondern gleich einem Gläubiger, nur so entsetzlich-liebreich, wie es noch keinen gab: seinen eigenen Sohn gibt er dahin, eine Schuld zu begleichen, die ihm – bei dem Obligationenrecht des Himmels – sonst nicht nachlaßbar war. Aber der wirkliche Jesus starb als Rebell und Märtyrer, nicht als Zahlmeister; die Treue für die Seinen bis in den Tod war niemals der Wille zu diesem Tod. Er hoffte, daß der Kelch an ihm vorübergehe, und vor der entsetzten Vortod-Nacht in Gethsemane deuten von seinen Reden nur interpolierte auf Kreuz und Tod, gar auf die Taufe in den Tod Christi. Er prophezeite den Jüngern: »Es stehen etliche hier, die den Tod nicht schmecken werden, bis sie des Menschen Sohn kommen sehen in seinem Reich« (Mt 16,28); wieviel sicherer fährt der Menschensohn lebend auf, gleich Henoch und Elias. Subjektiv wie objektiv kam der Kreuzestod von außen, nicht von innen, aus der christlichen Liebe; er ist der Lohn für den Rebell der Liebe und dessen Katastrophe. Er ist die Katastrophe für den Jesus, der kein Jenseits für die Toten, sondern einen neuen Himmel, eine neue Erde für die Lebendigen gepredigt hat. Ein Rebell gegen Gewohnheit und Herrenmacht ist am Kreuz gestorben, ein Unruhestifter und Löser aller Familienbande (Mt 10,34–37; 12,48), ein Tribun des letzten, apokalyptisch geschützten Auszugs aus Ägypten. Das ist christliche Liebe, eine fast mikrologische, eine, welche die Ihren in ihrem Abseitigen, in ihrem Inkognito vor der Welt, in ihrem zur Welt Unstimmigen sammelt: *zum Reich, wo sie stimmen.* Die Partikel und Samen des neuen Äon widersprechen dem alten des Herodes und Roms, der Macht der ganzen vorhandenen Schöpfung. Also war schließlich die Rebellion noch ungeheuerlicher, als der Tag gedacht hatte, der jüdische wie der römische. Keine Wiederherstellung der Davidsherrlichkeit lag letzterdings im Sinn Jesu, selbst keine

Nationalrevolution auf dem engen gegebenen Schauplatz. Zusammenbruch der Welt insgesamt stand bevor, laut der mandäischen Predigt Johannes des Täufers (Mt 3, 2–12), der Jesus berufen hatte. Er nahm den Ruf auf, *die bestbezeugten Worte Jesu sind eschatologisch*, wie in Markus 13 hat er wirklich gesprochen, über den Untergang Jerusalems, des Tempels, der Welt des alten Äon. Hätte Jesus sich nur als Messias oder Gottessohn im überlieferten, nämlich restaurierenden Sinn erklärt, er wäre von der Priesterkaste soweit geschützt worden, daß er den Römern nicht denunziert worden wäre; am wenigsten hätte der Hohepriester Kaiphas, gegen den Willen des Prokurators, auf seinem Tod bestanden. Denn der Anspruch auf Messiaswürde galt weder vor noch nach Jesus als todeswürdiges Verbrechen; nur in seinem Fall wurde die Stelle 3. Mos. 24,16 dahin ausgelegt, daß Gottes Sohn Gottes Lästerer sei und so sterben müsse (Joh 19,7). Vorher wurde selbst Cyrus als Messiaskönig gepriesen, sodann Serubabel, ein Mann an der Spitze der aus Persien heimkehrenden Juden (Hag 2,5 ff.); die messianische Anmaßung als solche war also nicht unerhört. Nach Jesus wurde – in freilich völlig verzweifelter Zeit – der große Nationalheld Bar Kochba von Rabbi Akiba, der höchsten priesterlichen Autorität, als Messias ausgerufen; der messianische Titel an sich war also nicht immer Gotteslästerung. Nur wenn der Messias nicht ganz der nationale blieb oder als universaler nicht in Übereinstimmung mit der Gesetzeskirche stand, wurde er den Römern überliefert. Nur wenn der Messias als Menschensohn auftrat, im ebenso präkosmischen wie apokalyptischen Sinn dieses Titels, wenn eine Naturkatastrophe, die auch noch Jerusalem und den Tempel vernichtet, als Instrument und Zeugnis seines Triumphes verkündet wurde, galt er als Gotteslästerer und todeswürdig. In der Tat hat Kaiphas Jesus richtig verstanden, als er ihn eschatologisch verstand, richtiger als der unbewanderte Pilatus und richtiger als alle Sanftlebenden nachher, die in der Liebe Christi nur den Frieden sahen, nicht das Schwert. Jesus ist in der Tat *Eschatologie von Grund auf*: und wie seine Liebe kann auch seine Moral nur in bezug aufs Reich erfaßt werden. Eben sein Rat, nicht für den nächsten Tag zu sorgen, dem Cäsar zu geben, was des Cäsars ist, beginnt nur, was in Christi Moralgeboten ganz positiv hervortritt: Abbruch, Herauslösung, Sittlichkeit einer Adventswelt. Es ist Sittlichkeit als reichshaft vorbereitende, als Funktion der Bereitung aufs nahe bevorstehende Reich; mit der Ethik Christi, im strengen Sinn der Bergpredigt, gibt es keine Einrichtung in der Zeit, in der weiterlaufenden Geschichte, in der säkularen Gesellschaft. Die Bergpredigt ist selber eine der rein adventistisch gewordenen Zeit, und nur auf der erreicht geglaubten Morgenschwelle eines nahe Herbeigekommenen haben alle diese scheinbaren Quietismen ihren Sinn. Eben darum steht hier jedesmal am Ende all der gewaltlos-gewaltigen Seligpreisungen, in unmittelbarer Begründung ihrer, das aufgehende Himmelreich (Mt 5,3–12). Es ist indes nicht so, wie extremdualistisches Luthertum statuiert hat, als wäre die Moralität Christi überhaupt nicht in der Zeit, *also auch nicht eine des Advents*, sondern gänzlich außerhalb der Geschichte. Als wäre, mit absolutem Sprung, das Reich Christi nirgends in die Zeit geboren, sondern geschehe abrupt, ohne jeden Zusammenhang mit Geschichte, nach Ablauf der Zeit, nach Ablauf des ganzen Ozeans Wirklichkeit. Jesus predigte vielmehr vom Kairos als der Zeit, die erfüllt ist, folglich von und durch Geschichte vermittelt ist; es hätte sonst überhaupt eine noch irdisch zusammenhängende Moral keinen Platz, auch keine Moral der unmittelbaren Eschatologie. Aber allerdings steht die Moral der Bergpredigt, in ihrer völligen Paradoxie, in keinem Verhältnis zu irgendeiner anderen, wenn auch noch so stark in Religiosität versenkten; denn sie ist Moral des Weltuntergangs. Als diese Adventsmoral ist sie nicht nur in den Kompromiß-Moralen der auf Dauer eingerichteten Kirchen verschwunden, sondern selbst in den Soziallehren des Ketzer- und Sektenchristentums geschwächt; es sei denn, dieses hat sich noch als ermattetes im Harren bewegt, oder aber: es hat erneut an unmittelbar bevorstehende Apokalypse geglaubt. Für alle andere Nachfolge Christi, auf Zeit, wurde die Adventsmoral als eine der Weltgrenzen selber zum Grenzideal; das sogar bei Paulus: »Und die dieser Welt brauchen, daß sie derselben nicht mißbrauchen; denn das Wesen dieser Welt vergeht« (1. Kor 7,31). Jesus jedoch, die absolute Herauslösung, lehrt Moral ausschließlich als die des letzten Wachseins: »So wacht nun, denn ihr wißt nicht, wann der Herr des Hauses kommt, ob er kommt am Abend oder zu Mitternacht oder um den Hahnenschrei oder des Morgens« (Mk 13,35). Jede Saat hat hier Bezug zu dem furchtbaren Erntefest der Apokalypse; dazu wird das Korn der Gesinnung, die Frucht der Werke eingebracht. Zug nach unten, Nachfolge einer Liebe, die zentral den Mühseligen und Beladenen, dem Unterschlagenen insgesamt zugeordnet ist: alle Lehren und Gleichnisse Jesu dienen so der Gemeindebildung kurz vor diesem Tag. Und genau das der Welt Unscheinbare kommt hier nach Hause: »Das Himmelreich ist gleich einem Senfkorn, das ein Mensch nahm und säte es auf seinen Acker. Welches das kleinste ist unter allem Samen; wenn es aber erwächst, so ist es das größte und wird ein Baum, daß die Vögel unter dem Himmel kommen und wohnen unter seinen Zweigen« (Mt 13,31f.). Jesus mit seiner Menschheit tritt allein als alles, was gerettet übrigbleibt, ins Reich ein, sonst niemand und nichts: einzig dieser Weinstock und diese Reben bilden also, in *totaler Gleichsetzung der Stiftung mit dem Stiftungs-Inhalt*, das Gottesreich. Der Kosmos wird nicht als verehrter und nicht als negativ-ausgelassener, sondern als zusammenbrechender das Instrument, ja der Schauplatz des Reichs; nur als Raum des Ingesindes ist Natur noch vorhanden. Oder wie der Apokalyptiker nicht fern von Jesu Sinn sagt: »Und die Stadt bedarf keiner Sonne noch des Monds, daß sie ihr scheinen; denn die Herrlichkeit Gottes erleuchtet sie, und ihre Leuchte ist das Lamm« (Off. Joh 21,23). Die Frohbotschaft Christi wirkte derart sozial als Arche Noah, soteriologisch als Ankunft des *Menschensohns*, der vor der Schöpfung bei Gott war und endlich eine neue Schöpfung anrichtet. Die Frohbotschaft wirkte theologisch als Aufhebung der absoluten Gott-Transzendenz durch die Homousie, die *Gottgleichheit* Christi. Sie wirkte demokratisch-mystisch als *Vollendung des Exodusgotts zu dem des Reichs, zur Auflösung Jahwes in dieser Herrlichkeit.* Schöpfer, gar Pharao in Jahwe fallen völlig dahin; er bleibt einzig als Ziel, und der letzte Christus rief einzig die Gemeinde als dessen Bauzeug und Stadt.

Leszek Kolakowski

Jesus, philosophisch gesehen

Spricht ein Historiker von Jesus, dann fragt er vor allem, was wir überhaupt glaubwürdig von diesem Menschen wissen; er fragt, welche Prämissen seiner Lehre aus der jüdischen Kultur stammen, wie sich das Bild des jüdischen Gottes vom Pentateuch an bis in die Zeit der späteren Propheten verändert hat; er befaßt sich mit dem Problem, ob man den Propheten Jesus als Fortsetzung oder Krönung dieser Veränderungen ansehen kann; und er ist interessiert an den Ergebnissen der unter diesem Gesichtspunkt erforschten Handschriften von Qumran. Nur Spezialisten können ein solches Thema sinnvoll behandeln. Diese Probleme will ich hier nicht anschneiden.

Ein Historiker, der eine Ideengeschichte schreibt, wird sich bemühen, Jesus in der ganzen Geschichte zu lokalisieren, die durch seinen Namen geprägt ist, und von da aus jenes unerschöpfliche Thema bearbeiten – unerschöpflich in der Unermeßlichkeit von Ereignissen und Gedanken, die sich um den Christus-Mythos gebildet haben. Wenn wir von ihm selbst, d.h. von seiner Person reden, ist es im Grunde genommen schwer für uns, von den Begebenheiten der zwanzig Jahrhunderte, in denen wir sie sehen, zu abstrahieren. Die Gestalt Jesu steht im Schatten der Theologie und der theologischen Kontroversen, durch die jedes Wort aus den Evangelien immer wieder hin und her gewendet worden ist. Wie kann man die ungeheuren Vieldeutigkeiten, scheinbare und wirkliche, mit denen die

Geschichte des Christentums die Lehre seines Begründers belastet hat, vergessen? Auch diesen Blickwinkel lasse ich jetzt außer acht.

Ein Religionswissenschaftler wird Jesus Christus als Bestandteil einer gewissen mythologischen Struktur betrachten, die er mit anderen Mythologien vergleicht, um die Zusammenhänge und Verschiedenheiten der Kulturen darzulegen. Er wird sich bemühen, was nicht leicht gelingt, davon abzusehen, bis zu welchem Grad die Gestalt im Schatten der gegenwärtigen Situation und der Anwesenheit der Kirche in der heutigen Welt steht. Er wird darauf abzielen, für seinen Gegenstand den gleichen Grad gleichgültigen Interesses, die gleiche Art religionswissenschaftlicher oder ästhetischer Distanz zu erreichen, die wir im Verhältnis zu den ägyptischen und griechischen Mythen haben. Aber auch um diese Art von Interesse geht es mir nicht.

Ein Biograph endlich wird bestrebt sein, die psychologische Gestalt Jesu möglichst klar zu zeichnen und ihr einen zusammenhängenden Sinn zu geben, soweit es ihm gelingt, sich frei zu machen von jeder apologetischen oder von einer von antichristlichem Eifer bestimmten Absicht. Auch von einem solchen Vorgehen sehe ich hier ab.

Ich denke von einem rein philosophischen Standpunkt aus, das bedeutet: es ist kein historischer, kein psychologischer und kein religionswissenschaftlicher. Ich bemühe mich um einen solchen Grad von Freiheit, daß ich, wenn ich die Texte der kanonischen und apokryphen Evangelien lese, keine Kommentare oder gar die Briefe des Paulus in meine Betrachtung mit einbeziehen muß. Ich bemühe mich, in den einfachen Worten keine schwindelerregenden theologischen und philosophischen Spekulationen zu suchen. Ich möchte kurz das zusammenfassen, was ein Laie in der Gestalt und Lehre Jesu erblicken kann, ein Laie, der sich zu keiner bestimmten Konfession des christlichen Glaubens bekennt, zu keinen Dogmen und zu keiner kirchlichen Gemeinschaft, wohl aber zu der Tradition, von der das Christentum ein unveräußerlicher Teil ist – der gleichen Tradition, zu der auch Buddha, Sokrates, Kant und Marx gehören. Ich will keine psychologische Gestalt Jesu nachzeichnen, sondern ich versuche, nach seinem Platz in der als Ganzheit betrachteten europäischen Tradition zu fragen, also nicht nach einer besonderen christlichen Tradition; ich frage nach dem Charakter der Botschaft, mit der er sich selbst identifizierte, und inwieweit diese ein Teil eines in sich verworrenen Gewebes geworden ist, von dem unser kulturelles Erbe geprägt wird. Ich frage nach der Tradition, unabhängig von den christologischen Dogmen, an denen die Christen ihr eigenes religiöses Selbstverständnis herausgebildet haben.

I. Die Philosophen und Jesus

Wie uns bekannt ist, war Jesus Christus kein Philosoph, und wir hören von ihm in keinem Handbuch zur Geschichte der Philosophie, auch nicht in einem christlichen. Selten beschäftigten sich die Philosophen der neuesten Zeit mit seiner Person. Und wenn sie es taten, so deshalb, um in allgemeinen Umrissen die möglichen Formen eines philosophischen Interesses an dieser erstaunlichen Gestalt aufzuzeigen. Von den großen Philosophen äußerten sich u. a. Pascal, Hegel, Kierkegard, Nietzsche und Jaspers über Jesus.

In Hegels Verständnis repräsentiert Jesus eine bestimmte Entwicklungsstufe der geschichtlichen Selbsterkenntnis der Menschheit im Verhältnis zum Absoluten: Er ist eine anschauliche, sinnliche Darstellung der göttlichen Idee, zu der der Mensch gelangt, wenn er Gott begreift als das, von dem er sich selbst durch Anderssein unterscheidet. Das heißt aber nicht, daß Hegel Jesus entwirklichen oder seine geschichtliche Persönlichkeit und Menschheit ihm habe absprechen wollen – sagt er doch, er sei viel mehr Mensch als alle griechischen anthropomorphen Götter –, aber er entzieht seiner Persönlichkeit jene besondere ewige und gegenwärtige Einmaligkeit, jenen außergeschichtlichen Sonderstatus, jene Qualität, die das Christentum begründete und die auf dem Glauben beruht, in die Geschichte selbst sei über die Geschichte hinaus eine übernatürliche Botschaft eingedrungen.

Auch Kierkegaard entwarf ebenfalls an diesem Punkt in allgemeinen Umrissen seine eigene Position gegen Hegel und entwickelte ein Christusbild, in dem Christus fortdauernd gegenwärtig und nur durch diese Gegenwart für die Christen wahrhaftig ist. Wenn wir Christus lediglich als Träger einer gewesenen Offenbarung ansähen, sei er für uns eine bloße historische Information; er macht aber ganz im Gegenteil das reale christliche Leben für jede einzelne Existenz aus, wenn sie ihn für sich buchstäblich »vergegenwärtigen« kann, also seine Einladung – »kommet her zu mir alle, die ihr mühselig und beladen seid, ich will euch erquicken« – als persönlich an sich gerichtet, als immer wieder gültig und in jedem Augenblick von neuem ausgesprochen versteht. Für den Christen ist Jesus Christus nicht ohne weiteres der Messias, der in einem bestimmten, geschichtlich datierbaren Moment im Namen Gottes kam, um Dogmen zu lehren und Gebote zu verkünden. Er ist das persönliche Fortdauern des Christ-Seins in jedem einzelnen Christen, er ist gewissermaßen ein Gegenglied, fortdauernd lebendig für jede Existenz, die in seiner Gegenwart eine Antwort auf ihre eigene Schwachheit und ihr eigenes Elend sucht.

Dem entspricht, trotz aller Unterschiede, die Art des Verhältnisses zu Jesus, das wir in den Bemühungen Pascals in seinem Angriff auf den Deismus und auf den »Gott der Philosophen« wiederentdecken. Für Pascal zeigt uns die ganze Welt weder eine vollständige Abwesenheit Gottes, noch seine offenkundige Anwesenheit, sie ist nicht völlig verlassen, aber sie ist auch nicht sichtbar und zweifelsfrei unter göttlicher Obhut. Die Welt verrät »die Anwesenheit Gottes, der sich verbirgt«, und jene Zweideutigkeit der göttlichen Präsenz in der Welt ist eine Zweideutigkeit unseres Schicksals: des Schicksals derer, die fähig zur Gotteserkenntnis, aber dauerhaft durch die Sünde verdorben sind. Jesus Christus ist derjenige, durch den für uns die Gotteserkenntnis zur Erkenntnis unseres eigenen Elends wird, und dieses doppelten Wissens bedarf der Mensch am meisten: Jene zwei Wahrheiten, daß Gott existiert und daß wir im Elend sind, können wir uns jede für sich aneignen, aber erst die Erkenntnis der Person Jesu enthält in sich die Notwendigkeit, die beiden Wahrheiten zusammenzubringen. Das Wissen von unserem Elend für sich führt in die Verzweiflung, und das reine Wissen von Gott bleibt eine spekulative Behauptung ohne Bedeutung für das Leben. In der Erkenntnis Jesu gelangen wir zu der unverhüllten Kenntnis unseres eigenen Unterganges und zugleich zu der Hoffnung auf eine mögliche Rettung – das macht eigentlich erst den christlichen Glauben aus. Unmöglich ist also sowohl ein rein philosophisches Christentum, das auf die Macht spekulativer Beweise vertraut, wie auch ein rein historisches, das sich auf die Kenntnisse einer heiligen Geschichte beruft. So – außerhalb seines rein dogmatischen und rein historischen Antlitzes – tritt uns Jesus Christus als reale Existenz des Heilands gegenüber, angesichts derer und gerade dadurch, daß er eine Person und nicht einfach Tatsache oder Lehre ist, in uns das Gefühl für die Finsternis, in der wir leben, und zugleich das Vorgefühl für den Weg, der aus der Finsternis herausführt, entsteht.

Eine der »großen« philosophischen Interpretationen der

Gestalt Christi finden wir bei Nietzsche. Das ist nun der Größte von den überaus wenigen, die den Mut hatten, sich als Feinde Christi und nicht nur einfach als Feinde des Christentums zu bezeichnen. Für Nietzsche war Jesus derjenige, der es versucht hat, alle wesentlichen Lebenswerte zu vernichten, der seine eigene Unfähigkeit zum Widerstand verklärte und die Kraftlosigkeit in den Rang der Tugend emporhob; Jesus raubte der Wirklichkeit alle Werte, die er als solche in das geistige »Innere« des Menschen übertrug, und kodifizierte die Moral derer, die nicht fähig sind, ihr eigenes Recht zu verteidigen, in Passivität ihre Zuflucht nehmen und darauf noch stolz sind.

Summarisch geurteilt, kann man von drei verschiedenen Arten des Verhältnisses der Philosophen zu der Gestalt Jesu sprechen: Nietzsche wendet sich an Jesus wie ein Prophet an den Propheten – nämlich wie ein echter Prophet an einen falschen Propheten. Hegel verhält sich zu ihm wie ein Geschichtsschreiber des Geistes, der eine Phase in der Geistesgeschichte erforscht. Pascal und Kierkegaard verhalten sich zu Jesus wie jene Christen, die die übernatürliche Wirklichkeit ihres Glaubens in seinen höchsten persönlichen Werten suchen.

Man darf annehmen, daß in einem gewiß gemindertem Sinne die Auffassung Pascals und Kierkegaards auch für die akzeptabel ist, die sich an keine dogmatischen Inhalte des Christentums gebunden fühlen – akzeptabel also nicht in dem Sinne, daß sie in Christus eine persönliche und historisch einmalige Inkarnation der übernatürlichen Welt wahrnehmen, an die man sich mit einer Frage oder Sorge wenden kann, wohl aber in dem Sinne, daß sich Jesus wie jeder andere große Denker, Prophet, Reformator oder Philosoph für jene besondere Vergegenwärtigung eignet, bei der universale Werte an einen konkreten persönlichen Ursprung gebunden sind. Im wesentlichen verhält sich ein Philosoph, will er nicht den rein historischen und den rein sachlichen Gesichtspunkt vertreten, zu der philosophischen und religiösen Tradition so, daß ihr Inhalt weder nur einfach eine Tatsache ist, die man verstehen, noch ein Gedanke, dem gegenüber man sofort zustimmend oder ablehnend »Stellung beziehen« muß. Er betrachtet die kulturelle Tradition weder als eine Sammlung von sich anhäufenden »Wahrheiten«, noch als eine Fortsetzung von geschichtlich neutralen Tatsachen, sondern so, daß er in ihr die universalen Werte aufdeckt, die mit der Person und Herkunft des Gründers dauerhaft verbunden sind. Dieser Doppelaspekt gehört zu den schwierigen Aufgaben, die sich der philosophischen Absicht gegenüber der Tradition stellen. In solcher Perspektive betrachtet, kann man Jesus weder auf eine Sammlung von Ereignissen reduzieren (unter denen dann auch, nämlich als Ereignisse, die Inhalte seiner Lehre anzutreffen wären) noch auf eine Sammlung von abstrakten Werten, über die wir sachlich nachdenken können, ganz unabhängig davon, unter welchen Umständen sie entstanden sind. Wir versuchen, seine Lehre als »Wesenstatsache« zu behandeln oder als einen universalen Wert, der inhaltlich mit einer ihm eigenen faktischen Herkunft verbunden ist.

II. Die Hauptprophezeiung Jesu

Rein historisch betrachtet war Jesus ein galiläischer Jude, der an den jüdischen Gott glaubte und daran, daß ihm Gott einen besonderen Sendungsauftrag anvertraut habe. Er war derjenige, von dem alle seine Jünger glaubten, daß er mit seinem Wort den Sturm stillen, trockenen Fußes auf dem See wandeln, die Fische in ein Netz zusammentreiben, die Toten auferwecken, die Aussätzigen rein machen, aus den Besessenen die Dämonen austreiben, mit Moses und Elia sprechen, das Brot für die Armen vermehren und das

Wasser in Wein und Wein in Blut umwandeln könne; weiter war er für sie der, der die Verheißung des Alten Bundes vom Messias erfüllte und seine Sendung durch die Auferstehung beglaubigte. Dieser Jesus hielt sich nicht für einen Gott, obwohl er die Huldigung der Glaubenden annahm. Er lehnte es ab, als Gott zu gelten, sagte er doch, als man ihn »guter Meister« nannte, nur Gott sei gut, gab er doch zu, daß er selbst nicht wisse, wann der verheißene Tag komme, und sprach er doch »nicht mein, sondern dein Wille geschehe«. In diesem Sinne ist es unmöglich zu sagen, Jesus sei Begründer des Christentums, falls der Glaube an die Gottheit Jesu zu den Grundlagen des Christentums gehören sollte; eher war Paulus derjenige, der den Prozeß der Vergöttlichung begann, welcher schließlich, gegenüber harten Widerständen bei den vornicäischen Vätern, wenigstens als vorherrschende Konzeption des Christentums trotz zahlreicher »arianischer« Wendungen zu einem erfolgreichen Abschluß kam. Wir dürfen urteilen, daß sich Jesus als einen jüdischen Reformator bezeichnete, ausgestattet mit einer übernatürlichen Sendung, als Gesalbten oder Christus, der von Gott – von dem Gott, auf den er gemeinsam mit seinen Zuhörern vertraute – die Nachricht von einem baldigen Weltende und einen Appell an alle brachte, sich unverzüglich auf eine letzte Katastrophe vorzubereiten. Er war unerschütterlich davon überzeugt, daß das Weltende nahe sei, so nahe, daß er oftmals seinen Jüngern und Zuhörern sagte, viele von ihnen würden noch Augenzeugen des kommenden Reiches Gottes auf Erden sein, ihm würden aber vorausgehen Pest und Hunger, große Bedrängnis, der Fall von Sternen aus dem Himmel und Sonnenfinsternis und schließlich das sichtbare Kommen des Sohnes Gottes aus den Wolken in Begleitung von Trompete blasenden Engeln. Das Nichteintreffen der Voraussage erschütterte den Glauben der Jünger nicht; aber die für bald erwartete kosmische Katastrophe ließ doch alle Dinge in einer völlig neuen Perspektive erblicken: Von jetzt an vergehen alle Dinge der Welt im Schatten der Apokalypse. Gleichzeitig verlieren alle irdischen Realitäten, die ganze Vielfalt der Dinge, die dem Leben dienen, ihrem Sinn und selbständigen Wert. Die leibliche Welt hört auf, wichtig zu sein – sie kann zwar noch Gegenstand der Pflicht sein, aber nicht mehr ein Gegenstand des Begehrens, sobald sie sich in ihrer Hinfälligkeit ihrem Ende nähert.

III. Die Reform Jesu

Unter diesem Titel sollen die Gebote der neuen Lehre und der Grad, in dem sie wirklich neu sind, behandelt werden.

Seit langer Zeit fallen den Lesern des Evangeliums einige nicht zusammenhängende Züge in der Person Jesu auf. Jesus verkündigt Frieden, Vergebung, Barmherzigkeit und die Unterlassung des Widerstandes gegen das Böse; doch im eigenen Benehmen gerät er leicht in Zorn und läßt sich durch eine Kleinigkeit ohne weiteres aufregen. Denjenigen, die in seinem Namen Wunder tun, prophezeien und Dämonen austreiben, erklärt er, er habe sie nie gekannt, und rät ihnen, wegzugehen, wenn sie den Willen Gottes nicht erfüllen. Er verkündigt den Städten, die seiner Botschaft keinen Glauben schenken, grausame Rache: den Einwohnern von Tyrus und Sidon werde es dem Jüngsten Gericht erträglicher gehen als den Einwohnern von Chorazin und Bethsaida, die trotz der Wunder seine Lehre geringgeachtet haben. Als Petrus die Hoffnung äußert, daß sein Herr vielleicht nicht getötet werde, antwortet Jesus: »Hinweg von mir, Satan«. Er verflucht einen Feigenbaum, an dem er keine Frucht fand und verurteilt ihn zum Verdorren, obwohl gerade gar nicht die Zeit der Feigenreife war. Mit einer Peitsche treibt er die Händler aus dem Tempel und verkündet, er sei gekommen, das Schwert zu bringen und nicht den Frieden, er werde die Familien trennen, um seinetwillen werden in jedem Haus die Väter gegen ihre Söhne sich erheben und die Töchter gegen ihre Mütter. »Diese Rede ist hart« – sagten die Zuhörer. Dort, wo er auf Widerstand oder Zweifel stößt, wird er gewaltsam. Er ist seiner Sendung unerschütterlich sicher und nur in dem letzten Augenblick, in dem er qualvoll stirbt, scheint er in einen Schrei der Verzweiflung gegenüber Gott, der ihn verlassen hat, auszubrechen; aber auch dieser Schrei der Verzweiflung ist ein Zitat des Psalmisten.

Es kann der Eindruck entstehen, daß der impulsive Charakter Jesu nicht ganz zu seiner Lehre paßt, daß er in einigen Verhaltensweisen die Verdrießlichkeit des damaligen jüdischen Gottes offenbart, dessen Bild er in seiner Lehre verändert – indem er übrigens die Absicht der früheren Propheten übernimmt.

Um hier anzuschließen: Das Verhältnis Jesu zum Alten Testament ist schwer auf eine Formel zu bringen – das bestätigen auch zahlreiche Streitigkeiten, die in dieser Sache in der Geschichte des Christentums geführt worden sind (schaffte Jesus den Alten Bund ab, ergänzte er ihn, verbesserte er ihn?). So beginnt die Bergpredigt mit der Verkündigung, er wolle das alte Gesetz nicht auflösen, sondern erfüllen – aber der weitere Inhalt der Bergpredigt läßt sich mit dieser Versicherung kaum vereinbaren. Wo das Verbot des Tötens auch auf den gewöhnlichen Zorn gegenüber dem Nächsten ausgeweitet wird, das Verbot des Ehebruchs bereits auf das Begehren einer fremden Frau, da können wir in diesen Veränderungen die Ergänzung des Gesetzes in dem gleichen Geist wahrnehmen, der für die ganze Lehre Christi bestimmend ist: Nicht die Gesten selbst sind wichtig, sondern der Geist, aus dem sie hervorgehen, nicht das Verhalten, sondern die Reinheit des Herzens, die Nächstenliebe ohne Nebenabsichten. Aber in dem

Augenblick, in dem er dem Prinzip »Auge um Auge« das Ablassen von Widerstand gegenüber dem Bösen und das Hinhalten der zweiten Wange entgegenstellt, ergänzt er nicht mehr den ehemaligen Bund, sondern erklärt ihn – gerade so, als ob er es selbst nicht merkte – für ungültig. Ganz sicher will er die Kontinuität des jüdischen Glaubens nicht durchbrechen – er will ihn erneuern, er will ihm einen tieferen Sinn geben: Er achtet die rituellen Vorschriften des Mosaismus gering, er kümmert sich nicht um den Sabbat und die zeremoniellen Waschungen, er zahlt keine Kultsteuer. Damit setzt er sich freilich der Empörung der Orthodoxen aus. Er repräsentiert die Kontinuität den späteren Propheten gegenüber, aber zugleich appelliert er an die steinerne Strenge des Deuteronomiums, als ob er absichtlich den Kontrast seiner Lehre zu der teilweise schon anachronistischen Tradition betonen möchte. Die Durchbrechung der Kontinuität ist erst Sache der Jünger, hauptsächlich in der jüdischen Diaspora; doch nicht nur die Nachricht von der wunderbaren Auferweckung bewirkt den Durchbruch, sondern auch die Zusammenstellung der Lehren, die sich leicht so formulieren lassen: Nicht nur eine Ergänzung des Glaubens Israels, sondern seine Überschreitung in bestimmten prinzipiellen Punkten. Genauso sieht die Sache in der Botschaft des Paulus aus.

Jener Knotenpunkt hat folgenden Sinn: In Wirklichkeit ersetzt Jesus weniger einige Vorschriften durch andere, auch ergänzt oder verbessert er nicht so sehr, vielmehr: er lehrt, daß alle Vorschriften überflüssig sind, so wie die Liebe in sich selbst den Befehl verzehrt und ihn gewissermaßen überflüssig macht in einem freiwilligen Bund – nur die Liebe ist wichtig. Mit anderen Worten: Der Bund als Vertrag zwischen Mensch und Gott wird nicht abgeändert durch inhaltliche Veränderung der Vereinbarung, sondern hört zugunsten des Liebesbundes grundsätzlich auf zu bestehen. So haben Paulus, Augustin und Luther die Lehre

Christi verstanden. Nur das hat wirklichen Wert, was aus Liebe kommt, aber etwas, was aus der Wurzel der Liebe herauswächst, kann weder nach dem Gesetz ausgerichtet sein noch mit dem Paragraphen einer Satzung gemessen werden. Die bloße Geste allein zählt nicht, wenn sie von anderswoher als von der Absicht, den Willen Gottes zu erfüllen, bestimmt ist. Jeder von uns hat gegenüber der Welt Verpflichtungen, aber er selbst hat keine Berechtigungen, er kann keinen Anspruch an die Welt erheben oder irgend etwas von ihr erwarten. Mit einer enormen Kraft – zum ersten Mal so radikal in der mittelmeerischen Kultur – wurde die Regel der fundamentalen Dichotomie ausgesprochen: die Seele und die übrige Welt, der gute Wille und das Sein der Dinge im Ganzen. Nur die Seele zählt. Angesichts der heraufziehenden totalen Katastrophe rechnet nur noch ein Blinder mit zeitlichen Erfolgen. Das Himmelreich ist eine kostbare Perle, für die man alles hergeben muß, was man hat, seinen ganzen Reichtum: »Was hülfe es dem Menschen, so er die ganze Welt gewönne und nähme doch Schaden an seiner Seele?«

Die Mission Jesu Christi ist die Offenbarung des Elends der Zeitlichkeit. »Umsonst habt ihr es empfangen, umsonst gebt es auch. Ihr sollt nicht Gold noch Silber noch Kupfer in euren Gürteln haben, auch keine Reisetasche, auch nicht zwei Röcke, auch nicht Schuhe noch Stab«: Alle zeitlichen Bande, alles, was uns an die physische Welt bindet, wird zur Nichtigkeit im Licht der einen wichtigen Wahrheit – der Bindung an Gott. Das Übrige ist zweitrangig – gleichgültig oder feindlich. Jesus stößt die Mutter und die Brüder zurück, er sagt, seine Familie seien die Jünger, er verlangt, die Gläubigen sollten in seinem Namen Vater und Mutter, Frau und Kinder, Schwestern und Brüder verlassen, nach Lukas empfiehlt er sogar, Väter und Mütter, Brüder und Schwestern und Kinder zu hassen.

In der Perspektive der Welt, die Jesus eröffnet, gibt es

keine Abstufungen zwischen Gut und Böse, die Welt teilt sich auf in Erwählte und Ausgestoßene, in Schafe und Böcke, in Söhne des Reiches und Söhne des Bösen, in guten Samen und Unkraut. Wer hat, dem wird gegeben, wer nicht hat, dem wird auch das genommen, was er hat. Es gibt nichts dazwischen. Die Aufteilung entspricht genau der Aufteilung in den Geist der Liebe und den Geist der Begierde. Jesus wendet sich zwar an alle – er sagt nämlich, er sei gekommen, die Sünder zu rufen, nicht die Gerechten, er gebietet, bis zu siebenundsiebzigmal – das heißt so viel wie grenzenlos oft – die Schuld zu vergeben; er glaubt, daß reuige Herzen die Sünden zerschmelzen lassen – aber zugleich weiß er sehr wohl, daß er den hartnäckigen Hochmut nicht zerbrechen kann. Er haßt die Hochmütigen und die Mächtigen, die Selbstsicheren, die befriedigt sind durch ein Gefühl von Macht und Recht, die Reichen und die Habsüchtigen: Denen verspricht er das Reich nicht, vielmehr nimmt er sich der Verachteten und Elenden, der Prostituierten und der Zöllner an, und die glauben ihm, denn sie wissen, daß das zeitliche Leben Elend und Leid ist, und gerade das muß man anerkennen, um seine Lehre zu verstehen.

Die Dichotomie von Welt und Reich Gottes ist radikal. Sie hat eine totale Umkehrung aller Werte zur Folge: Die Verachteten werden zu Ehren gebracht, die Hochmütigen mit Verachtung ausgestoßen. Diese Teilung ist ein zweiter Punkt, an welchem sich das Bild der Welt, wie es in der mosaistischen Tradition vorgeprägt war, ändert: Es geht um eine universale Teilung, sie ist allein wichtig und nicht verbunden mit der Teilung: auserwähltes Volk und die Übrigen. Sicherlich wollte Jesus dabei nur ein Erneuerer der jüdischen Tradition sein, nicht ihr Zerstörer – er spann hier den schon bei den Propheten begonnenen Faden weiter –, aber er widersetzte sich der Tradition, indem er ihre damals radikalste Gestalt zum Ausgangspunkt nahm, konfrontierte sich selbst mit dem klassischen Mosaismus, vernichtete die Idee des auserwählten Volkes und führte das universale Prinzip der Teilung ein.

Alles, was neu daran war, wurde durch die Jünger verallgemeinert, vor allem durch Paulus. In seinen Briefen wurden Gesetz und Glaube in der größten Allgemeinheit einander gegenübergestellt, der Universalismus wurde eindeutig formuliert (vor Gott gibt es keinen Griechen und keinen Juden), das Elend der Zeitlichkeit umgewandelt zu einem Befehl der Askese. Doch zugleich hat sich in den nämlichen Briefen die neue Teilung als Dogma befestigt: Es erscheinen die ersten Verdammungen der Häretiker. Der Tod Jesu zementierte die Reform, was danach folgte, war eine separatistische Gemeinde. Als Gemeinde ist das Christentum eben nicht nur aufgrund des Glaubens der Jünger an die Lehre Jesu entstanden, sondern auch durch den Glauben an seine Auferstehung und später durch den Glauben an die Gottheit des Meisters. Obwohl man in der Geschichte des späteren Christentums die Vergöttlichung Christi, die die Evangelien nicht bestätigen, oft in Frage stellte, räumten die Verneiner des Christentums dennoch ein, daß dessen einziges gemeinsames Dogma, ohne genauere Spezifizierung, der Glaube sei: Jesus ist Christus, ein geschichtlicher Mensch, in Galiläa geboren und gekreuzigt in Jerusalem, er ist der Gesalbte Gottes. Das Dogma wurde konstitutiv für das Christentum auch in seinen gewagtesten Abwandlungen.

Jedoch ist Jesus in unserer Kultur nicht nur für die, die an seine Gottheit oder an seine übernatürliche Sendung glauben, von Bedeutung geblieben. In unserer Kultur ist er nicht durch Dogmen der einen oder der anderen Gemeinde, sondern durch den Wert einiger Weisungen gegenwärtig, die tatsächlich etwas Neues waren, und diese Weisungen sind – dieser Umstand muß mit Nachdruck betont werden – nicht in der Gestalt von abstrakten Normen lebendig, wohl aber dauerhaft mit seinem Namen und Leben verbunden; es sind Weisungen, die uns die Tradition überliefert hat – in ihrer Substanz durchaus unabhängig davon, wieviel in der historischen Überlieferung dabei exakt ist.

V. Jesus für uns

Fassen wir in fünf Punkten die neuen Regeln kurz zusammen, die wir unabhängig von den apokalyptischen Prophezeiungen Jesu vom Glauben an ein baldiges Ende der Welt aufstellen können – obwohl wir wissen, daß diese neuen Regeln während seiner Lehrtätigkeit in Zusammenhang standen mit jenen Prophezeiungen.

1. Aufhebung des Gesetzes zugunsten der Liebe

Ich wiederhole: Aufhebung, nicht Ergänzung. Der Gedanke ist in die europäische Kultur eingegangen als die Überzeugung, daß die Verbindungen unter den Menschen, die auf Vertrauen beruhen, Kontrakte aufheben, daß dort, wo gegenseitiges Vertrauen und Liebe ein solidarisches Zusammenleben organisieren, ein Kontrakt, Anspruchs- und Pflichtverhältnisse entbehrlich sind. Der Gott des Pentateuch, rachgierig und auf Gehorsam, selbst auf grausamen Gehorsam aus, der Gott, der mit Abraham einen Bund schloß um den Preis der Bereitschaft zu absoluter Untertänigkeit, der Bereitschaft zum Opfer seines einzigen Kindes – dieser Gott eröffnet die Möglichkeit einer neuen Perspektive auch in der zwischenmenschlichen Beziehung, wenn er sich in einen Gott der Barmherzigkeit umwandelt.

Das Gegenüber von Vertragsbund und Liebesbund ist in unserer Kultur in der Form verblieben, daß es, wie dann auch in den christlichen Glaubensanschauungen – obwohl genetisch miteinander verbunden –, nicht organisch zusammengewachsen ist. Dieses Gegenüber lebt bis heute in unzähligen Abänderungen fort. Woher rührt denn sonst die Gegenüberstellung der existentialen und der sachlichen Kommunikation in der gegenwärtigen Philosophie, wenn sie nicht eine Neuauflage der oben genannten nämlichen Unterscheidung ist? Denn im wesentlichen erneuern nicht nur die christlichen Philosophien immer wieder die gleiche Gegenüberstellung. Sie wurde reproduziert durch die Philosophie Rousseaus, die Philosophie Kierkegaards, die Philosophie Jaspers'. Und wenn Marx die Kontrakte des Interesses in der Waren- und Tauschgesellschaft den Verträgen der ungezwungenen Assoziation von Menschen, die freiwillig miteinander solidarisch sind, gegenüberstellt, dann übernimmt er mit den damaligen Sozialisten das gleiche Motiv, das seinen Ursprung in Jesus hat und im gegenwärtigen Christentum am häufigsten in Häresien und am seltensten in der Kirche zu finden ist. Sogar Nietzsche wiederholt unbewußt die Gedanken seines Feindes, wenn er sagt, daß das, was aus der Liebe strömt, jenseits von Gut und Böse steht. Alle Utopien, die die Ordnung der Vereinbarung, die rechtlichen Kontrakte ungültig machen möchten zugunsten einer Ordnung, die freiwillig übernommen ist und sich als wirklich solidarische Ordnung erweist, also alle Utopien einer allgemeinen Brüderlichkeit, tragen Früchte vom gleichen Baum, dabei oft gleichgültig gegenüber ihren eigenen, wenn auch entfernten Anfängen.

2. Der Gesichtspunkt der Gewaltaufhebung in den zwischenmenschlichen Verhältnissen

Gerade dieser Gesichtspunkt scheint uns oftmals besonders utopisch und besonders naiv. Eigentlich kann jeder mit Leichtigkeit sagen, nie im Leben habe er einen Christen gesehen, der sein Christentum wörtlich genommen habe, also seine Wange hinhalte, wenn man ihn schon einmal geohrfeigt habe. Etwas anderes ist es jedoch, diesen Befehl wörtlich zu verstehen – etwas anderes seine begrenzte Fassung, die eine Aufhebung der Gewalt verlangt. Keiner verlangt von den Christen, daß sie die Gebote im Leben wörtlich realisieren. Man fordert eher, daß sie die fromme und elementare Regel der Toleranz ernst nehmen, daß sie auf Gewalt verzichten. Aber auch diese Forderung gilt oft als phantastisch. Denjenigen, die sich gern ihres Lebensrealismus rühmen – als ob das Wort etwas bedeutete oder als ob aus seinem Gebrauch irgendwelche konkreten Hinweise hervorgingen –, scheint es, daß die Idee der Gewaltaufhebung nur ein gesundes Lachen verdient. Aber wer ist eigentlich naiv? Die, die behaupten, daß man trotz aller Kenntnisse der Geschichte der Menschheit den Anteil von Gewalt in den menschlichen Verhältnissen vermindern kann und daß viele Dinge erkämpft worden sind und mehr noch ohne Gewalt erkämpft werden können – oder die, die sich vorstellen, daß man ohne Gewalt nichts erreichen kann, mit Gewalt aber alles? Kein Gegner des Christentums kann abstreiten, daß das Christentum ohne Gewaltanwendung eine Position gewann – in der es dann freilich selbst Gewalt anwenden und den Namen Jeus als Marterwerkzeug verwenden konnte. Weiter ist wahr, daß einige Formen von praktischer Wirksamkeit nach dem Grundsatz: Zwang ohne Gewalt (z.B. die Aktionsweise Gandhis) keineswegs erfolglos waren. Das Schlagwort von der Gewaltunterlassung in den internationalen Verhältnissen ist verbal beinahe allgemein anerkannt. Nun mag jemand sagen: Das ist akzeptiert, nur was folgt daraus? Viel, antworte ich. Die verbal anerkannten, aber praktisch vergewaltigten Werte sind deswegen nur verbal anerkannt, weil dabei die allgemeine Meinung, die auf Übereinstimmung drängt, mit eine Rolle spielt. Vergießen wir keine Tränen über diese Heuchelei, auch ein nur verbales Bekenntnis bedeutet faktisch die soziale Kraft der Werte, hinter denen sie sich versteckt – entsprechend dem berühmten Aphorismus La Rochefoucaulds. Die Zeiten sind gar nicht so lange her, als die Führer der Staaten mit Genugtuung erklärten, sie trieben eine Expansions-, Eroberungs- und Kriegspolitik; solche Erklärungen sind heute selten geworden. Die Idee einer Welt ohne Gewalt ist akzeptiert worden. Ebenso ist die Hoffnung auf eine Welt ohne Gewalt keine gedankenlose Träumerei. Nicht die sind naiv, die denken, daß der Grad der Gewalt verringert werden kann, und die darum kämpfen, daß er auch real verringert wird – naiv sind die, die glauben, die Gewalt könne alles erreichen. So ein Glaube ist kindlicher Wahn; gegenüber Kindern ist in einem bestimmten Alter die Anwendung von Gewalt unvermeidlich, gewöhnlich läßt sie sich jedoch parallel zum Alter gradweise vermindern. Oft verlängern aber die Eltern die Anwendung von Gewalt ohne Maß über das Notwendige hinaus. Ein so erzogenes Individuum gelangt zu der generellen Überzeugung, es sei unmöglich, irgend etwas anderes als Gewalt könne die Verhältnisse unter den Menschen regeln, und aus den eigenen Erfahrungen der Kindheit baut es für sich seine infantile Anschauung von der Welt auf und erhebt sie in den Rang einer groben Geschichtsphilosophie, ist sogar stolz auf sie und sagt, sie sei »realistisch« oder »täuschungsfrei« usw. In Wirklichkeit ist aber der Glaube an die Allmacht der Gewalt nicht nur naiv – in einem weiteren Horizont betrachtet ist er auch wirkungslos: Es ist bekannt, daß die Formen eines gemeinsamen Lebens, die mit nichts anderem als Gewalt operieren, eine Niederlage erleiden, weil sie für solche Situationen keine Lösung finden, in denen Gewalt nichts nützt, sondern infantil an ihren universalen Wert glauben. Umgekehrt erreichen hartnäckige und entschlossene Menschen sehr oft ohne Gewaltanwendung das, was sie wollen, und zwar dank ihres Mutes und ihrer Intelligenz. Verzicht auf Gewalt bedeutet nämlich nicht unbedingt Passivität, auch nicht die Bereitschaft zu einem furchtsamen Gehorsam: Christus nahm Abstand von der Gewalt, aber er kämpfte unendlich um seinen Standpunkt und zerbrach die Absichten der Fürsprecher der Gewalt und ging selbst verloren. Die Idee des Lebens ohne Gewalt ist weder dumm noch utopisch: Sie erfordert nur Mut, den die Verehrer der Gewalt, die in ihr ein universales Mittel sehen, am wenigsten haben, so daß sie nur dann zu kämpfen bereit sind, wenn sie gegenüber den Schwachen mit Gewalt operieren können, sonst nie.

3. »Der Mensch lebt nicht vom Brot allein«

Diesen Satz zitiert Jesus aus dem Deuteronomium, aus dem Text also, dem er so oft widerspricht. Aber er gibt auch ihm einen erweiterten Sinn. Wir sollen uns, wie die Lilien des Feldes und die Vögel, nicht um die nackte Existenz sorgen, um Essen und Kleidung. Ist auch das ein Gebilde einer frommen Naivität? Nein. In der gesamten europäischen Kultur dauert eine unablässige, sehr alte Bestrebung um die Anerkennung der Werte an, die sich nicht auf die Bedürfnisse der physischen Lebensbefriedigung zurückführen lassen, es besteht ein Streben nach einer Einigung darüber, daß es solche Werte gibt, daß sie authentisch und unabhängig von den anderen sind. Solch eine Einigung, die nicht mit einer Neuigkeit blendet, scheint trivial zu sein; alles, was Jesus verkündigte und dann in der Kultur fortdauerte, ist nach Jahrhunderten eine Banalität, aber eigentlich erst dank ihm zu einer solchen geworden. Daß der Mensch sich nicht nur ernährt und kleidet – gibt es etwas Banaleres? Es zeigte sich oft, daß man lange um die Anerkennung von Banalitäten kämpfen muß, z. B. um die Überzeugung, daß die geistigen Errungenschaften der

Menschen nicht aufgrund etwaiger Nützlichkeit, die sie den materiellen Errungenschaften bringen sollten, eingeschätzt werden können. Seien wir also demjenigen dankbar, der uns daran erinnert, daß wir nicht vom Brot allein leben – wir wissen gleichzeitig, daß die Empfehlung, wie Lilien und Vögel zu leben, nicht wörtlich genommen werden kann.

4. Die Aufhebung der Idee des auserwählten Volkes

Jesus machte Gott für alle zugänglich. Oder, ganz einfach gesagt, er verwirklichte den Zugang, den vor ihm die jüdischen Propheten eröffnet hatten. Sein Gott verbietet weder dem Volk, die Töchter der Ungläubigen zu heiraten, noch empfiehlt er, andere Völker auszurotten; er sagt, alle Gerechten machten sein Volk aus, er verheißt, daß viele von Osten und Westen, von Norden und Süden kommen werden, um im Reich Gottes mit Abraham, Isaak und Jakob Platz zu nehmen. Der Gott, an den sich Jesus wendet, gewann die Welt lieb, und nach den Worten des Evangelisten Johannes gewann er die Welt so sehr lieb, daß er ihr seinen eigenen Sohn zum Heil gab. Bei ihm gibt es keine Griechen und keine Juden. Wir berufen uns hier wieder auf eine Banalität, über die zu reden man sich beinahe schämen muß und die doch in die europäische Kultur eingegangen ist als eine wichtige Angelegenheit, als eine unwiderrufliche Problemstellung, sobald sie einmal als ein Wert aufgestellt war, um dessen Anerkennung viele bis aufs Blut gekämpft haben. Daß es keine auserwählten Völker gibt, die von Gott und von der Geschichte mehr als andere Völker geliebt werden und dazu bestimmt sind, im Namen irgendeines Rechtes anderen ihre Oberherrschaft aufzuzwingen – nichts ist einfacher als dies einzusehen in einer Welt theoretischer Reflexion, und gleichzeitig gibt es nichts, was mehr zu einem dramatischen Zusammenstoß herausfordert, wenn es ernsthaft betrachtet wird.

Daß die fundamentalen Werte der Menschheit ein Eigentum aller sind und daß die Menschheit ein Volk bildet – diese Idee ist dank der Lehre Jesu ein unveräußerbarer Teil unserer geistigen Welt geworden.

5. Das physische Elend der Zeitlichkeit

Es ist nicht wichtig, bis zu welchem Grad jenes Bild von der menschlichen Welt als unheilbar verkrüppelt zutreffend ist; wichtig ist, daß es ein unveräußerbarer Teil der geistigen Entwicklung Europas geworden ist. Das ist ein Thema, das unaufhörlich in den verschiedenartigen philosophischen Reflexionen wiederkehrt – keineswegs nur in den christlichen oder in den direkt durch das Christentum beeinflußten. Jesus erklärt den Menschen, sie seien elend und verheimlichten dieses Elend vor sich selbst; als Pascal sich diesen Glauben aneignete, machte er aus ihm ein Zentrum des geistigen Lebens. Jedermann hat recht, der sagt, der Gedanke habe oft dazu gedient, die Menschen von dem Streben nach einer Verbesserung des zeitlichen Daseins abzuhalten, er entschuldige den Geist der Resignation dem Schicksal gegenüber, er erzwinge die Zustimmung zu den gegebenen Bedingungen, man greife zu solcher Lehre, um mit ihr die Proteste einer Masse von Unterdrückten und Entrechteten gegen eine Ausbeutung zu dämpfen, man habe ihm den Sinn gegeben, demzufolge er den Unglauben an irgendeine Verbesserung der Welt zur Tugend mache. Es trifft auch zu, daß sich mit ihm oft die Menge der Satten und Zufriedenen geschmückt hat, die den Hungernden und Entrechteten erklärte, irdische Güter seien ohne besonderen Wert und man solle sich nicht grämen über das zeitliche Schicksal. Wir sind stumpf geworden gegenüber der Ekelhaftigkeit dieser Interpretationen, so sehr wimmelt es von ihnen in der Geschichte des Christentums.

Trotz allem gibt es eine andere Art und Weise, jenen Gedanken zu verstehen, der jene Rechtfertigung für die Zufriedenen und Privilegierten nicht notwendig mit sich bringt. Die Niederträchtigkeit dieser Rechtfertigung hat man schon lange enthüllt, und, wie wir sehen, distanziert sich das ganze Christentum langsam von ihr. In jener Überzeugung von der physischen Gebrechlichkeit der menschlichen Existenz bleibt etwas, was ganz unabhängig von jener Nutzanwendung ein Thema philosophischer Reflexion sein kann und oft wirklich ist; etwas, was für die Philosophen als Gegenstand immer wichtig war und worüber man ohne Rücksicht auf den Glauben oder den Unglauben an ein zukünftiges Leben weiter nachdenken kann und dabei nicht zu dem Schluß kommen muß, angesichts der strukturellen Gebrechlichkeit unseres Daseins sei jede Mühe, das, was sich verbessern läßt, zu verbessern, vergeblich und unfruchtbar. Man kann sich nämlich heftig bemühen und man kann endlos darum kämpfen, in den Verhältnissen des menschlichen Daseins alles, was man ändern kann, zu ändern, und dabei noch erkennen, daß das Absolute unerreichbar ist, daß einige physische Gebrechlichkeiten der menschlichen Existenz nicht zu ändern sind, daß in uns eine fundamentale Unfähigkeit besteht, die mit eben dieser menschlichen Endlichkeit verbunden ist. Das Thema wird nie aufhören, die Philosophen zu beschäftigen.

Religiöse Faszinationen

Martin Buber

Jesus, jüdisch gesehen

Es braucht kaum gesagt zu werden, daß mir alle apologetische Tendenz fern liegt.

Das Neue Testament ist seit nahezu 50 Jahren ein Hauptgegenstand meiner Studien gewesen, und ich meine, ein guter Leser zu sein, der unbefangen hört, was gesagt wird.

Jesus habe ich von Jugend auf als meinen großen Bruder empfunden. Daß die Christenheit ihn als Gott und Erlöser angesehen hat und ansieht, ist mir immer als eine Tatsache von höchstem Ernst erschienen, die ich um seinet- und um meinetwillen zu begreifen suchen muß. Ein weniges von den Ergebnissen dieses Begreifenwollens ist hier niedergelegt. Mein eigenes brüderlich aufgeschlossenes Verhältnis zu ihm ist immer stärker und reiner geworden, und ich sehe ihn heute mit stärkerem und reinerem Blick als je.

Gewisser als je ist es mir, daß ihm ein großer Platz in der Glaubensgeschichte Israels zukommt und daß dieser Platz durch keine der üblichen Kategorien umschrieben werden kann. Unter Glaubensgeschichte verstehe ich die Geschichte des uns bekannten menschlichen Anteils daran, was zwischen Gott und Mensch geschehen ist. Unter Glaubensgeschichte Israels verstehe ich demgemäß die Geschichte des uns bekannten Anteils Israels daran, was zwischen Gott und Israel geschehen ist. Es gibt ein Etwas in der Glaubensgeschichte Israels, das nur von Israel her zu erkennen ist, wie es ein Etwas in der Glaubensgeschichte der Christenheit gibt, das nur von ihr aus zu erkennen ist. An dieses zweite habe ich nur mit der unbefangenen Ehrfurcht des das Wort Hörenden gerührt. (...)

Mit dem Bericht von der Taufe im Jordan beginnt die Geschichte Jesu bei Markus; sie endet bei Johannes ursprünglich, als mit dem »Ziel- und Schlußpunkt«, mit dem Bericht von der Überwindung des Zweifels Thomas' an der leiblichen Wirklichkeit des Auferstandenen. Wenn ich nicht die Finger in seine Wundmale lege, sagt er (Joh 20,25), »glaube ich nun und nimmermehr«. Er will das Mal der Nägel auch sehen, aber daran darf es nicht genug sein, zu sehen vermag man auch Gespenster; damit er glaube, daß dies Jesus selber und kein Gespenst ist, muß er tasten können, ja muß mit seiner Hand die Wunden und so die Person agnoszieren. Da aber Jesus erscheint und ihn die Finger in seine Wundmale legen heißt, hat Thomas am Sehen genug. Er ruft den Auferstandenen an: »Mein Herr und mein Gott!« So haben sich in johanneischer Zeit Cäsaren nennen lassen; aber Thomas bricht nicht geheißen in den Ruf aus. Auch nicht der Anblick jedoch, sondern die Anrede nötigt ihn ihm ab: so redet kein Gespenst einen an. Der Zweifler glaubt nun. Aber er glaubt nicht daran allein, daß Jesus auferstanden ist; er glaubt auch, daß er »sein Gott« ist. Glauben das auch die anderen Apostel? Sie haben bislang nichts geäußert, was so zu verstehen wäre. Thomas aber glaubt und tut seinen Glauben kund: Jesus, den er als auferstanden anerkennt, ist sein Gott. Wir erfahren nicht, was ihn veranlaßt hat, das zu glauben, und erhalten keine Andeutung darüber. Es bleibt nichts übrig als uns erneut zu vergegenwärtigen, daß die Auferstehung eines einzelnen Menschen nicht zum Vorstellungskreis jüdischer Glaubenswelt gehört. Wenn ein Einzelner als Einzelner auferstanden ist, besteht eine Tatsache, die in dieser Glaubenswelt keinen Raum findet. Thomas denkt nicht daran, deren Vorstellungskreis zu erweitern. Daß er, wie wir ihn in der Art seines Zweifels kennengelernt haben, das nicht vermag, ist zu verstehen. Was er blitzartig denkt, ist anscheinend: da kein Mensch einzeln auferstehen kann, ist dieser da kein Mensch, sondern ein Gott; und da er für ihn *der* Mensch, sein Mensch gewesen war, ist er nun sein Gott. Aber damit bricht für den Thomas der Erzählung die jüdische Glaubenswelt, die keinen Gott außer Gott kennt, mit einemmal zusammen. Unter allen Jüngern Jesu ist er der erste Christ im Sinn des christlichen Dogmas. Es ist nicht anders: so mußte für den Evangelisten, für den sich alles, sein ganzer himmelragender Theologiebau, auf den Grundfesten des »Glaubens« erhob, daß dies ist und daß es so ist, der erste Christ aussehen: einer, der dem Glauben, daß es »so etwas« gibt, so lange ausweicht, als es irgend angeht, und als es nicht mehr angeht, seine Welt von sich wirft und den Toten und Lebendigen, der zu ihm gesprochen hat, anbetet. Damit ist die Präsenz des Einen Bildlosen, das Paradox der Emuna, durch das binitarische Gottesbild ersetzt, dessen eine, dem Menschen zugekehrte Seite ihm ein Menschengesicht zeigt. So und nicht anders mußte von den johanneischen Voraussetzungen aus das binitarische Gottesbild aufgerichtet werden.

Es bedarf nun noch des objektiven Ausdrucks dieses Glaubens in einem Glaubenssatz. Er entsteht in demselben Menschenkreis, aus dem das vierte Evangelium hervorging, und stammt wohl von dessen Verfasser. Am Ende des ersten Johannesbriefes heißt es von Jesus Christus: »Dieser ist der wahrhafte Gott und das ewige Leben.« Der bestimmte Artikel vor »wahrhafte Gott« soll offenbar ausdrücken, daß hier kein neues Gottesbild errichtet, sondern das alte, bisher zum Teil verdeckte, in seiner Ganzheit offenbart worden sei: bisher sei nämlich das ewige Leben »beim Vater« gewesen, nun aber sei es »uns erschienen« (1 Joh 1,2), jedoch nicht als etwas zum wahrhaften Gott

Hinzukommendes, sondern als er selber. Ebendies äußert, mit anderem Ausdruck, der erste Vers des Evangeliumprologs, der den Beginn der Schöpfungsgeschichte von neuem, als nun erst in seinem Sinn enthüllt, sagen will: hier ist es der Logos, der »bei Gott« war, schon »im Anfang«, und doch »war der Logos Gott«. Das Schöpferwort, das Gott, sich darin offenbarend, spricht, ist selber er. Man könnte dies als eine Mischung jüdischer und außerjüdischer Hypostasenspekulation erklären und dabei stehenbleiben, wenn das »Wort«, das »ewige Leben« uns nicht eben jenes Menschengesicht zeigte, das Gesicht des Auferstandenen, der Thomas auffordert, ihm die Hand in die Seitenwunde zu legen. Für den »Christen«, den es nunmehr gibt, hat Gott dieses Gesicht; außer diesem Gesicht ist er, was er für den Juden war und ist, gesichtslos. Der anthropomorphen Vorstellungen gab es auch in jüdischer Glaubenswelt übergenug, aber sie waren eine Sache der Menschen. Die Menschen sahen Erscheinungen Gottes und malten sie aus, die Menschen waren verschieden, und die Erscheinungen waren verschieden, die Menschen vergingen, und die Erscheinungen vergingen, und Gott blieb in all seinen Erscheinungen unerschienen. Nun aber, in der christlichen Existenz, inhärierte jenes Gesicht, unwandelbar trotz aller Phantasie, die sich daran versuchte, der göttlichen Wesenheit. Der Christ konnte nicht umhin, es zu sehen, wenn er sich an Gott wandte. Wenn er betete, redete er zumeist es an, unausgesprochen oder ausgesprochen. Schon Stephanus übergibt sterbend (Apg 7,59) seinen Geist nicht Gott, wie der sterbende Jesus tut (Luk 23,46, vgl. Psalm 31,6), sondern dem »Herrn Jesus«.

Das Werk der Vergottung war ein Prozeß gewesen, Nötigung, nicht Willkür. So allein entstehen ja neue Gottesbilder, je und je. Aber hier war etwas, was je und je nicht gewesen war. »Israel« bedeutet glaubengeschichtlich zuinnerst die Unmittelbarkeit zum unwahrnehmbaren Wesen.

Gott gibt es immer wieder, in Phänomenen der Natur und der Geschichte, zu sehen und bleibt unsichtbar. Daß er sich offenbart und daß er »sich verbirgt« (Jes 45,15), gehört unschiedlich zusammen; ohne seine Verbergung wäre seine Offenbarung nicht wirklich und in der Zeit. Darum ist er bildlos; Bild ist Festlegung auf eine Offenbarkeit, es will Gott verwehren, sich zu verbergen, er soll nicht mehr jeweils dasein dürfen als der er eben dann da ist (Ex 3,14), nicht mehr erscheinen dürfen, wie er erscheinen will; weil Bild das ist und das will, »sollst du dir kein Bild machen«. Zu ihm aber, dem immer nur personhaft Daseienden, nie zur Gestalt Werdenden, eben zu ihm verhält sich der Mensch aus Israel ausschließlich-unmittelbar. Der Mensch »hegt ihn sich stets gegenüber« (Psalm 16,8), er weiß sich »stets bei ihm« (73,23). Das ist etwas ganz anderes, als was man unter Monotheismus zu verstehen pflegt. Man meint mit dieser Bezeichnung gewöhnlich das Stück einer Weltanschauung, ihr oberstes Stück; die ausschließliche Unmittelbarkeit aber ist keine Weltanschauung, sondern die Urrealität einer Lebensbeziehung. Gewiß, dieser israelitische Mensch erkennt seinen Gott in allen Mächten und Geheimnissen wieder, aber nicht als Gegenstand unter Gegenständen, sondern als das ausschließliche Du des Gebets und der Devotion. Auch wenn Israel bekennt (Deu 6,4), JHWH sei sein Gott, JHWH der Eine, meint es damit nicht, daß es nicht mehr als *einen* Gott gibt, das braucht man ja gar nicht zu bekennen, sondern daß »sein« Gott der Eine ist, zu dem es sich in so ausschließlich-unmittelbarer Emuna, solcher Liebe des ganzen Herzens, des ganzen Lebensgeistes und der ganzen Wesensmacht (Vers 5) verhält, wie man sich eben nur zum Bildlosen, das heißt auf keine Erscheinungsform Eingeschränkten, verhalten kann. In der Schrift wird dies »ganz mit Gott sein« genannt. Diese Glaubens- und Lebenswirklichkeit ist es, der der Christ – nicht bekenntnismäßig, aber faktisch – entgegentritt, indem er in seiner eigenen Glaubens- und Lebenswirklichkeit Gott ein bestimmtes Gesicht, jenes Menschengesicht, wohl nicht verleiht, aber zuteilt als das Gesicht des »großen Gottheilands« (Titus 2,13), des »anderen Gottes« (Justin), des »leidenden Gottes« (Tatian), des Gottes, der seine Gemeinde »durch sein eigenes Blut sich erworben hat« (Apg 20,28). Zugleich bildlos und bildhaft ist der Gott des Christen, jedoch bildlos mehr in der religiösen Idee, bildhaft mehr in der gelebten Gegenwart. Das Bild verdeckt den Bildlosen.

Damit ist freilich eine neue, andere Art der Unmittelbarkeit erworben. Sie ist der zu einem geliebten Menschen zu vergleichen, der eben diese und keine andere Gestalt hat und den man eben als diese Gestalt erwählt hat. Das ist ein Du, das, bestimmt wie es ist, einem gleichsam zugehört. Daraus wächst eine Konkretheit der Beziehung, die nach der sakramentalen Einverleibung des Du verlangt, aber persönlich weitergehen kann, bis zur Einselbstung, zum Selbsttragen dieser Leiden, zum Selbstempfangen dieser Wunden und Wundmale – und zur Menschenliebe »von ihm aus«. Der Zweifler Thomas, der auf das Tasten verzichtet, die Endfigur der Geschichte Jesu, steht am Eingang des Christuswegs, in dessen späteren Stadien wir Personen wie Franz von Assisi finden. Welch ein großes lebendes Paradox ist doch all dies mitsammen! Nur eben: jenes erste Paradox, das der Unmittelbarkeit zum bildlos Daseienden, sich Verbergenden und Wiedererscheinenden, der das Offenbare schenkt und das Verborgene vorenthält (Deu 29,28), ist preisgegeben.

Nathan Söderblom führt einmal die gesprächsweise Äußerung eines französischen Admirals an: »In meinem Leben hat es Zeiten gegeben, in denen ich Atheist war. Aber einen Christen hätte ich mich, wenn ich es gewagt hätte, doch nennen wollen. In unserer Zeit«, fährt Söderblom fort, »geht es gewiß mehreren ebenso. Christus ist ihnen der Felsen ihrer Religion und ihres Herzens. Kein anderer Name wird ihnen gegeben. Er ist die Sonne in der Welt der Seele, Führer, Erlöser, Herr – Gott in demselben Maße als das Gott ist, worauf sich das Herz ganz verläßt ... Es können einem wohl Zweifel an der Gottheit Gottes, aber nicht an der Gottheit Christi kommen.« Einer meiner toten christlichen Freunde, jener Christian Rang, der den Vornamen Florens dem seinen vorangesetzt hatte, um den nach Angelus Silesius' Wort aufgeblühten »gefrorenen Christ« anzuzeigen, sagte einmal zu mir von der schwersten Zeit seines Lebens: »Ich hätte es nicht überlebt, wenn ich nicht Christus gehabt hätte.« Christus, nicht Gott! Ich habe seither dieses Zeugnis immer wieder echten Christen meiner Bekanntschaft mitgeteilt, von denen ich wußte, daß ich von ihnen die unbefangene Wahrheit ihrer Seele vernehmen würde. Mehrere von ihnen haben es als den Ausdruck ihrer eigenen Erfahrung bestätigt. Ihren großen literarischen Ausdruck finden wir in einigen Werken Dostojewskijs: ein Sichklammern an den Sohn unter Ablehnung des Vaters ist die Grundhaltung Iwan Karamasows, und in dem Roman von den Besessenen muß der Christ, an die Wand gedrängt, stammelnd gestehen, er glaube zwar an Christus, an Gott aber – werde er glauben. Ich sehe in alledem eine gewichtige Bezeugung des Heils, das durch den Christusglauben zu den Menschen der Völker gekommen ist: sie haben einen Gott erlangt, der in den Stunden, da ihnen die Welt zerbrach, nicht versagte, ja mehr noch, der ihnen in Stunden, da sie sich der Schuld verfallen fanden, die Sühne gewährte. Das ist ein weit Größeres, als was ein angestammter Gott oder Göttersohn der abendländischen Völker für dieses späte Zeitalter zu tun vermocht hätte. Und jenem Zeugnis Verwandtes tönt uns aus Aufschreien und Seufzern früherer Geschlechter an Christus entgegen.

Man muß nur über ihrer Inbrunst oder Innigkeit das andre nicht überhören.

Am Schluß des ersten Johannesbriefs folgt auf das Bekenntnis, dieser Jesus Christus sei der wahrhafte Gott und das ewige Leben, noch die etwas abrupte Mahnung: »Kinder, hütet euch vor den Götzen!« Ein Kommentator sieht darin einen Beweis, »daß dies Bekenntnis nicht das geringste mit einer Erweichung des Monotheismus zu tun hat«. Das trifft für die Absicht des Bekenntnisses gewiß vollkommen zu, für seine Wirkung nicht im gleichen Maße. Wobei vorauszusetzen ist, daß man unter »Monotheismus« hier etwas anderes zu verstehen hat als die in der Ökumene vielverbreitete Weltanschauung, die sich damit genug tat, die konkreten Ansprüche der Pantheone durch einen allgemeinen, aller Wirklichkeit entledigten zu ersetzen, und an der nichts zu erweichen war.

Ich darf hier wohl einer persönlichen Empfindung Ausdruck verleihen, die immer wiederkehrt, sooft ich dreier paulinischer Stellen miteinander gedenke, und anders als miteinander treten sie mir nicht vor die Erinnerung. Paulus, der ja in seinen echten Briefen anscheinend nie für den präexistenten Christus den Gottescharakter beansprucht, spricht doch von ihm als von einem gottgestaltigen (Phil 2,6) und an dem Werke Gottes unmittelbar beteiligten (1 Kor 8,6) Wesen, dies in einem trotz der teilweisen Formelhaftigkeit elementar starken Bekenntnis: die Welt kennt viele Götter und viele Herren, »uns aber ist Ein Gott, der Vater, aus dem alles ist und wir zu ihm hin, und Ein Herr, Jesus Christus, durch den alles ist und wir durch ihn«. Im Vater ist Ursprung und Ziel alles Seienden, im Sohn dessen Bestand und Heil. Aber im Römerbrief (11, 36) hören wir das Bekenntnis gewandelt. Da heißt es von Gott: »Denn aus ihm und durch ihn und zu ihm hin ist alles.« Der Unterschied mutet mich an, als hätte Paulus inzwischen die drohende Gefahr eines Ditheismus gemerkt und hätte ihr vorbeugen wollen. Nun jedoch scheint es in der Seele des in sich selber für die Wahrheit seiner Schau eifernden Mannes fortzuarbeiten: er hat in dem Einheitsbekenntnis Christus nicht sein Recht werden lassen, er muß es jetzt tun. So entsteht der reifste Ausdruck seiner Intention (Kol 1,15ff.), in dem er zugleich die Einheit zu wahren und den himmlischen Christus zu verherrlichen sucht: »er ist das Bild des unsichtbaren Gottes, der Erstgeborene aller Schöpfung, denn in ihm ist alles erschaffen worden«, »alles wurde durch ihn und zu ihm hin erschaffen«. Hier ist der Christus zugleich in die Schöpfung und in das Schaffen Gottes einbezogen, und in ihm zentriert die Offenbarung, denn er ist das getreue Bild, in dem der Unsichtbare dauernd sichtbar wird. So hat Paulus um beides in einem, um die Treue zur höchsten möglichen Vorstellung von seinem Meister und um die »unerweichte« Erhaltung des Monotheismus, gerungen.

Mahmoud M. Ayoub

Jesus, islamisch gesehen

Was haltet Ihr von Christus? Diese Frage, die die christliche Kirche mehr als einmal an sich selbst und sogar an die Welt gestellt hat, ist auch an Muslime durch die islamische Geschichte hindurch in sehr verschiedenen Formulierungen gerichtet worden. Für die Kirche blieb sie eine Herausforderung für den Glauben und die sozialen und ethischen Grundwerte, die im Leben ihrer Mitglieder lebendig sind. Muslimen, auf der anderen Seite, ist diese Frage immer mit der christlichen Antwort zusammen gestellt worden als *die* Wahrheit, von der her der gesamte Islam beurteilt wurde. Daß aber Muslime viel über Christus nachgedacht haben und daß der Koran zumindest eine Basis islamischer Christologie bereithält, ist eine Tatsache, die Christen bisher nicht sehr tief beschäftigt hat.

Gewiß, es gibt durchaus eine positive Verhaltensänderung von Christen gegenüber anderen religiösen Traditionen, den Islam eingeschlossen. Dies liegt, zum ersten, an gestiegenem Wissen über fundamentale Prinzipien anderer religiöser Traditionen sowie den Kulturen und Lebensweisen von Männern und Frauen, die nach diesen Prinzipien leben. Zum zweiten hat das neue theologische Verständnis von Christus und der christlichen Botschaft seine Wirkung auf die christliche Gesellschaft als Ganzes gehabt. Noch bedeutsamer freilich war der Wandel der sozio-ökonomischen und politischen Struktur der Welt: von kolonisierten Menschen und kolonisierenden Mächten zu freien und unabhängigen Staaten und Nationen. Die Früchte dieser Veränderungen kann man schon an den lobenswerten Versuchen von Organisationen wie dem Weltrat der Kirchen erkennen, größere Toleranz, wenn nicht sogar Verständnis und Würdigung des Glaubens und des geistlichen Erbes anderer Menschen zu fördern. Mehr noch! Es gibt einen klar erkennbaren Wandel bei vielen westlichen Wissenschaftlern, namentlich der jüngeren Generation, im Ansatz des Islam-Studiums. Es ist ein Wandel von der Polemik, die – indem sie den Islam in christlicher Terminologie »erklärt« – ungetrübt bleibt von jedem wirklichen Verstehen, hin zu einem Ansatz, der statt dessen den Islam in seiner eigenen Terminologie zu verstehen und zu würdigen versucht. Es hat jedoch unseres Wissens bisher noch keine Studie des Jesusbildes in den Heiligen Schriften oder der Frömmigkeitsliteratur des Islam gegeben, die auf diesem Ansatz bewußt beruhte.

Diese jüngste Phase in der langen Geschichte muslimisch-christlicher Beziehungen ist noch ganz am Anfang. Wenn sie voll zum Tragen kommt, wird sie – so hoffen wir – zu einem wahren Ökumenismus führen, einem Ökumenismus, der den Islam nicht als eine Häresie des wahren Christentums ansieht, sondern als einen authentischen Ausdruck der göttlichen und unwandelbaren Wahrheit. In diesem Geist gegenseitiger Anerkennung und Würdigung mag dann der Islam Christen etwas zu sagen haben, das ihren eigenen Glauben an *die* Wahrheit stärken würde, die Wahrheit, die größer ist als der Ausdruck irgendeiner religiösen Tradition, das Verständnis eines einzelnen oder einer Gemeinschaft. Um dieses Ideal zu erreichen, müßten Muslime gleichermaßen ihr eigenes Verständnis der wahren Bedeutung des Islam überdenken – des Islam als eines Lebens, das dem ursprünglichen Bund zwischen Gott und allen Menschen entspricht sowie der göttlichen Bestätigung dieses Bundes in sehr verschiedener

Ausdrucksweise gegenüber einer religiös pluralen Welt. (...)

Was wir als neuen Ansatz vorschlagen, ist, mit den gegebenen Daten zu beginnen und mit ihnen zu arbeiten, wie sie sind. Unbeschadet der Tatsache, wie verschieden die koranische und spätere islamische Sicht von Jesus sein mag, sie ist nichtsdestoweniger die Sicht, mit der Muslime sich auseinanderzusetzen haben und die Christen als eine muslimische Perspektive ansehen und als solche akzeptieren müssen – wenigstens als methodologische Basis ihrer Forschung und Studien. Es ist nicht länger ergiebig, die Aussagen des Koran über Jesus einfach als Verzerrungen oder Anleihen aus den Evangelien zu deuten. Sie sollten vielmehr als authentische islamische Aussagen und als Ausdruck der islamischen Sicht akzeptiert werden.

Eine dieser Aussagen, die die Aufmerksamkeit westlicher Forscher auf sich gezogen hat, ist der Koranvers, der die Knechtschaft Jesu gegenüber Gott behauptet. Er lautet so: »Der Messias wird es niemals gering achten, ein Sklave Allahs zu sein, noch werden es die geliebten Engel«.

In sich ist diese Aussage präzise und unzweideutig. Sie versucht, den Status Jesu als Wort und Geist Gottes und als denjenigen, der hoch geehrt ist in dieser Welt und in der künftigen, ins Gleichgewicht zu bringen mit seiner Menschlichkeit, indem sie ihn trotz seines hohen Status zum Diener Gottes erklärt, ohne dies in irgendeiner Weise als Erniedrigung seines erhabenen Ranges anzusehen.

Hätten Exegeten dies nicht als Verzerrung des paulinischen Philipperhymnus angesehen und hätten sie nicht des längeren und breiteren diese Hypothese zuerst zu beweisen, dann den Vers als Ganzes abzulehnen versucht, dann hätten sie die tiefe Bedeutung dieses Koranverses – in seinem eigenen Kontext genommen – für die Muslime verstanden. In Wirklichkeit ist die Parallele des Koranverses mit dem berühmten Hymnus bestenfalls oberflächlich und weit hergeholt. Diese Sicht Christi aber – mit all ihren Implikationen für den Koran und die spätere islamische Frömmigkeit – ist die Basis gewesen für das gesamte Bild Christi in islamischer Literatur durch alle Jahrhunderte. (. . .)

Jesus ist im Islam wie in den Evangelien der Botschafter von Vergebung und Liebe. Deshalb ist das Gebot, die andere Wange hinzuhalten, das Christus im Evangelium predigte, im ersten Traditionsstrang, den wir diskutieren werden, in die Form eines Gesetzes von Christus durch Gott gekleidet. Ähnlich erfährt die Armut und die Einfachheit Christi, seine Zurückgezogenheit von dieser Welt in islamischer Frömmigkeit eine weit größere Betonung. Deshalb wird Jesus für die Sufis das Beispiel für Frömmigkeit, Entsagung weltlicher Freuden und der Armut; er ist derjenige, nach dem sie ihr Leben und Verhalten auszurichten suchten.

Der Grund, warum hier nichts über die zentrale Rolle Christi als Erlöser gesagt wird, hängt damit zusammen, daß der Islam keinen Begriff von Sünde und Erlösung kennt – in Analogie etwa zur so zentralen christlichen Sicht einer gefallenen Menschheit und der Notwendigkeit der Erlösung. Christus jedoch – wie alle Botschafter Gottes vor und nach ihm – war ein Erlöser in dem Sinne, daß er durch seine Botschaft die Menschheit vom Irrtum zu retten half und ihre Schritte leitete auf ihrem Weg zu Gott, zu dem wir alle gehören und zu dem wir alle zurückkehren werden. (. . .)

Jesus nimmt in der schiitischen Frömmigkeit einen einzigartigen Platz ein. Neben der Tatsache, daß er der Empfänger des Evangeliums und anderer direkter göttlicher Mitteilungen ist, ist er der weise Asket, der mit esoterischem Wissen ausgestattet ist. Er gehört deshalb sowohl zu esoterischen wie exoterischen Kreisen, die die Geschichte kennt. Ein dritter wichtiger Aspekt der prophetischen

Persönlichkeit Christi ist der eines Sklaven Gottes, dessen Leben sozusagen zwischen Furcht und Hoffnung hängt. Er wird bedroht und verraten, verworfen und erhöht durch Gott. Dies ist – islamischer Frömmigkeit zufolge – eine der Weisen, wie Gott mit seinen Freunden umgeht, die ja – obwohl Gott nahe – nichtsdestoweniger seine Geschöpfe und demütigen Diener sind. (Es folgt die Übersetzung von zwei Texten der schiitischen Frömmigkeitstradition. Anm. des Übers.)

Das Bild Jesu, das in den vorausgegangenen Texten erscheint, ist aus verschiedenen Aspekten zusammengesetzt. Im ersten Text sehen wir den Meister als demütigen Diener Gottes, aber gleichzeitig als einen hochgeliebten und erhöhten Freund Gottes. Jesus ist beauftragt, den Menschen die Wahrheit zu lehren und sie so Gott näher zu bringen. Er wird jedoch auch streng gewarnt, nicht seine menschlichen Grenzen der Demut und Dienerschaft im Angesicht der göttlichen Majestät zu überschreiten.

Der zweite Text atmet mehr die vertraute Luft der synoptischen Evangelien, sowohl sprachlich wie inhaltlich. Hier ist Jesus der strenge Lehrer und Warner, der die Menschen unterrichtet und der ebenso harsche Urteile über ihre Torheit, Narrheit und Heuchelei fällt. Aber sogar hier sind die Opfer seiner Urteile nicht vor allem die Pharisäer und Schriftgelehrten der Evangelien, sondern die unvollkommene Menschheit im allgemeinen. Hier wiederum ist Jesus als der auserwählte Botschafter anzusehen, der gesandt wurde, die Menschen zu warnen und ihnen die göttliche Offenbarung zu predigen, obwohl er sogar die Sprache des Evangeliums spricht. Aber er bleibt der Jesus des Koran, einer in der langen Reihe von Propheten und Botschafter Gottes für die Menschheit.

Wir sehen daher, daß – wie der Christus christlichen Glaubens und Hoffens – der Jesus des Koran und späterer muslimischer Frömmigkeit viel mehr ist als ein nur menschliches Wesen oder bloß einfach der Botschafter eines Buches. Während der Jesus des Islam nicht der Christus der Christenheit ist, spricht der Christus des Evangeliums oft durch den einfachen menschlichen Jesus muslimischer Frömmigkeit. In der Tat: die freien Geister islamischer Mystik fanden im Menschen Jesus nicht nur das Beispiel von Frömmigkeit, Liebe und Weltentsagung, dem sie nachzueifern trachten, sondern ebenso den Christus, der die erfüllte Menschheit verkörpert, eine Menschheit, die vom Lichte Gottes erleuchtet ist. Dieser Reflex des göttlichen Lichtes im Herzen und in der Seele des Menschen ist in der Sprache islamischer Mystik als *tajallí* bekannt: die Manifestation der göttlichen Schönheit in und durch den Menschen.

In diesem Begriff von der göttlichen Manifestation konvergieren islamische und christliche Jesusbilder in vielen Punkten. Der Islam sagt, daß der Mensch näher zu Gott streben kann und muß, und in der *mi'raj*, der leiblichen Aufnahme des Propheten in den Himmel und in der Erhöhung Jesu zu Gott, nimmt dies die konkrete Gestalt an. Trotzdem: der Islam besteht darauf, daß der Mensch Mensch und Gott Gott ist, im absoluten Sinne. Das Christentum – in einem verschiedenen spirituellen und kulturellen Milieu entstanden – fängt nicht mit dem Aufstieg des Menschen zum Göttlichen an, sondern mit dem Abstieg des Göttlichen zum Menschen. Und der Satz »das Wort wurde Fleisch und wohnte unter uns« ist Ausdruck dieser Begegnung des Menschlichen mit dem Göttlichen. Daher sind in gewisser Weise die beiden Ansätze hinsichtlich der Frage nach der Beziehung Gott-Mensch sehr verschieden. Dies trifft jedoch nur für den jeweiligen Akzent und die Ausgangsposition der beiden religiösen Traditionen zu. Trotz dieser und anderer Unterschiede bestehen wir jedoch darauf, daß Muslime und Christen viel von dem Menschen Jesus, wie der Islam ihn zeigt, und von Christus, dem Herrn, wie das Christentum ihn versteht, lernen können, ja müssen. Dies kann nur durch ehrliche und ernste Versuche von uns allen erreicht werden, in einer Welt der Sünde und Unvollkommenheit, aber auch in einer Welt, die durch die göttliche Präsenz unter und in uns geheiligt ist, existentiell den Sinn und den Zweck unserer Existenz zu erfassen.

MAHATMA GANDHI

Jesus, hinduistisch gesehen

Seit vielen Jahren habe ich Jesus von Nazareth als einen unter den machtvollen Lehrern, die die Welt gehabt hat, angesehen, und ich sage dies in aller Demut. Ich beanspruche Demut für diesen Ausdruck, da es genau dies ist, was ich empfinde. Natürlich beanspruchen Christen eine höhere Stellung für Jesus von Nazareth als ich als Nicht-Christ und Hindu dies empfinden kann. Mit Absicht verwende ich den Ausdruck »empfinden« statt »geben«, denn ich meine, weder ich noch irgend jemand kann sich den Anspruch anmaßen, einem großen Mann einen Platz (eine Stellung) zu »geben«. Denn den großen Lehrern der Menschheit wurde ihre Stellung nicht »gegeben«. Diese Stellung gehörte ihnen von Rechts wegen, als eine Angelegenheit des Dienstes. Aber es ist das Privileg der Niedrigsten und Demütigsten unter uns, gewisse Dinge über sie zu empfinden. Die Beziehung zwischen uns und den großen Lehrern ist etwa dem Stil nach die Beziehung zwischen Ehemann und Ehefrau. Es wäre etwas Schreckliches, ja etwas Tragisches, wenn ich für mich intellektuell ausfechten würde, welche Stellung ich der Frau meines Herzens geben sollte. Sie nimmt den Platz in meinem Herzen ein, der ihr von Rechts wegen gehört. Es ist eine Sache des reinen Empfindens. Somit kann ich sagen, daß Jesus den Platz eines der großen Lehrer, die mein Leben beträchtlich beeinflußt haben, in meinem Herzen einnimmt.

Ich sage den fünfundsiebzig Prozent Hindus, die an diesem College unterrichtet werden, daß ihr Leben auch unvollständig sein wird, bis sie nicht mit Ehrfurcht die Lehre Jesu studieren. In meiner Erfahrung bin ich zu dem Ergebnis gekommen, daß diejenigen, die, gleichgültig welcher Glaubensgemeinschaft sie angehören, die Lehre anderer Glaubensrichtungen mit Ehrfurcht studieren, ihre eigenen Herzen erweitern statt verengen. Persönlich betrachte ich keine der großen Religionen der Welt als falsch. Alle haben der Bereicherung der Menschheit gedient und dienen noch heute diesem ihrem Zweck. Eine liberale Erziehung sollte, wie ich es formulierte, ein ehrfurchtsvolles Studium aller anderen Religionen einschließen.

Die Botschaft Jesu ist in der Bergpredigt enthalten: unverfälscht und als Ganzes verstanden. Auch in Zusammenhang mit der Bergpredigt unterscheidet sich meine eigene demütige Deutung der Botschaft in vieler Hinsicht von der der Orthodoxen. Als ich vorzeitig aus dem Gefängnis entlassen wurde, zeigte mir (Pastor) C. F. Andrews (ich besitze keinen engeren Freund auf dieser Erde als diesen) einen Brief, den die Bischöfe an ihre Herde gerichtet hatten. Es könnte von mir anmaßend sein, dies zu sagen, aber ich stimmte ihrer Deutung der Worte Christi nicht zu.

Die eigene Religion ist schließlich eine Sache zwischen einem selbst und dem Schöpfer. Aber wenn ich mich genötigt fühle, Ihnen meine Gedanken mitzuteilen, so ist es, weil ich Ihre Sympathie für meine Suche nach Wahrheit gewinnen möchte, und weil so viele christliche Freunde sich für meine Gedanken über die Lehre Jesu zutiefst interessieren und wissen möchten, welchen Platz ich Jesus in meinem Herzen gebe.

Wenn ich dann nur die Bergpredigt vor Augen hätte und meine eigene Deutung davon, würde ich nicht zögern zu sagen: »O ja, ich bin ein Christ.« Aber ich weiß, daß, wenn ich zur Zeit eine solche Aussage machte, würde ich mich dem schwerwiegendsten Mißverständnis aussetzen. Aber negativ ausgedrückt kann ich Ihnen sagen, daß vieles, was als Christentum gilt, meiner Meinung nach eine Verneinung der Bergpredigt ist. Bitte beachten Sie sorgfältig meine Worte. Im Augenblick rede ich nicht speziell über christliches Handeln. Ich rede über christlichen Glauben, über das Christentum, wie es im Westen verstanden wird. Ich bin mir peinlich bewußt, daß Handeln überall dem Glauben gegenüber zu kurz gerät. Deshalb sage ich dies nicht aus kritischer Sicht. Aus den Schätzen meiner eigenen Erfahrung weiß ich, daß obwohl ich in jedem Augenblick meines Lebens versuche, nach meinen erklärten Zielsetzungen zu leben, mein Handeln trotzdem diese Zielsetzungen nicht erreicht. Möge es weit von mir entfernt sein, dies im Geist der Kritik zu sagen. Aber ich stelle meine fundamentalen Schwierigkeiten hinsichtlich der Erscheinungsgestalt des Christentums in der Welt und der Formulierung von christlichen Lehren vor Sie hin. Es gibt eine Sache, die mich in meinen frühen Bibelstudien überwältigte. Ich wurde unmittelbar ergriffen, als ich diese Stelle las, »Suchet erst das Reich Gottes und seine Gerechtigkeit, und alles andere wird euch hinzugegeben werden.« Ich sage Ihnen, daß wenn Sie dies verstehen und würdigen und nach dem Geist dieses Satzes handeln würden, bräuchten Sie gar nicht zu wissen, welchen Platz Jesus oder irgendein anderer Lehrer in Ihrem oder in meinem Herzen einnimmt. Wenn Sie diese Arbeit eines moralischen Straßenreinigers tun werden, um Ihre Herzen zu reinigen, zu säubern und vorzubereiten, werden Sie entdecken, daß alle diese großen Lehrer ihre Plätze ohne jegliche Einladung von uns einnehmen werden. Das ist meiner Ansicht nach die Grundlage jeglicher gesunden Erziehung. Die Kultur des Geistes muß sich der Kultur des Herzens unterwerfen.

Als ich als von Gebet erfüllter Student im Jahre 1893 in Südafrika christliche Literatur zu studieren begann, habe ich immer wieder gefragt: »Ist das Christentum?« Ich konnte nur sagen: »Nein, nein. Sicherlich ist das, was ich sehe, kein Christentum.« Und das Tiefste in mir sagt mir, daß ich recht gehabt habe, denn es war Jesus gegenüber unwürdig und der Bergpredigt gegenüber untreu.

Ich behaupte, ein Mann des Glaubens und des Betens zu sein, und selbst wenn ich in Stücke zerhackt werden sollte, vertraue ich, daß Gott mir die Kraft geben wird, *ihn* nicht zu leugnen, sondern seine Existenz zu bejahen. Der Moslem sagt: »Er ist, und es gibt keinen anderen.« Ähnliches sagt der Christ und auch der Hindu. Und wenn ich es so zu sagen wagen darf, auch der Buddhist sagt dasselbe, allein mit anderen Worten. Es ist wahr, daß jeder von uns dem Wort »Gott« eine eigene Deutung aufsetzt. Wir müssen es notwendigerweise tun, denn Gott umfaßt nicht nur diesen unseren kleinen Globus, sondern Millionen und Billionen von solchen Globen und Welten über Welten.

Wie können wir, kleine kriechende Kreaturen – wenn überhaupt möglich – seine Größe, seine unbegrenzte Liebe und sein unendliches Mit-Leiden messen? Seine unendliche Liebe und Barmherzigkeit sind so groß, daß er dem Menschen erlaubt, ihn anmaßend zu leugnen, über ihn zu streiten und selbst seinem Mitmenschen den Hals abzuschneiden.

Obwohl wir dieselben Worte über Gott in den Mund nehmen, tragen diese Worte deshalb vielleicht nicht dieselbe Bedeutung für uns alle. Wir brauchen nicht durch unsere Reden oder Schriften zu missionieren. Laßt unser Leben offene Bücher sein, damit alle darin studieren können.

Ich wünschte, daß ich meine missionarischen Freunde überzeugen könnte, diese Sicht der Mission anzunehmen. Dann gäbe es weder Mißtrauen noch Verdächtigung, noch

Eifersucht noch Unstimmigkeit unter uns in diesen religiösen Fragen, sondern nur Harmonie und Frieden.

Aufgrund ihres westlich-äußerlichen Erscheinungsbildes sind wir in Indien dazu gekommen, der christlichen Missionstätigkeit, die uns aus dem Westen erreicht hat, zu mißtrauen.

Die einzige Schlußfolgerung, die ich Ihnen, als Studenten, aus all diesem empfehlen möchte, ist, daß Sie sich nicht von Ihren Ankertauen losreißen lassen sollten. Und diejenigen aus dem Westen sollten weder bewußt noch unbewußt gewaltsam mit den Sitten und Gewohnheiten dieses Landes umgehen, soweit diese nicht grundlegenden Moralprinzipien widersprechen. Verwechseln Sie die Lehre Jesu nicht mit dem, was als moderne Zivilisation gilt. Ich bitte Sie, die Missionare sind, tun Sie den Völkern, für die Sie sich einsetzen, keine unbewußte Gewalt an. Es gehört nicht zu Ihrer Berufung, versichere ich Ihnen, das Leben der Menschen des Ostens an den Wurzeln zu zerreißen. Tolerieren Sie alles, was in ihnen gut ist. Wie Christus zu uns allen gesagt hat: »Richtet nicht, damit ihr nicht gerichtet werdet. Vergebt, und ihr werdet Vergebung erhalten. Denn mit dem Maße, mit dem ihr meßt, wird euch gemessen werden.«

Trotz Ihres Glaubens an die Größe der westlichen Zivilisation und trotz Ihres Stolzes auf alle Ihre Leistungen plädiere ich mit Ihnen, Demut zu üben. Ich bitte Sie, ein wenig Raum für ehrlichen Zweifel zu belassen. Laßt uns unser eigenes Leben leben. Und wenn unser Leben das richtige ist, welchen Grund gibt es für Eile? Es wird aus sich selbst reagieren.

Auf alle Fälle trinken Sie aus der Tiefe der Brunnen, die Ihnen in der Bergpredigt gegeben sind, aber dann werden Sie auch Bußgewand und Asche auf sich nehmen müssen, und zwar in Hinblick darauf, beim Handeln gemäß der Predigt Christi zu versagen.

Denn die Lehre der Bergpredigt ist für jeden und alle unter uns gemeint. Sie können nicht Gott und dem Mammon dienen. Gott, der Mit-Leidende und Barmherzige, der die Verkörperung der Toleranz ist, erlaubt es dem Mammon, sein neuntägiges Wunder zu erleben. Aber ich sage Ihnen, den Studenten und Jugendlichen, flieht weg von der selbsttötenden, aber zerstörenden Schau des Mammons, die ich heute um mich hin sehe. Denn Sie können nicht Gott und dem Mammon zugleich dienen.

Daisetz Taitaro Suzuki

Jesus, buddhistisch gesehen

I.

Immer wenn ich ein Bild des gekreuzigten Christus sehe, muß ich an die tiefe Kluft denken, die zwischen Christentum und Buddhismus liegt. Die Kluft ist symbolisch für den psychologischen Unterschied zwischen Ost und West.

Das persönliche Ich wird im Westen stark betont. Im Osten gibt es kein Ich. Das Ich ist nicht-existent, und daher gibt es kein Ich, das man kreuzigen könnte.

Wir können zwei Stadien der Ich-Idee unterscheiden. Das erste Stadium betrifft das relative, psychologische, empirische Ich. Das zweite meint das transzendente Ich.

Das empirische Ich ist begrenzt. Es hat kein Dasein aus sich selbst. Welche Aussage es auch macht, sie hat keinen absoluten Wert, sie ist abhängig von anderen. Dieses Ich ist relativ und psychologisch begründet. Es ist hypothetisch, es unterliegt allen möglichen Bedingungen. Es ist demzufolge nicht frei.

Woran liegt es nun, daß es sich frei fühlt, als wäre es wirklich so unabhängig und selbstherrlich? Woher kommt diese Täuschung?

Die Täuschung kommt aus dem transzendenten Ich, das – indem es durch das empirische Ich wirkt und in ihm verweilt – falsch gesehen wird.

Warum aber duldet das transzendente Ich es, daß man es für das relative Ich hält?

Die Wahrheit ist, daß das relative Ich, das dem *manovijnana* der Yogacara-Schule entspricht, in zwei verschiedenen Bezugssystemen steht, einem äußeren und einem inneren. Objektiv gesprochen, ist das empirische Ich eines von vielen anderen solcher Ichs. Es befindet sich in der Welt der Vielheit. Sein Kontakt mit anderen ist wechselhaft, Unterbrechungen unterworfen, mittelbar und schweifend. Innen berührt es sich mit dem transzendenten Ich – und dieser Kontakt oder Bezug ist konstant, unmittelbar und total. Freilich ist der innere Bezug nicht so deutlich erkennbar wie der äußere, was jedoch nicht heißt, daß seine Kenntnis ohne jede Bedeutung und praktischen Wert für unser tägliches Leben sei und daher vernachlässigt werden könnte. Im Gegenteil, die Kenntnis des hinter dem relativen Ich stehenden transzendenten Ichs wirft Licht auf den Ursprung des Bewußtseins. Sie bringt uns in unmittelbaren Kontakt mit dem Unbewußten. Es dürfte einleuchten, daß diese innere Kenntnis nichts mit dem gewöhnlichen Wissen zu tun hat, das wir im allgemeinen von irgendwelchen äußeren Dingen haben. Der Unterschied zeigt sich auf zweierlei Weise. Der Gegenstand gewöhnlichen Wissens wird als Zeit und Raum verhaftet angenommen und unterliegt allen möglichen wissenschaftlichen Messungen. Das Objekt inneren Wissens ist kein individuelles Objekt. Das transzendente Ich kann nicht abgespalten werden, damit das relative Ich es betrachte. Es ist mit dem relativen Ich so unmittelbar und unlösbar verbunden, daß es aufhörte, es selbst zu sein, wenn man es vom relativen Ich trennte. Das transzendente Ich ist das relative Ich und umgekehrt. Und doch sind sie nicht eines, sondern zwei. Sie sind zwei und doch nicht zwei. Sie sind intellektuell, aber nicht in Wirklichkeit trennbar. Wir können nicht das eine zum Sehenden und das andere zum Gesehenen machen, denn das Sehende ist das Gesehene und umgekehrt.

Wenn diese einzigartige Beziehung zwischen dem transzendenten und dem relativen Ich nicht entsprechend begriffen oder intuitiv erfaßt wird, entsteht eine Täuschung. Das relative Ich glaubt sich frei, autonom und versucht danach zu handeln.

Das relative Ich als solches existiert nicht unabhängig vom transzendenten Ich. Das relative Ich ist nichts. Aber wenn es sich über seine wahre Natur täuscht, maßt es sich die Rolle des transzendenten Ichs an.

Es ist richtig: das transzendente Ich braucht das relative Ich, um sich selbst Gestalt zu geben, durch die das transzendente Ich wirkt. Aber das transzendente Ich darf nicht so weit mit dem relativen Ich identifiziert werden, daß das Verschwinden des relativen Ichs gleichbedeutend wäre mit dem Verschwinden des transzendenten Ichs. Das transzendente Ich ist das schöpferische Agens, das relative Ich ist das von ihm Geschaffene. Das relative Ich ist nichts, das vor dem transzendenten Ich rangierte und in Opposition zu ihm stünde. Das relative Ich geht aus dem transzendenten Ich hervor und steht in völliger abhängiger Beziehung zu diesem. Ohne das transzendente Ich ist das relative Ich ein Nichts. Das transzendente Ich ist nach alledem die Mutter aller Dinge. Der östliche Geist bezieht alle Dinge auf das transzendente Ich, wenn auch nicht immer bewußt, er sieht sie letztendlich in ihm begründet, wohingegen der westliche Geist sich an das relative Ich hält und von ihm ausgeht.

Statt das relative Ich in Beziehung zu setzen zum transzendenten Ich und das letztere zu seinem Ausgangspunkt zu machen, klammert sich der westliche Geist beharrlich an das erstere. Da das relative Ich aber seiner Natur nach verletzlich ist, findet man es stets unbefriedigend und eitel und mit Unheil verkettet. Und da der westliche Geist an die Realität dieses Unheilstifters glaubt, wünscht er kurzen Prozeß mit ihm zu machen. Daß man ihn im Leib Christi gekreuzigt hat, ist wiederum etwas Charakteristisches für den Westen.

In bestimmter Hinsicht ist der östliche Geist nicht auf die Leiblichkeit der Dinge gerichtet. Das relative Ich geht still und ohne viel Aufhebens im Leib des transzendenten Ichs auf. Aus diesem Grunde sehen wir den Buddha im Nirvana heiter unter dem Sala-Zwillingsbaum liegen, betrauert nicht nur von seinen Jüngern, sondern von allen Geschöpfen, menschlichen und nicht-menschlichen, fühlenden und nicht-fühlenden. Da es von Anfang an keine Ich-Substanz gibt, bedarf es keiner Kreuzigung.

Im Christentum wird die Kreuzigung gebraucht, Leiblichkeit verlangt einen gewaltsamen Tod, und sobald der vollzogen ist, muß in dieser oder jener Form Auferstehung folgen, denn Kreuzigung und Auferstehung gehören zusammen. Wie Paulus sagt: »Ist aber Christus nicht auferstanden, so ist unsre Predigt vergeblich, so ist auch euer Glaube vergeblich ..., so seid ihr noch in euren Sünden.« (1. Kor 15,14,17) Die Kreuzigung hat in der Tat einen doppelten Sinn: einen individualistischen und einen allgemein menschlichen Sinn. Einmal symbolisiert sie die Zerstörung des individuellen Ichs, zum anderen vertritt sie die Lehre vom stellvertretenden Opfer, nach der alle unsere Sünden gesühnt sind, indem Christus starb. In beiden Fällen muß der Tote wiedererweckt werden. Ohne die Wiederauferstehung hätte die Zerstörung keinerlei Sinn. In Adam sterben, in Christus leben wir. Das muß in dem oben angedeuteten doppelten Sinn verstanden werden.

Im Buddhismus wird nur die Erleuchtung gebraucht, keine Kreuzigung, keine Auferstehung. Wohl ist Auferstehung etwas Dramatisches und Menschliches, aber es ist auch das Odium des Leibes darin. In der Erleuchtung finden wir Glückseligkeit und echte Transzendenz. Die irdischen Dinge erfahren ihre Erneuerung, eine Verwandlung, die sie wieder unverbraucht macht. Eine neue Sonne geht über dem Horizont auf, und das ganze Universum offenbart sich.

Durch diese Erleuchtungserfahrung erlangt jedes Wesen individuell und kollektiv Buddhaschaft. Es ist nicht nur ein einzelnes, historisch bestimmbares Wesen, das dabei zum Zustand der Erleuchtung erwacht, es ist der ganze Kosmos, jedes Staubteilchen in ihm, der teilhat an der Erleuchtung. Ich hebe meinen Finger, und die tausendmal dreitausend Welten leuchten auf, und ein *asamkheyya* von Buddhas und Bodhisattvas grüßt mich einschließlich aller menschlichen Wesen.

Ohne nachfolgende Auferstehung hat die Kreuzigung keinerlei Sinn. Doch wenn auch der Auferstandene zum Himmel aufsteigt, der irdische Makel haftet ihm an. Mit der Erleuchtung ist das anders. Augenblicklich verwandelt sie die Erde selbst in das »Reine Land«. Du mußt nicht zum Himmel aufsteigen und warten, damit dort die Verwandlung geschehe.

II.

Die Symbolik des Christentums hat viel mit dem menschlichen Leiden zu tun. Die Kreuzigung ist in ihr der Gipfel des Leidens. Auch Buddhisten sprechen oft vom Leiden, aber für sie sitzt Buddha heiter lächelnd unter dem Bodhi-Baum am Fluß Niranjana. Christus trägt sein Leiden bis ans Ende seines irdischen Lebens, Buddha dagegen beendet es lebend und fährt danach fort, das Evangelium der Erleuchtung zu predigen, bis er unter dem Sala-Zwillingsbaum sacht verschied. Die Bäume stehen aufrecht, und der Buddha, im Nirvana, liegt, waagerecht wie die Ewigkeit selbst.

Christus hängt hilflos, voller Traurigkeit, an dem senkrecht aufragenden Kreuz. Für das östliche Empfinden ist der Anblick fast unerträglich. Buddhisten sind an den Anblick des Jizo Bosatsu (*Kshitigarbha*-Bodhisattva) an den Straßen gewöhnt. Die Figur ist ein Sinnbild der Zärtlichkeit. Sie steht aufrecht, aber welch ein Kontrast zu dem christlichen Leidenssymbol!

Lassen Sie mich einen gleichsam geometrischen Vergleich anstellen zwischen einer Statue, die mit gekreuzten Beinen in Meditation sitzt, und einem Kruzifix. Zunächst einmal erweckt die Vertikale (des Kruzifixes) den Eindruck von Aktion, Bewegung und Drang nach oben. Die Horizontale – wie im Falle des liegenden Buddha – läßt uns an Frieden und Erfülltheit denken. Eine sitzende Figur vermittelt uns die Vorstellung von Zuverlässigkeit, fester Überzeugung und Unerschütterlichkeit. Der Körper sitzt mit Hüften und gekreuzten Beinen sicher auf dem Boden. Der Schwerpunkt liegt in den Lenden. Das ist die sicherste Stellung, die ein zweifüßiges Wesen im Leben einnehmen kann. Sie ist zugleich ein Sinnbild von Frieden, Ruhe und Selbstvertrauen. Aufrechte Haltung erweckt im allgemeinen den Eindruck eines kämpferischen Geistes, in Verteidigung oder Angriff. Sie gibt einem zudem das Gefühl der eigenen Bedeutung, ein Gefühl, das aus Individualität und Kraft geboren wird.

Als der Mensch anfing, auf seinen zwei Beinen zu stehen, unterschied er sich damit von allen übrigen auf vier Beinen laufenden Geschöpfen. Von nun an wird er unabhängiger von der Erde durch die frei gewordenen vorderen Extremitäten und durch das konsequente Wachstum seines Gehirns. Dieses Wachstum und diese zunehmende Unabhängigkeit verführen ihn unablässig zu dem Glauben, daß er nun Herr der Natur sein und sie vollständig unter seine Kontrolle bringen könne. Dies in Verbindung mit der alten biblischen Vorstellung, daß der Mensch ausersehen sei, sich die Erde untertan zu machen, hat dazu beigetragen, die menschliche Idee der universalen Herrschaft über ihre legitimen Grenzen hinauswachsen zu lassen. Das Ergebnis davon ist, daß wir soviel von unserem Sieg über die Natur reden, ohne dabei an unsere eigene Natur zu denken, die mehr Beherrschung und Kontrolle und vielleicht auch Demut verlangt als irgend etwas sonst. Das Sitzen mit gekreuzten Beinen und die Meditationshaltung andererseits geben dem Menschen nicht das Gefühl, von der Erde abgelöst zu sein, wenngleich er sich auch nicht unwiderruflich so an sie gebunden fühlt, daß er meint, sie weiter zu »schmecken« und in ihr zu wühlen. Gewiß, er wird von der Erde getragen und erhalten, aber er sitzt auf ihr wie das sie krönende Sinnbild der Transzendenz. Er ist weder an den Boden gefesselt noch von ihm abgelöst.

Wir reden heutzutage soviel von diesem Losgelöstsein, als wäre das Gegenteil, das der Erde Verhaftetsein, etwas so Verhängnisvolles und Verhaßtes, daß wir auf jede Weise versuchen müßten, ihm zu entgehen. Aber ich kann nicht begreifen, weshalb wir uns von Dingen entfernen sollen, die liebenswert und für unser soziales und individuelles Wohlergehen wahrhaft förderlich sind. Kanzan und Jittoku genossen ihre Freiheit und ihr Wohlergehen auf eigene Weise. Sakyamuni brauchte seine neunundsiebzig Jahre damit hin, daß er von Ort zu Ort zog und allen möglichen Leuten, auf vielfältige Weise, unter sozialen, intellektuellen und wirtschaftlichen Aspekten ein Evangelium der Erleuchtung predigte, bis er schließlich am Fluß Niranjana gelassen verschied. Sokrates wurde geboren und starb in Athen und gebrauchte seine Kraft und Weisheit, indem er seinen Beruf als »Hebamme des menschlichen Denkens« ausübte, die Philosophie vom Himmel auf die Erde herabholte und schließlich – von seinen Schülern umgeben – gelassen den Schierlingsbecher nahm und sein Leben von siebzig Jahren endete.

Was sollen wir über diese Leben sagen, wenn jeder von

denen, die sie lebten, sich des seinen nach Herzenslust erfreute? Waren es Leben des Verhaftetseins oder des Losgelösten von der Erde? Ich würde sagen – soweit ich es verstehe –, daß jeder von ihnen sein Leben der Freiheit lebte, unbehindert durch irgendwelche darüber hinausgehenden Interessen. Wäre es deswegen nicht besser, statt das Leben dieser Männer mit Worten wie Verhaftet- oder Losgelöstsein kennzeichnen zu wollen, wir nennten es ein Leben absoluter Freiheit? Es war die Erleuchtung, die ihrem Leben Frieden und Freiheit brachte. Und es ist die Erleuchtung, die auch uns Frieden und Freiheit bringt.

III.

Als Buddha seine höchste Erleuchtung erlangte, befand er sich in sitzender Haltung. Er war weder an die Erde gefesselt noch von ihr gelöst. Er war eins mit ihr, wuchs aus ihr hervor und war ihr doch nicht untertan. Als Neugeborener, frei von allen *sankharas*, erklärte er, aufrecht stehend, die eine Hand zum Himmel empor-, die andere zur Erde hinabweisend: »Über mir Himmel, unter mir Himmel, ich allein bin der Gepriesene!«

Der Buddhismus hat drei Hauptsymbole, die 1. Geburt, 2. Erleuchtung und 3. das Nirvana versinnbildlichen. Das sind die drei Grundstellungen, die der Mensch einnehmen kann: Stehen, Sitzen und Liegen. Daraus ersehen wir, daß der Buddhismus tief mit dem menschlichen Leben in seinen verschiedenen Formen friedlicher Tätigkeit verbunden ist – daß er dagegen nichts mit irgendwelcher Art kriegerischer Aktivität zu tun hat.

Andererseits bietet das Christentum einige Dinge, die schwer zu begreifen sind, namentlich das Symbol der Kreuzigung. Der gekreuzigte Christus ist ein schrecklicher Anblick, und ich kann nicht anders, in meiner Vorstellung verbindet er sich mit dem sadistischen Impuls einer seelisch überreizten Phantasie.

Christen werden sagen, die Kreuzigung stelle eben das Kreuzigen unseres Selbst oder des Fleisches dar, weil ohne Unterwerfung des Selbst von uns keine sittliche Vollkommenheit erreicht werde.

Hierin unterscheidet sich der Buddhismus vom Christentum. Der Buddhismus erklärt, daß es von Anbeginn kein Selbst gibt, das zu kreuzigen wäre. Anzunehmen, daß es ein Selbst gäbe, ist für ihn der Ausgangspunkt aller Irrtümer und Übel. Nichtwissen ist die Wurzel alles Falschen.

Da es kein Selbst gibt, bedarf es der Kreuzigung nicht, muß keine sadistische Tötung des Fleisches erfolgen, kann uns der schreckliche Anblick des Gekreuzigten am Wege erspart werden.

Dem Buddhismus entsprechend ist die Welt ein Netzwerk karmischer Beziehungen, und dahinter gibt es keine wirkende Kraft, die es für ihr williges Instrument hielte. Um Einsicht in die wahre Wirklichkeit der Dinge zu gewinnen, muß man zunächst den Nebel der Unwissenheit zerstreuen. Um das tun zu können, muß man sich darin schulen, klar und mit durchdringendem Blick die Soheit der Dinge zu erkennen. Das Christentum neigt dazu, die Leiblichkeit unseres Daseins besonders zu betonen. Daher die Kreuzigung und daher auch die Symbolik des Abendmahls, das Essen des Fleisches und das Trinken des Blutes. Nicht-Christen ist der Gedanke des Blut-Trinkens widerwärtig.

Christen werden sagen, darin zeige sich die Idee des Einsseins mit Christus. Aber Nicht-Christen würden antworten: Könnte diese Idee des Einsseins nicht anders bewußt gemacht werden, will sagen: friedvoller, weniger irrational, menschlicher und menschenfreundlicher, weniger militant und gewaltsam?

Wenn wir uns das Nirvana-Bild ansehen, haben wir

einen ganz anderen Eindruck. Welch ein Gegensatz zwischen der Vorstellung des gekreuzigten Christus und dem Bild Buddhas, wie er auf einem Bett liegt, von Jüngern und anderen Wesen, menschlichen und nicht-menschlichen umgeben! Ist es nicht interessant und erhellend zu sehen, wie alle möglichen Tiere zusammenströmen, um den Tod Buddhas zu betrauern?

Daß Christus aufrecht am Kreuz starb, während Buddha liegend verschied – symbolisiert das nicht den fundamentalen Unterschied in mehr als einer Hinsicht zwischen Buddhismus und Christentum?

»Aufrecht« bedeutet Aktion, Streitbarkeit, Ausschließlichkeit, indes »waagerecht« Frieden, Duldsamkeit und Weitherzigkeit meint. In seiner Aktivität hat das Christentum etwas, das aufreizt, erregt und beunruhigt. In seiner Streitbarkeit und Ausschließlichkeit neigt es dazu, eine selbstherrliche und manchmal herrische Gewalt über andere auszuüben – trotz des erklärten Zieles der Christenheit von Demokratie und allgemeiner Verbrüderung.

In dieser Hinsicht erweist der Buddhismus sich als das gerade Gegenteil des Christentums. Die horizontale Lage des Nirvana-Buddha mag manchmal den Eindruck von Indolenz, Indifferenz und Tatenlosigkeit erwecken, obwohl der Buddhismus in Wirklichkeit die Religion der Tapferkeit und einer unendlichen Geduld ist – eine Religion des Friedens, der Heiterkeit, des Gleichmuts und des Gleichgewichts. Er weigert sich, streitbar und exklusiv, ausschließlich sein zu wollen. Er tritt im Gegenteil ein für Weitherzigkeit, allumfassende Toleranz und Sichfernhalten von weltlichen Streitigkeiten. Aufrecht stehen bedeutet, daß man sich bereit hält zur Tat, zum Kampf, zur Überwältigung des anderen. Es setzt auch den Gegner, den Widersacher voraus, der bereit ist, einen selbst niederzuschlagen, wenn man ihn nicht zuerst niederschlägt. In dieser Bereitschaft liegt »das Selbst«, das das Christentum kreuzigen will. Und da dieser Feind, das Selbst, einen immerzu bedroht, muß man streitbar sein. Erkennt man aber klar, daß dieser tödliche Feind, der uns unablässig im Alarmzustand hält, nicht existiert, begreift man, daß er nichts ist als ein böser Traum, eine bloße Täuschung, dann wird man zum erstenmal im Frieden mit sich selbst sein und auch mit der Welt im ganzen, dann kann man es sich erlauben, sich niederzulegen und sich mit allen Dingen zu identifizieren.

Nachdem all dies gesagt worden ist, müssen wir etwas unternehmen, um die widerstreitenden Vorstellungen einander näherzubringen, müssen wir versuchen, sie zu versöhnen. Ich schlage dies vor: Wenn etwas immer in der Horizontale bleibt, ist Tod die Folge. Wenn die Vertikale sich auf sich versteift, bricht sie zusammen. In Wirklichkeit ist die Horizontale nur Horizontale, wenn man sich vorstellt, daß sie die Neigung enthält, sich zu erheben und etwas anderes zu werden, eine Linie mit dem Drang zur Dreidimensionalität. Ebenso verhält es sich mit der Vertikalen. Solange sie unbeweglich in ihrer senkrechten Haltung verharrt, hört sie auf, sie selbst zu sein. Sie muß biegsam werden, muß Elastizität erwerben, muß sich selbst mit Beweglichkeit im Gleichgewicht halten.

(Das Kreuz [das griechische] und die Swastika sind nahe verwandt, vielleicht stammen sie aus der gleichen Wurzel. Die Swastika ist jedoch dynamisch, wohingegen das Kreuz eine statische Symmetrie symbolisiert. Das lateinische Kreuz ist höchstwahrscheinlich die Weiterentwicklung eines Zeichens anderer Art.)

Multikulturelle Perspektiven

Ofelia Ortega

Jesus, lateinamerikanisch gesehen

In dem Buch der brasilianischen Theologen Leonardo und Clodovis Boff: »Wie treibt man Theologie der Befreiung?«[1] stehen am Anfang Geschichten aus den Gemeinden. Ich möchte eine dieser Geschichten erzählen: Es war ein Morgengottesdienst, ein eucharistischer Gottesdienst in einer Gemeinde in Brasilien. Nachdem der letzte Ton verklungen war, kam eine Frau weinend zum Priester. Was ist passiert, fragte er. Pater, antwortete sie, es tut mir wahnsinnig leid, ich muß Ihnen gestehen, ich war nicht auf die heilige Kommunion vorbereitet. Ich kam direkt von der Straße herein und habe drei Tage lang gar nichts gegessen. Als ich das Stück Brot in ihrer Hand sah, bin ich daher nur zu Ihnen gegangen, um dieses Stück Brot zu essen. Ich bin hungrig!

Es ist nur eine Geschichte, aber eine wirkliche Geschichte. Sie zeigt uns, was Leonardo Boff als die erste Artikulierung der Befreiungstheologie bezeichnet. Hinter der lateinamerikanischen Christologie und Befreiungstheologie steht die skandalöse Wahrheit der Armut, des Hungers und der Unterdrückung. Vor dieser Tatsache ist Schweigen – wie beim Empfang der Sakramente – das einzige, was wir tun können, wenn wir dieser Wahrheit gegenüberstehen. Die erste Artikulation der Befreiungstheologie hat geradezu eine sakrale Dimension, die auf

1 L. und C. Boff, Wie treibt man Theologie der Befreiung? Düsseldorf 1986.

die eigentliche Konfrontation hinweist. Was können wir angesichts von Hunger, Armut und Unterdrückung tun? Manchmal nur beten und schweigen. Aber diese sakramentale Artikulation ist nicht genug. Die Theologie der Befreiung öffnet damit ja gerade erst unsere Augen für die Wirklichkeit Lateinamerikas, für die soziale, gesellschaftliche Ebene kollektiver Unterdrückung. Auf humaner Ebene nennen wir das Ungerechtigkeit und Verneinung menschlicher Würde, auf religiöser Ebene gesellschaftliche Sünde. Aus diesem Grund ist die zweite Artikulierung der lateinamerikanischen Befreiungschristologie die sozio-analytische Perspektive. Das ist sehr klar in den theologischen Überlegungen von Pater Gustavo Gutiérrez, wenn er im Bezug auf die Armut drei Aussagen betont:

1. Armut ist ein destruktiver Wert,
2. Armut kommt nicht zufällig und
3. arme Leute sind eine soziale Klasse.

Als ich entdeckte, daß man deswegen Armut bekämpfen muß, wurde mir kristallklar, den Armen ist nur zu dienen, wenn man politische Aktionen durchführt. Wird dieser Ausgangs- und Zielpunkt deutlich wahrgenommen, kann man auch eine kritische Analyse der traditionellen Vorstellung von Christus in Lateinamerika vornehmen.

Im Januar 1973 fand in Lima (Peru) ein Treffen über Christusdarstellung in Lateinamerika statt. Verschiedene Vorträge haben die Christusbilder beschrieben, wie sie in den verschiedenen Bereichen der lateinamerikanischen Gesellschaft lebendig und durch verschiedene Momente der lateinamerikanischen Geschichte geprägt sind. In diesen Beschreibungen schälten sich drei Haupttypen heraus.[2]

2 Vgl. Saul Trinidad, »Christologia-conquista-colonizacion«, 105 ff.; Jesus: ni vencido ni monarca celestial, Ed. Jose Miguez Bonino and others, Buenos Aires: Terra Nueva, 1977.

1. Die Darstellung des machtlosen, zerstörten und leidenden Christus. Er stellt die Christologie der Resignation dar: der überwundene, beherrschte Indianer steht vor dem Bild des überwundenen und leidenden spanischen Christus. Er sieht sich hier selbst und das eigene Schicksal in Christus. Es betrifft den Mann wie die Frau. Vor dem leidenden und sterbenden Christus finden er oder sie einen Grund, sich dem eigenen Schicksal anzupassen und es als Schicksal eines zerstörten und unterdrückten Volkes anzunehmen. Das ist die Christologie der Resignation!

2. Die zweite ist die Darstellung des triumphierenden Christus, des himmlischen Herrschers, der im Fleisch durch die Spanier erstanden ist. Sie kamen als Könige und Königinnen von Spanien ins Land und stellten die herrschende Macht dar. Dieses Bild drückt eine Christologie der Beherrschung aus. So wird Christus dargestellt als ein himmlischer Ferdinand von Aragon und Maria als eine ewige Isabella von Kastilien. Ihre Kleider sind extravagant. Das Gold ihrer Kronen und ihrer Juwelen repräsentiert ihre Macht. Die Armen können dieses Bild nur mit der Christologie der Beherrschung identifizieren.

3. Die dritte Darstellung ist für mich eines der wichtigsten Bilder, denn es drang sehr viel tiefer in unsere Kultur ein. Dieses Bild zeigt Christus als ein marginalisiertes Kind und deutet auf die dritte Variante, die Christologie der Unterdrückung. Es gibt nichts Verwundbareres als ein Kind, das gerade geboren wurde. Das weiß man besonders als Frau. Sein Gesicht, gleichgültig gegenüber dem, was um es herum passiert, ist immer ein lächelndes Gesicht. Sein Glück zieht die Menschen an, die sich dieser kindlichen Unschuld vergewissern wollen. Viele Menschen sind zu seinem Paten geworden, haben dieses Kind adoptiert und wurden seine Eigner. Dann lächelt es nur für sie. Das ist eines der tiefsten Bilder einer Christologie der Unterdrückung.

Neben diesen drei Typen haben wir noch das Bild des

Christus der individualisierten und privatisierten Religiosität. Dieses Bild beruhigt Gläubige. Ohne dieses Bild könnte es ihnen passieren, daß sie begreifen, daß sie sich der Transformation ihrer Wirklichkeit stellen müssen.

In Antwort auf diese Spielarten einer Christologie der Resignation, Beherrschung und Unterdrückung entwikkelte sich in den letzten Jahren eine historische, biblische und evangelische Christologie. Diese hat ihre Wurzeln im historischen Jesus und in der Gegenwart dieses Jesus im Glauben der Christen, die sich der Praxis der Befreiung verschrieben haben. Von Anfang an waren immer christologische Themen im Herzen der Befreiungstheologie, aber systematisch wurde sie zum erstenmal 1972 von dem brasilianischen Theologen Leonardo Boff in seinem Buch »Jesus Christus, der Befreier« vorgestellt. Boff sagt in diesem Buch[3], Christologie sei in der Vergangenheit und auch jetzt ein ununterbrochenes Bemühen zu sagen, wer Christus ist und was er für die menschliche Existenz bedeutet. Der christologische Prozeß beginne nicht mit der Auferstehung; lang vor dem Tod und der Glorifizierung Jesu fragten die Apostel und die Juden, wer er sei und was genau er wolle.

Für Boff gibt es also eine Kontinuität zwischen dem historischen Jesus und dem Christus unseres Glaubens. Was in der Zeit des historischen Jesus impliziert und latent war, wurde mit der Auferstehung offenbar und explizit. Dieser implizite und explizite Aspekt spielen in der Christologie eine Rolle. Es besteht nun keine Frage, daß die Christologie der Befreiungstheologie den historischen Jesus betont. Die Gründe dafür sind offensichtlich. Es gibt eine starke Ähnlichkeit zwischen dem Palästina zur Zeit Jesu und der augenblicklichen Situation in Lateinamerika: die Wirklichkeit der Unterdrückung und Abhän-

3 L. Boff, Jesuschristo Liberador, Salamanca: Ediciones Sigueme, 1983, 39.

gigkeit. Außerdem verweist die Betrachtung des historischen Jesu sofort auf seine Praxis und seine befreienden Aufgaben. Dadurch werden die sozialen Konflikte hervorgehoben, die alle Befreiungspraktiken hervorrufen, die den Menschen und die Gesellschaft kritisieren. Verlangt wird von dem Menschen und von der Gesellschaft, sich mit ihrer Bekehrung auch zu wandeln. So lädt uns diese Betrachtung des historischen Jesu dazu ein, ihm nachzufolgen, d.h. ihm in unserer eigenen Situation zu folgen. Damit begeben wir uns in die Aufgabe, die sündige Welt in das Reich Gottes zu transformieren. Das heißt, daß die Bemühung immer da sein muß, ihm zu folgen. Das also ist ein Ruf an die Jünger.

Boffs systematische Christologie beschäftigt sich mit den Fragen, die aus der lateinamerikanischen Situation entstehen. Für ihn bedeutet diese Situation ein hermeneutisches oder interpretatives Prinzip. Dieses Prinzip wird durch fünf grundlegende Eigenschaften definiert.

1. Vorrang der Anthropologie vor der Ekklesiologie. In Lateinamerika ist nicht die Kirche, sondern der Mensch von größter Bedeutung. Die Institution soll den Menschen durch Schutz, Achtung und Humanisierung dienen.

2. Vorrang des Utopischen vor den faktischen Elementen. Die bestimmenden Elemente für die südamerikanischen Frauen und Männer liegen nicht in der Vergangenheit, denn unsere Vergangenheit ist eine europäische Vergangenheit der Kolonisierung und Neokolonisierung einschließlich der nordamerikanischen Interventionen. Deswegen müssen wir den weiterführenden Aspekt in der Zukunft finden und setzen auf die utopischen Elemente.

3. Vorrang der kritischen vor den dogmatischen Elementen. Das kritische Element ist in der theologischen Überlegung notwendig gegenüber ekklesiologischen Traditionen und Institutionen, die ihre Funktion in einer anderen Zeit hatten, jetzt aber obsolet sind, anachronistisch und im

Zentrum eines Konservativismus stehen, der den Dialog zwischen Glauben und Welt, Kirche und Gesellschaft schwierig macht.

4. Vorrang des Sozialen vor dem Persönlichen. Das größte Problem in der lateinamerikanischen Gesellschaft ist nämlich die soziale Marginalisierung großer Teile der Bevölkerung. Dieses Problem kann man nicht durch die eindimensionale Methode persönlicher Bekehrung lösen. Es gibt schlimme Strukturen, die über die einzelnen hinausgehen, und auch diese Strukturen müssen bekehrt werden.

5. Vorrang der Orthopraxis vor der Orthodoxie. Orthodoxie, das korrekte Denken in Bezug auf Christus, ist herkömmlich wichtiger als Orthopraxis, als korrekte Aktionen im Lichte der Lehre Christi. So passiert es, daß die Kirche trotz ihrer Predigt vom befreienden Christus sich nicht für die Bewegung der Befreiung engagiert. Es besteht ein Widerspruch zwischen dem, was die Kirche predigt und lehrt, und dem, was sie tut. Das Hauptthema der synoptischen Evangelien, die Verfolgung Christi, ist selten systematisiert oder in konkrete Aktionen der Kirche umgesetzt worden.

Boff rekonstruiert die Geschichte Jesu Christi auf der Basis moderner biblischer Forschung. Er macht deutlich, daß Jesu Predigten nicht auf ihn selbst zeigten und auch nicht auf die Kirche, sondern immer auf das Königreich Gottes ausgerichtet waren. Dieses Königreich wurde von Jesus eingeleitet. Er machte Mut zu ihm. Aber diese Botschaft und die Anstrengung Jesu für die Befreiung des Menschen führte zum Zusammenstoß mit den Behörden seiner Zeit, und er wurde als Gotteslästerer und Rebell verurteilt. Die absolute Bedeutung des Königreichs Gottes wurde jedoch bei seiner Auferstehung offenbar. Die Auferstehung Jesu war der Beginn der Realisierung dieser Utopie.

Für Boff dient die Kraft dieser eschatologischen Formulierung des Christologischen der Sache der Befreiung, der politischen, sozialen, wirtschaftlichen und religiösen Befreiung der unterdrückten Völker. Der Ansatz der Befreiungschristologie betont die Glaubenserfahrung jener Christen, die innerhalb dieses Prozesses arbeiten und die um die Befreiung kämpfen, damit sie aus ihrer Gefangenschaft, Unterdrückung und Beherrschung durch andere ausbrechen können.

Ich möchte jetzt zu der Frage kommen: Wie verhält sich totale Befreiung als Errettung zur teilweisen Befreiung auf sozialer, wirtschaftlicher und politischer Ebene? Boff antwortet darauf mit vier Modellen der Beziehung.

1. Das chalcedonische Modell: Wie im Christus die Göttlichkeit und die Menschlichkeit miteinander verbunden sind, so daß eine duale Einheit entsteht, ohne Teilung oder Trennung, aber auch ohne Vermischung oder Verwandlung, so muß eine eschatologische Errettung auch eine historische Befreiung mit einschließen. Jesus, unser Retter, ist auch gleichzeitig unser Befreier. Eschatologische Rettung wird erfahren durch historische Befreiung. Errettung und Befreiung werden also ohne Teilung und ohne Trennung erfahren, aber auch ohne Vermischung und Verwandlung von beiden. Beide gehören untrennbar zusammen.

2. Das sakramentale Modell: Gemäß dem christlichen Konzept des Sakraments wird Segen durch das Sakrament in die Wirklichkeit dieser Welt weitergegeben. Genauso wird historische Befreiung nicht von der Errettung getrennt, aber auch die Errettung nicht voll in der historischen Befreiung erfahren. Man sieht hier bereits die dialektische Spannung.

3. Das Agape-Modell: Gemäß dem christlichen Konzept der Liebe gibt es eine Entsprechung zwischen der Liebe Gottes und der Nächstenliebe. Genauso wie Gott im

Nächsten lebt, so gilt auch die Wahrheit, daß der, der den Nächsten liebt, auch Gott liebt. Errettung kann man also auch in der historischen Befreiung und in der Nächstenliebe erfahren.

4. Das anthropologische Modell: Einheit und Unterschied zwischen den zwei Prinzipien Seele und Leib, die den Menschen darstellen, zeigen auch die duale Einheit zwischen der eschatologischen Errettung und der historischen Befreiung auf. Diese Zusammengehörigkeit gilt es zu verstehen.

Man kann eine ekklesial, eine historisch und eine trinitarisch orientierte Christologie unterscheiden.

Die lateinamerikanische Christologie ist eine ekklesiale in dem Sinne, daß in Analogie zur Christologie des Neuen Testaments (»Christus lebt in den Gedanken und der Praxis der ursprünglich christlichen Gemeinden«) die Praxis und das Leben der Gemeinden in Lateinamerika Christus darstellen sollen und dadurch diesem Leben und dieser Praxis Sinn gegeben wird. Genau das passiert heute in Lateinamerika!

Leben und Praxis der Kirchengemeinden in Lateinamerika machen diese Verbindung zwischen dem Leben der Gemeinden und der Christologie möglich. Entscheidend ist die Erkenntnis, daß die christologischen Überlegungen der zweite Akt sind. Zuerst muß ein wirklich gut definierter ekklesialer Kontext da sein. Es gibt daher eine kirchliche Christologie in dem Sinne, daß das Christusbekenntnis in dem Zusammenhang der Erfahrung der Kirche der Armen gilt, diese Erfahrung klar zum Ausdruck kommt und die Überlegungen anregt. Deswegen aber beansprucht die Christologie der Befreiung nicht die gesamte Christologie. Das ist sehr wichtig. Es ist auch nicht ihre Aufgabe, sich mit allen historischen und systematischen Fragen auseinanderzusetzen, sondern sie ist eine Wahrnehmung, die einen kreativen, hermeneutischen Prozeß ermöglicht, der ein Korrektiv für alle christologischen Überlegungen im Zusammenhang Lateinamerikas ist.

Lateinamerikanische Christologie braucht unbedingt einen unausweichlichen Zusammenhang, der mit den Jüngern Christi beginnt. Das ist der Primär-Kontext aller neuen methodischen Bemühungen in der Christologie. Eine historische Christologie! Das Neue Testament ist zuerst eine Geschichte, ein historischer Aspekt, und zweitens ein Dogma. Die historische Christologie ist die Christologie der Befreiung. Sie beginnt von unten, mit der spezifischen Geschichte Jesu in ihrer Gesamtheit, nicht nur mit dem Ereignis der Auferstehung. Das Historische beim historischen Jesus ist seine Praxis, d.h. seine Aktivitäten, seine Arbeit und sein Einfluß auf die Umgebung, so daß sie in eine gewisse Richtung transformiert wurde, nämlich in Richtung auf das Königreich Gottes. Die Geschichte des historischen Jesu ist zunächst einmal eine Einladung und ein Appell, seiner Praxis zu folgen, ihm in seiner Mission zu folgen. Die Christologie der Befreiung sucht nicht das wahre Leben Jesu, um das Dogma der Kirche zu kritisieren, sondern zielt darauf, das christologische Dogma wieder zu entdecken und in die Praxis umzusetzen. Die Christologie der Befreiung christologisiert, aber immer mit einem dialektischen Verfahren. Sie historisiert unter einem historischen Aspekt. Das ist eine trinitarische Theologie, in der Gott der Vater der letztgültige Horizont, der Sohn das gültige Beispiel, wie man mit dem Vater korrespondieren kann, und der Geist Jesu die Kraft zum Leben ist. So beginnt Theologie mit dem historischen Jesus in seiner Gesamtheit im Mysterium des trinitarischen Gottes.

Jesus gibt sich selbst nicht als Gott aus, sondern verweist auf das Königreich Gottes. Mit seinen Aktivitäten der Befreiung stellt er sich selbst in den Dienst dieses Königreichs und macht es personal. Jesus wird konstant in seiner

Beziehung zum Vater und seinem Königreich gesehen. Durch seine Geschichte des Glaubens und des Vertrauens in den Vater, mit seinem Gehorsam gegenüber seiner Mission und mit seiner Wiederauferstehung enthüllt uns Jesus den Weg des Sohnes, d.h. die Art und Weise, wie man Sohn oder Tochter Gottes wird. Das ist ein sehr wichtiger Aspekt in der Christologie. Ich habe Tochter hinzugefügt, obwohl man biblisch nur von Sohnschaft oder Kindschaft spricht. Jesus zeigt uns den Weg des Sohnes, d.h. den Weg, wie man Sohn oder Tochter Gottes wird. Das ist ein Ausbruch, der schon oft diskutiert wurde. In Jesus erscheint der wahre Weg zu Gott, zu seinem Königreich, und dieser ist der Gott des Lebens. Deswegen muß die Theologie der Befreiung in ihrem wichtigsten Teil als Theologe des Lebens begriffen werden. Wir hören aber, daß viele unserer lateinamerikanischen Kirchen eigentlich eine Theologie des Todes haben, eine Theologie des Antilebens. Sie verkennen den Gott des Königreiches, den Gott des Lebens, des Lebens in Fülle, der lebt und Leben gibt im Kontrast zu all dem, was Tod gibt.

Die europäische Theologie scheint heute vor allen Dingen mit den Problemen der Ungläubigen beschäftigt zu sein. Die lateinamerikanische Theologie der Befreiung kämpft gegen die Idolatrie, den Mißbrauch des Namens Gottes. Sie hat also ein anderes Problem. Man kann sich sicher in Europa nicht vorstellen, wie der Name Gottes in unserem Kontinent mißbraucht worden ist und selbst bei den neuen religiösen Bewegungen immer noch mißbraucht wird. Diese Idolatrie ist unser Problem, nicht der Atheismus in Europa, denn unsere Menschen sind religiös. 40 Prozent aller Katholiken heutzutage leben in Lateinamerika. Dieser Kontinent ist überwältigend christlich, und in den nächsten Jahren wird sich das noch steigern. Deswegen glaube ich: Was in Lateinamerika passiert, wird die gesamte katholische Welt beeinflussen. Das neue Element in Lateinamerika ist der Glaube der Menschen konsequent als Engagement der Menschen. Das ist wirklich die Hefe im ganzen Prozeß. Das kommt nicht aus einer Doktrin theologischer Diskussion oder Erwägung, sondern es hat einen anderen Grund. Die Menschen haben entdeckt, das der Glaube eine Kraft ist, die die Gesellschaft verändern kann. Sie haben festgestellt, daß genau dies aus unserem Glauben heraus passieren kann, und ich glaube, das ist auch etwas, was jetzt viele, viele Menschen überrascht. Denn sie merken, daß der Glaube in Lateinamerika nicht Opium fürs Volk ist, sondern daß er eine außergewöhnliche Kraft zur Veränderung des Lebens sein und der Gesellschaft einen neuen Geist geben kann.

Wenn man also christologische Überlegungen aus Lateinamerika beschreibt, muß man vor allem zwei Elemente in diesem Prozeß der Erleuchtung des Glaubens unterscheiden: die kritische Reflexion und die Transformation in die Praxis. Europäische Theologie und Christologie ist mehr auf den Aspekt der Vernunft ausgerichtet gewesen, während die Christologie Lateinamerikas auf den zweiten Aspekt alles Gewicht legt und hier ein Echo erhält. Sie versucht darzustellen, wie die Wahrheit Christi in der Lage ist, unsere Welt möglicherweise in ein Königreich Gottes zu verwandeln. Die Hauptcharakteristika für die Christologie der Befreiung sind folgende drei:

1. Betonung der historischen Dimension der Errettung, die durch Christus gebracht worden ist. Eschatologische Errettung geht durch historische Befreiung, wenn auch die beiden nicht identifiziert werden können.

2. Betonung der Jüngerschaft. Das bringt eine praktische Hermeneutik ins Spiel, die nicht so sehr interpretiert – immerhin eine notwendige, unaufgebbare Funktion! – sondern einfach etwas Notwendiges und Wichtiges aufrecht erhält, nämlich die Christologie der Befreiung zu praktizieren, die Christologie der Jüngerschaft auszuüben.

3. Schließlich das Mißtrauen: Wir reagieren auf die verschiedenen inkorrekten Darstellungen Christi, die sich leicht durch die Mächtigen in Lateinamerika mißbrauchen lassen. Deswegen muß man sich von dem neuen, skizzierten Zugang zur Christologie her ein Mißtrauen gegenüber dem Christus bewahren, der uns vorgestellt wird. Wird uns dieses Bild in einen Befreiungsprozeß hineinführen oder zurückführen in einen Unterdrückungsprozeß?

Es gibt keinen Zweifel, daß die Befreiungschristologie in Lateinamerika den historischen Jesus des Glaubens betont. Im Lichte der Auferstehung ist er gegenwärtig. Die Befreiungstheologen betonen daher die Christologie der Befreiung in der Hoffnung, daß ihre Ziele einer universalen Christologie anerkannt werden. »In Lateinamerika«, so sagt Boff, »träumen wir – träumen darf man doch immer – von dem Tag, an dem sich die privilegierte Intelligenz der europäischen Technologie bewußt wird, wie wichtig sie für den Prozeß der Befreiung ihrer Kirchen und ihrer Gesellschaften ist; denn aufgrund ihrer Position im Zentrum und als Hauptpol könnten sie ihren Brüdern und Schwestern auf unserem Erdteil helfen, sich auf ihren Befreiungsweg zu machen. Die Theologie der Befreiung und Jesus Christus der Befreier sind der schmerzvolle Aufschrei unterdrückter Christen, die an die Tür ihrer reichen Brüder und Schwestern klopfen und um alles oder um nichts bitten. Was sie wollen, ist nur: Mensch sein, als Person akzeptiert werden, und daß man sie kämpfen läßt, um ihre eingesperrte Freiheit zurückzubekommen. Wenn die Christologie der Befreiung zu dieser messianischen Aufgabe einen Beitrag leistet, dann hat sie ihren prophetischen Auftrag erfüllt und wird dem heiligen Namen Jesu Christi gerecht, der ja nichts anderes auf dieser Welt wollte als alle Menschen umfassend befreien.«[4] Boff sagt damit: Wir brau-

4 s. Anm. 3), 41 f.

chen euch, wir brauchen diese Art von gegenseitiger Verbindung, die uns in wechselseitiger Achtung einen wirklichen Weg zu einer besseren Menschheit finden hilft. Das ist unser Ziel: eine bessere Menschheit, so daß der Gott des Lebens uns bei diesem Prozeß geleitet.

Ich habe mit einer Geschichte begonnen, und ich möchte mit einer Geschichte aufhören, dem Zeugnis des Bischofs Enrique Angelelli, der bei einem mysteriösen Autounfall umkam, als er von einem Begräbnis zweier Priester zurückkam, die von einer anonymen Gruppe in Argentinien umgebracht worden waren. Dieser Bischof sagte vor seinem Tod: »Ich bin als Marxist, als roter Bischof bezeichnet worden, weil ich versucht habe, die Menschen von La Roija in Argentinien auf den Weg des Evangeliums zu führen. Man klagt mich an, subversive Ideen zu haben und subversive Gruppen zu unterstützten, statt meinen pastoralen Dienst zu tun. Ich versuche die, die mich anklagen, zu verstehen, aber ich kann ihnen nur zugestehen, daß sie entweder ihren eigenen Glauben nicht verstehen oder die Mission der Kirche oder die Probleme der Leute in La Roija nicht verstehen. Sie scheinen die tiefen Wandlungen in unserem Land und in Lateinamerika überhaupt nicht zu sehen, weil die Unterstützung eines solchen Wandels nicht in ihrem Interesse liegt ... Die Menschen aus der Stadt«, betont der Bischof, »leben in einer Verbrauchergesellschaft, wo sich das Leben auf das Drücken von Knöpfen reduziert, wo die Menschen anonym geworden sind und vergessen, daß sie Brüder und Schwestern sind. Menschen, die in einer hochentwickelten Umwelt leben, versuchen dauernd, sich selbst zu entfliehen, und haben den Sinn des Lebens verloren. Aber, so sagt der Bischof, »es gibt noch eine andere Art von Menschen. Der Typ, der in La Roija lebt, dessen Hauptmerkmal ist Schweigen. Diese schweigenden Menschen haben kein Geld, keine luxuriösen Heime, sie sind ausgeschlossen von unserer Gesellschaft, und ihren Meinungen mißt man keinerlei Wert bei. Aber diese schweigenden Menschen reflektieren sehr stark die Wirklichkeit, die sie sehen ... und in ihnen steckt die Hoffnung der Menschheit. Denn sie werden sagen: Ihr könnt mir nicht den Gott wegnehmen, der mir Menschlichkeit gibt. Das ist es, worin die wirklichen Männer und Frauen Lateinamerikas sich gründen ... Die Armen sollten jedoch nicht idealisiert werden. Sie sind nicht perfekt. Sie sind genauso zerbrechlich wie wir alle. Aber sie wissen, daß Gott die Schwachen der Welt gewählt hat, um die Welt zum Nachdenken zu zwingen, und er wählt die Armen, um Befreiung und Glück für uns alle zu eröffnen ...«

»Die Mission der Kirche ist es, sich mit den Schwachen zu identifizieren und gleichzeitig Hilfe für sie zu sein, damit Glaube, Hoffnung und Liebe wächst ... So erhält ihr Leben eine transzendente Bedeutung.«[5]

5 s. Anm. 3), 42 f.

BÉNÉZET BUJO

Jesus, afrikanisch gesehen

Nach einer jahrelangen Diskussion über die Berechtigung und die Möglichkeit einer afrikanischen Theologie fangen allmählich viele Afrikaner an, sich den Forderungen konkreter Fragen des Christentums zu stellen. Eine dieser Fragen betrifft die Person Jesu Christi im afrikanischen Kontext. Die alte Frage hat keineswegs an Aktualität verloren: »Für wen halten die Leute den Menschensohn? ... Ihr aber, für wen haltet ihr mich?« (Mt 16,13 und 15). Heute würde Jesus vielleicht wie folgt fragen: »Für wen halten die Europäer und die Amerikaner den Menschensohn? Und ihr Afrikaner, für wen haltet ihr mich?« Diese Frage trifft den Kern unseres Glaubens. Keiner kann ein richtiger Christ sein, wenn er nicht versucht, darauf eine ehrliche Antwort im Kontext seines kulturellen Erbes zu geben. So sehen sich viele afrikanische Theologen herausgefordert, sich intensiver denn je mit der Christologie zu befassen, die das Fundament für eine afrikanische Ekklesiologie sein soll. Ansatzhaft gibt es zur Zeit viele christologische Modelle in Afrika. Sie alle vorzustellen, ginge über den Rahmen dieser kurzen Betrachtung hinaus. Im folgenden möchte ich mich auf einige Modelle beschränken, die mir am relevantesten erscheinen. Dabei wird vor allem ein Modell bevorzugt und etwas ausführlicher dargestellt.

I. Vielversprechende Modelle

Innerhalb der afrikanischen Theologie wird gegenwärtig besonders auf vier Titel und Namen hingewiesen, die geeignet sind, Jesus Christus dem Afrikaner nahe zu bringen. Genannt werden Namen und Titel wie Häuptling, Ahn, Initiationsmeister und Heiler. Angesichts der alten Tradition, die noch nicht völlig verschwunden ist, geht man gar nicht fehl in der Annahme, daß eine Christologie, die vom kulturellen Erbe des Afrikaners ausgeht, diesen spontan und inkarnatorisch anspräche. Folgendes möchte dies veranschaulichen.

1. Jesus als Häuptling

Die Stellung eines Häuptlings ist äußerst wichtig innerhalb der negro-afrikanischen Gemeinschaft. Der Häuptling übt nicht nur eine politische, sondern ebenso eine religiöse Autorität aus. Er ist in der Hierarchie der Lebenskraft eingebettet, die es weiterzugeben gilt. Im Klartext bedeutet dies, daß der Häuptling das von Gott über die Ahnen strömende Leben seinem Volk vorbehaltlos weiterzugeben hat. Nur so versteht er seine Aufgabe richtig und kann sich auf die Autorität seiner Ahnen und Vorfahren berufen. Zu Ende gedacht heißt dies, daß ein Volk nur insofern stark ist, als sein Häuptling die Lebensstärke unter Beweis stellt. Ist dieser aber schwach oder behält er die ganze Lebenskraft ausbeuterisch und egoistisch für sich allein, dann kann man seine Befehle eigentlich nicht mehr als Ausdruck des Willens der Ahnen betrachten. Vielmehr müßte solch ein Häuptling als Verräter seiner Ahnen und Vorfahren gelten ... Wenn Jesus der Titel »Häuptling« gegeben wird, darf dieses Autoritätsverständnis in der afrikanischen Tradition nicht aus den Augen verloren werden. Jesus kann deswegen Häuptling genannt werden, weil ein

Häuptling nicht davor zurückschreckt, mit seinem Volk durch »dick und dünn« zu gehen. Er ist also der allererste Held, der an der Front kämpft und niemals vor den Feinden flieht, sondern sie in die Flucht schlägt.[1] Die Baluba in Zaire nennen Jesus noch »Hacke«, die selbst Dornen überwindet und sogar in die schmutzigste Erde tief dringt.[2]

Alle diese Ausdrücke wollen auf die Selbsthingabe Jesu hinweisen. Die dienende Rolle durchzieht das ganze Leben Jesu, und sie verdichtet sich in der Kreuzigung, die vom Tod wiederum zum Leben führt. So wird unmißverständlich klar, wie Jesus der wahre Hirt ist, der sich anders verhält als der Tagelöhner. Er kämpft an der Front und ist bereit, für sein Volk zu sterben statt es zu verraten. So ist er die inkarnierte Kraft des Vaters, an dessen Leben alle durch ihn teilnehmen sollen.

Wenn der Titel »Häuptling« zu einer in der negro-afrikanischen Mentalität verwurzelten Christologie führen kann, sollte man nicht die Gefahr übersehen, die ihr auflauern könnte. Vor allem, wenn man bedenkt, daß politische Führer und sogar manche Verantwortlichen in der Kirche Prestige und Autorität als Hauptmerkmale ihrer Ämter ansehen, könnte eine Häuptlingschristologie zu einer triumphalistischen Ekklesiologie führen, in der nur wenig Raum für Schwache und an den Rand Gedrängte wäre. Die Aufgabe einer Häuptlingschristologie ist es, auf Kenosis und Diakonia-Autorität hinzuweisen. Jesus wird zum Häuptling erst durch sein Leiden und seinen Tod erhoben. Das Kreuz als totale Entäußerung ist eine radikale Kritik am Machtmißbrauch durch afrikanische Häuptlinge. Selbst dort, wo die afrikanische Tradition den Häuptling zur »Diktatur« als Ausdruck des Ahnen-

1 F. Kabasélé, Le Christ comme chef, in: Chemins de la christologie africaine, hrsg. von Kabasélé/J. Dore/R. Luneau, Paris 1986, 113.
2 ebd., 114.

willens berechtigte, ruft der Häuptling Jesus zum Dienst durch Verzicht auf Autorität auf: Der erste soll der Sklave aller sein (Mk 10,42–44; Mt 20,25–27; Lk 22,25–26).

2. Jesus als Initiationsmeister

Ein weiterer Titel, der Jesus in der afrikanischen Theologie gegeben wird, betrifft das Initiationsmodell. Bischof Anselme Titianma Sanon[3] vor allem hat sich intensiv mit dieser Frage befaßt. Danach ist es äußerst wichtig, sich den Initiationsvorgang bei vielen Stämmen in Afrika zu vergegenwärtigen. Initiation führt das Kind ins Erwachsenenalter ein. Dabei müssen sich die jungen Leute großen Strapazen und Schmerzen unterziehen, die sie durch eine Art Tod zum neuen Leben auferstehen lassen. Das Ganze vollzieht sich unter der Führung eines Meisters, der selber durch die Initiationserfahrung gegangen ist. Er ist nicht nur Meister, sondern vielmehr Großbruder, der den jüngeren Brüdern den Weg zum Leben zeigt.

Hier scheint ein wichtiger Ansatzpunkt für eine Christologie zu liegen. In der Tat: Im Hebräerbrief heißt es, daß es Gottes gnädiger Wille war, daß Jesus für alle den Tod erlitt (vgl. Heb 2,9). »Denn es war angemessen, daß Gott, für den und durch den das All ist und der viele Söhne zur Herrlichkeit führen wollte, den Urheber ihres Heils durch Leiden vollendete« (Heb 2,10). Jesus ist durch verschiedene Erfahrungen seiner Umwelt und Gesellschaft gegangen. Vor allem aber sind bei ihm die drei Dimensionen, nämlich Geburt, Leid und Tod zu unterstreichen. Hierin solidarisiert er sich voll und ganz mit uns. Die Menschwerdung wird durch das Leid unter Beweis gestellt, und

3 A. T. Sanon, Das Evangelium verwurzeln. Glaubenserschließung im Raum afrikanischer Stammesinitiatonen. Mit einer Einführung von René Luneau OP, Freiburg/Basel/Wien 1985; ders.: Jesus, Maitre d'initiation, in: Chemins de la Christologie africaine, a.a.O., 143–166.

der Tod führt ins neue Dasein. Das bedeutet aber, daß Jesus durch seinen Tod am Kreuz und seine Auferstehung den traditionellen Initiationsmeister unendlich transzendiert. Er ist nicht nur ein Meister oder ein Bruder, der sich in ferner Vergangenheit hat initiieren lassen und seine Erfahrung nun zur Nachahmung darbietet. Vielmehr identifiziert er sich mit unserer alltäglichen Initiationserfahrung und vergegenwärtigt sein Leid und seinen Tod auf dem Weg zur Auferstehung. Dies ist ein deutlicher Unterschied zum traditionellen Initiationsmeister, der zwar zeigt, wie man den Weg zur menschlichen Reife finden kann, der es aber nicht mehr für nötig hält, mit den Zuinitiierenden in die Niederungen des Leidens und des Todes hineinzusteigen. Ja, er überläßt mitunter sogar schwache Kandidaten dem Tod und neigt dazu, seine von der Initiation erworbene Autorität zu verabsolutieren. Die Bewährung Jesu durch die Initiation hingegen macht ihn zum Herrn und Diener zugleich, der keines seiner Geschwister verlorengehen läßt.

An dieser Stelle muß eine entscheidende Dimension in der Initiation Jesu unmißverständlich hervorgehoben werden. Jesus kann nur aufgrund seines Einseins mit dem Vater Initiationsmeister und -diener zugleich genannt werden. Was er uns weitergibt, ist jene Fülle des Lebens, die er im Vater erfahren hat: »Denn wie der Vater das Leben in sich hat, so hat er auch dem Sohn gegeben, das Leben in sich zu haben« (Joh 5,26). Der Sohn, der das Leben vom Vater in sich hat, hat die Kraft, durch Leid und Tod zu gehen und so die Seinen lebendig durch die Weihe auf Leben und Tod zu machen. All das bedeutet aber, um es anders zu sagen, daß das Initiationsmodell eine reine Jesulogie bleibt, wenn nicht auf das innergöttliche Leben hingewiesen wird.

Der traditionelle Initiationsmeister und Großbruder ist nicht in der Lage, das effektiv zu geben, was er seinen

Initiationskandidaten nahelegt. Erst Jesus, in die Herrlichkeit seines Vaters erhoben, kann die Fülle des Lebens schenken, von der alle afrikanischen Initiationsgenerationen nur träumen konnten[4].

3. Jesus als Heiler

In der negro-afrikanischen Welt gehört die Heilung zu einer der wichtigsten Dimensionen der traditionellen Religion. Dabei wird die Gemeinschaftsperspektive mit Nachdruck betont. Diese Gemeinschaft betrifft sowohl die sichtbare als auch die unsichtbare Welt.

Auf Heilung bezogen heißt dies, daß eine Krankheit nie das Individuum qua Individuum betrifft; sie darf auch nicht nur in ihrer psychosomatischen Dimension gesehen werden, sondern sie umfaßt vielmehr das Sozial-gemeinschaftliche und das Religiöse im Menschen. Mit dem Sozial-gemeinschaftlichen wird nicht nur das Diesseits, sondern ebenso das Jenseits gemeint. Mit einem Wort könnte man sagen, daß die Krankheit und die Heilung in Afrika letzten Endes sozio- und theo-psychosomatisch sind. Eine Krankheit ist oft eine Einladung dazu, unsere Beziehung zu den Mitmenschen und zu Gott zu überprüfen: Eine Krankheit kann nämlich ein Hinweis darauf sein, daß unsere Mensch-Mensch- und Gott-Mensch-Beziehung gestört ist. Die Heilung hat diese Warnung ernstzunehmen. Das ist gerade der Weg, den die traditionellen Heiler gegangen sind. Dabei muß der Heiler/die Heilerin durch Initiation und Leid gegangen sein, um andere heilen zu können.

Im heutigen Afrika führen vor allem die Unabhängigen Kirchen diesen Heilungsprozeß weiter, wobei alles im

4 B. Bujo, Afrikanische Theologie in ihrem gesellschaftlichen Kontext, Düsseldorf 1986, 91–93.

Namen Jesu Christi geschieht. In Anbetracht der zentralen Stellung des Heilers in Afrika fragen sich manche Theologen, ob eine Christologie nicht hier ansetzen sollte. Dann wäre es möglich und auch legitim, Jesus den Titel des Heilers zu geben. Man weiß, wie die Heilungen eine wichtige Rolle in Wirken und Verkündigung Jesu gespielt haben. Auch er hat dem Menschen psychosomatisch sowie sozio und theosomatisch behandelt. Die Heilung steht immer im Zusammenhang mit dem Glauben (z.B. Mk 5,21–34), und gelegentlich wird zuerst die Sünde vergeben (z. B. Lk 5–26). Das will aber heißen, daß die Heilung »holistisch« sein muß. Jesus weist außerdem auf die unsichtbare Dimension hin, und zugleich resozialisiert er jene Kranken, wie Aussätzige oder die Frau mit Blutungen, die von ihrer Umwelt diskriminiert waren[5].

In all diesem Heilungsprozeß ist aber zu beachten, daß Jesus sich – noch mehr als der traditionelle Heiler – mit seinen Patienten voll identifiziert. Durch seine Menschwerdung hat er sich unserer Schwachheit angenommen. Er ist uns gleich außer der Sünde. Er kann uns also wirksam helfen, weil er aus negro-afrikanischer Sicht zugleich Heiler und Kranker ist. Er entäußert sich, um uns die volle Gesundheit und die Herrlichkeit zu schenken.

So gesehen wird der Negro-Afrikaner vielleicht keine unüberwindliche exegetische Schwierigkeit mit der paulinischen Aussage haben: »Laßt euch mit Gott versöhnen! Er hat den, der keine Sünde kannte, für uns zur Sünde gemacht, damit wir in ihm Gerechtigkeit Gottes würden« (2. Kor 5,20–21). Jesus ist der allererste Initiierte, der durch Leid und Tod gegangen ist, so daß er unsere Schwachheit leibhaft erfahren hat, und damit wird er zum Heiler durch Gott den Vater eingesetzt.

5 C. Kolie, Jésus guérisseur?, in: Chemins de la christologie africaine, ebd., 171.

In der heutigen Situation Afrikas kann das Christentum für den Afrikaner nur dann etwas bedeuten, wenn Jesus ihn bei der Konfrontation mit dem Geheimnis von Tod, Leid und dergleichen nicht im Stich läßt. Daß Jesus Erlöser und Heiland ist, darf sich nicht nur auf geistig-geistlicher Ebene bewegen, sondern der Negro-Afrikaner möchte es »holistisch« erfahren, d.h. das Erlösungswerk Jesu muß dem Menschen seine Würde auch im sozialen Kontext wiedergeben. Jesus wird also erst dann als Heiler erfahren, der von allem Übel befreit, wenn die Kirche sich nicht nur mit Beichtpastoral und charismatischen Gebeten begnügt, sondern wenn sie sich rückhaltlos um die Bekämpfung der tropischen und anderen Krankheiten kümmert; wenn sie zu und mit den Gefangenen ins Zuchthaus geht; kurzum, wenn sie sich gegen Ungerechtigkeit und Ausbeutung aller Art stellt. Nur so kann der Negro-Afrikaner den am Kreuz initiierten Arzt als Heiler aller seiner Wunden erfahren: »Cuius livore sanati sumus«! Alle bisher vorgestellten Modelle scheinen in einem einzigen zu gipfeln, nämlich dem Ahnenmodell, denn erst hier tritt Jesus Christus wirklich als Quelle des Lebens auf.

4. Jesus als Ahn

Der Mensch stirbt in die Gemeinschaft hinein, und die Hinterbliebenen leben vereint mit ihren Toten. Dies ist grundlegend für den Afrikaner. Dabei nehmen jene Toten eine Sonderstellung ein, die sich irdisch durch besondere Tugenden, Wohl- und Heldentaten auszeichneten. So wie sie sich in ihrem Erdenleben bemühten, das Leben der Sippengemeinschaft durch Wohltaten wachsen zu lassen und zu verstärken, so beeinflussen sie weiterhin vom Jenseits aus das Leben und das Schicksal der Hinterbliebenen. Dabei ragt der Urahn als Gründer der Sippengemeinschaft ganz besonders heraus. Er interessiert sich für die Nachfahren und wird von diesen in allen Lebenssituationen angerufen. Der Urahn bleibt somit der Lebensspender. Freilich wird er nicht unabhängig von Gott gesehen, der der eigentliche und höchste Lebensspender ist. In Gott allein gründet das Ahnensein. Daher wird er bei manchen Stämmen der eigentliche Ahn genannt.[6]

Wenn aber das Ahnentum am Lebensgrund des Negro-Afrikaners rührt, ist es verständlich, daß viele – bis jetzt die meisten – Theologen ihre Christologie von dieser Realität her zu entwerfen bemüht sind. Sie schlagen vor, Jesus Christus als den Ahn, Ahn par excellence, Urahn und dergleichen anzusehen. Auch wenn manche Bezeichnungen wie Nana (Pobee) oder Joto (Penoukou) zu eng und auf einzelne Stämme beschränkt sind, so findet man trotzdem Gemeinsamkeiten, die viele negro-afrikanische Stämme miteinander verbinden. Gleichwohl ist zu fragen, ob alle diese Namen und Titel die Unverwechselbarkeit der Person Jesu Christi aufs glücklichste ausdrücken, auch wenn man die Geschichte der Christologie für die Verwendung solcher Ausdrücke auf seiner Seite hat. Es muß betont werden, daß afrikanische Theologen, die vom Ahn ausgehen, ihre Christologie nicht in diletantischer Weise entwerfen. Sie identifizieren keineswegs Jesus Christus mit den traditionellen Ahnen. Trotzdem könnte der Ausdruck »Ahn« bei vielen ein Mißverständnis hervorrufen. In Anbetracht dieser Tatsache möchte ich vorschlagen, den Ausdruck »Ahn« besser zu präzisieren.

6 C. Nyamiti, Christ As Our Ancestor. Christology from an African Perspective, Gweru/Zimbabwe 1984; ders: African Tradition and the christian God, Eldoret/Kenya 1977.

II. Die Fundamentalbedeutung der Ahnenchristologie in Afrika

Auch wenn die Geschichte der Christologie zeigt, daß die abendländische Theologie sich nicht immer gescheut hat, manche problematische Terminologie auf Jesus Christus anzuwenden – Orpheus oder das Machtwort »Kyrios« – so muß der Afrikaner trotzdem behutsam vorgehen, damit er gegebenenfalls nicht noch einmal die Fehler der Vergangenheit begeht. Wer etwa mit dem Wort »Ahn« in seiner Christologie operiert, macht sich verdächtig, Jesus Christus mit einem der afrikanischen Vorfahren zu verwechseln. Man weiß aber, daß bei manchen Stämmen die Vorfahren durch Gebete und Opfer der Nachfahren zu Ahnen werden. Inwiefern kann und darf Jesus in diesen Prozeß hineingezogen werden? Wiederum bei manchen anderen Stämmen zählt man zu den Ahnen nur, wenn man verheiratet war, Kinder hatte, alt geworden und nicht gewaltsam ums Leben gekommen ist.[7] Jesus aber war unverheiratet, kinderlos, jung und ist gewaltsam ums Leben gekommen. All dies könnte den Gebrauch des Ausdrucks »Ahn« als christologischen Titel erschweren.

1. Jesus Christus als Proto-Ahn

Aller Wahrscheinlichkeit nach kann der Terminus Proto-Ahn weiterhelfen. Er will die in den Ausdrücken »Ahn« und »Urahn« erhaltene Ambivalenz vermeiden. In Anlehnung an die paulinische Theologie – zweiter Adam – möchte der Ausdruck »Proto-Ahn« deutlich machen, »daß Jesus Christus das berechtigte Lebensideal der gottesfürchtigen negro-afrikanischen Ahnen nicht nur in vollkommener Weise verwirklicht, sondern daß er es zugleich

7 F. Kabasélé, L'au-delà des modèles, in: Chemins de la Christologie 212–220.

unendlich transzendiert und zur Vollendung bringt«.[8] Das heißt jedoch, daß kein Ahn Jesus Christus gleichgestellt werden kann. Mehr noch: Nicht einmal die Summe aller denkbaren Ahnen würde den Proto-Ahn Jesus Christus hervorbringen. Er ist einmalig. Er ist es, der in nicht mehr zu überbietender Weise am Anfang jeglicher vitalen Union und vitalen Kraft steht[9]. Noch deutlicher: Erst Jesus Christus als Proto-Ahn offenbart den Negro-Afrikanern das eigentliche und wahre Ahnensein. Unsere bisherigen Ahnen sind nur Abbilder des Proto-Ahns. Erst wenn die negro-afrikanischen Vorfahren im Licht des Proto-Ahns betrachtet werden, kann entschieden werden, welche Qualitäten relevant zum Ahnensein der Ahnen sind. Der Proto-Ahn wird somit zum »criterium absolutum« des Ahnentums. Wenn nämlich Jesus Christus als Proto-Ahn Quelle jeglicher Lebenskraft ist, die die Ahnen dynamisiert, dann sind die negro-afrikanischen Kriterien wie Verheiratetsein, Kinderreichtum, Altwerden, Friedlichsterben und dergleichen nicht mehr entscheidend zum Ahnensein. Hat doch gerade Jesus in entscheidender Weise den Blinden die Augen geöffnet, die Lahmen wieder auf die Füße gestellt, die Kranken wieder gesund gemacht, seinen Jüngern eine ungeheure Lebenskraft durch seinen gewaltsamen Tod gegeben, obwohl er unverheiratet, kinderlos, jung war und tragisch starb. Gerade dadurch ist Jesus Christus, die Tradition korrigierend, zur Hoffnung aller Mißachteten der afrikanischen Sippengemeinschaften geworden. Er zeigt, was Leben in Fülle heißt. Was er da tut, ist keinem negro-afrikanischen Ahn in den Sinn gekommen. Daher ist allein er der Proto-Ahn!

8 B. Bujo, Afrikanische Theologie 87; ders.: Die christologischen Grundlagen einer afrikanischen Ethik, in: Freiburger Zeitschrift für Philosophie und Theologie 29 (1982), 223–238; ders.: Der afrikanische Ahnenkult und die christliche Verkündigung, in: Zeitschrift für Missionswissenschaft und Religionswissenschaft 64 (1980), 293–306.

9 B. Bujo, Afrikanische Theologie 86–87.

2. Jesus Christus als Baum des Lebens

Bei vielen afrikanischen Stämmen werden die Ahnen durch einen Baum – den Ahnenbaum – repräsentiert. Unter diesem Baum spielen sich alle wichtigen Lebensereignisse des Afrikaners ab. Ein gutes Beispiel bietet der Name Mvidi-Mukulu bei den Baluba von Zaire, der Gott gegeben wird.

Mvidi bezeichnet nämlich einen Baum, der sich durch Samen oder Wurzeln oder Zweige vermehren läßt. Auch in der Trockenzeit bleibt dieser Baum immer grün. So wird er zum Symbol des Reichtums, der Fruchtbarkeit und des Sieges. Kurzum: Mvidi ist das Symbol des Glücks. Wenn ein Mluba die Fülle des Glücks – Reichtum, Nachkommenschaft, Sieg im Krieg – erreicht hatte, machte er dies durch einen Mvidi-Baum deutlich, den er vor seinem Haus pflanzte. Der Baum war für ihn eine »memoria«, die mit der Idee der Ahnen und des Lebens im Jenseits gekoppelt war. Unter diesem Baum mußten alle Mahlzeiten der betreffenden Familie als Teilhabe und »Communio« stattfinden. Wenn Gott als »Mvidi-Baum« genannt wird, dann heißt dies, daß er Quelle des Lebens ist und daß dieses Leben immerwährend bleibt.[10]

Auch im traditionellen Rwanda legte man dem Verstorbenen ein oder zwei Blätter von einem Erythrina-Baum in die Hand. »Nach einer Legende wurde Lyangombe, der Gesegnete Gottes und über den Verstorbenen stehende Held, von einem Büffel verletzt«. Vor seinem Tod wurde er unter die Erythrina gebracht. Von diesem Augenblick an bekommt dieser Baum eine »sakramentale« Bedeutung und verbindet die Lebenden in besonderer Weise mit den Vorfahren.[11]

10 F. Kabasélé, Le Christ comme ancêtre et aîné, in: Chemins de la Christologie 134.

11 Vgl. B. Bujo, Afrikanische Theologie 131.

Bei den Baham von Zaire ist es Sitte, einen besonderen Baum, den Ficus, auf das Grab eines Verstorbenen – normalerweise eines Familienvaters – zu pflanzen. Der Ficus ist ein Baum, der lang frisch und grün bleibt. Er ist höchst sakral und am besten geeignet, das fortwährende Leben der Vorfahren anschaulich zu machen. Der Ficus repräsentiert also den Ahn, auf dessen Grab er gepflanzt ist. Im Grab verwurzelt, wird der Baum vom Ahn selbst zur Blüte gebracht, von dem er seinen Saft als Lebenskraft zieht. So verbindet dieser Baum die Hinterbliebenen mit dem Toten. Seine vielen Zweige symbolisieren die Vielzahl der Nachkommen des »Patriarchen«.

Wenn nun aber Jesus durch seinen Tod und seine Auferstehung zum Proto-Ahn geworden ist, gibt es keine andere Quelle des Lebens mehr. Er wird zugleich zum lebensspendenden Baum. Haben sich bisher alle Lebensereignisse des Negro-Afrikaners unter dem Ahnenbaum abgespielt, so wird Jesus Christus zum Proto-Baum des Lebens, unter dem der Christ sich erquickt und in dem er bleiben soll, damit er Frucht bringt, die bleibt (Joh 15,16). Jesus Christus ist der Ficus, den der Vater eingepflanzt hat, und wir sind die Zweige. Wir sind die Nachkommenschaft Jesu Christi. Unser Leben ist nicht mehr unter dem Ahnenbaum, sondern im Proto-Baum des Lebens, den der Vater für uns gepflanzt hat. Der Christ, der die Gräber mit dem Kreuz Jesu Christi versieht, soll deshalb nicht nur vom Gedanken des Leidens und des Todes beherrscht werden, sondern eher von dem des Lebens. Der tote Baum des Kreuzes am Grab wird für ihn zum grünen Ficus und zur Quelle der Auferstehung des im Grab Liegenden. Erst hier versteht der Christ das Psalmgebet vollständig, wenn es heißt: »Behüte mich wie den Augapfel, den Stern des Auges, birg mich im Schatten deiner Flügel« (Ps 17,8). Die ausgebreiteten Arme Jesu am Kreuz werden zu Zweigen und Blättern des Ficus mit einem lebensspendenden

Schatten, der dem Verstorbenen zum ewigen Schutz wird. Die Flügel Jesu beschirmen unsere Toten, die unter seinen Schwingen Zuflucht finden, so daß sie sich vor nichts mehr fürchten müssen (vgl. Ps 91,1.4).

Geht man von dieser Überlegung aus, dann wäre es vielleicht nicht unbedingt abzulehnen, das Kreuz und den Ficus-Baum am Grab eines Christusgläubigen koexistieren zu lassen. Diese beiden Zeichen würden deutlich machen, wie der am Kreuz ermordete Jesus zum wahren Ficus-Baum – Weinstock des Evangeliums – wird, der zum wahren Leben vom Vater bestimmt und durch den Gott der Auferstehung gepflanzt ist. Das Wort Jesu in Lk 23,13 – »Wenn das mit dem grünen Holz geschieht, was wird dann erst mit dem dürren werden« – erfährt hier eine neue Deutung. Das Kreuz als totes Holz wird grün durch Jesus Christus, das wahre grüne Holz. Ebenso: der Christ, der durch den Tod gleichsam zum dürren Holz wird, sprießt zum grünen Holz verwandelt hervor, weil er in Jesus Christus eingepfropft ist (vgl. auch 1 Kor 15,42–50). Der Ahnenbaum kann noch eine zweite Lebensdimension des Proto-Ahns sichtbar machen. Sind wir in Jesus Christus wie die Zweige am Ficus-Baum, so sind wir zugleich die Glieder des mystischen Leibes Christi. Hier spielt die Kirche eine wichtige Rolle. Sie ist jener Baum, unter dem alle Lebensereignisse sich abspielen. Dabei übertrifft sie unendlich den traditionellen afrikanischen Ahnenbaum, weil sie durch Jesus Christus, den Proto-Ahn, zum Proto-Ahn des Lebens geworden ist. Brauchte man für die Verpflanzung des Ahnenbaums bei manchen negro-afrikanischen Stämmen das Blut der Ziege und der Hähne, so wächst die Kirche als Lebensbaum am Grab des Proto-Ahns, der ihr Fundament darstellt, und sie gedeiht durch das vergossene Blut des getöteten und auferstandenen Herrn.

So wird der Baum des Lebens zum Sakrament par

excellence. Der Ahnenbaum machte die Vorfahren sichtbar und initiierte für das Leben oder zumindest versprach er die Fülle des Lebens. Die Kirche als Sakrament par excellence initiiert zum eigentlichen Leben, das im Proto-Ahn als Lebensgrund unserer Vorfahren verborgen ist. Die Kirche als höchstes Sakrament macht den Proto-Ahn sichtbar und gegenwärtig. Wer sich nicht unter diesem neuen Lebensbaum initiieren laßt, hat keinen Anteil mehr am Leben des Proto-Ahns, auf dessen Grab die Kirche emporragt und dem sie ihr Frischsein, Grünbleiben und ihre lebendig machende Dynamik verdankt.

3. Praktische Konsequenzen aus der Proto-Ahnen-Christologie

Wenn das Vorausgegangene konsequent durchgeführt wird, kann man sich nicht mit einer Orthodoxie begnügen, sondern es wird vielmehr nach der Orthopraxie gefragt. Bei der Inkulturation geht es nämlich nicht darum, die Tradition aus der Versenkung hervorzuholen und bloß zur Schau zu stellen. Wenn in unserem Fall Jesus Christus Proto-Ahn genannt wurde, muß dies den Negro-Afrikaner zum Umdenken aufrufen und sich in seinem sittlichen Handeln niederschlagen. Im Rahmen dieser Ausführungen kann dies leider nicht in gebührender Weise dargestellt werden. Nur einige Beispiele seien hier genannt.

Wer etwa das politische Leben im Licht des Proto-Ahn-Modells betrachtet, kann nicht umhin, die negro-afrikanischen Machthaber zur Rechenschaft zu ziehen. Die Vetternwirtschaft, die Kluft zwischen Reichen und Armen, die Diktatur, all das widerspricht dem Auftrag des Proto-Ahns, der das Leben will und es in Fülle will. Die Tradition unserer Vorfahren förderte ebenso das Leben. Dennoch dachte sie in erster Linie – wenn auch nicht ausschließlich – an die Mitglieder der eigenen Sippengemeinschaft. Als

Proto-Ahn aber sprengt Jesus Christus diesen Rahmen; denn durch die Gründung einer neuen Sippengemeinschaft, ja als Zweige des Proto-Baums gehören sie zu einem einzigen Initiationsbaum, der auf dem Grab Jesu Christi emporragt und durch sein Blut ernährt wird. Konnte die afrikanische Tradition unter manchen Umständen den Machtmißbrauch dulden, indem beispielsweise der Häuptling seine Untergebenen ihres Besitzes berauben durfte, so versteht sich der Proto-Ahn als einer, der dient, ohne zu zerstören.

Ein weiteres Beispiel betrifft den Bereich der behinderten Kinder. Bei vielen Stämmen wurden sie bei der Geburt unbarmherzig umgebracht, weil sie als Bedrohung für das Leben der Sippengemeinschaft betrachtet wurden. Was die Ahnen durch diese Tötung bezweckten, war das Lebenswachstum der Sippengemeinschaft. Gerade diese Einsicht stürzt Jesus Christus als Proto-Ahn um. Die Gemeinschaft darf nicht auf Kosten der Schwachen leben, sondern umgekehrt muß sie letzteren zum Leben verhelfen. Die Schwachen und Mißachteten waren die Privilegierten Jesu, und sie müssen es auch in den christlichen Gemeinschaften der Negro-Afrikaner bleiben, weil sie Ort der Offenbarung Gottes sind. Auf die Frage: »Rabbi, wer hat gesündigt, dieser oder seine Eltern, daß er blind geboren wurde?« antwortet Jesus: »Weder dieser hat gesündigt noch seine Eltern. Vielmehr sollen die Werke Gottes in ihm offenbar werden« (Joh 9,2–3).

In diesem Zusammenhang könnte man das Problem der afrikanischen Ehe erwähnen, in der die Fruchtbarkeit eine entscheidende Rolle spielt. Wo aber die Sterilität zur Mißachtung der Eheleute oder zur Polygamie führt, muß sich der Christenmensch am Proto-Ahn orientieren, der nicht Tod, sondern das Leben der Schwachen will. So sollen sich die Eheleute auch im Fall der Unfruchtbarkeit so annehmen, daß die Werke Gottes an ihnen offenbar werden. Wie alle diese Beispiele zu verdeutlichen versucht haben, wird die Person des Proto-Ahns zum selektiven Prinzip der afrikanischen Ethik. Die Nachfolge der Person Jesu kann dazu führen, daß der Negro-Afrikaner auf seine Lebensgewohnheiten, so wie die Tradition sie vorschrieb, verzichtet, sofern sie dem neuen Lebensprogramm des Proto-Ahns widersprechen. Nur wenn der Negro-Afrikaner so handelt und seine theologisch gewonnenen Einsichten zur Lebenspraxis macht, wird eine genuin afrikanische Theologie wirklich entstehen.

Schlußbetrachtung

Das Proto-Ahn-Modell der Christologie ist für mich entscheidend, da es vom Lebenskonzept aus afrikanischer Sicht ausgeht. Eigentlich sind alle weiteren Modelle wie jene von Initiation, Häuptling und Heiler vom Lebensprogramm her, wie die Ahnen es vorgeschrieben haben, zu verstehen. Erst wenn man Jesus Christus von diesem Programm her deutet, erfaßt man das Ganze. So scheint die Proto-Ahn-Theologie nicht nur für afrikanische Christologie von Bedeutung zu sein, sondern ebenso für Ekklesiologie, Sakramentstheologie, Gnaden- und Trinitätslehre und schließlich für Ethik bzw. Moraltheologie.[12]

Daß es für alle diese Fragen noch keine systematischen Traktate in Afrika gibt, versteht sich daraus, daß die Theologie dort noch an ihrem Anfang steht. Das Problem wird noch dadurch erschwert, daß der Afrikaner die Jahrhunderte lang bewährte Theologie zu entziffern hat, bevor er seinen eigenen kulturellen Weg geht. Darum ist es verständlich, daß afrikanische Theologen noch keine christologischen Werke hervorgebracht haben, die mit denen

12 Vgl. auch R. Moloney, African christology, in: Theological studies 48 (1987), 505–515.

von etwa lateinamerikanischen Theologen vergleichbar wären.[13]

Dennoch: Wenn man sich die gegenwärtigen theologischen Arbeiten anschaut, gibt es schon entscheidende Ansätze, die eines Tages nicht nur zu einer gut fundierten Christologie, sondern zu einem neuen, afrikanischen Christentum führen könnten.

13 R. Moloney, ebd. 515. Die lateinamerikanische Befreiungstheologie hat gewiß einen hervorragenden Beitrag zur Theologie des 20. Jahrhunderts geleistet. Dennoch muß man zugeben, daß sie eine Weiterführung der abendländischen Theologie und Philosophie darstellt.

Wolfgang Kröger

Jesus, asiatisch gesehen

Die koreanische Minjung-Theologie ist aus der theologischen Reflexion auf die Kämpfe gegen die Militärdiktatur in Südkorea erwachsen.

Theologieprofessoren, Pfarrer, Studenten und Gemeindeglieder waren in die Oppositionsbewegung gegen die Diktatur hineingerissen, sie engagierten sich für verhaftete Freunde, sie zeichneten Deklarationen für mehr Demokratie, sie suchten größere Nähe zu den Opfern des auf Exportorientierung basierenden Wirtschaftsmodells Südkorea, also zu den Arbeitern in den Zuliefererbetrieben und zu den Bauern. In diesem Prozeß erneuerte sich ihr Glauben, ihre Gebete änderten sich ebenso wie ihre Theologie. Die Theologie nahm nicht nur eine inhaltlich modifizierte Gestalt an, vielmehr änderten sich auch die Bedingungen des Theologisierens und damit die hermeneutischen Grundprinzipien. Die Minjung-Theologie will, wie alle Befreiungstheologien, prinzipiell vom Primat der Praxis ausgehen, vom Vorrang der praktischen Erfahrung vor der theoretisch-theologischen Reflexion; die koreanischen Minjungtheologen bestehen in diesem Zusammenhang auch darauf, daß jede fixierende und einengende Definition von »Bewegung« und »Erfahrung« vermieden werden muß, was sich darin spiegelt, daß sich diese Theologen beharrlich weigern, zentrale Begriffe ihrer Theologie wie »Minjung« oder »han« zu definieren oder zu übersetzen.

Daß »Minjung« nichts Monolithisches ist, daß auch der

Diskussionszusammenhang zwischen den verschiedenen »Minjung-Theologen« in Korea nicht festgefügt ist, zeigt sich an einem Widerspruch zwischen dem inzwischen emeritierten Neutestamentler AHN Byung-Mu (Hanshin-Universität der Presbyterian Church in the Republik of Korea, PROK) und dem jüngeren Theologen KIM Yong-Bok (zugehörig zur Presbyterian Church in Korea, PCK). AHN betont wiederholt: »Niemals haben wir Minjung als ›Volk‹ oder ›people‹ übersetzt. Wir haben bewußt Minjung nicht definiert. Eine Definition würde die Wirklichkeit limitieren, so daß das Lebendige verloren ginge. Begriff und Wirklichkeit könnten in Widerspruch geraten. Ihre Fragen (i.e. die Fragen einiger deutscher Theologen) setzen dagegen voraus, daß sie, was »minjung« ist, schon begriffen und definiert haben« (Antwort einiger koreanischer Minjung-Theologen auf die Anfrage der Theologischen Kommision des EMW zur Minjung-Theologie, zusammengefaßt von Prof. AHN im Juni 1986). Ebenso in einem Interview mit dem »Deutschen Allgemeinen Sonntagsblatt«, 24. 7. 1988: »Ich bin gar nicht damit einverstanden, ›Minjung‹ mit dem Wort ›Volk‹ zu übersetzen. Das paßt ganz und gar nicht. Vor allem klingen bei diesem Wort für Deutsche schlechte Erfahrungen mit. Für Volk im Sinne von Nation haben wir ein anderes Wort. Nein, Minjung meint etwas anderes. Weder Masse noch Proletariat. Wir wollen aber Minjung nicht definieren, denn wenn man es definiert, bringt man das lebendige Minjung selbst in Gefahr ... Minjung ist ein kollektiver Begriff, aber nicht als Gegenstand, sondern eine Bewegung.« KIM Yong-Bok dagegen wagt durchaus eine solche »Übersetzung«, wenn er in seinen Cook-lectures von 1988 einleitend sagt: »The Christian faith is challenged by the poverty and suffering of the minjung. This challenge comes not only from the Marxist and capitalist powers in theory and practice, but also from the people themselves, the hungry and poor who are the majority of humanity, particulary in the third world.« KIM versteht also Minjung im allgemeinen Kontext der Dritten Welt und glaubt, bei diesem weiteren Blickwinkel die spezifisch koreanischen Konnotationen dieses Begriffs beiseite lassen zu können.

Dieser Grundansatz bei praktisch engagierter Erfahrung hat Konsequenzen im christologischen Bereich. Auch hier geht die Minjung-Theologie von der Erfahrung aus: von der Begegnung mit Jesus in der kämpferischen und leidenden Partizipation an der politischen und sozialen Gegenwart. »Jesu Leiden ist Minjung-Leiden ... Wenn Jesus leidet, dann sehen wir nicht eine einzelne Person, sondern sehen das menschliche Leiden« (AHN-Interview in der »Zeitschrift für Mission« 2/88, S. 89). »Wir setzen das Minjung nicht an Gottes Platz. Aber im Minjung begegnen wir Gottes Ereignis. Gott wirbt durch das Minjung. Wir erfahren Christus gegenwärtig. Wir erfahren dort Gottes Gegenwart. Das unterscheidet sich schon von dem, was Sie in Deutschland meinen. Aber ich kann es ruhig so sagen. Und ich beziehe mich hier besonders auf das Johannes-Evangelium, 1,19. Johannes verweist dort auf Jesus: Das ist Gottes Lamm. Aber wir können das Zeugnis des Johannes auch an das Minjung binden und nicht allein an Jesus. Und wir können sagen: Hier steht Minjung, das die Schuld der Welt trägt« (ebda. S. 85).

In Erzählungen und Zeugnissen während der Gebetsgottesdienste für politische Gefangene wird auf das Weiterwirken des Jesus-Ereignisses, auf die erfahrene Nähe Jesu hingewiesen. Die Minjung-Theologen verstehen ihre eigene Art des Theologisierens als »story-telling« und sehen das im Gegensatz zur »deduktiven Methodik« der etwas pauschaliert dargestellten »western theology« (SUH Nam-Dong, im CTC-Bulletin 1984/85, S. 6). Das konkrete Zeugnis, die Erlebniserzählung werden höher geschätzt als die verallgemeinernd-theologisierende Abstraktion. Grundlegend ist, aufgrund der erfahrenen Verzweiflung und der gemeinsamen Hoffnung, das Gefühl der Nähe zu Jesus, ja der Gleichförmigkeit mit ihm und seiner Gruppe.

Ein Beispiel: Über viele Monate hinweg wehrten sich einige Familien in Sang-gye-dong gegen ihre Zwangsumsiedlung. Der alte Seouler Stadtteil sollte abgerissen und mit Apartment-Hochhäusern »saniert« werden; wie immer in solchen Fällen sollten die Mieter der kleinen Häuschen wie Hunde davongetrieben werden. Doch hier wehrten sie sich, errichteten immer wieder Zelte und Baracken als Notunterkünfte, wehrten sich standhaft gegen die Schlägertrupps der Baufirmen und gegen die Schikanen der Stadtverwaltung. Obwohl nur die wenigsten der Standhaltenden Christen waren, feierten sie an jedem Abend zusammen die Messe. Nach mehr als einem Jahr Widerstand mußten die Bewohner von Sang-gye-dong vor einer Übermacht kapitulieren: Ihre Bündel wurden auf Lastwagen geladen und weit weggefahren, ihre Hütten wurden sofort dem Erdboden gleichgemacht. Dies geschah kurz vor Ostern 1987. Die Familien, etwa 120 Leute, suchten Schutz und Asyl bei der großen Myong-dong-Kathedrale in der Innenstadt. Neben der Kirche durften sie ihre Zelte aufschlagen. Eine alte Frau aus der Gruppe besuchte während der Karwoche die Gottesdienste in der Kathedrale. Sie hat die Bibellesung zum ersten Mal in ihrem Leben gehört, diese Leidens- und Foltergeschichte des Jesus von Nazareth, auch die Geschichte vom neuen Mut der Verzweifelten. Immer wieder wurde das Gebiet um die Kathedrale in diesen Tagen von Kampfgas eingenebelt, überall stand Polizei. In einer solchen Atmosphäre versammelte sich die Gemeinde in der Nacht des Karsamstages, alle Lichter wurden gelöscht, und einer gab dem anderen das Licht seiner Kerze weiter, bis Tausende von Lichtern brannten. Die alte Frau faßte ihre Erlebnisse zusammen: »Was wir erleben, ist genau das, was Jesus erlebt hat«, und sie bat darum, getauft zu werden.

Jesus ist auf den Straßen, in den Gefängnissen und den Arme-Leute-Quartieren Koreas gegenwärtig: Das ist die grundlegende Entdeckung der Minjung-Theologie in ihrer reflektierenden Partizipation an der Bewegung des koreanischen Volks für soziale Demokratie und nationale Integrität. Daraus ergeben sich negative Urteile über eine Theologie, die den Abstand der Gläubigen heute zu Jesus dem Nazarener betont oder die auf dem »eph hapax«, dem »ein für alle mal« des Jesus-Ereignisses insistiert. »Wir verstehen Jesus Christus als Ereignis Gottes, als ›event‹. Dies Ereignis geschah in der Geschichte und setzt sich geschichtlich fort. Wir wissen, daß westliche Theologie das ›ein für alle mal‹ betont, damit das Christliche einzigartig erscheint. Aber so wird das Christus-Ereignis in eine bestimmte Zeit gefesselt, auf das Vergangene fixiert ... Uns ist aber der gegenwärtige, wirkende Christus wichtig. Wie existiert Christus in der Geschichte mit uns, heute? Das fragen wir. Energisch wenden wir uns gegen eine Wort-Gottes-Theologie, in der die Predigtverkündigung der einzige Ort der Offenbarung und Offenbarungsvergegenwärtigung wäre« (AHN, im Antwortbrief an den Theol. Ausschuß des EMW). Jesus ist lebendig, nicht als triumphierender Sieger, sondern als umstrittene Gestalt inmitten der Leiden und Kämpfe des Volkes. Aus diesem Erleben heraus wagen es einige Minjung-Theologen, auch biblisch-neutestamentlichen Traditionen kritisch-analysierend gegenüberzutreten. Vor allem die auf allgemeine und theologisch-abstrakte Bekenntnis-Zusammenfassung drängende paulinische Theologie wird kritisch von den Gegenwartserfahrungen her befragt: Wenn nicht mehr die Fakten, die Konkreta, die politischen Umstände und die Verantwortlichen des Justizmordes an Jesus genannt werden, wenn statt dessen die theologische Deutung (»für unsere

Sünden gestorben«) und die religiöse Verallgemeinerung (Kenosis) in den Vordergrund treten, ist das dann nicht ein Schritt in die frühkatholische Kirche, wo um der Existenz der Institution willen der konkrete Charakter der Wahrheit preisgegeben wird? Geschieht nicht das Gleiche unter den Bedingungen der Diktatur auch heute in Korea, so wird gefragt, wenn die konkreten Faktenberichte von Mund zu Mund weitergegeben werden und staatlicherseits als »Gerüchte« abqualifiziert werden, während höhere kirchliche Stellen und Personen, die etwas zu verlieren haben, gern vom konkreten Charakter der Wahrheit absehen und statt dessen verallgemeinernd und abstrahierend deuten wollen? Gegen die abstrakt-theologischen Tendenzen des Paulus und gegen seine Arbeit an der christologischen Systematik werden die synoptischen Evangelien und inzwischen auch Johannes positiv herausgestellt; vor allem bei Markus sei die biographisch-politische Konkretheit der Jesus-Ereignisse noch nicht ganz durch das verallgemeinernde Christus-Bekenntnis verdeckt. Freilich gebe es auch im Passions-Bericht der Synoptiker Abschwächungen, Auslassungen und Fehlstellen, die erklärbar seien wegen der Angst, die die Schreibenden um die Gemeinden gehabt hätten. Es sei ihnen darum gegangen, keine weiteren Verfolgungen heraufzubeschwören; immerhin sei die Stimme der ersten Jesus-Anhänger, vor allem die Stimme der Frauen, die nichts zu verlieren hatten und die Wahrheit weitergetragen haben, aus den synoptischen Evangelien noch herauszuhören, während sie in den Kerygma-Formulierungen der paulinischen Theologie unkenntlich geworden sei (vgl. dazu AHN: Die Träger der Überlieferung des Jesusereignisses).

Aus all diesem läßt sich systematisch in etwa folgern, daß die koreanische Minjung-Theologie wenig an christologischen Entwürfen und mehr an konkreter Jesus-Nachfolge interessiert ist. Sie fragt nicht nach einer neuen

Christologie, sondern sie betont die grundlegende Wichtigkeit der Jesulogie. Jesus sei, in seiner Zeit wie heute, eine die Institution Kirche beunruhigende Person; es sei den reichen Kirchen unmöglich, mit Jesus zusammenzuleben, und das sei der verborgene Grund, warum in der Theologie der reichen Länder die Suche nach dem historischen Jesus so abgewertet worden sei. Während SUH Nam-dong die in den Trümmern der Leben-Jesu-Forschung geborenen Erkenntnisse nicht anerkennen will und von einem historischen wie erkenntnismäßigen Vorrang der Ereignisse vor dem Kerygma und der Evangelien-Abfassung spricht (CTC-Bulletin, S. 6), anerkennt AHN Byung-Mu die Grundprinzipien der historischen Methode und damit die Schwierigkeit, von den vorliegenden Glaubenszeugnissen aus zum historischen Jesus zurückzufragen und Kontinuität bzw. Diskontinuität zwischen Verkündiger und Verkündigten aufzuzeigen (Zeitschrift für Mission 2/88, S. 86). Für beide Minjung-Theologen aber liegt der Schlüssel zur Lösung des Problems nicht im historisch orientierten Zurücksehen, sondern im Wahrnehmen der Gegenwart und in der Gegenwärtigkeit des Gekreuzigten: »... die Aufgabe ist, wir müssen ihn (i. e. den historischen Jesus) jetzt und hier wiederfinden. Die Wiederentdeckung des historischen Jesus, besser gesagt: Jesus wiederzuentdecken und die Entdeckung der Realität und des Minjung, das gehört zusammen« (ebda.). Je engagierter diese Jesus-Suche wurde, desto stärker kam Christologie unter den Verdacht, durch abstrakt-allgemeine Aussagen den »Stachel des Evangeliums« stumpf zu machen und Jesus als großen Einzelnen zu isolieren. Nach Ansicht der Minjung-Theologen stellt die westliche Theologie – vom Begriff des Individuums geleitet – die Einzigartigkeit Jesu heraus; sie tut es in Form der Barthschen Theologie, wo einzig Jesus auf dem dunklen Hintergrund der Apokalypse der bürgerlichen Epoche hervorleuchtet oder wo einzig Jesus Orientierung gegen die totalitäre NS-Herrschaft geben kann; ebenso betont Bultmann die Einzigartigkeit des kerygmatischen Christus, aber auch in Käsemanns hartnäckiger Insistenz auf »dem Nazarener«, der quer zu aller Tradition und zu all unseren menschlichen Erwartungen stehe, meldet sich diese herausgestellte Einzigartigkeit Jesu. Dem gegenüber betont die Minjung-Theologie den kollektiven Charakter des Jesus-Ereignisses. Dem asiatischen Denken (wie der koreanischen Familien- und Gesellschaftswirklichkeit) fehle das westliche Konzept des Individuums, man verstehe sich als Einzelner immer als Teil eines Ganzen, Umfassenden. Und aus dieser Perspektive entdecke man in bezug auf das Jesus-Ereignis, daß Jesus und das Volk, Jesus und seine Freunde, Jesus und die Frauen nicht zu trennen seien. Das Volk ist im Markus-Evangelium nicht der Bühnenhintergrund, vor dem sich im Scheinwerferlicht das Jesus-Drama abspielt; »ochlos« und Jesus gehören untrennbar zusammen, sie sind eine Einheit, die trotz Widersprüche (erkennbar im Verrat des »ochlos« an Jesus, aber auch da ist zu beachten: es ist das Volk in der Metropole Jerusalem, also das vom Metropolen-Luxus verführte Volk, das den Mann aus Galiläa den Herrschenden ausliefert) unauflöslich ist. Die »Minjung-Konzeption« knüpft deshalb unbefangen beim biblischen ochlos- bzw. »Am haaretz«-Begriff an, während sie Schwierigkeiten hat, die Übersetzung ins deutsche »Volk« oder ins englisch-amerikanische »people« zuzulassen. Daß damit die Verheißung, die dem jüdischen Volk gegeben ist und im »ochlos«-Begriff der Bibel mitschwingt, auf das koreanische Volk übertragen wird, wird in seiner möglichen theologischen Problematik nicht reflektiert (wie ja auch die Befreiungstheologie den freien Gebrauch des Exodus-Paradigmas außerhalb der Verheißungsgeschichte Israels nicht explizit reflektiert). Indem die Sicht der Minjung-Theologen auf Jesus ausgesprochen nicht-individualistisch und eher kollektivistisch und gemeinschaftlich ist, sperrt sich diese Theologie gegen eine Verabsolutierung und Vereinzelung Jesu; damals wie heute sieht sie Jesus und die Armen untrennbar zusammen; das ist Basis und Beginn jeder Theologie und Christologie.

Eigene christologische Entwürfe der Minjung-Theologie, die, zumindest in übersetzter Form, noch nicht ausgearbeitet vorliegen, gehen vom Grundgedanken einer theologia eventuum aus: das Jesus-Ereignis wirkt fort, ist noch zu keinem Ende gekommen und realisiert sich in seinem Weiterwirken auch in der koreanischen Wirklichkeit heute. SUH Nam-Dong, einer der »Väter« der Minjung-Theologie, wagte in diesem Zusammenhang die provozierende These, das Subjekt der Minjung-Theologie sei nicht Jesus, sondern das Minjung. Suh hatte seine Professorenstelle an der renommierten Yonsei-Universität aus politischen Gründen verloren; er war mehrfach inhaftiert; in seiner Familie war er mit bitteren Leidenserfahrungen durch die Blindheit eines seiner Kinder konfrontiert, und er hatte so persönlichen und zugleich sozialpolitischen Anteil an der Minjung-Realität und dem Leid des Volkes. Auf diesem Hintergrund partizipierte er, der ältere Professor, an der Minjung-Bewegung; im Aufschrei des Volkes sah er die messianische Sehnsucht der Kinder Gottes; in den Gefängnissen hörte er die Schreie des heute gefolterten Jesus; in den Texten des zum Tode verurteilten KIM Chi-ha vernahm er die Stimme Jesu, des nicht mehr golden Gekrönten und Stummen, sondern des Dornengekrönten, die die Leidenserfahrungen des Volkes zum Ausdruck bringt und die Klagen der Geschundenen vor Gott trägt. In diesen Jahren des Hineingezogenwerdens in die Minjung-Bewegung entdeckten Suh und andere koreanische Christen Jesus neu und lebendiger, und aus dieser Erfahrung leiteten sie ab, daß sie im Hineintauchen in die Minjung-Bewegung und in den Strom der Ereignisse auf Jesus und seinen Tod getauft worden seien. Die Teilnahme an den (nicht notwendig christlich geprägten) Befreiungsprozessen gehen der theologischen Reflexion dieser Ereignisse voraus, und in der theologisch-spirituellen Reflexion wurde gewiß, daß Jesus in der Gegenwart Koreas gegenwärtig ist und daß auf den Straßen und in den Gefängnissen das Evangelium zu vernehmen ist. In den Kämpfen des Minjung und auf dem Boden der Wirklichkeit begegnet Gott, wie er sich in Jesus Christus offenbart hat. Aloysius Pieris aus Sri Lanka weist, in paralleler Reflexion, darauf hin, daß die Jordan-Taufe Jesu ein Ereignis »nicht-christlicher« Erfahrung war (Pieris, S. 71 f.), und die Minjung-Theologie betont, daß dem Inhalt des Evangeliums (Mk 1,15) die Beschreibung der Realität und die Entscheidung zur Partizipation an den Konflikten in Mk 1,14 vorausgeht. AHN Byung-Mu, der zunächst SUH Nam-Dong widersprochen und betont hatte, Vorrang müsse Jesus und nicht das Minjung haben, hat inzwischen seine Position revidiert und stellt die Gleichzeitigkeit heraus: in den Minjung-Ereignissen begegne Jesus, und die Nachfolge Jesu führe notwendig in die Minjung-Bewegung hinein. Im Zusammenhang dieser Diskussion stellte sich die Frage nach der Präsenz Jesu in der koreanischen Wirklichkeit außerhalb der christlichen Kirchen und vor der Ankunft der Missionare. SUH Nam-Dong spitzte die Problemstellung zu: ob nur Jesus erlöse (CTC-Bulletin, S. 9)? In der Frage, ob denn erst die westlichen Missionare Gott und Jesus nach Korea gebracht hätten, steckt schon die ablehnende Antwort: auch vor der Missionierung Koreas war Jesus in der koreanischen Geschichte als befreiende Kraft anwesend, und auch außerhalb der christlichen Kirchen kann das Jesus-Ereignis Wirklichkeit gewinnen.

SUH Nam-Dong nimmt in diesem Zusammenhang den von KIM Chi-ha in volkstümlichem Epos-Ton erzählten Mythos vom Schlachter Dschangildam auf: »Dschangildam ist ein Jesus von Nazareth, in den vierziger Jahren in Korea geboren« (SUH Nam-Dong: Zwei Traditionen fließen ineinander, in: Minjung. Theologie des Volkes Gottes in Südkorea, S. 212). AHN Byung-Mu verweist auf Gegenwartserfahrung außerhalb der Kirchen: »Es haben sich mehr als 40 Studenten in den letzten Jahren verbrannt. Das ist nichts Neues. Auch Arbeiter haben sich verbrannt. Wir haben keine andere Waffe als unser Leben zum Einsatz zu bringen. Es ist nichts anderes möglich als der Selbstmord, das Selbstopfer. Wie kann man so etwas tun? Minjung heißt, daß Selbsttranszendenz möglich ist. Es geschieht bei uns aber ständig so etwas wie Selbsttranszendenz, auch bei den Leuten, die nicht Christen sind. Woher kommt das? Von diesem Aspekt her gesehen ist die Kirche längst gestorben. In der vorhandenen Kirche ist so etwas nicht möglich, dort gibt es keine Märtyrer mehr. Kein einziger Priester hat einen Selbstmord begangen. Aber außerhalb der Kirche gibt es ständig solche Märtyrer« (Zeitschrift für Mission 2/88, S. 91 f., etwas umgestellt). HYUN Young-Hak interpretiert den koreanischen Schamanismus, diese spezielle Form der Volksreligiosität, als Phänomen, das in vielem die Erfahrungen der Jesu-Nachfolge spiegelt und vertieft (East Asian Journal of Theology 3:2, 1985). In den Berufungserlebnissen der Schamaninnen (existenziellen Erlebnissen psychosomatischen Charakters; vgl. zu diesem Phänomen und zum Schamanismus insgesamt vor allem PARK Il-Young: Minjung, Schamanismus und Inkulturation, Diss. Fribourg 1988) spiegeln sich für HYUN Young-Hak die Erfahrung der Propheten und Jesu Versuchungsgeschichte; in der recht materialistisch-leibhaftigen Hoffnungskonzeption des Schamanismus offenbare sich der Arme-Leute-Charakter dieser Religion, der auch die ursprüngliche Jesus-Bewegung mit ihrer Hoffnung für die Armen und die Weherufen über die Reichen geprägt habe. Jesus könne, in koreanischem Kontext, als ein hanlösender Schamane aufgefaßt werden. In den Schamaninnen und ihren exorzistischen Zeremonien nun umgekehrt auch eine Jesus-Offenbarung zu entdecken, wird (angesichts der bekannten Geschäftstüchtigkeit mancher Schamaninnen wohl sehr zu Recht) nicht gewagt. Im konkreten Einzelfall aber leuchtet die Gegenwart des Gekreuzigten und des Evangeliums auch im Tun oder im Tanz der Schamanin auf: so wenn HYUN Young-Hak den »Krüppel-Tanz« der Kang Ok-Jin beschreibt und zusammenfaßt: »For me the dance was something like a ›revelation‹, the revelation it-self« (East Asian Journal of Theology, 3:2, 1985, S. 209). In den vergangenen Jahren wurden diese Tänze der Schamaninnen auch zum integralen Bestandteil bei den Trauerfeiern für politische Opfer des Regimes: Die Tänze stellen den Schmerzens- und Todesprozeß in künstlerisch verfremdeter Form eindringlich und am realen Ablauf der Dinge orientiert dar, gleichsam um die Wut und die Trauer anzustacheln und auf dem Boden dieser gemeinsam ausgedrückten Trauer Elemente der Befreiung, des Wieder-Auf(er)stehens und der Hoffnung aufzuspüren und in Gestalt zu bringen. Nur Wieder-Erinnerung vermag den Schrecken zu bannen, der in zu frühem gewaltsamen Tod liegt, wo nach traditioneller koreanischer Auffassung die Seele des Toten keine Ruhe zu finden vermag.

Auch in anderen kulturellen Traditionen erscheint Jesus als anonym präsent: so in der Erlösungssehnsucht des Maitreya-Buddhismus, der, obwohl er schon zur Zeit der vereinten Shilla-Dynastie (668–936) zur Herrschaftsideologie wurde, die Hoffnung des unterdrückten Volks (gerade in der von Shilla unterworfenen Paekche-Region, den heutigen Cholla-Provinzen im Südwesten des Landes) auf Befreiung, die sich irdisch für alle realisieren soll, zum Ausdruck gebracht hat. »Der herabsteigende Maitreya (Miruk) ist unter den buddhistischen Figuren eine sehr eigensinnige und rebellische; als der zukünftige, ›in die Welt kommende Miruk‹ erlebte er seine Ausprägung als eine sozial-religiöse Bewegung auf der koreanischen Halbinsel« (Hiltmann, S. 52).

Nach SUH Nam-Dong konzentriert sich die geschichtlich-messianische Sehnsucht des Minjung im Maitreya-Glauben intensiver als irgendwo sonst (Minjung. Theologie des Volkes Gottes in Südkorea, S. 203). Der Minjung-Theologe KIM Yong-Bok verfolgt in seiner aktuellen Forschung die Arbeitshypothese, daß dieser spezifisch koreanische Buddhismus von nestorianischen Christen in China mitbeeinflußt sein könnte, sodaß die messianische Hoffnung auf irdische Erlösung aller leidenden Kreatur im Maitreya-Buddhismus eventuell sogar einen gewissermaßen christlichen Stammbaum hätte. David SUH Kwang-sun hat sein Augenmerk vor allem auf die Minjung-Tradition des Maskentanzes gerichtet, der von den Studenten als Mittel der Kritik an den Herrschenden wiederentdeckt und neu belebt wurde. In diesen das Publikum mit einbeziehenden Tänzen kommt die Realität der Unterdrückung zur Sprache, die Ohnmacht des Volks wird beweint, Akte der Befreiung und Auflehnung werden gefeiert, und im ekstatischen Hoffnungs- und Freudentanz am Schluß des Spiels werden alle zum Mittanzen veranlaßt. Maltugi, der Knecht, ist ein Hauptcharakter des »Bongsan Talchun«-Maskentanzes. In seiner Reflexion auf einen Holzschnitt von LEE Chul-Soo, in dem die Maltugi-Maske und das Kreuz Jesu ineinandergearbeitet sind, führt David Suh aus: »Unser Maltugi trägt jetzt das Kreuz. Nein, wir haben Maltugi nicht zum christlichen Glauben bekehrt. Aber wir sehen, mit theologischer Imagination, daß Jesus die Maltugi-Maske trägt. Jesus setzt die Sklavenmaske auf. Und seine Identität wird offenbar: die Maltugi-Maske trägt das Kreuzzeichen. Gott selbst tanzt den Maskentanz im Drama des Lebens Jesu (wie C. S. Song es gesehen hat), und wir sehen Jesus im Maltugi-Tanz ... Maltugi ist der Gottes- und Menschenknecht. Er trägt das Kreuz, und er ist das Kreuz« (Rede zur CCA-Assembly in Seoul 1985).

In der praktischen Partizipation an der Minjung-Bewegung und der in ihr geschehenen Wiederbelebung der Minjung-Kultur kommt es zur Begegnung mit Jesus, zur »Koreanisierung« und damit zur Vertiefung des Glaubens. Diese Offenheit der Erfahrung wollen sich die Minjung-Theologen und -Christen Koreas nicht durch dogmatisch-christologisch und exklusiv wirkende Formulierungen oder Bekenntnisse verbauen. Symptomatisch dafür ist AHN Byung-Mus Entgegnung auf deutsche Anfragen zur Minjung-Theologie: »Als wir, die wir Minjung-Theologie treiben, von der Universität verjagt wurden, haben wir uns daran erinnert, daß in der Nazi-Zeit auch viele deutsche Professoren relegiert worden sind. Wir dachten an die Bekennende Kirche und an die Barmer Erklärung ... Die Barmer Thesen stellen das ›solus Christus‹ ganz zentral heraus. Wir sehen das positiv, weil der Sinn dieses ›solus‹ deutlich antidiktatorisch ist. Aber wenn das ›solus Christus‹ den Minjung ausschließt und sich von ihm abwendet, dann wird es zur ›sola ecclesia‹ und damit falsch. Kirche darf nicht für sich bestehen, sondern sie muß eine Christus-Kommunität mit den Armen und Unterdrückten sein ... Die Gottes-Rede wird dann ergänzt durch Handeln und Aktion« (Antwort an den Theologischen Ausschuß des Evang. Missionswerkes in Hamburg, Juni 1986). AHN verweist auf die Areopag-Rede aus der Apostelgeschichte, wo Paulus vom »unbekannten Gott« spricht, und er fragt rhetorisch: »Gott wäre außerhalb und vor Christus nichts? ... Damit verabsolutiert sich das Christentum auf falsche Weise« (ebd.).

Tiefgreifender noch als die theologischen Reflexionen auf kulturell-religiöse und sozialpolitische Phänomene sind die Versuche, vor allem jüngerer Minjung-Theologen, sich mit der sozialen Situation der gegenwärtigen »Maltugi«, der Armen, zu identifizieren. Im Hineintauchen und Hineingetauchtwerden in die soziale Misere des Minjung erleben junge Pfarrer und Theologen tatsächlich so etwas wie eine Taufe auf den Tod Jesu: Wollen sie ein solches Leben über Jahre hinweg durchhalten, dann verzichten sie auf jede Karriere- und Wohlstandsmöglichkeit (Pfarrer in Korea sind eher kleine Unternehmer als Beamte; schon aus ökonomischen Gründen ist deshalb ein koreanischer Pfarrer »normalerweise« an Kirchenwachstum und günstigem »sozialem setting« interessiert); die Kinder dieser Pfarrersfamilien verlieren den Zugang zu den guten Schulen in den reicheren Wohngebieten und damit die Chancen, nach einer »besseren« Uni auch einen »besseren« Arbeitsplatz zu finden; die Familien erleiden trotz ihres akademischen Hintergrundes die Umweltvergiftung in den koreanischen Industriezentren und das Elend in den Slumgebieten, auch die Kriminalität, am eigenen Körper.

Diese Entscheidung zur identifizierenden Partizipation wird als Weg der imitatio Christi aufgefaßt, als Weg mit dem »ochlos«. Dabei ist nichts vorgegeben oder festgelegt. Diese Theologen wollen nichts lehren, auch niemanden missionieren. Vielmehr ist es ihre Absicht zu lernen, die Sprache des Minjung zu verstehen und das Erfahrene theologisch zu verarbeiten. In diesen Erfahrungen wird die koreanische Minjung-Theologie und -Christologie sich weiterentwickeln (oder sie wird, wie es jetzt schon Studenten einigen jüngeren »Minjung-Theologen« vorwerfen, zu einer »Neoorthodoxie« verkümmern).

So sehr aber Minjung-Theologie das Prinzip der Erfahrungsoffenheit vertritt und so sehr das diese jungen Pfarrer in ihren Arbeiter- und Arme-Leute-Gemeinden zu leben versuchen, es stellt sich gerade in den Minjung-Gemeinden schnell das Problem der eigenen Identität: Von woher lebe ich? Welche Ziele setze ich mir? Wie strukturiere ich meine Erfahrungen? Diese Fragen, nicht als individuelle, aber als Fragen der Gruppe geäußert, stellen sich den beteiligten Theologen. Lernen und Lehren beginnen, in ein dialektisches Verhältnis zu treten; Erfahrungsoffenheit und Evangeliumspredigt müssen sich verbinden, wenn nicht der Alltag und der sonntägliche Gottesdienst auseinanderbrechen sollen. Im Prozeß der sozialen Realitätserfahrung und des Mitleidens stellen sich die zentralen theologischen und christologischen Fragen neu und dringlicher. Abschließende Antworten sind noch nicht gefunden (und werden vielleicht auch gar nicht gesucht; das Lebendige der Erfahrung soll und kann nicht dogmatisch fixiert und definiert werden); darin erweist sich die Minjung-Theologie als eine theologia eventuum nicht nur in der Theorie, sondern auch in der Praxis des Gemeindeaufbaus und des Theologisierens.

Die christologische Frage spitzt sich dabei, auf dem Hintergrund der politischen Erfahrungen von 1987/88 und der plötzlich in den Blick kommenden Möglichkeit politischer Mitwirkung, auf die Frage zu, wie Macht, politische und soziale Macht zu bewerten sei.

SUH Nam-Dong hat, in einer etwas isoliert stehenden Formulierung, C. S. Song dafür kritisiert, daß er bei einer »theology of the cross posed over and against the evil of dictatorship« stehengeblieben sei, und SUH hat gefordert, eine »theology of resurrection that speaks of a new political order« zu entwickeln (CTC-Bulletin, S. 15). KOH Jae-Shik, der in den USA intensiv lateinamerikanische Befreiungstheologie studiert hat, wirft den Minjung-Theologie vertretenden Kollegen vor, in bezug auf das Machtproblem idealistisch zu denken und die in der Befreiungstheologie entwickelten Elemente einer konkreten Gesellschaftsanalyse und den Prozeß einer real möglichen Gesellschaftsveränderung zu mißachten. Auch die aktiven Studentenzirkel drängen auf »positive« politische Konzepte und reagieren allergisch auf jede Romantisierung von »han« (diesem koreanischen Begriff für Schmerz, Leid, soziale Ohnmacht, unterdrückte Wut). Sie wollen siegreich sein und nehmen die Niederlagen und das Leiden nur zähneknirschend hin. KIM Yong-Bok hat dieses Thema der Macht schon vor einigen Jahren aufgenommen und versucht, zwischen einem machtbewußten »politischen Messianismus« und einer die Sache der Diskriminierten und Marginalisierten auch realpolitisch aufnehmenden »messianischen Politik« zu unterscheiden; im Gedanken eines »convenant with the poor«, den KIM Yong-Bok im Rahmen der Vorbereitung zur konziliaren Weltversammlung in Seoul 1990 weiterentwickelt hat und der zur Basis einer entsprechenden »Bundesverpflichtung« in seiner eigenen kleinen Gemeinde in einem Seouler Industriedistrikt geworden ist, versucht er, eine Konkretion solcher »messianischen Politik« zu finden.

Solchen Tendenzen gegenüber (wobei freilich ein Theologe wie KOH Jae-Shik die Gedanken von KIM Yong-Bok als idealistisch-unrealistisch abwertet) bleibt der Neutestamentler AHN Byung-Mu auch aus christologischer Reflexion heraus skeptisch. Im gemeinsamen Seminar über die »Auseinandersetzung zwischen Marxismus und christlichem Glauben« während des Wintersemesters 1985/86 an der Seouler Hanshin-Universität hat AHN nach meinem Referat über den Marxismus als eine Philosophie der Nicht-Identität dies wegen des Totalitätsdenkens im Marxismus leicht in Frage gestellt, dann aber um so deutlicher den christlichen Glauben als eine »Theorie und Praxis der Nicht-Identität« gezeichnet: Der am Kreuz verkrümmte Christus sei deutlichster Ausdruck solcher Nicht-Identität, solchen fortdauernden Schreiens nach Erlösung und Befreiung; im Gegensatz dazu sei der in sich versunkene, freundlich lächelnde Buddha ein Symbol letztlicher Identität. »Wir konzentrieren uns allerdings auf das Leiden ...

Und das liegt auch daran, daß wir noch so im Leiden stehen. Wir kämpfen allerdings auch für Befreiung ... Die Befreiungstheologie hat uns einige Eindrücke vermittelt, aber wir finden daran unglücklich, daß sie eigentlich so wenig von Leiden redet. Diese Leute haben ein politisches Programm, und sie schenken dem Leiden wenig Beachtung ... Wir haben im Kreuz Jesu eine Offenbarung dazu erfahren, wie wichtig und einmalig das Leiden ist. Das geschah bei uns und geschieht jetzt immer noch ... Und unsere humanistische Tendenz ist dadurch, glaube ich, viel reicher als die Befreiungstheologie ... Leiden ist das, was den Unterdrückten geschieht, was den Armen geschieht. Leiden bedeutet nicht, daß wir asketisch sind. Das Leiden als solches ist ein Schlüssel für den Heilsweg ... Aber wir denken nicht an das Leiden als ein mythisches Element. Die jetzigen reichen Leute oder die Politiker oder die, die die Macht ausüben, die werden nur durch die befreit werden, die jetzt Leiden erfahren ... Leiden ist der Schlüssel für das Heil überhaupt. Der Schlüssel liegt außerhalb der reichen Leute und außerhalb der Machthabenden ... Man darf Befreiung und Leiden nicht trennen, aber unser Akzent liegt auf dem Leiden. Wenn man ohne Leiden an Befreiung denkt, nur kämpferisch ist, dann kann man sehr unmenschlich sein« (Zeitschrift für Mission 2/88, S. 87 f.).

Ohne die praktische Politik abzuwerten und ohne auf den Kampf um Demokratie und nationale Wiedervereinigung zu verzichten, meldet sich hier vom Gekreuzigten her Widerspruch gegen jede zu vollmundige Utopie und jede Simplifizierung der Schwierigkeiten bei einer sozialen Veränderung. Der gekreuzigte Jesus, dem man nachzufolgen gewillt ist, wird zur kritischen Instanz gegen illusionäre Hoffnung und dann auch zur Stütze im Widerspruch, wenn Befreiung von einer revolutionären Elite »exekutiert« werden soll. Jesus hatte kein politisch klares und praktisch handhabbares Befreiungskonzept, und so konnte er sich den leidenden Menschen vorbehaltlos zuwenden. Aus dieser Art der Jesusnachfolge, die der lutherischen theologia crucis in ihrer frühen Formulierung durchaus verwandt ist und in der der Barthsche politische Radikalismus (»mehr als Leninismus!«) durchscheint (so z. B. auch, wenn AHN gegen deutsche Frager insistiert, daß es um »Befreiung von jeder Herrschaft« gehe, so in der Diskussion mit den EMW-Theologen), speist sich die Spielart von Minjung-Theologie in Korea, die mehr an persönlichen Zeugnisse von mutigem, wenn auch »in den Augen der Welt törichtem« Verhalten als an siegesverheißenden Konzepten interessiert ist. In der verzerrten Gestalt am Kreuz, nicht im überlegen und weltentrückt lächelnden Buddha, wird Gott, wird die Wahrheit über unsere Welt sichtbar. Die Geschichte der Befreiungsbewegungen und der Zustand der Welt sind nicht so, daß Hoffnung abseits vom Kreuz möglich ist. Dies ist freilich, minjung-theologisch, nicht orthodox-ausgrenzend gemeint, sondern es handelt sich hierbei um eine Einladung, bitter deprimierende Wirklichkeitserfahrung im Licht der Jesus-Ereignisse und in der Solidarität der Minjungbewegung zu verarbeiten.

Zitierte Literatur

AHN Byung-Mu: Antwort der koreanischen Minjungtheologen auf die Anfrage des Theologischen Ausschusses des Evangelischen Missionswerkes in Hamburg, Seoul 1986.
Ders.: Minjung-Theologie. Ein Interview am 6. 5. 1987, S. 83–93 in: Zeitschrift für Mission, Jg. XIV Heft 2, Basel 1988.
Ders.: »Das Heil kommt aus der Dritten Welt«. Interview im Deutschen Allgemeinen Sonntagsblatt, 24. 7. 1988.
Jochen HILTMANN: Miruk. Die heiligen Steine Koreas, Edition Qumran im Campus-Verlag, Frankfurt 1987.
HYUN Young-hak: Cripple's Dance, S. 209–212 in: East Asian Journal of Theology Vol 3:2, Singapur 1987.
KIM Yong-Bok: Messiah and Minjung, Typoskript, Seoul 1987.
KOH Jae-shik: Minjung-Theology and Liberation Theology. Typoskript, Vortrag während der »Buddhist-Christian Dialogue Conference« in Berkeley/California, Aug. 1987.
PARK Il-Young: Minjung, Schamanismus und Inkulturation. Schamanistische Religiosität und christliche Orthopraxis in Korea, Seoul 1988 (Diss. in Fribourg/Schweiz).
Aloysius PIERIS: Theologie der Befreiung in Asien. Christentum im Kontext der Armut und der Religionen, Freiburg/Basel/Wien 1986.
David SUH Kwang-Sun: D. T. Niles-Memorial-lecture am 3. Tag der 8. Assembly der Christian Conference of Asia, Juni 1985 in Seoul: »Mask Dance of Liberation«.
SUH Nam-Dong: Theology as Story-Telling: A Counter-theology, S. 4–11 in: CTC-Bulletin (Bulletin of the Commission on Theological Concerns CCA) Vol. 5 No. 3 – Vol. 6 No. 1, Dec. 1984/Apr. 1985, Singapur 1985.
Ders.: Cultural Theology, Political Theology and Minjung Theology, S. 12–15 in: CTC-Bulletin, ebd.
Zum Thema wichtig:
AHN Byung-Mu: Draußen vor der Tür. Kirche und Minjung in Korea, hrsg. von W. Glüer, Göttingen 1986.

Karl-Heinz Ohlig

Jesus, multikulturell gesehen

I. Vorbemerkung

Schon jetzt leben die meisten Christen in der sogenannten Dritten Welt. Ganz offensichtlich genügen ihnen auf Dauer nicht die christologischen Modelle, die ihnen mit der Missionierung vermittelt wurden. Sie suchen – und finden – neue Zugänge zu Jesus Christus und schaffen neue Christologien. Dieser Beitrag soll versuchen, dieser Vielfalt gewisse Konturen zu geben und durchsichtig zu machen, wie man mit ihr umgehen kann. Hierbei wird vorausgesetzt, daß die z. Zt. in fast allen Kirchen der Dritten Welt noch vorherrschende »Missionstheologie« – eine voraufgeklärte, neokonfessionalistische »europäische« Theologie – trotz ihrer Förderung durch die westlichen Kirchen auf Dauer keine Chance hat und den zunächst noch zaghaften und nur sporadisch vorgetragenen neuen christologischen Versuchen die Zukunft gehören wird.

Von vornherein sei eingeräumt, daß das Christentum – und damit natürlich auch der Kern des Christentums, die Christologie – als eine kontingente Möglichkeit menschlichen Suchens nach letzter Sinnhaftigkeit zu betrachten ist, eine kontingente Möglichkeit, die in sich noch einmal sehr pluriform ist. Neben dem Christentum gibt es sehr viele andere kontingente religiöse Traditionen; das Christentum bietet also nicht das einzige und allein wahre Angebot zu einem wirklich humanen Leben. Doch darum soll es hier nicht gehen. Mein Thema ist die Christologie und somit die Überzeugung, daß Jesus Christus eschatologisch gültig ist.

Die Christologien in der Dritten Welt erweisen sich als multikulturell: In Lateinamerika wird Jesus als der Libertador, der Befreier, rezipiert; wieder andere Zugänge zu Jesus als Christus kennt die dortige Indio-Bevölkerung. In weitesten Teilen Schwarzafrikas erscheint Jesus, entsprechend den eigenen religiösen Traditionen, als Proto-Ahn, als Heiler, als Initiationsmeister, Häuptling oder Symbol bzw. Sakrament Gottes, dagegen tritt im Süden Afrikas in den Vordergrund die Funktion Jesu, der Christus der unterdrückten Rasse – der schwarze Christus – zu sein. Christen, die aus dem Umfeld der buddhistischen Tradition kommen, betrachten, je nach der Richtung, aus der sie stammen, Jesus als eine Art Boddhisatva – so in der Mahayana-Tradition; die von der Hinayana-Überlieferung beeinflußten Christen – ein Beispiel ist etwa der Japaner Seiichi Yagi – sehen in Jesus den, der dazu verhilft, die Subjekt-Objekt-Spannung zu überwinden und zur vollen Identität des Menschen mit dem letzten Sein beizutragen. Beiden Richtungen gemeinsam ist die Überzeugung vom Unwert der Geschichte und des geschichtlich Besonderen (Person, Ethik, Bindung u. a.); von daher ist auch die Relevanz des geschichtlich-faktischen Jesus nur schwer aufrechtzuerhalten. Aus der hinduistischen Tradition kommende Christen haben eine noch vielfältigere Rezeption Jesu, weil der Hinduismus selbst in sich plural ist und keine einheitliche Lehre kennt. Hier kann Jesus als Epiphanie eines quasi-personal gedachten Gottes oder – unter dem Einfluß der Advaita-Schulen – als der verstanden werden, der den Menschen dazu verhilft, aus der scheinbaren Pluralität dieser Geschichte zu einer letzten (monistischen) Identität zu finden.

Die chinesische Theologie ist heute vorwiegend außerhalb des Festlandes literarisch dokumentiert. Schon vor der Machtergreifung der Kommunisten aber gab es in China selber neue christologische Versuche, bis hin zu einer radikalen konfuzianischen Aneignung Jesu, in der er im Sinne des Konfuzianismus als der vollkommene Mensch, der Gipfelmensch, der die Tugend in einer ganz hervorragenden Weise praktiziert hat, angesehen wird. Heute liegen nennenswerte literarische Beiträge vor allem aus Taiwan vor. Hier ist die konfuzianische und volksreligiöse Tradition sehr stark. In diesem Kontext wird Jesus als der Himmelsmensch betrachtet, der die Einheit von Universum, Mensch und Himmel herstellt oder auch repräsentiert. Daneben gibt es Aneignungen Jesu aus der Tao-Tradition; er wird als eine Art Inkarnation des Tao rezipiert. Allen chinesischen Versuchen ist – aus dem konfuzianischen Erbe – eine Jesusinterpretation gemeinsam, die sehr stark ethische Züge trägt.

Bei der Konfrontation mit diesen verschiedenartigen Christologien werden unterschiedliche Reaktionen ausgelöst. Die einen sind vielleicht erschreckt, weil hier die christliche Identität, so wie sie sie sehen, verlorenzugehen scheint; dieses Erschrecken verstärkt sich, wenn man sich die jeweilig unterschiedlichen Konzepte, die mit den genannten Begriffen verbunden sind, näherhin ansieht. So können z. B. chinesische Christen mit einer Erbsünde oder überhaupt einer prinzipiellen Unfähigkeit des Menschen zum Guten nichts anfangen, und obwohl sie Jesus fast ausschließlich auf der ethischen Ebene rezipieren und sein Christentum ethisch bestimmt wird, geschieht dies auf einer ganzen anderen Basis als hier bei uns. Entsprechend kann man dort auch mit der Heilsbedeutung des Kreuzes Jesu recht wenig anfangen. In Indien oder in der buddhistischen Tradition werden auch für Christen sowohl die Vorstellungen von einem personalen Gott problematisch wie auch die von einer Gültigkeit und Relevanz des Singularen, des Besonderen, des geschichtlich Einmaligen – nicht nur Jesu, sondern auch von uns selber. Andere wieder mögen von diesen neuen Deutungen begeistert und fasziniert sein, weil sie in ihnen eine Kraft verspüren, die in Europa verlorengegangen zu sein scheint, wo aufgrund der kritischen Wende seit der Aufklärung die tradierten mythischen Rezeptionsmuster Jesu als Gottessohn, Rechtfertiger am Kreuz usw. nicht mehr zu greifen scheinen. Noch andere vertiefen sich in die neuen Deutungsversuche so, daß diese selbst in den Vordergrund treten, ihre dienende Funktion für die Christologie – als Deutung Jesu – verlieren und zum Selbstzweck werden: Jesus selbst scheint dann keine Rolle mehr zu spielen, nur noch »der Christus in uns« zählt, und mit diesem Topos werden dann alle möglichen Assoziationen verbunden. Es ist nicht einfach, auf diese verschiedenen Erwartungshaltungen angemessen zu reagieren und alle Anliegen aufzugreifen. Ich will es versuchen durch die Erörterung von zwei Gesichtspunkten, die vielleicht helfen können, die Situation wenigstens zu konturieren und die Probleme, um die es geht, hervortreten zu lassen. Einmal soll ein Blick auf die bisherige Christologiegeschichte zeigen, daß diese immer schon multikulturell war, zum anderen müßte auf diesem Hintergrund die Frage erörtert werden, ob in diesen – vergangenen, gegenwärtigen und zukünftigen – pluralen Christologien eine transkulturelle Einheit, »das« Christusbekenntnis der Kirche(n), entdeckt werden kann.

II. Zur multikulturellen Christologie in der bisherigen Geschichte

Die Situation, mit der wir heute konfrontiert sind, ist nicht neu. Wir haben uns zwar an sie gewöhnt und eine zweitausendjährige Geschichte der Harmonisierung aller verschiedenen Vorstellungen hinter uns, aber die Umbrüche der Vergangenheit waren nicht geringer als die der Gegenwart. Oder verhält es sich nicht doch anders, weil heute Menschen das Christentum annehmen – und sie stellen schon die Mehrheit in den Kirchen dar –, die bisher keine gemeinsame Geschichte außer der üblen des Kolonialismus mit uns haben? Dennoch aber scheinen auch die Umbrüche, die es schon bisher in der Christologiegeschichte gab, von ähnlich radikaler Art gewesen zu sein. Dies soll kurz in Erinnerung gerufen werden.

1. Jesus selber war *Jude* und hat auf jüdische Vorstellungen zurückgegriffen, um sich selbst und seine Sache zu »transportieren«. Die jüdische Konzeption sieht im Prinzip, obwohl sie in sich noch einmal sehr plural ist, so aus, daß im Vordergrund der Daseinsinterpretation des Menschen die Geschichte steht. Der Mensch begreift sich als ein in der Geschichte Handelnder, von einem Anfang herkommend und auf ein Ende zugehend; alles, was an Unheil und Leid erfahren wurde, hat er als Unheil und Leid der Geschichte interpretiert. Dementsprechend ist auch die religiöse Hoffnung im jüdischen Raum ausgerichtet auf eine Erlösung der Geschichte. Jahwe ist Geschichtsgott und wurde entsprechend geschichtlichen Modellen – als Handelnder, als Person – vorgestellt: Nur in (menschlicher) Geschichte aber konnte sich die Vorstellung von Personalität und von der Relevanz geschichtlichen Verhaltens entwickeln.

Menschen, die in diesem Kontext Jesus als ihren Heilsmittler angenommen haben, sagten deswegen von ihm: Er ist insoweit unser Christus, als er das Heil der Geschichte gebracht, die Zeitenwende herbeigeführt, diesen alten Äon beendet und einen neuen in Gang gesetzt hat, in dem alles Unheil vergangen und die Geschichte erlöst sein wird.

Diese – strukturell immer gleiche – judenchristliche Christologie wurde dann entsprechend den konkreten jüdischen Traditionen, aus denen die neugewonnenen Christen kamen, mit unterschiedlichen Begriffen verbalisiert. Mit apokalyptischen Vokabeln wurde Jesus als endzeitlicher Messias, Davidssohn, Menschensohn oder Auferstandener bezeichnet, für von kultischem Denken geprägte Judenchristen war er das Opfer für die vielen oder der Inbegriff des Priestertums, für weisheitlich denkende die Weisheit usw.

2. Kaum war das Christentum entstanden, wurde es über den Bereich seiner Herkunftskultur hinaus in die *hellenistische Welt* des Römischen Reiches vermittelt. Der Hellenismus war geprägt durch die Dominanz griechischer Sprache, Philosophie und Wertvorstellungen, vereinte aber unter dieser gemeinsamen Decke eine Fülle regionaler Kulturen orientalischer oder westlicher Art. Nur die drei für die Theologie wichtigsten dieser Varianten des Hellenismus sollen erwähnt werden:

Da gab es einmal die Westsyrer, die später die sog. antiochenische Theologie hervorbrachten, die zwar griechisch sprachen und schrieben, zu Hause aber – als Semiten – auch die aramäische Muttersprache beibehielten. Sie dachten, in ähnlicher Weise wie die Judenchristen, geschichtlich. Unheil war für sie die Korruption der Geschichte, die Sünde. Sie rezipierten Jesus dementsprechend als den Menschen, der zum ersten und einzigen Mal wirklich ganz gut gewesen ist, der sich als einziger in der Geschichte bewährt hat – die berühmte antiochenische Bewährungschristologie. Jesus wird in dieser Tradition als »Sohn Gottes« betrachtet, aber als Sohn Gottes in dem Sinne, daß Gott ihn aufgrund seiner Bewährung adoptiert hat.

Ganz anders nun sah es im größten Teil des Ostens des Römischen Reiches aus, der stärker hellenisiert war. In Griechenland, Kleinasien, Unterägypten haben die Menschen schon lange, bevor das Christentum dorthin kam, ein ganz bestimmtes Daseinsverhältnis entwickelt, das man als kosmozentrisch bezeichnet; sie haben sich als Teile im Räderwerk des Kosmos angesehen. Deswegen haben sie auch Unheil und Heil kosmozentrisch oder seinshaft interpretiert. Was der Jude als geschichtliches Unheil verstanden hat, erfuhren diese Menschen als Begrenzung ihres Seins: Sie litten an der Endlichkeit ihrer Natur, an ihrer Unwissenheit, an ihrer Bindung an die Materie, an ihrer Sterblichkeit. Wenn sie deswegen an »Heil« dachten, dann leuchtete es ihnen auf als ein naturales Heil, d. h. ein Aufsprengen der Fesseln der Endlichkeit zum Unendlichen hin. Kurz: im vorchristlichen Raum schon sehnte sich der Grieche, so auch der ganze hellenistische Raum, nach Gnosis, Unsterblichkeit, Freiheit von der Materie, nach Vergöttlichung, nach Einswerden mit dem Göttlichen. In diesem Kontext nun erscheint auch Gott nicht als der Gott der Geschichte und deswegen auch nicht personal, sondern als immanente Kraft des Kosmos und auch des Menschen selber. Er ist unsere eigene letzte Wirklichkeit und deswegen ein unpersönliches Sein und Prinzip. Wenn Menschen, aus diesem Kontext kommend, Jesus als ihren Heilsbringer annehmen wollen, konnten sie es nur – wenn sie nicht zuvor Jude werden und ihr Denken umformen wollten –, indem sie ihm eine Funktion zuschrieben für die von ihnen erhoffte (latent seinshafte) Vergöttlichung. Zentraler Raster dieser christologischen Aneignung Jesu ist die sogenannte Theorie des Tausches: Gott wurde Mensch in Jesus, damit wir Gott werden – das Grundthema der antiken Theologie. Die Bedingung für diese Christologie war, daß Jesus beiden Seinsdimensionen zugehört und sowohl Gott ist wie auch Mensch. Die Zwei-Naturen-Lehre ist entstanden aufgrund dieses kulturellen Umfeldes, in das hinein Jesus rezipiert wurde.

Diese neue Christologie ist schon in den ersten zehn Jahren des Christentums aufgekommen, grundgelegt und dann später – vor allem in der »alexandrinischen Theologie« – entfaltet worden. Schon für die ersten Jahre muß man also einen ganz gewaltigen Umbruch feststellen: Zunächst, im Judenchristentum, ist Jesus (christologisch) der eschatologische Mensch; so blieb es in Antiochien – in hellenistisch-semitischer Variation – noch für weitere Jahrhunderte: Jesus ist der Mensch, der aufgrund seiner geschichtlichen Bewährung ganz eng mit Gott verbunden ist. In weitesten Teilen des östlichen Mittelmeerraumes aber ist Jesus zwar Mensch, aber zugleich und vor allem physisch-natural Gott.

Die dritte große regionale hellenistische Kultur repräsentiert der lateinische Westen, der seit etwa 200 in Nordafrika, seit dem vierten Jahrhundert auch im übrigen Raum eine eigene Theologie hervorgebracht hat. Im lateinischen Westen hat man zwar die griechische Christologie, die Zwei-Naturen-Lehre, rezipiert, aber sie hat die dortigen Menschen wenig interessiert und beschäftigt, so daß sie auch kaum an den Diskussionen in der östlichen Kirche teilgenommen haben.

Hier war vielmehr eine ganz andere Mentalität verbreitet: Für den Römer steht im Vordergrund nicht das Sein, dessen Begrenztheit oder Unbegrenztheit, sondern die rechtliche Ordnung der Welt. Gott wird in der vorhellenistischen römischen Religion gedacht als ein unpersönliches Prinzip (die »numina«), aber ein Rechtsprinzip: Die göttlichen Numina sind rechtsetzende Kräfte, sie repräsentieren das Ius Divinum, das es einzuhalten gilt. Die »Götter« legen der Welt einen rechtlich begründeten Ordo auf. In diese Ordnung sah sich der Römer hineingestellt und erfuhr Unheil als das, was sie zerstört. Er erlebte sich als »impius«, der sich gegen sie auflehnt, und es galt, sie zu restaurieren, wiederherzustellen.

In diesem Kontext konnte Jesus nur als Christus rezipiert werden, wenn er eine Funktion hatte für die Restauration des göttlich auferlegten und vom Menschen zerstörten Ordo. So wird hier Jesus grundsätzlich als Wiederhersteller der göttlichen Ordnung verstanden; er begleicht unsere Schuld, indem er für sie – am Kreuz – bezahlt, und versöhnt uns so mit Gott. Um zu zeigen und zu begründen, daß nur Jesus der Christus ist und die zerstörte Ordnung wiederherstellen kann, hat sich im lateinischen Westen seit Augustinus die Erbsündenlehre herausgebildet, die gewissermaßen die negative Folie liefert, auf der die alleinige Heilsbedeutung Jesu aufgezeigt werden kann. Sie ist ein eminent christologischer Versuch: durch sie wird gewissermaßen objektiv verankert, daß wir Menschen aus uns selbst heraus nichts Gutes tun können, so daß allein Jesus Christus Rettung bringen kann. Sein Tod am Kreuz stellt somit auch rechtlich die Ordnung wieder her, weil durch ihn unsere Schuld bezahlt und Satisfaktion geleistet wird (oder wie auch immer). Nur durch seinen Tod – den Tod des Gottmenschen – konnte für die Schuld Adams, in dem wir alle gesündigt haben, auf rechtliche Weise Genugtuung geleistet werden: Weil Jesus Mensch aus dem Geschlecht Adams war, kam seine Leistung uns zugute, weil er zugleich Gott war, war diese von unendlichem Wert. Die hellenistische Gott-Mensch-Christologie erhält hierbei einen ganz neuen Stellenwert: Sie selbst ist nicht mehr Ausdruck des Bekenntnisses zum alleinigen Heilsmittler Jesus, sondern sie wird in eine lateinische Konzeption als Baustein eingebaut: Gottheit und Menschheit sind juridische Bedingungen einer lateinischen Satisfaktions- oder Rechtfertigungschristologie.

3. Diese Art Christologie, in der Jesus als Rechtfertiger oder Erlöser erscheint, der auf dem dunklen Hintergrund der menschlichen Unfähigkeit zum Guten alles juridisch korrekt wendet, ist dann ins Mittelalter überkommen und wird *gemeinabendländische Theologie*. Diese war zwar noch gebrochen durch eine mehr keltisch-griechisch-latei-

nische Theologie, die von Iren vertreten wurde. Sie entwikkelt eine Christologie auf der Basis eines (keltischen) dynamischen, organischen Monoismus, in dem Gott und Welt zusammengedacht werden in einem Prozeß des dauernden Werdens von einem schließlich ganz einfachen Ursprung her in die Vielfalt hinein und schließlich wieder zum Ursprung zurückkehrend. Hierbei erlebt der Mensch die unheile Situation als Produkt eines Prozesses fortschreitender Diastase zu seinem eigenen Ursprung (und zugleich Ziel) und zu den göttlichen Keimkräften, die ihn selbst zuinnerst konstituieren. Soteriologisch gilt es, aus der Verfremdung gegenüber dem eigenen wahren Wesen heraus – und somit zum eigenen Anfang – zurückzufinden. In dieser keltischen Theologie wird, bei Pelagius etwa oder noch deutlicher bei Johannes Scotus Eriugena, die christologische Funktion Jesu gesehen im Kontext der Exemplum- oder Imago-Theorie: er ist es, der gewissermaßen das inkarnierte Urbild des Ursprungs (und Ziels) ist, zugleich Gottes und des Menschen, und den Menschen zeigt, wie das Bild aussehen müßte, das sie selbst verwirklichen sollen. So können sie im Anschluß an Jesus einen Prozeß der Deifikation, der zugleich eine Rückkehr zum eigenen Wesen bedeutet, einleiten, der schließlich zu diesem Gott, der alles in allem ist, führt.

Diese Theologie aber wird allmählich, zunehmend seit der karolingischen Zeit, zurückgedrängt, die lateinische Christologie wird für das Mittelalter immer bestimmender. Die christologischen Muster der lateinische Antike, besonders des Augustinus, werden gänzlich internalisiert, wenn auch noch variiert durch Einflüsse germanischen Denkens. Je später, umso mehr ist für das Mittelalter Jesus der Christus, weil er für uns, die wir durch die Sünde Adams und unsere Schuld zum Guten unfähig sind, gemäß dem vorherbestimmenden Willen Gottes als einziger am Kreuz die von Gottes Gerechtigkeit geforderte Genugtuung leisten und so den ursprünglichen Ordo wiederherstellen konnte. Das germanische Denken setzte hierbei Schwerpunkte nach zwei Richtungen: Einerseits verstärkte es den Gedanken einer alles umfassenden Prädestination, zum anderen brachte es personalere Züge (Gefolgschaft) zur Geltung.

4. Eine neuerliche Zäsur brachte die *Neuzeit*, die durch die sogenannte subjektive Wende charakterisiert ist. Auch hierfür gab es schon Vorstufen in subjektiven Bewegungen des Mittelalters (Mystik, Armutsbewegung u. a.), jetzt aber stellt endgültig der einzelne höchstpersönlich die religiöse Frage. Es geht ihm nicht so sehr um die Erlösung der Welt: »Wie finde ich den gnädigen Gott?« heißt es jetzt. Die objektiven Aussagen der lateinisch-mittelalterlichen Tradition – Erbsünde, juridisch-ethische Rezeption Jesu als Christus, Rechtfertigung als Inbegriff des christlichen Geschehens usw. – bleiben bestehen, aber sie werden subjektiv internalisiert: Der einzelne ist ganz persönlich (und bleibend) Sünder, Jesus ist mein Rechtfertiger und für mich gestorben u. a.

Diese subjektive Rezeption ist Gemeingut aller in der frühen Neuzeit entstandenen Konfessionen; sie unterscheiden sich in der Art und Radikalität des Vollzugs der Wende und dem Maß, wie sie die tradierten objektiven Raster (Ekklesiologie) von ihrem Ansatz her bestreiten oder integrieren.

5. Der letzte christologische Umbruch in unserem Raum, der hier erwähnt werden soll, die sogenannte kritische Wende, die in der *Aufklärung* begonnen hat und in der Moderne vollzogen wurde, führte dazu, daß bei großen Teilen der Bevölkerung die soteriologischen Erwartungen, die bisher immer mit Gott verbunden waren, nicht mehr greifen. Es beginnt ein Prozeß, der eine Säkularisierung der menschlichen Hoffnungen bewirkte: viele Menschen können nicht mehr auf Gott hoffen, als Ziel ihrer Hoffnung

leuchtet jetzt der Mensch selber auf. An die Stelle Gottes tritt der Mensch – oder die Menschheit – als Inbegriff dessen, worauf man soteriologisch setzt. Hierbei ging es natürlich nicht um den real existierenden Menschen, sondern um einen Menschen der Zukunft, der anders, besser, geglückter ist.

Die säkularisierten »religiösen« Hoffnungen entwickeln sich in zwei verschiedenen gesellschaftlichen Klassen, im Bürgertum und in der Arbeiterklasse, und erhielten so eine je klassenspezifische Prägung: Im Bürgertum geht es soteriologisch um die individuelle Selbstverwirklichung des Menschen, um die Verwirklichung menschlicher Autonomie, um Eigentlichkeit, Emanzipation usw.

In einer marxistischen Variante nimmt die Gesellschaft die Stelle des Individuums ein, soteriologisch wird eine herrschaftsfreie, klassenlose Gesellschaft angestrebt.

Es gab Versuche, von diesen neuen humanistischen Soteriologen her Jesus als Christus zu bestimmen. Manche Versuche waren recht radikal und öffneten sich gänzlich den neuen Rastern: David Friedrich Strauß z. B. will die Menschheit als Subjekt der Christologie ansehen. Andere Theologen gehen nicht so weit und wollen das traditionelle Dogma mit den modernen Soteriologen versöhnen. Die christologische Bedeutung Jesu beruht dann darin, daß er das Menschsein – individuell und/oder im Hinblick auf die Veränderung der Gesellschaft – modellhaft verwirklicht hat.

III. Die Geschichte der Christologie als Modell für Gegenwart und Zukunft

Dieser kleine Überblick kann zeigen, daß die Situation, vor der wir heute stehen, nicht so ganz neu ist; die Umbrüche auch der bisherigen Christologiegeschichte waren gewaltig. Es ist durchaus ja ein Unterschied, ob man Jesus als bloßen Menschen oder als physischen und inkarnierten Gott betrachtet, ob man an einen Rechtfertiger denkt oder im Sinne der säkularisierten Christologie in Jesus den (oder einen) modellhaften Prototyp des Menschen sieht.

Wenn man diese Geschichte überblickt und mit der heute laufenden Entwicklung vergleicht, dann muß man feststellen: Es wäre durch nichts zu rechtfertigen, daß nicht auch die neu ins Christentum hineintretenden Kulturen ihre Vorstellungen zur christologischen Deutung Jesu heranziehen und benutzen könnten; denn anders kann Jesus in diesen Kulturen nicht angenommen werden, anders kann er nicht der Christus dieser neuen Christentümer werden. Oder man müßte, kolonialistisch, eine Transkulturation verlangen, was erstens absurd und zweitens auch unchristlich wäre, was auch das Christentum, drittens in der Vergangenheit so nicht praktiziert hat. Es ist also genuin christlich, wenn heute Vorstellungen und Modelle aus ganz fremden religiösen Traditionen auf Jesus von Nazareth übertragen werden; denn die bisherige Geschichte zeigt, daß die Inhalte der Christologie immer schon vor- oder außerchristlicher Herkunft waren: Das Christentum hat die von ihm vorgefundenen Hoffnungen aufgegriffen und sich zu eigen gemacht. Die mit Jesus verbundenen Hoffnungen sind verbalisiert in den christologischen Prädikaten. Diese aber waren immer schon »heidnisch« oder jüdisch. Wer Jesus den physischen Gottessohn, Rechtfertiger oder Messias nennt, darf nichts dagegen einwenden, ihn Proto-Ahn, Avatara oder Boddhisatva zu nennen, weil sonst eine wirksame Vermittlung des Christentum verhindert würde. Was damals legitim war, darf heute nicht verboten sein. Hellenismus, keltische oder germanische Kulturen standen dem jüdischen Jesus geschichtlich und kulturell nicht unbedingt näher als die Tradition der Hindus, Chinesen oder Afrikaner.

Was zur Zeit und in Zukunft geschieht, ist eine Fortschreibung der bisherigen Christologiegeschichte und somit der Struktur nach eigentlich nicht neu. Dennoch erhebt sich angesichts der Pluralität der Christusbekenntnisse die Frage: Was bleibt noch gemeinsam in der Vielfalt der Christologien, so daß der Europäer, der nach Indien kommt, der Inder, der nach Lateinamerika geht, noch das Christentum als seine religiöse Heimat erfahren kann? Gibt es *das* Christusbekenntnis der Kirche(n)? Läßt sich eine transkulturelle Einheit der multikulturellen Christologien in Vergangenheit und Gegenwart erkennen?

IV. Möglichkeit und Notwendigkeit einer multikulturellen Christologie

Eine mögliche transkulturelle Christologie kann die jeweiligen kulturspezifischen Christologien nicht ersetzen. Sie resultiert vielmehr aus einer wissenschaftlichen Frage an die bisherige und noch laufende Christologiegeschichte, was an ihr Gemeinsames sei.

Die Christologien selbst sind in sich äußerst vielgestaltig, oft divergent und inhaltlich nicht miteinander zu versöhnen. Man kann keine mittlere Position finden zwischen der These, Jesus sei bloßer Mensch (= Messias) oder inkarnierter Gottessohn: Entweder war Jesus nur Mensch, oder er war auch inkarnierter Gott usw.; radikaler noch sind die Divergenzen zwischen säkularen und anderen Christologien. Das heißt: Die Gemeinsamkeiten zwischen den verschiedenen Christologien können nur relativ formal sein und müssen durch formale Reflexion aufgespürt werden; sie sind deswegen auch nicht unmittelbar in der Verkündigung einsetzbar und können die kulturgeprägten und inhaltlich reichen Christologien nicht ersetzen: Bleiben muß es in Afrika z. B. bei einer Ahnenchristologie, in Indien bei dieser, in China bei jener Christologie, weil nur die konkreten Prädikate die Menschen faszinieren und die Christusqualität anschaulich vermitteln können.

Bei der – wissenschaftlichen – Frage nach einer gemeinsamen Basis aller divergenten Christologien sind folgende Gesichtspunkte zu bedenken:

1. Alle Christusbekenntnisse erweisen sich inhaltlich als Produkte der jeweiligen soteriologischen Traditionen, in die das Christentum hineinkam. Die soteriologische Frage – oder die Frage nach Sinn, nach Heil, nach Ganzheit, nach Identität – hat als Grundlage die Erfahrung von Unheil, Verfremdung usw. in Geschichte und Welt. Im Kontext dieser Fragestellung wird die soteriologische Bedeutung Jesu, sein Christussein, ansichtig. Es gibt also nicht eine fertige Christologie, und darauf aufbauend eine Soteriologie, sondern es gibt auf der einen Seite den jüdischen Wanderprediger Jesus, der in Person – oder vermittelt durch die Verkündigung – mit Menschen konfrontiert wird, die ihre Fragen haben. Aus eben dieser Konfrontation erwächst für diejenigen, die Christen werden oder bleiben, die Erfahrung, daß sie in Jesus ihre Fragen, so wie sie sie haben, beantwortet sehen; so fangen sie an, ihm nachzufolgen, seine Worte als Richtmaß zu nehmen und ihn als Lösung ihrer Sinnfrage, als Vermittler ihres Heils, wie sie es sehen, zu rezipieren. Die Verbalisierung dieser Erfahrung bringt die Christologie hervor.

2. Die Sinnfrage ist möglicherweise in einem ganz formalen Sinn bei allen Menschen aller Kulturen – von der Prähistorie bis heute – identisch, sonst gäbe es nicht »die« Menschheit und auch nicht die Möglichkeit, Jesus überhaupt in allen Kulturen zu verkünden; es muß eine grundlegende, soteriologische Gemeinsamkeit angenommen werden. Diese ganz formale Gemeinsamkeit aber wird in den jeweiligen Kulturen mit sehr verschiedenen Inhalten gefüllt. In jeder Kultur findet sich ein anderes Maß an

Sensibilität, Wissen, Problembewußtsein und Differenziertheit, je andere Problemkreise und -felder, an denen die Erfahrung von »Unheil« oder »Heil« festgemacht wird. Anders verstehen »Unheil« und »Heil« Juden oder Griechen oder Germanen, mittelalterliche oder neuzeitliche Menschen, Schwarzafrikaner, Hindus oder andere.

3. Die bisherige Christologiegeschichte zeigt, daß es immer, wenn das Christentum in einem Kulturraum Fuß faßt, zu einer Verknüpfung der dort vorgefundenen jeweiligen »letzten Hoffnung« einer Gesellschaft und Kultur mit Jesus kommt; hieraus erklärt sich der Gang der Christologiegeschichte. Juden haben ihre äußerste Hoffnung mit Jesus verknüpft und wurden Judenchristen, indem sie sagten: Jesus führt die Zeitenwende herbei, er ist der erwartete Messias, Davids Sohn, der Auferstandene, die Weisheit, die wahre Gerechtigkeit usw. Griechen haben ihre Vergöttlichungssehnsucht mit Jesus verbunden und ihn als Vermittler zwischen der Welt des Endlichen und Unendlichen, der die naturale Versöhnung herbeiführt, gesehen; Lateiner, Afrikaner, Lateinamerikaner usw. verfahren auf die gleiche Weise.

4. Als transkulturelle Basis der Christologie läßt sich erkennen: Auf der einen Seite Jesus, der durch die Predigt vermittelt wird, auf der anderen Seite die Menschen mit ihren Fragen und Hoffnungen, die in den jeweiligen Kulturen ganz spezifische Ausprägungen angenommen haben; beiden werden durch die Kopula »ist« miteinander verknüpft: Jesus »ist« Sohn Gottes, »ist« Messias, »ist« Befreier usw., heißt: »ist« die Erfüllung unserer religiösen Hoffnung. Wenn also von Christen, die aus anderen Traditionen kommen, verlangt würde, unbedingt dieses oder jenes Christusbekenntnis zu sprechen (z.B.: Jesus ist Sohn Gottes oder Rechtfertiger), läge darin der Anspruch beschlossen, die je eigene Fragestellung – und nicht: Jesus – als eschatologisch gültig zu akzeptieren – eine Perversion

der Christologie (so sehr diese – sozialpsychologisch – verständlich ist).

5. Die jeweiligen Heilshoffnungen sind außerchristlicher Herkunft. Aus vorchristlicher Tradition entstammt das Material, das in den christologischen Prädikaten mit Jesus verknüpft wird. Diese Nichtchristlichkeit der Prädikate für Jesus ist eine notwendige Folge der behaupteten Universalität der soteriologischen Geltung Jesu in der Christologie. Nur durch den Rückgriff auf diese vorhandenen Modelle konnte Jesus in einer Kultur so vermittelt werden, daß man sich und anderen verständlich machen konnte, was er einem bedeutet.

6. Überblickt man die bisherige Geschichte der Christologie, so erweist sie sich im Hinblick auf die Prädikate, die auf Jesus angewandt wurden, als sehr vielfältig. Dennoch lassen sich, wenn man so will, zwei Grundtypen von christologischen Prädikaten feststellen. Diesen beiden Grundtypen entsprechen auch die zwei grundlegenden Weisen, wie Menschen sich in dieser Welt verstehen und interpretieren.

Menschen haben, wenn sie in einem »letzten« Sinn nach sich fragen, zwei Möglichkeiten der Orientierung, zwei Bezugsgrößen, an die sie sich halten können: Einmal können sie die allgewaltige *Natur* ansehen und sich als einen Teil, ein Epiphänomen dieser Natur auffassen und von ihr her die Leitmodelle zur Interpretation ihrer soteriologischen Problematik nehmen. Wenn sie sich an der Natur orientieren, wird die letzte Einheit, auf die hin sie reflektieren, »Gott«, immer der immanente, unpersönliche Gott sein, der die tiefste Wirklichkeit von Welt und Mensch ist, so daß der Mensch den Kosmos betrachten oder in sich hineinhorchen muß, um Gott zu begegnen.

Gott ist der Allgott, Gott des Universums oder umgekehrt: Das Universum ist der Leib Gottes. Diese Naturorientierung führt immer zu einer monistischen Gottesauffassung, derzufolge alles im letzten eines und die Pluralität uneigentlich oder gar nicht-sein-sollend ist.

Die meisten Kulturen dieser Welt können als naturorientiert bzw. (latent oder offen) monistisch bezeichnet werden. Die Monismen sind natürlich in verschiedener Radikalität durchdacht und ausgeformt, sie kennen Schwerpunkte entweder auf dem statischen Sein, wie bei den Griechen, auf dem Werden, wie bei den Kelten, oder auf der rechtlichen Ordnung, wie bei den Römern usw.; es gibt also verschiedene Typen dieses Monismus, sie gleichen sich aber insofern, als die letzte Wirklichkeit, die aufscheint, ein unpersönliches Prinzip ist.

Von daher ergibt sich auch die inhaltliche Prägung der Soteriologie: Unheil ist ein Zustand der Differenz, der Diastase von dieser letzten Einheit; die Diastase ist durch geschichtliche Existenz, Individualität usw. gegeben. Deswegen ist prinzipiell und ganz formal gesehen, in diesen Kulturräumen Heil nur vorstellbar als naturale Versöhnung; soteriologische Hoffnung richtet sich auf die Aufhebung der Differenz zwischen Pluralität und Einheit, Begrenztheit und grenzenlosem Sein, »Selbst« bzw. Individualität und dem Göttlichen.

Die zweite Möglichkeit, sich zu orientieren, bieten die Phänomene, die es nur bei und durch die Menschheit gibt: *Geschichte und Kultur*; diese sind zwar nicht unabhängig von der Natur, sondern aus ihrem evolutiven Prozeß hervorgegangen, aber doch etwas anderes und eigentümliches. Nur in der menschlichen Kulturgeschichte gibt es die Vorstellung und Denkbarkeit von einer Bleibendheit und Gültigkeit des Besonderen, des einzelnen, des Singulären und Konkreten. Nur hier entwickelte sich mit der Zeit das Wissen um Individualität und Personalität. Nur in dieser Tradition, in der der Mensch sich primär als Handelnder in der Geschichte begreift und nicht als Teil der Natur, kann deswegen auch die Hoffnung überhaupt aufleuchten, daß das (der) einzelne, (das) der Individuelle, das (der) Singuläre nicht ein bloßes und vorübergehendes Epiphänomen als All-Eines ist, sondern bleibende Gültigkeit hat. Hier gewinnt deswegen die Gottesvorstellung personale Züge, es entsteht zuerst der Polytheismus, dann der Monotheismus. Mit diesen personalen Gottesvorstellungen verknüpfen sich die Hoffnungen auf die Gültigkeit von Geschichte und Individuum, auf Rettung der Geschichte von dem, was sie schlecht macht, auf Befreiung von Sünde und Ungerechtigkeit usw.

Diese beiden Grundtypen sind nur selten in reiner Form gegeben; ihnen gehören – in verschiedenen Mischungsverhältnissen – die christologischen Prädikate zu, die im Verlauf der bisherigen Christologiegeschichte aufgekommen sind. Zur Richtung der geschichtsorientierten Interpretation der Heilsbedeutung Jesu gehören z. B. Anspruch und Verkündigung Jesu selbst, die judenchristliche und die antiochenische Christologie, die moderne Christologie der westlichen Welt und die Befreiungstheologie. Der anderen Richtung der naturorientierten Soteriologien und Christologien gehören alle anderen Strömungen an, wobei die Frage, ob Afrika mehr der monistischen oder der monotheistischen Linie zuzurechnen ist, hier offenbleiben soll.

7. Inhaltlich widersprechen sich diese beiden Typen von Christologie offensichtlich und scheinen unversöhnbar. Dennoch aber sind sie im Verlauf der Geschichte in einem Maß ineinander übersetzt worden und sind auch – so meine ich – übersetzbar. Bei der Übersetzung der Geschichtschristologie in naturale Raster haben letztere immer gewisse Korrekturen hinnehmen müssen. Man kann z. B. den geschichtschristologischen Satz: »Der personale Gott Jahwe hat durch die Propheten gesprochen und zuletzt Jesus gesandt, um die Zeitenwende herbeizuführen« – alles das also, was in dem Wort Messias steckt – auch auf

Griechisch sagen. Dann aber muß er natural gewendet werden; er könnte dann heißen: Das höchste Sein und der letzte Grund des Alls, des Kosmos, hat durch seinen Logos Fleisch angenommen und damit die Vergöttlichung des Menschen bewirkt. Anders gesagt: Die Inkarnationsvorstellung – damit verbunden Präexistenz und ähnliche Assoziationen – ist nichts anderes als die griechische Übersetzung einer judenchristlichen geschichtlichen Christologie (bzw. der ihr immanenten spezifischen Eschatologie). Bei dieser Übersetzung sind nicht bloß alle Vorstellungen aus der Horizontalen in die Vertikale gewendet, sondern zugleich auch gewisse Korrekturen an den hellenistischen Rastern angebracht worden – das ist für die bisherige Christologiegeschichte symptomatisch: Wenn der monistische Gott ganz rein gedacht wird, ist er selbst nicht handlungsfähig, er kann keine Willensentschlüsse fassen. Der Gott, der inkarniert, hat aber die Inkarnation begonnen aufgrund eines Ratschlusses, einer Willensentscheidung; hier gewinnt die zugrunde liegende monistische Gottesvorstellung gewisse personale Züge. Der monistische Gott kann – wie gesagt – nicht handeln, man kann nur selbst zu ihm hinstreben; die griechische Übersetzung aber in der Christologie lautet: Gott hat gehandelt; er hat in der Inkarnation die Initiative ergriffen, er zuerst hat die Versöhnung herbeigeführt. So gibt es bei diesem Übersetzungsvorgang gewisse Korrekturen eines monistischen Denkens, die – bei aller bleibenden inhaltlichen Divergenz – zu einer wenigstens formalen Identität mit der geschichtlichen Christologie führen. Wenn man so will: Die Inkarnationsvorstellung ist die griechische Variation des judenchristlichen Sendungsmodells.

Ein anderes Beispiel: Den Satz »Wir haben durch Jesus eine letzte Hoffnung auf Rettung der Geschichte, auf eine absolute Zukunft« könnte man in hellenistischer Sprache folgendermaßen übersetzen: »Die menschliche Natur ist in und durch Jesus vergöttlicht oder übernatürlich erhöht worden« usw. Kurzum, es gibt solche Übersetzungsvorgänge aus dem Geschichtsdenken in naturale Raster, die prinzipiell immer eine Wendung der soteriologischen Hoffnung und der christologischen Aussage aus der Horizontalen in die Vertikale mit sich bringen. Daraus ergibt sich für die Christologien, wie wir sie heute in der Dritten Welt, also in Indien oder im Fernen Osten (evtl. auch in Afrika) kennenlernen, daß sie auch nichts anderes als Versuche der Übertragung einer geschichtsorientierten Christologie in latent monistisches Verstehen sind (und somit rückübersetzbar). Wichtig wäre allerdings, daß – ähnlich wie in der hellenistisch-christlichen Christologie – wenigstens gewisse Essentials der geschichtsorientierten Christologien bewahrt bleiben und Gott z.B. ein letzter Rest an »Personalität« und Handlungsfähigkeit belassen und auch der Gültigkeit des geschichtlich einmaligen Individuums, allen voran Jesu, eine gewisse Rolle zugestanden würde.

8. Alle Christen verbinden mit Jesus nicht irgendwelche, sondern eine äußerste Hoffnung, die traditionsgemäß in allen Kulturen mit dem Namen »Gott« (oder Äquivalenten dafür) angeredet wird. Dieser Gott wurde aus der Jesus-Tradition heraus »personal« gedacht – was das auch im einzelnen heißen mag: Natürlich ist Personalität eine anthropomorphe Vorstellung, aber diese kann angeben, in welche Richtung der Gottesbegriff gedacht werden soll. Die Beibehaltung dieser personalen Gottesvorstellung in Verbindung mit der Christologie ist der christlichen Tradition oft schwergefallen; der Hellenismus hatte Mühe, mit dem unpersönlichen Prinzip »Gott« auch noch personale Vorstellungen zu verbinden; die Versuchung zu einem monistischen Gottesbegriff und seiner Verbindung mit der Christologie war auch im Mittelalter stark. Christologie aber ist prinzipiell nur in Verbindung mit einem (in gewisser Weise) personal vorgestellten Gott überhaupt

denkbar, weil sie alle Hoffnung mit einem geschichtlich einmaligen, zufälligen, kontingenten Menschen, mit Jesus, verbindet. Damit aber ist behauptet, daß es zumindest einmal in der Geschichte, das heißt in Jesus, so etwas wie bleibende Gültigkeit gibt, er also – in Person – nicht relativierbar ist. Diese christologische Grundvoraussetzung aber setzt – anders ist sie nicht denkbar – den »personalen« Gott voraus. Nur unter der Vorstellung, daß ein »personaler« Gott – Jahwe, der Vater – den einzelnen beim Namen ruft, trägt und »richtet«, läßt sich die eschatologische Geltung des einzelnen – Jesu oder aller Menschen – denken.

Die Faszination der Christologie scheint – trotz aller Schwierigkeiten, die sie intellektuell bereiten mag – gerade darin begründet zu sein, daß sie von einem zufälligen Menschen, Jesus, letzte Gültigkeit aussagt und somit Katalysator auch unserer eigenen Hoffnung wird. Man darf erwarten, daß auch z.B. asiatische christologische Versuche nach einiger Zeit in diese Richtung gehen und monistische Denkanschauungen modifiziert werden.

9. Die soteriologischen Hoffnungen der Menschheit werden in den Christusbekenntnissen durch die Kopula »ist« mit Jesus verbunden. Zu diesem »ist«, das wir im christologischen Bekenntnis sprechen, sind zwei Dinge zu bemerken: Erstens handelt es sich nicht um ein ganz normales »ist«, sondern dieses »ist« bedeutet ein »ist für uns«. Wir setzen darauf, daß Jesus der Messias ist, wir richten unser Leben danach ein. Dieses »ist« ist eine Bekenntnisaussage, nicht eine Tatsachenfeststellung. Wenn Jesus für uns Messias, Gottessohn, Befreier, Proto-Ahn, Avatara Gottes »ist«, verbindet das »ist« unsere soteriologischen Erwartungen mit Jesus, es bringt uns in die Nachfolge Jesu. Das »ist« sagt zunächst eimal etwas über uns aus, nämlich was wir an Erwartungen haben und mit Jesus verknüpfen.

In aller Christologiegeschichte, ein zweiter Gesichtspunkt, hat dieses »ist« eine eigentümliche Doppelstruktur. In den geschichtsorientierten Christologien heißt dieses »ist«: »ist schon und ist noch nicht«. So verhielt es sich schon in der Verkündigung Jesu: Er bringt das Reich Gottes, es ist schon angebrochen, aber seine Realisation steht noch aus; dieses »ist und ist noch nicht« bleibt ein Kennzeichen aller geschichtsorientierten Christologien: Er ist der Messias, Befreier o.ä., aber seine Herrschaft bzw. unsere Befreiung stehen noch aus.

Dieses »ist schon und ist noch nicht« wird in den naturorientierten Christologien übersetzt in ein »ist und ist nicht«; denn hier spielt ja Geschichte keine Rolle, es kann nur »seinshaft« gesprochen werden. So definiert etwa das Konzil von Chalkedon, daß Jesus Christus wahrhaft Gott »ist«, aber er ist es »unvermischt«, d. h., er ist es auch – nicht; jede Natur bleibt, was und wie sie war; Gott bleibt Gott, Mensch bleibt Mensch; Jesus ist Gott und ist es nicht. Alle Heilserwartungen werden zwar mit Jesus »unauflöslich« und »untrennbar« verknüpft, wie es in Chalkedon heißt, aber es wird auch die bleibende Differenz zwischen den Erwartungen und der Armutsgestalt Jesu aufrechterhalten; die Differenz zu dem, was in den Prädikaten von ihm behauptet wird, und seiner Gestalt (»menschliche Natur«) ist ungeheuerlich und bleibt bestehen, Jesus »ist und ist nicht« dies oder jenes.

10. Dieses »ist« bzw. die Möglichkeit, es zu sprechen, gründet einmal in unserer Erfahrung, die uns dazu führt, unsere Hoffnung mit Jesus zu verbinden; es hat also seine Basis in uns. Zum anderen aber ist diese Erfahrung ja nicht bloße Projektion, nicht Selbstgespräch von uns mit uns, sondern sie ist »von außen« provoziert; der Glaube kommt aus dem Hören, und das »von außen« ist die Gestalt Jesu selbst.

Jesus selbst muß also so beschaffen gewesen sein – und

das ist schon erstaunlich –, daß er in allen möglichen Kulturen von damals bis heute, unter den verschiedensten kulturspezifischen Bedingungen solche »letzten« Reaktionen provoziert hat und immer noch provoziert. Alle Christusbekenntnisse verweisen deswegen auf Jesus, an ihn binden sich die Menschen mit ihrem Bekenntnis (mittels der Prädikate). Deswegen handelt es sich auch nicht mehr um Christologie, wenn im Sinne der Kerygmatheologie nur noch die Prädikate oder ihre Interpretationen den Kern des Christentums ausmachen oder wenn die Faszination bestimmter Prädikate (z.B. Gottessohnschaft, Rechtfertiger, Avatara), die man auf Jesus anwendet, in den Vordergrund tritt und Jesus zurückdrängt. In der Christologie haben alle diese Hoheitstitel nur eine dienende Funktion und verweisen auf Jesus, der in ihnen als der Katalysator aller menschlichen Hoffnung behauptet wird. Es ist immer Jesus, von dem alles prädiziert wird. Durch diese Verbindung kulturbedingter (»heidnischer«) Vorstellungen mit Jesus wird aus dem Heidentum Christentum, oder anders gesagt: das christologische Subjekt Jesus macht die Christlichkeit der Christologie aus. Alles andere an den Christusbekenntnissen ist nicht genuin christlich.

11. Mit »Jesus« sind zwei Aspekte gemeint: einmal die Sache, die er verkündet hat und ohne die er keinerlei Konturen hätte – das soll hier vorausgesetzt werden – und zum anderen die Person. Die Bedeutsamkeit der Sache leuchtet sein: Wenn er nicht so gepredigt hätte, nicht diese Gleichnisse erzählt hätte, nicht das und jenes getan hätte und so gestorben wäre, brauchte man nicht von ihm zu reden.

Aber in der Christologie wird ein weiterer Schritt vollzogen: es wird nicht nur behauptet, daß die Sache Jesu heilsrelevant sei, sondern auch seine Person. Das ist tatsächlich ein Merkmal, das die Christologie von anderen Heilskonzepten unterscheidet. Es gibt zwar Annäherungen an dieses Prinzip, auch in anderen Religionen, aber es ist sonst vor allem die Sache, die von Bedeutung ist, nicht die Person. Im Islam steht der Koran, nicht Mohammed, im Vordergrund; ähnlich verhält es sich im Buddhismus, im Marxismus usw. Das Christentum aber ist noch nicht einmal hypothetisch von der Person Jesu abtrennbar. Das Christentum postuliert somit von allem Anfang an nicht nur ein Praktizieren der Sache Jesu, sondern personale Jüngerschaft oder Nachfolge.

12. Die Behauptung, nicht nur die Sache, sondern die Person Jesu sei heilsrelevant, ist das eigentliche Ärgernis des Christentums. Daß eine Sache bedeutsam sei, ist intellektuell leicht zu verstehen, anders verhält es sich aber mit einer Person. Dies gilt, obwohl gerade dieser Aspekt in der Konsequenz dessen liegt, worum es Menschen bei ihren letzten Hoffnungen eigentlich geht: daß nicht nur die Geschichte, die Menschen, sondern daß ich und du und wir – die Zufälligen, Einmaligen und absolut Belanglosen – trotz allem letzte Gültigkeit haben. Aus diesem Prinzip der Hoffnung, daß wir auch als einzelne nicht gänzlich vergeblich und nur ein Epiphänomen der Natur, eine Laune der Evolution sind, aus diesem Prinzip der Hoffnung auf Bleibendheit des Individuums macht die Christologie Ernst; sie wendet das Prinzip ins Faktische und vollzieht dies – zuerst einmal – an Jesus von Nazareth. Damit wird aus einer prinzipiellen oder theoretischen Aussage das harte konkrete »daß«. An diesem »daß« entscheidet sich, ob man wirklich auf die Gültigkeit von Geschichte zu setzen bereit ist.

Dadurch, daß an einem Fall, an Jesus von Nazareth, ganz konkret die Sache festgemacht wird, wird aus der Geschichtlichkeit Geschichte, die Wahrheit wird konkret, um mit Brecht zu sprechen. Obwohl diese Aussage das eigentliche Ärgernis der Christologie ist, ist erst mit ihr die äußerste Möglichkeit menschlicher Hoffnung ausgeschöpft; so weit zu gehen, wagt tatsächlich keine andere Religion.

Es wäre noch viel anzumerken, vor allen Dingen darüber, was an Jesus so beschaffen war, daß er in allen Kulturen »letzte« Betroffenheit auslöst, so daß Menschen ihre Heilsfrage mit ihm verbinden. Dies kann hier nur kurz angedeutet werden: Die Feststellung, daß alle Christologie in der Soteriologie wurzelt, läßt sich auch anders formulieren: Die Christologie gründet in der Anthropologie.

Die Wahrheit der Christologie ist eine anthropologische Wahrheit. Das Christentum bietet (in der Christologie) einen Vorschlag an, wie und worauf hin Menschsein verwirklicht werden könnte. Dieser Vorschlag ist ein kontingentes Angebot, ist – religionswissenschaftlich und faktisch – eines unter vielen, eines mit einer ganz bestimmten Kontur: mit dem harten »daß« des Bekenntnisses zur eschatologischen Geltung Jesu auch für dich und mich und alle Geschichte zu hoffen. Dieses anthropologische Angebot ist logisch nicht zwingend, es gibt durchaus andere Möglichkeiten, die der Mensch wahrnehmen kann und in der Geschichte ja auch ergriffen hat. Es gibt auch die Möglichkeit z. B. der monistischen Daseinsinterpretation: nach einer überindividuellen Einheit zu streben, bei der dann alle Diastase-Erfahrung aufhört und erlischt – mit dem Erlöschen individuellen Seins und Bewußtseins. Die Variante nun, die das Christentum mit allen geschichtlichen Religionen, vor allem mit Judentum und Islam, anbietet – aber das Christentum radikalisiert diese Struktur – und die Wahrheit dieser als Modell angebotenen Variante erweisen sich im Vollzug. Wer die Nachfolge Jesu praktiziert, kann die Wahrheit dieser Möglichkeit erfahren; sie bleibt zwar eine Hoffnung, bewiesen werden kann sie nicht, auch die andere Variante könnte zutreffen. Das Christentum aber hat für sich, daß in ihm auch das Äußerste, was Menschen überhaupt zu hoffen wagen können, was gegen alle Vernunft zu sein scheint, dem Christen zu glauben zugemutet wird.

Die Grundthese des Christentums, mit der in der Christologie ernst gemacht wird, formuliert am härtesten die eine der beiden Möglichkeiten, die der Mensch in seiner Geschichte soteriologisch vor sich sieht. Das Christusbekenntnis entspricht somit wohl der tiefsten menschlichen Sehnsucht, zu der sich ein Mensch vielleicht nur zu bekennen wagt, wenn er sie »am anderen«, an Jesus, festmachen kann. Damit ist aber keineswegs eine deduzierbare Richtigkeit dieser Alternative behauptet; auch die andere Variante einer – wenigstens für unser westliches Empfinden resignativen – Perspektive monistischer Nivellierung des Individuums in »Gott« oder in die Materie hinein hat viele – scheinbar sogar mehr – Plausibilitäten für sich. Welcher Weg richtig ist, werden wir »am Ende der Tage« sehen, erst dann wird – auch nach christlicher Konzeption – die »Offenbarung der Herrlichkeit der Kinder Gottes« kommen; bis dahin verbleiben wir in banger Erwartung, in Furcht und Zittern, setzen aber darauf, daß unsere Hoffnung sich als wahr erweisen wird.[1]

1 Für ein vertieftes Studium der vorgelegten Thesen sei hingewiesen auf die Studie des Verfassers: Fundamentalchristologie. Im Spannungsfeld von Christentum und Kultur, München 1986.

Quellennachweis

Herbert Vorgrimler: Das Faszinierende an Jesus
aus: Jesus – Gottes und des Menschen Sohn. Worauf es ankommt, Freiburg 1984 (Verlag Herder).

Dorothee Sölle: Jesus, der Mensch für andere
aus: Es muß doch mehr als alles geben. Nachdenken über Gott, Hamburg 1992 (Hoffmann und Campe Verlag).

Karl Rahner: Zugänge zum Geheimnis Jesu
aus: Experiment Mensch, Zürich 1973 (Benziger Verlag).

Adolf Holl: Jesus, biographisch gesehen
aus: Jesus in schlechter Gesellschaft, Stuttgart 1971 (Deutsche Verlags-Anstalt).

Hans Küng: Jesus, christologisch gesehen
aus: Glauben an Christus. Theologische Meditationen, Zürich 1982 (Benziger Verlag).

Leonardo Boff: Jesus, befreiungstheologisch gesehen
aus: Jesus Christus, der Befreier, Freiburg i. Br. 1986 (Verlag Herder).

Elisabeth Moltmann-Wendel: Jesus, feministisch gesehen
aus: Das Land, wo Milch und Honig fließt. Perspektiven einer feministischen Theologie, Gütersloh 1985 (Gütersloher Verlagshaus Gerd Mohn).

Papst Johannes Paul II.: Jesus, päpstlich gesehen
aus: Enzyklika »Redemptor hominis« vom 4. März 1979. Herausgegeben vom Sekretariat der Deutschen Bischofskonferenz, Bonn 1979.

Karl Rahner: Jesus, existenziell gesehen
aus: Grundkurs des Glaubens. Einführung in den Begriff des Christentums, Freiburg/Basel/Wien 1984 (Verlag Herder).

Richard Rohr: Jesus, männlich gesehen
aus: Der wilde Mann. Geistliche Reden zur Männerbefreiung, München 1986 (Claudius Verlag).

Walter Schubart: Jesus, erotisch gesehen
aus: Religion und Eros, München 1966 (Verlag C.H. Beck).

Pierre Teilhard de Chardin: Jesus, kosmisch gesehen
aus: Super-Menschheit, Super-Christus, Super-Caritas. Neue Dimensionen für die Zukunft, Peking, August 1943 / Über den Christus-Universalis, Paris, Januar 1920. Veröffentlicht in: Wissenschaft und Christus, Freiburg/Olten 1970 (Walter Verlag).

Josef Sudbrack: Jesus, mystisch gesehen
aus: Mystik im Dialog, Würzburg 1992 (Echter Verlag).

Carl Gustav Jung: Jesus, archetypisch gesehen
aus: Gesammelte Werke, Band 11, herausgegeben von Marianne Niehus-Jung u.a., Olten 1971 (Walter Verlag).

Eugen Drewermann: Jesus, therapeutisch gesehen
aus: Das Matthäus-Evangelium. Bilder der Erfüllung. Erster Teil, Olten 1992 (Walter Verlag).

Heinz Robert Schlette: Jesus, solidarisch gesehen
aus: Glaube und Distanz. Theologische Bemühungen um die Frage, wie man im Christentum bleiben könne, Düsseldorf 1981 (Patmos Verlag).

Jan Milič Lochman: Jesus, atheistisch gesehen
aus: Christus oder Prometheus. Die Kernfrage des christlich-marxistischen Dialogs und die Christologie, Hamburg 1972 (Furche-Verlag).

Milan Machovec: Jesus, marxistisch gesehen
aus: Marxisten und die Sache Jesu. Herausgegeben von Iring Fetscher und Milan Machovec, München 1974 (Chr. Kaiser Verlag).

Ernst Bloch: Jesus, rebellisch gesehen
aus: Das Prinzip Hoffnung. Band 2, Frankfurt am Main 1959 (Suhrkamp Verlag).

Leszek Kolakowski: Jesus, prophetisch gesehen
aus: Geist und Ungeist christlicher Traditionen, Stuttgart (W. Kohlhammer Verlag).

Martin Buber: Jesus, jüdisch gesehen
aus: Zwei Glaubensweisen, Heidelberg 1986 (Lambert Schneider Verlag).

Mahmoud M. Ayoub: Jesus, islamisch gesehen
aus: Towards an Islamic Christology. An image of Jesus in early Shi'i Muslim Literature, in: The Muslim World 66 (1976) 164–167, 168–169, 187–188. Übersetzung von Karl-Josef Kuschel.

Mahatma Gandhi: Jesus, hinduistisch gesehen
aus: Freiheit ohne Gewalt. Herausgegeben von Klaus Klostermeier, Köln 1968.

Daisetz T. Suzuki: Jesus, buddhistisch gesehen
aus: Der westliche und der östliche Weg. Essays über christliche undd buddhistische Mystik, Frankfurt/Berlin 1986 (Ullstein Verlag).

Ofelia Ortega: Jesus, lateinamerikanisch gesehen
aus: Der andere Christus. Christologie in Zeugnissen aus aller Welt. Herausgegeben von Hermann Dembowski und Wolfgang Greive, Erlangen 1991 (Verlag der Ev.-Luth. Mission).

Bénézet Bujo: Jesus, afrikanisch gesehen
aus: ebd.

Wolfgang Kröger: Jesus, asiatisch gesehen
aus: ebd.

Karl-Heinz Ohlig: Jesus, multikulturell gesehen
aus: ebd.

Der Herausgeber dankt allen Verlagen, Autoren und Übersetzern für die freundlich erteilte Abdruckgenehmigung.

Die Titel der einzelnen Texte wurden vom Herausgeber formuliert; sie weichen von den Überschriften in den Originalveröffentlichungen ab.